中国制造2025前沿技术丛书

电气自动化新技术丛书

智能交通系统中的车辆协作控制

郭戈　岳伟　著

机械工业出版社

本书以智能交通系统为切入点，以车辆的协作控制作为主要内容。立足广义的智能交通系统进行分析讲解，主要内容包括：车联网系统中通信受限、车载传感器测量受限、车辆自身高度非线性以及车队模型高度耦合，并对这四方面问题进行综合设计。首先，从线性车队模型入手，提供传统的控制器设计方法，给出车辆协作控制的基本性能指标。其次，进一步考虑车联网系统中，由于通信信号存在延时、丢包、通信范围有限、车载传感器受限等问题对车队性能造成的影响，并给出问题的解决方法。最后，将上述通信、传感器受限等问题，在非线性车队系统的模型基础上，进一步分析和设计，同时给出大量基于 MATLAB 的仿真和 Arduino 车队实验数据，使读者能充分理解智能交通系统中的各个指标，并让读者能更好地掌握控制算法的应用。

图书在版编目（CIP）数据

智能交通系统中的车辆协作控制/郭戈，岳伟著.—北京：机械工业出版社，2016.6
（中国制造 2025 前沿技术丛书　电气自动化新技术丛书）
ISBN 978-7-111-53209-5

Ⅰ.①智…　Ⅱ.①郭…②岳…　Ⅲ.①车辆调度－智能控制－智能运输系统　Ⅳ.①U495

中国版本图书馆 CIP 数据核字（2016）第 049857 号

机械工业出版社（北京市百万庄大街 22 号　邮政编码 100037）
策划编辑：江婧婧　责任编辑：江婧婧
责任校对：张玉琴　封面设计：马精明
责任印制：常天培
北京机工印刷厂印刷（三河市南杨庄国丰装订厂装订）
2016 年 5 月第 1 版第 1 次印刷
169mm×239mm · 13.25 印张 · 265 千字
0 001—3 000 册
标准书号：ISBN 978-7-111-53209-5
定价：59.00 元

第6届《电气自动化新技术丛书》

编辑委员会成员

《电气自动化新技术丛书》

序　言

科学技术的发展，对于改变社会的生产面貌，推动人类文明向前发展，具有极其重要的意义。电气自动化技术是多种学科的交叉综合，特别在电力电子、微电子及计算机技术迅速发展的今天，电气自动化技术更是日新月异。毫无疑问，电气自动化技术必将在建设“四化”、提高国民经济水平中发挥重要的作用。

为了帮助在经济建设第一线工作的工程技术人员能够及时熟悉和掌握电气自动化领域中的新技术，中国自动化学会电气自动化专业委员会和中国电工技术学会电控系统与装置专业委员会联合成立了《电气自动化新技术丛书》编辑委员会，负责组织编辑《电气自动化新技术丛书》。丛书将由机械工业出版社出版。

本丛书有如下特色：

一、本丛书是专题论著，选题内容新颖，反映电气自动化新技术的成就和应用经验，适应我国经济建设急需。

二、理论联系实际，重点在于指导如何正确运用理论解决实际问题。

三、内容深入浅出，条理清晰，语言通俗，文笔流畅，便于自学。

本丛书以工程技术人员为主要读者，也可供科研人员及大专院校师生参考。

编写出版《电气自动化新技术丛书》，对于我们是一种尝试，难免存在不少问题和缺点，希望广大读者给予支持和帮助，并欢迎大家批评指正。

《电气自动化新技术丛书》
编辑委员会

第6届《电气自动化新技术丛书》

编辑委员会的话

自1992年本丛书问世以来，在中国自动化学会电气自动化专业委员会和中国电工技术学会电控系统与装置专业委员会学会领导和广大作者的支持下，在前5届编辑委员会的努力下，至今已发行丛书53种55多万册，受到广大读者的欢迎，对促进我国电气自动化新技术的发展和传播起到了巨大作用。

许多读者来信，表示这套丛书对他们的工作帮助很大，希望我们再接再厉，不断地推出介绍我国电气自动化新技术的丛书。本届编委员决定选择一些大家所关心的新选题，继续组织编写出版，欢迎从事电气自动化研究的学者就新选题积极投稿；同时对受读者欢迎的已经出版的丛书，我们将组织作者进行修订再版，以满足广大读者的需要。为了更加方便读者阅读，我们将对今后新出版的丛书进行改版，扩大了开本。

我们诚恳地希望广大读者来函，提出您的宝贵意见和建议，以使本丛书编写得更好。

在本丛书的出版过程中，得到了中国电工技术学会、天津电气传动设计研究所等单位提供的出版基金支持，在此我们对这些单位再次表示感谢。

第6届《电气自动化新
技术丛书》编辑委员会
2011年10月19日

前 言

蓬勃发展的车联网技术、智慧道路及无人车技术促使以智能车路系统为核心的新一代智能交通技术研究成为近年来的热点领域之一。智能车路系统是典型的信息物理系统，其中大量的车辆通过车联网交换信息，协调和同步车辆流高效通信且平稳安全行驶至关重要。由于高速行驶的车辆实时控制周期和接入网络的时间较短，无线网络状态易受环境及车辆影响，且车联网可容纳有限的车辆同时通信，车载传感器在恶劣条件下感知能力受限甚至失效，因此，智能交通系统中的车辆协作控制极具挑战性。

本书结合复杂车辆动态及智能车路系统中的车联网通信局限性、车载传感器感知能力受限及失效，系统地论述了车辆协作通信及控制的理论、方法和实验验证与分析。具体而言，针对车联网通信带宽限制导致的车辆流反馈信息异质问题，提出分层结构的集中式保性能车辆队列控制方法，将车辆队列描述为多子系统关联的交叠式系统，基于包含原理、解耦和车辆队列稳定性理论，得到分布式车辆队列控制方法体系。针对低能见度条件下的车载传感器测量范围有限问题，综合考虑燃油及制动延时，提出一种变结构保性能车辆队列控制算法；考虑恶劣天气条件下的传感器失效问题，基于切换控制理论中的平均驻留时间法，得到车辆队列稳定性与传感器失效率、采样周期之间的定量关系。最后，综合考虑非线性车辆动态、车联网通信限制和其他不确定性因素，研究了车辆协作自适应巡航控制的变结构 PID 控制方法、自适应神经网络及反步法等非线性控制方法。在基于 Arduino 车辆的交通控制实验平台上验证了上述控制方法的实用性。

本书汇总了著者及其团队在车辆协作控制领域多年的研究成果，对智能交通系统及车辆控制等领域的研究人员及自动控制和交通系统工程等专业的教师具有较高的参考价值，也适合相关领域的研究生作为开展学术探索的参考书。

本书的撰写得到王丽媛、文世喜、赵园等研究生的大力支持，他们对书中的一些理论和方法做了大量的研究和仿真工作，对本书的出版提出过许多宝贵的建议。本书的研究工作和撰写得到国家自然科学基金、霍英东教育基金、教育部新世纪优秀人才支持计划项目的资助，在此表示衷心感谢。

著者水平有限，书中不妥之处在所难免，恳请广大读者批评指正。

作者

2016 年 2 月 10 日

目　录

第1章　绪　论

1.1　智能交通系统的背景与意义

在过去的三十多年里，世界上大部分贸易大国（美国、中国、日本、德国）的公路系统都得到迅速的发展，车流量大大增加，交通的便利加速了世界经济的发展。但与此同时，一系列恶劣的后果也随之产生，如交通拥挤、环境污染、交通事故等，都直接导致人员丧失生命，同时带来大量的经济损失。在美国和欧洲每年有超过40000人因车祸死亡[1]，在日本每年也有超过8000人死于车祸[2]，同样的问题也存在于其他大部分国家，如果按这种趋势继续发展下去，到2020年，世界上每年估计将有850万人直接或间接死于车祸，这仅在美国造成的经济损失就会高达2300亿美元[3]。在这种背景下，运用各种高新技术实现公路系统的自动化，以解决交通问题的思想便应运而生。

智能交通系统[4]是近几年提出的新概念，是指将先进的控制、通信及计算机技术应用于现有的公路交通系统当中，通过车路通信和车间通信，以达到自动控制车间距离、车辆行驶方向以及车辆速度的目的，实现公路和车辆的双重自动化控制。自动化公路系统研究的本质是通过有效的利用现有的交通设施，使公路系统和车辆系统实现智能化，从而减少人为因素引起的交通事故，不仅可以提高公路系统的运行效率和安全性，同时对降低能耗、减少环境污染起到一定的积极作用，因此，自动化公路系统是公路系统未来的发展方向。美、欧、日是经济高度发达的国家和地区，拥有较高的汽车保有量和先进的交通设施，智能交通系统的应用已相当普及。除此之外，亚洲的韩国、新加坡和我国的香港地区，其智能交通系统发展水平也较高。

1. 美国智能交通系统的发展

美国智能交通系统的雏形为20世纪60年代末期的电子路径导向系统，它是利用道路车辆双向通信提供路径导向。20世纪80年代中期，加利福尼亚州的交通部门研究开发了Path Finder系统。1988年，一个名为“Mobility 2000”的研究团队组建，提出了新的目标。为实现这一目标并在全国推广应用，1990年美国运输部成立智能车辆道路系统组织。1991年国会制定了综合地面运输效率方案，将智能交通作为道路运输政策的中心。在这期间，该团队一直致力于培育实施智能交通的支持环境，其主要任务是制定实施计划。1992年5月，美国智能车辆道路系统战略规划制定出台，作为下一个20年改进智能交通系统的总体设计方案。1994年9

月美国运输部正式提出了智能交通系统服务系统。与此同时，全美 80 多个地方的现场实验突飞猛进。在政府的参与下，由国家自动化公路系统联盟领导的自动化公路系统（AHS）这一至关重要的关键工程的水平不断在提升和改进。1995 年 3 月，美国智能交通协会正式出版了国家智能交通系统项目计划纲要。

2. 欧洲智能交通系统的发展

20 世纪 70 年代中期，欧洲以德国为主导开发的驾驶员引导信息系统得以改进。1986 年，由私营企业牵头的致力于高效安全的欧洲交通计划以及由公共部门牵头的致力于欧洲车辆安全的道路基础设施计划开始实施。这些计划在欧洲交通系统的机动性和远程信息处理技术应用方面已取得成功。与此同时，智能交通系统的标准化也得到高度重视。为指导这一标准化工作的开展，1990 年欧洲标准化委员会制定了智能交通系统标准，它以 ISO 技术委员会智能交通系统为基础。1991 年，为支持改进和执行欧洲交通远程信息处理计划，成立了欧洲道路运输远程信息通信执行协调组织。

2010 年 7 月 7 日，关于跨欧运输网络的欧盟决议发布，要求到 2020 年前，根据整体规划，通过整合整个欧盟海、陆、空交通运输基础设施网络，逐步建成跨欧运输网络。这个网络必须在最好的社会和安全条件下，确保民众和货物在整个欧洲无边界一体化区域内迁移的便捷；在经济可接受的前提下，提供用户高品质的基础设施，包括所有的运输模式，并使之有旗鼓相当的优势，允许现有设施能力优化利用，尽可能使各种运输模式彼此兼容，并鼓励不同模式之间的联运，尽可能经济可行，覆盖成员国全部疆土，以从根本上促进岛屿、内陆及外围区域与中心区域的联络通道，以及无障碍联络大都会和欧盟各区域；在确保在欧盟利益关切的前提下，能保持与欧洲自由贸易联盟国家、中东部国家以及地中海国家的网络联系，同时改进这些网络的交互性和联络通道。

3. 国内智能交通系统（Intelligent Transport System，ITS）的发展

中国智能交通系统起步较晚，与发达国家相比有较大差距。1988 年，北京市从意大利引进了两套电子监控设备，随后上海、沈阳等大城市陆续从国外引进了一些城市交通道路监控系统。20 世纪 90 年代以来，在科技部、交通部的支持下，我国交通运输界的专业技术人员开始从事智能交通系统技术研究，并取得了长足进步。1999 年 11 月，科技部批准成立了国家智能交通系统工程技术研究中心，承担了“九五”国家重点科技攻关项目“中国智能交通系统体系框架”、国家基础性科研项目“中国智能交通系统标准体系框架研究”、交通部重点科研项目“智能运输发展战略研究”等一批关系中国智能交通系统发展的重点项目，为我国智能交通系统技术打下了良好的基础。2002 年 4 月，“十五”国家科技攻关“智能交通系统关键技术开发和示范工程”重大项目正式启动，北京、上海、天津、重庆、广州、深圳、中山、济南、青岛、杭州共十个城市作为首批智能交通系统应用示范工程的

试点城市，标志着中国智能交通系统进入快速发展时期。

1.2 智能交通系统研究的主要内容

智能交通系统研究的主要内容是在道路设施基础上，集成运用先进的电子信息技术、数据传输技术、传感技术、系统工程技术及计算机处理技术等，从而建立起的一种现代化的综合运输管理系统。一般而言，ITS 产业所涉及的主要内容包括交通信息采集系统、信息处理分析系统和信息发布系统等方面，其宗旨在于科学合理地引导和控制交通流，运用现代科学技术管理和治理城市交通，在保障交通安全的同时提高现行道路网络基础的运行效率，节约土地资源，最大可能地降低能耗，减少交通污染。通过 ITS 技术，交通基础设施能够在更大范围内、更好地发挥作用，交通运输的服务水平也能够得到大幅度提升。从整个社会的角度来看，ITS 产业在提高道路交通的安全性和灵活性、减少阻塞、提升即有路网的通行能力、降低道路运输特别是汽车运输对环境的影响等方面都具有积极的促进作用。目前，ITS 产业的主要服务对象为公路交通，但是，从未来的发展趋势来看，随着 ITS 系统的不断优化升级，ITS 产业将不仅仅局限于简单的公路交通系统，而会形成一个智能化的人机交互模型，为现代交通运输的健康发展提供良好的支撑和服务平台。

1.3 车辆协作控制的发展

智能交通系统是一项具有挑战性和广阔应用前景的研究课题。该系统的开发涉及智能交通管理系统、先进的交通信息系统以及车辆协作控制系统等，可以说，智能交通系统是以上技术的综合应用。尤其是在达到车辆以车队的形式相互合作自动驾驶这一目标上，车辆的协作控制系统的研究和开发起着关键性的作用。

车辆协作控制系统[5]是把进入公路系统的车辆组成车队，并维持一定的队形自动行驶，由无线网络和车载传感器获得领队车辆和周围车辆的信息，基于此信息产生控制命令实现车辆的自动跟随，并且使车间距离始终保持在规定的范围内。鉴于车辆协作控制系统能够有效提高公路系统的容量，减少交通事故，因此成为智能交通研究的热点领域之一。

目前，车辆协作控制方面的研究已有很多，主要集中在以下三个方面：①车辆纵向控制，其目的是通过设计车队纵向控制系统，使一系列车辆在一条线上以一定的车间距离安全行驶。如果车间距离可以维持在某一个安全可靠的距离，则可以有效避免追尾等交通事故的发生，增加交通容量。②车辆横向控制，其功能是使车队中车辆准确跟踪道路的中心行驶，如果跟踪性能足够好，则可以降低对公路宽度的需求，可以在现有的公路系统上建更多的车辆行驶通道。③综合控制，该系统是车辆在高速行驶时做急转弯、避障以及换道等比较复杂的动作时，将车辆横向控制器和纵向控制器结合起来，使车辆在行驶轨道上保持转弯，同时能量消耗最少。

1.3.1 纵向控制研究

纵向控制主要是对车辆的节气阀系统和制动系统进行控制，即在没有司机操作的情况下，实现车辆的自动加速或减速。就目前车辆控制系统的研究来看，它们大都是通过传感器和无线通信等装置，如雷达、红外、超声波以及局域网等来获取周围车辆、障碍物以及交通状况等信息，使跟随车辆能够在给定的车速和车况下（车辆制动、空气阻力、轮胎牵引力及车辆重量等），与周围其他车辆保持安全的车间距离行驶，以此来增加公路的利用率。

车辆纵向控制研究主要有以下三个方向：①自适应巡航控制。车辆通过车载传感器，如：雷达、红外或超声波等测量与前面车辆的距离和距离变化率，从而设计巡航控制器来决定车辆是继续采用期望的速度行驶或是转为车间距离控制，以保证车辆的安全行驶，如图 1.1 所示。②避障系统。如果前车距离太近，以期望的速度难以维持车辆的安全行驶，此时避撞系统通过降低节气阀或者启动制动以降低车速，保证车辆的安全行驶。③车辆协作控制系统。在该框架下车辆以排列紧密的车队形式安全行驶，车辆间除了有传感器测量距离、速度变化以及加速度变化外，还可以通过无线网络等使跟随车辆获得领队车辆及周边信息。目前已有很多项目专门进行车辆协作控制系统的研究，最著名的是加利福尼亚大学的 PATH[6]，以期实现车队的完全自动化，如图 1.2 所示为项目中车队行驶的照片。以下将对上述三个方向的研究现状进行详细分析讨论。

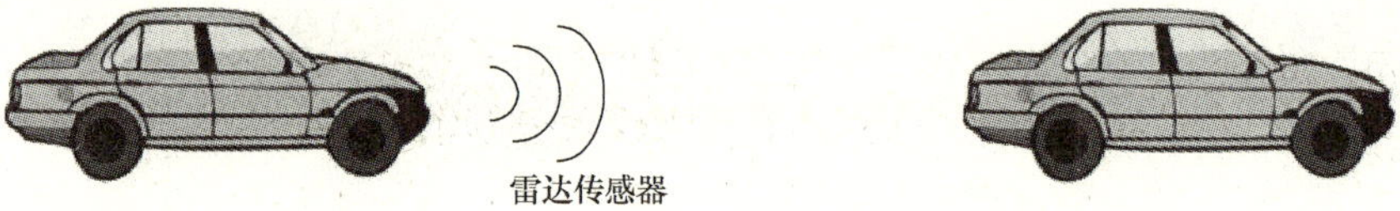

图 1.1　自适应巡航控制

1. 自适应巡航控制系统

目前对自适应巡航系统的控制方法的研究主要集中在固定时间间隔的策略上[7,8]，而对于固定车间距离的控制策略现在国内相关研究很少，因其难以保证车队队列的稳定性[9,10]。自适应巡航控制系统有两种控制模式：速度控制模式和车间距离控制模式[11]。速度控制模式是在距离前车较远时采用，这也是大多传统自适应巡航控制中所采用的控制方式。当车辆的车间距离较小时，速度控制难以保证车辆安全行驶，此时采用车间距离控制模式（该模式也称车辆跟踪模式），在这种模式下，自适应巡航控制系统通过同时控制车辆节气阀和制动系统以维持车间距离在设定的距离上。据此，基于固定时间间隔策略采用车间距离控制模式的系统是目

图 1.2　车队在 NAHSC 中的示范

前自适应巡航控制系统研究的主要方向。

1993 年，Ioannou 和 Chien[12]最早设计一种基于线性固定时间间隔的车队控制策略，基于该策略设计的车辆控制器可以有效地将连续两辆车的车间距离误差联系起来，继而设计 PD、PID 及滑模类型控制器[13]对车辆的稳定性进行分析研究。而后 1995 年，Swaroop 等基于该方法针对车队队列稳定性进行分析[14]，并得到满足队列稳定的充分必要条件[15]。同年，Yanakiev 等人开始针对自适应巡航控制系统设计基于变时间间隔的非线性控制器[16]，该控制器与常规固定时间间隔相比，控制性能更好，而且可以克服线性控制器在最小固定时间间隔方面的限制，但文章中没有对该控制器的鲁棒性能进行分析。以上自适应巡航控制方法都是基于理想线性车辆模型，实际车辆的控制中，无论是刹车或是燃油过程都需要一定时间，尤其是几辆车组成的车队，该延时会在车队中积累。因此，执行器的延时问题引起了学者的重视，并由 Rajamani 等人于 1997 年在文献［17］中首次提出，并通过一系列的实验得到车辆的执行器、传感器和燃油等纯延时的数值。而后文献［18］通过对比实验结果得到执行器的延时会很大程度上降低车队的控制性能，但是并没有给出理论分析，文献［19］虽然对车辆存在执行器延时的问题进行研究，但并不适用于巡航控制。文献［5－7］对固定时间的车间距方法进行改进，分别提出非线性的车间距离策略和自适应车间距离策略，统称变车间距离策略，它通过对前车速度特性进行分析，实时改变与车间距离相关的时间参数设计方式，使得车队协作控制更加灵活。目前对自适应巡航控制系统的研究仍是一个热点问题。

2. 协作式自适应巡航控制系统

该方法是自适应巡航控制方法的进一步扩展，文献［31］提出一种半自主式自适应巡航控制，即协作式自适应巡航控制。该方法更有利于在人口密度较高的城市中应用。但是变车间距离策略仅仅依赖于车间距离和速度误差信息，而在低能见度等恶劣自然环境下，距离传感器和速度传感器都存在不同程度的受限，甚至完全失效的问题[32,33]，急需新的理论方法来加以改进。文献［34，35］分别通过使用最少数量的车载传感器设计滑膜控制器，为协作式自适应车队在行驶中某些传感器失灵提供新的思路。文献［36］考虑执行器延时和传感器延时问题，对车队队列稳定性进行了定量分析。文献［37］从距离传感器测量受限模型进行分析讨论，并设计保证车队在极端情况下安全行驶的变结构保性能控制器。研究传感器测量距离受限、传感器失效及传感器延时等问题，也是协作式自适应巡航控制研究的重要内容之一。

3. 避障系统

避障系统是车辆协作纵向控制的一个重要方向，尤其是在车辆技术应用方面，避障系统是解决车辆追尾的有效手段。当车辆前面没有其他车辆时，避障系统可以看作标准的自适应巡航控制，即车辆保持期望的速度安全行驶。如果行驶过程中前面出现其他车辆，以期望的速度难以保证车辆的安全时，避障系统通过控制节气阀或应用刹车系统进行减速。

1996年，Y. Tomioka等人开始对汽车防止追尾方面的问题进行研究，文献［20］给出了追尾系统的整个框架的描述，并设计了前车识别系统和潜在的碰撞危害评估方法。文献［21］将同一条线路上两辆车之间的安全距离误差和相对速度考虑为一个圆盘结构，并将该圆盘分为四个区域，每个区域设计不同的控制器，由统一的权参数连接起来，该算法由于基于精确线性化方法而缺少一般性，因此应用较少。文献［22］设计了一种分层结构的控制器，即决策层和控制层。决策层可以有效处理各种不同的情况。控制层是一个基于精确线性化的预测器，该算法存在一定的逻辑错误，导致车队性能并不令人满意，需要改进。文献［23］在文献［24］的研究基础上对其进行逻辑上的修改，并结合分层控制的思想，设计了一种可以克服线性化控制以及滑模控制缺点的终端滑模控制算法，有着较好的应用前景。

神经网络和模糊控制等人工智能技术的发展也促进了追尾系统的发展，文献［25］提出一种基于模糊神经网络算法的车辆控制器，用雷达来模仿司机对车间距的控制行为，已在雪弗莱汽车上应用了该控制器，并在菲尼克斯51高速公路上进行了成功测试。文献［26］也提出了一种模糊网络控制器，用它来控制车辆速度和车间距，利用雷达来检测车辆速度误差和车辆之间的距离。并将该控制器安装在林肯汽车上，在圣地亚哥的I－15高速公路上进行了实验。文献［27］提出了三层自动控制的模型，采用模糊逻辑控制方法，文献［28］对该模型和控制方法进行了测试。

4. 车辆协作控制系统

车辆协作控制系统的研究起始于 1986 年 PATH 项目，主要研究如何使车辆以紧密排列的车队形式自动行驶，从而提高高速公路系统的车流量。因车辆协作控制系统采用完全自动化的控制方法，大大降低了人为因素引起的交通事故（超过 90% 的交通事故由人为因素引起[29]）而取得了巨大的安全效益，使车辆协作控制的研究成为智能交通系统研究的热点领域。

车辆协作系统结构由 Varaiya 于 1993 年提出，该系统总共分为四层：网络层、链接层、协调层和调节层，如图 1.3 所示。其中网络层和链接层称之为车辆协作的基础结构，前者主要执行车辆进入公路的路径分配，后者根据交通状况来调节进入公路系统的车队规模、车速等。协调层和调节层组成车辆系统，协调层执行调节层的控制命令，使车辆可以与周围车辆协调控制，以保证行驶安全。调节层的作用是实现车辆的路径保持、速度控制及跟随操作，也可以控制车辆的换道，进入或退出公路系统及加入一个车队或者从车队中退出等（下文讨论的横向车队控制的任务也是在该层完成）。

车辆协作控制系统与自适应巡航系统最大的区别在于后者仅用车载传感器所测信息来设计控制器，控制方法多是基于固定时间间隔策略来设计的，而车辆协作控制系统车辆除了安装测速和测距等车载传感器外，还具有与其他车辆或者控制中心进行通信的能力。因此，车辆协作控制系统的研究大都基于定长车间距离的策略。车辆协作模型的建立主要是用位置、车辆的速度和加速度信息[30,31]，针对不同算法的模型，还可能包括车辆的质量、空气阻力、加速度率、道路摩擦等变量[32]。下面我们探讨现有的车辆协作控制系统控制方法及应用情况。

对于车辆协作控制系统的研究主要包括 Shladover 等在文献［34，35］中提出的 PID 类型的控制器；Hedrick 等在文献［36，37］中进一步将其扩展为滑模类型的控制器；Foster 在文献［38］中提出利用绝对速度控制环以获得定长车间距离的车队控制性能指标；文献［39］设计的一种全状态反馈车队控制器，结果显示控制方法对领队车辆的干扰具有较强的鲁棒性。以上方法的控制器设计除了需要本车和前车的信息（包括位置、速度和加速度）还需要领队车辆的信息（包括领队车的速度和加速度），在文献［40］中通过实验分析，证明在没有通信的车队系统中车队难以保证队列的稳定性。

目前，对于车辆协作控制系统中网络通信和传感器检测问题的研究还很少。尤其是当车队通信存在限制时（包括外界干扰、网络诱导因素、特殊的低能见度天气以及传感器自身检测范围有限等），跟随车辆仅能得到部分车辆控制信息情况下的车队控制问题的相关研究很少。通过总结，将考虑通信因素的研究列出如下，文献［41］设计了一种 Lyapunov 的方法，将前车的控制律引入后车控制器的设计中，得到一种新的车队设计方法，但该方法假设跟随车辆能准确获得前车的信息，没有考虑信号丢失情况下车队的控制问题。文献［42］考虑了通信延时对车队稳定性的影响，重点分析了几种不同情况下车队存在延时能否保持车队的队列稳定性，没有给出解决方法；文献［43－45］对存在丢包的车辆协作系统进行状态估计，并基于LMI技术得到车队系统所允许的最大丢包数；文献［46］针对低能见度下公路系统的车队控制问题进行研究，通过建立混合车队模型，将车队加速和减速阶段分开建模，并针对不同阶段设计一种通信控制策略的车辆驾驶辅助系统，使车辆能够在低能见度下安全行驶。对于传感器测量问题的研究，主要集中在避撞系统的研究，而对于车辆协作控制系统的研究目前还是空白。

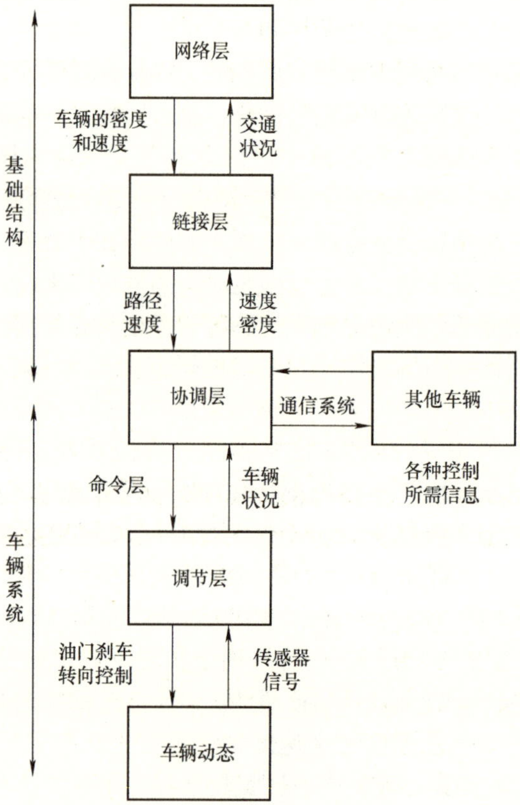

图1.3　车队控制系统结构

以上车队控制器的设计大都基于简单的线性化车辆动态模型，但在实际中车辆模型往往都比较复杂，简单线性控制器难以得到应用和推广。智能控制技术因其在解决复杂控制问题中显现出的优点而受到众多学者的关注，并将其应用到车队控制领域[47]。文献［48］提出一种基于神经网络的FEM方法来处理非线性车队纵向建模问题，并设计神经网络控制器，通过控制节气阀和制动系统的输入来实现车辆自动行驶；文献［49］针对非线性车队模型设计了智能神经网络系统，可以实现车辆的轨迹检测和跟踪，通过仿真验证了算法的可行性。另外，文献［50，52］将模糊控制理论应用到非线性车队控制问题当中，也取得较好的效果。目前，对于非线性车队模型的研究，尤其是进一步考虑车队间通信限制等问题，仍是车辆协作控制系统研究的一个热点领域。

1.3.2 横向控制研究

据美国国家安全交通管理局（NHTSA）[53]统计，在美国约有39%的交通事故都是由车辆行驶中偏离行驶车道或转向过度而引起的，因此加强车辆的横向控制也是目前减少交通事故的主要手段之一。

横向控制主要是对车辆的转向进行控制。按系统类型可以将车队横向控制系统分为以下三种：①车道换道警告系统；②车道保持系统；③车辆跟踪控制系统。按检测装置安装方式可以分为两种：在车辆前方安装检测装置的前方参考系统以及在车辆下方安装检测装置的下方参考系统。下面将对两种安装方式的横向控制控系统的发展状况及各自的优缺点进行探讨。

1. 车辆前方参考系统

前方参考系统主要采用摄像头、雷达及激光等传感器[54-56]采集车辆行驶路况信息，经过A-D转换为车辆的控制信号，进而实现车道保持、车辆跟踪及换道等横向控制。

车道保持主要是利用对颜色敏感的视觉传感器，跟踪道路上的颜色条纹。首先，视觉传感器找到路上的条纹；然后判断它的类型（时断时续的黄色或白色条纹，两条并行的黄色或白色条纹）；最后，根据行驶的道路采取响应的控制策略。文献［57］提出自回归滑动平均并带有模糊逻辑的方法设计控制器。文献［58，59］基于卡尔曼滤波方法设计车辆横向控制系统。文献［60］提出一种快速自适应横向定位处理方法，该视觉车道保持系统通过车道的特征与模版的匹配来决定车辆的转向，道路的特点可能包括：车道斑马线、前车留下的油迹及轮胎的印记等。文献［61］提出一种最优控制的方法，利用立体影像技术，在没有路面标线的道路上（十字路口和停车区域）控制车辆的横向移动。

对于车辆换道，文献［62］提出可视化的导航方法，并在卡车上对该方法进行了成功测试，文献［63］针对上述实验的演示问题进行处理，得到较好的控制效果。文献［64］设计具有智能性和鲁棒性的模糊PD控制器，进一步把模糊控制系统转化成带有不确定因素的卢尔系统，用李亚普诺夫直接法使该系统稳定。文献［65］提出一种鲁棒模糊逻辑控制策略。文献［66］提出多层前馈的神经网络控制算法，提高车辆在拐角处转弯的安全性。文献［67，68］中开发了一种车辆换道控制器，安装于本田车上，在圣地亚哥I-15公路上进行了测试。文献［69］针对车辆正常换道和紧急换道两种情况分别建立了模型，并对应模型的实际控制器。

对于车辆的跟随系统，文献［70］采用激光传感器对车队中的车辆进行检测，为车辆的跟随系统建立了5种模型，并设计了对应的控制器，在公路上对这5种模型的控制算法进行了测试。

2. 车辆下方参考系统

下方参考系统主要是通过车载传感器检测车道中安装的电线或永久性磁铁等来控制车辆的转向方向，以实现车道保持及轨迹跟踪等。文献［71］分析讨论了加利福尼亚大学在磁极跟踪转向控制系统方面的研究成果，并在圣地亚哥I-15公路上，对由八辆汽车组成的车队进行了实验，实验结果显示利用磁极跟踪的方法可以准确及时的获得控制信息，保证车队的稳定行驶。文献［72］给出了实现下方参考系统所需要的条件，包括车辆的最大时速以及最大位移等，文献［73］从应用的角度出发，针对时速的限制条件提出一种新的控制算法，并通过实验验证算法的有效性。

由于下方参考系统采用传感器采集永久性磁铁或电缆，因此在各种气候和各种路况下都能良好工作，相对于前方控制系统，其稳定性和安全性更好，并且数据的处理也比较简单。但如果要在几万公里的高速公路道路中安装电缆或永久性磁铁，将是一个很大的工程，不容易实现，且维护、修理费用较高，目前研究较少。

以上两节分析总结了纵向车辆控制和横向车辆控制的发展情况，下一节给出目前综合控制的研究情况。

1.3.3 车辆综合控制研究

在车辆的控制中很难处理的一个难题是车辆高速行驶时做急转弯行驶。这需要将横向控制器和纵向控制器结合起来对制动系统进行控制，使车辆在行驶轨道上保持合适的角度转弯的同时使速度减少量最少。另外一个难题是躲避障碍物，控制器需要决定车辆采用停止、越过障碍或是在障碍物前转向策略。如果选择在障碍物前转向，则控制器需要做出正确的刹车和转向移动，防止车辆发生侧翻。这需要传感器系统为控制器提供足够准确的信息，使控制器在做出决定前能计算所有可能的方案，并做出最优的选择。

公路上对车辆控制所提供的信息都是可见的，如道路条纹、人行横道、停车线、信号灯、警告标志等。所以大量的研究工作都在视觉传感器的研究领域。文献［74］利用视觉传感器来引导车辆在比较曲折的道路上行驶。文献［75］提出模糊逻辑算法对接近障碍物的车辆进行控制。文献［76］提出一种利用车队与车队之间的通信策略，设计控制器实现车辆的自动换道，使车辆在紧急情况下通过换道来躲避障碍物。文献［77］设计模糊神经网络控制器实现车辆在公路上加入另外一个车队。文献［78-82］基于立体视觉系统提出一种逆角度映射技术，该技术可以实现对车辆前道路情况进行检测，具有较高的应用价值。对于城市内车辆的控制技术主要集中在对走走停停（Stop - and - go）系统的研究，文献［83］利用短距离雷达传感器检测目标，设计控制系统用于车辆的停放。文献［84 - 87］提出一种基于卡尔曼滤波器的检测方法，通过将雷达、激光或视觉传感器所采集的数据进行融合的技术，减少无效数据量，为控制器提供更好的控制信息。

综合上述分析，在车辆模型建立当中，由于车辆本身动力学特性的复杂性，加上空气阻力、路况等不确定因素，致使车辆模型中很多参数很难被准确确定，因此，存在研究过程中所用大多模型都过于简单化的问题。在控制器设计过程中，很多文献都用到前车信息、领队车信息来设计控制器，而对于车队系统，这些信息存在耦合、信息的采集受到传感器的限制及信息的通信存在网络量化、延时以及丢包等问题，目前相关研究还不多。

1.4 全书内容安排

全书共分 13 章，结构安排如下：

第 1 章，简要概述了研究背景、意义，并回顾了国内外现有的主要研究方法，给出了智能交通系统的发展状况及车辆协作控制系统存在的问题。

第 2 章，主要针对同时考虑通信网络影响、领队车辆加速度变化、路面颠簸等的干扰和参数不确定性等问题的车队控制系统，提出一个基于 Lyapunov 函数的保性能控制器，通过 LMI 工具箱得到该控制器的设计方法，以该控制器为基础分析研究车队的各项性能指标，并与相关文献进行比较。

第 3 章，考虑网络诱导因素和传感器测量受限的交叠式车队控制系统，设计分散式保性能控制器，实现车队中各个车辆的稳定运行及车队整体的稳定运行。通过包含原理将原交叠车队系统进行扩展，在扩展空间中设计分散式控制器，然后转换回原空间以便于应用，通过仿真实验验证该算法的有效性和优越性。

第 4 章，针对实际应用当中车辆间传感器的测量距离是有限的，以及执行器存在燃油延时和传输延时等问题，设计保性能控制器，并将该算法应用到基于 Arduino设计的车队系统中，通过比较验证该算法的实用性。

第 5 章，考虑传感器偶尔失效的问题，基于平均驻留时间的方法设计保证车队指数稳定的反馈控制器需要的条件，继而得出系统采样周期、指数衰减率及传感器失效率之间的定量关系。

第 6 章，考虑路面坡度和风力的非线性车队控制系统，设计基于反馈线性化且对路面坡度和风速变化具有一定适应能力的非线性 PID 控制器，保证车队在非理想路况下的安全行驶。

第 7 章，考虑车辆协作中车辆自身动态、空气阻力及未建模动态等，建立车辆协作非线性动态模型，针对该模型设计保性能自适应控制器，采用 RBF 神经网络对车队的非线性部分进行估计，通过补偿车队的非线性动态来设计保性能自适应控制器。

第 8 章，进一步考虑更加一般的传感器受限模型以及非线性车辆动态，采用反演技术及动态观测器方法，设计非线性车队控制器。

第 9 章，分析车辆动态模型的非线性、传感器失效等现象及其对车队性能的影响，继而探明非线性车队系统稳定性与传感器失效之间互相作用的机理并建立相应的准数关系，深化研究车队切换控制方法，提高其鲁棒性能。

第 10 ~ 13 章，分别考虑了不同的通信结构和受限条件，进一步完善车辆协作控制的算法体系，为学者提供更多理论工具。

1.5 符号说明

$\boldsymbol{R}^n$ 和 $\boldsymbol{R}^{n\times n}$ 分别用来表示实数域上的 n 维和 $n\times n$ 维欧几里得空间；$\boldsymbol{P}>0$（$\geqslant 0$）表示 $\boldsymbol{P}$ 为对称正定（半正定）矩阵；$\lambda_{\min}(X)$ 和 $\lambda_{\max}(X)$ 分别用来表示矩阵 $\boldsymbol{X}$ 最小和最大的特征值；$\boldsymbol{X}^{\mathrm{T}}$ 和 $\boldsymbol{X}^{-1}$ 分别用来表示矩阵转置和矩阵求逆；$\mathrm{tr}(\boldsymbol{X})$ 表示求取矩阵 $\boldsymbol{X}$ 的迹；$\{\boldsymbol{X}_i\}_{i=1}^{N}$ 表示矩阵 $\boldsymbol{X}_1$，$\boldsymbol{X}_2$，…，$\boldsymbol{X}_N$ 的集合；$\boldsymbol{I}$ 和 $\boldsymbol{0}$ 分别用来表示具有适当维数的单位矩阵和零矩阵；$\mathrm{diag}\{a_1, \cdots, a_n\}$ 表示由元素 a_1，…，a_n 构成的对角矩阵；对称矩阵中的对称项用“ * ”表示，符号说明 Z^+ 代表非负整数。对于向量 $x\in\boldsymbol{R}^n$，$\|x\|_1$、$\|x\|_2$ 和 $\|x\|_\infty$ 分别记为向量 x 的 1 范数、2 范数和无穷范数。

第2章　智能交通系统中的分层式车辆协作控制

智能交通系统中，车与车、车与人、车与路等共同组成交通网络，而车辆依靠周围车辆、行人及路边单元的信息自动行驶，即为智能交通系统中的车辆协作控制系统，在领队车辆的带领下，以较小的车间距离安全行驶。目前广泛采用的方法是车队的纵向控制[88-90]，因其有效避免车辆控制中的人为失误，在保证安全性和舒适性的前提下，有效提高交通容量，使其成为目前研究的热点方向之一。车辆协作的控制不仅仅要求车队中每辆车都保证稳定，同时还要求保证车队队列的稳定性（String Stability），即要避免车间距离误差从第一辆跟随车辆向后逐渐增加。该问题在变车间距离控制中并不存在，因其不存在车辆间的通信问题[91]。对变车间距离方法的研究可参看文献［92，93］，基于变车间距离的车辆巡航控制方法。本书主要对定车间距离的车队控制进行研究，车队中各个车辆在保证稳定运行的同时，通过车间的无线通信来实现车队的整体稳定性。无线通信的介入，虽可有效增强车队控制系统的稳定性与鲁棒性，但无法避免会出现网络延时、丢包及量化等问题。目前，已有很多关于采用网络通信来实现对车队纵向控制的研究。文献［94，95］考虑了通信延时对车队稳定性的影响；文献［43-45］对存在丢包的纵向车队系统进行状态估计；文献［46］设计一种通信控制策略的车辆驾驶辅助系统，使车队在能见度较低、交通拥挤的情况下安全行驶。

目前，对于考虑通信网络影响下的车队控制问题的研究还有许多问题亟待解决。本章主要研究以下两点：①文献［43-45，94-98］考虑网络影响下的车队控制问题，都只考虑了网络因素的某一方面（如仅考虑延时与丢包其中一个），对网络的影响因素考虑并不全面。②车队通信信息的传递并不同步（如领队车辆的信息传递采用无线网络，则前车信息的传递采用车载传感器），在研究中反馈信息的性质不同往往被忽略。为了能使控制策略更好地在实践中得以应用，本文充分考虑了以上两点设计控制器，并对车队控制性能进行分析。

本章结构安排如下，第2.1节充分考虑无线网络的影响，引出本章要解决的问题。第2.2节针对该上述问题，设计保证车队稳定的保性能控制器。第2.3节进一步考虑领队车辆对车队的干扰，将系统扩展到 H_∞ 域分析，并设计 γ^- 次优 H_∞ 控制器。第2.4节通过数值仿真，验证算法的有效性和可行性，并对结果进行分析。第2.5节为本章总结。

2.1 车队建模与问题描述

2.1.1 车队模型建立

本文用于研究的车队是由 n 辆从左向右行驶的车辆组成，数学结构如下：

$$\delta_i = z_{i-1} - z_i - \delta_d - L_i \tag{2.1}$$

式中，$z_i(i=1,\ 2,\ \cdots,\ n-1)$ 是车辆的参考位置；L_i 是车辆的长度；δ_d 是期望的车间距离；δ_i 是期望车间距离与实际距离误差，车队结构图如图 2.1 所示。

图 2.1 中，z_0 是领队车辆的位置。

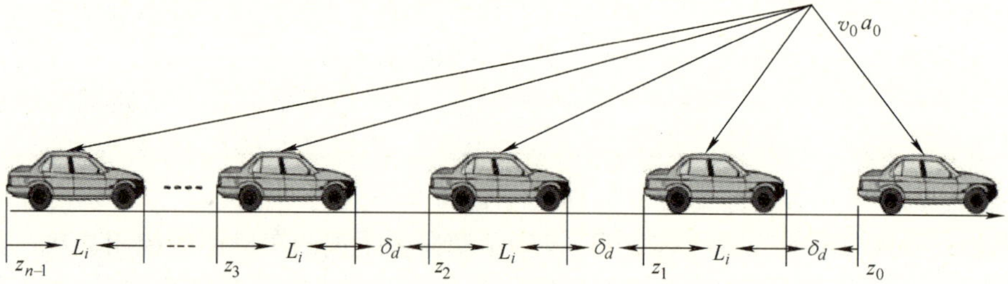

图 2.1　车队结构

假设车队在水平道路上行驶，跟随车辆的速度和加速度分别为 v_i 和 a_i（$i=1,\ \cdots,\ n-1$），$i=0$ 代表领队车辆。则第 i 辆跟随车的动态数学模型可以由以下三阶非线性微分方程表示：

$$\begin{aligned} \dot{\delta}_i &= v_{i-1} - v_i \\ \dot{v}_i &= a_i \\ \dot{a}_i &= f_i(v_i, a_i) + g_i(v_i)c_i \end{aligned} \tag{2.2}$$

式中，c_i 是发动机的输入；$f_i(v_i,\ a_i)$和 $g_i(v_i)$结构如下：

$$f_i(v_i, a_i) = -\frac{1}{\zeta_i}\left(\dot{v}_i + \frac{\sigma A_i c_{di}}{2m_i}v_i^2 + \frac{d_{mi}}{m_i}\right) - \frac{\sigma A_i c_{di} v_i a_i}{m_i}$$

$$g_i(v_i) = \frac{1}{\zeta_i m_i}$$

式中，ζ_i 是发动机的时间常数；σ、A_i、c_{di}、d_{mi} 和 m_i 分别代表是空气质量密度、第 i 辆车的横截面面积、拽力系数、第 i 辆车的机械阻力、车的质量及发动机的时间常数；$\frac{\sigma A_i c_{di}}{2m_i}$代表空气阻力。

说明 2.1　这里车队中的所有车辆可以是不同的。

针对该非线性车辆模型，采用反馈线性化方法设计控制器如下：

$$c_i = u_i m_i + \frac{\sigma A_i c_{di} v_i^2}{2} + d_{mi} + \zeta_i \sigma A_i c_{di} v_i a_i \tag{2.3}$$

式中，u_i 是额外的控制输入量。显然，采用该控制律后，得到车辆的线性动态模型如下：

$$\dot{a}_i = -\frac{1}{\zeta_i}a_i + \frac{1}{\zeta_i}u_i \tag{2.4}$$

说明 2.2 这里设计式（2.3）所表示的反馈线性化控制器，其作为分层结构控制器的第一层，可以取得以下两个优点：①获得第 i 辆车的线性动态模型；②减少车辆动态系统模型中的特征参数（如机械阻力、质量、空气阻力等）。

定义状态变量、输入量和测量输出量如下：

$$x(t) = \mathrm{Col}[x_i(t)]_{i=1}^{n-1}, u(t) = \mathrm{Col}[u_i(t)]_{i=1}^{n-1} \text{和}\ y(t) = \mathrm{Col}[y_i(t)]_{i=1}^{n-1}$$

式中，“Col”代表列向量，状态变量 $x_i(t) = [\delta_i \quad v_{i-1} - v_i \quad a_{i-1} - a_i]^{\mathrm{T}}$，测量输出 $y_i(t) = [\delta_i \quad \dot{\delta}_i \quad \ddot{\delta}_i \quad v_0 - v_i \quad a_0 - a_i]^{\mathrm{T}}, (i = 1, \cdots, n-1)$。基于式（2.2）和式（2.4），得到整个车队系统的状态空间方程为

$$\dot{x}(t) = \boldsymbol{A}x(t) + \boldsymbol{B}u(t) \tag{2.5}$$

式中，

$$\boldsymbol{A} = \begin{bmatrix} \boldsymbol{A}_1 & 0 & \cdots & 0 \\ 0 & \boldsymbol{A}_2 & \cdots & 0 \\ \cdots & \ddots & \ddots & \cdots \\ 0 & \cdots & 0 & \boldsymbol{A}_{n-1} \end{bmatrix}, \boldsymbol{B} = \begin{bmatrix} \boldsymbol{B}_1 & 0 & \cdots & 0 \\ -\boldsymbol{B}_1 & \boldsymbol{B}_2 & \cdots & 0 \\ \cdots & \ddots & \ddots & \cdots \\ 0 & \cdots & -\boldsymbol{B}_{n-2} & \boldsymbol{B}_{n-1} \end{bmatrix}, \boldsymbol{A}_i = \begin{bmatrix} 0 & -1 & 0 \\ 0 & 0 & 1 \\ 0 & 0 & \frac{-1}{\zeta_i} \end{bmatrix},$$

$\boldsymbol{B}_i = [0 \quad 0 \quad \frac{1}{\zeta_i}]^{\mathrm{T}}$。

同样测量输出可以写为

$$y(t) = \boldsymbol{C}x(t) \tag{2.6}$$

式中，

$$\boldsymbol{C} = \begin{bmatrix} \begin{bmatrix} \boldsymbol{C}_1 \\ \boldsymbol{C}_2 \end{bmatrix} & 0 & \cdots & 0 \\ \begin{bmatrix} 0 \\ \boldsymbol{C}_2 \end{bmatrix} & \begin{bmatrix} \boldsymbol{C}_1 \\ \boldsymbol{C}_2 \end{bmatrix} & \cdots & 0 \\ \vdots & \ddots & \ddots & \vdots \\ \begin{bmatrix} 0 \\ \boldsymbol{C}_2 \end{bmatrix} & \cdots & \begin{bmatrix} 0 \\ \boldsymbol{C}_2 \end{bmatrix} & \begin{bmatrix} \boldsymbol{C}_1 \\ \boldsymbol{C}_2 \end{bmatrix} \end{bmatrix}, \boldsymbol{C}_1 = \boldsymbol{I}_{3\times 3}, \boldsymbol{C}_2 = \begin{bmatrix} 0 & 1 & 0 \\ 0 & 0 & 1 \end{bmatrix}。$$

针对上述车队系统，设计输出反馈控制器如下：

$$u_i(t) = \boldsymbol{K}_i y_i(t) \tag{2.7}$$

式中，$\boldsymbol{K}_i = [k_p^{\delta} \quad k_v^{\delta} \quad k_a^{\delta} \quad k_v^{e} \quad k_a^{e}]$ 为待设计的控制器增益。该控制器与式（2.3）

所表示的反馈线性化控制器共同构成了本文要设计的分层结构控制器。

说明2.3 可以看出，对于第一辆车的控制器设计与其余跟随车辆存在不同点，即当 $i=1$ 时，反馈信号 $v_0-v_1=\dot{\delta}_1$ 和 $a_0-a_1=\ddot{\delta}_1$ 可以直接由车载传感器测量到的车间距离误差 δ_1 估计出来。而对于其余跟随车辆 i（$i=2, \cdots, n-1$），$v_0-v_i=\dot{\delta}_1+\cdots+\dot{\delta}_i$，$a_0-a_i=\ddot{\delta}_1+\cdots+\ddot{\delta}_i$ 均不能由车载传感器测量并估计，需要用无线网络来传输。由于反馈信息的性质不同，下文以此为前提设计车队系统的异质反馈控制器。

2.1.2 反馈信息异质的影响

本章设计的车队控制系统结构如图2.2所示。式（2.7）所表示的反馈控制器通过将输出向量 $y_i(t)=[\delta_i \quad \dot{\delta}_i \quad \ddot{\delta}_i \quad v_0-v_i \quad a_0-a_i]^{\mathrm{T}}$ 分为两部分（两部分的传输渠道不同，即异质反馈）来设计实现。前三项 $[\delta_i \quad \dot{\delta}_i \quad \ddot{\delta}_i]$ 由车载传感器测量，而另外两项 $[v_0-v_i \quad a_0-a_i]$ 则由无线网络传输。据此，可以将输出 $y(t)$ 分为两部分；$y_c(t)$ 和 $y_o(t)$，分别表示无线网络传输和车载传输。即 $y(t)=y_o(t)+y_c(t)$，其中，$y_c(t)=[y_{c1} \quad \cdots \quad y_{ci}]^{\mathrm{T}}$，$y_o(t)=[y_{o1} \quad \cdots \quad y_{oi}]^{\mathrm{T}}$，$y_{ci}=[0 \quad 0 \quad 0 \quad v_0-v_i \quad a_0-a_i]^{\mathrm{T}}$，$y_{oi}=[\delta_i \quad \dot{\delta}_i \quad \ddot{\delta}_i \quad 0 \quad 0]^{\mathrm{T}}$。

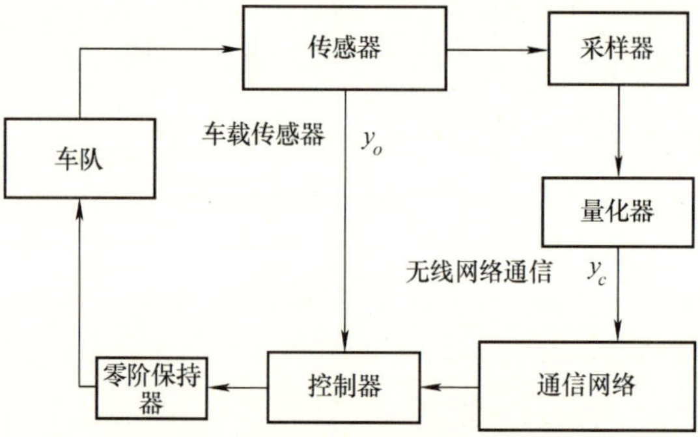

图2.2 网络限制下的车队结构图

对应的反馈控制器增益 $\boldsymbol{K}=\mathrm{diag}\{K_i\}_1^{n-1}$，$\boldsymbol{K}_i=[k_p^{\delta} \quad k_v^{\delta} \quad k_a^{\delta} \quad k_v^e \quad k_a^e]$ 也分为两部分：$\boldsymbol{K}_o$ 和 $\boldsymbol{K}_c$，并且有 $\boldsymbol{K}=\boldsymbol{K}_o+\boldsymbol{K}_c$，其中，$\boldsymbol{K}_o=\mathrm{diag}\{\boldsymbol{K}_{oi}\}_1^{n-1}$，$\boldsymbol{K}_c=\mathrm{diag}\{\boldsymbol{K}_{ci}\}_1^{n-1}$，$\boldsymbol{K}_{oi}=[k_p^{\delta} \quad k_v^{\delta} \quad k_a^{\delta} \quad 0 \quad 0]$，$\boldsymbol{K}_{ci}=[0 \quad 0 \quad 0 \quad k_v^e \quad k_a^e]$。

最后，车队控制器结构可以写为如下形式：

$$u(t)=\boldsymbol{K}_o y_o(t)+\boldsymbol{K}_c y_c(t) \tag{2.8}$$

2.1.3 干扰及不确定性建模

这里用 $w_i(t)$ 来表示结合了领队车加速度及风速的干扰向量。对于不确定性问题，本文仅考虑存在于发动机时间常数中的不确定性 $\Delta\zeta_i$（采用反馈线性化的车

辆动态模型中仅剩下该项）。于是，可将第 i 跟随车辆的动态模型写为

$$\dot{a}_i = -\left(\frac{1}{\zeta_i}+\frac{1}{\Delta\zeta_i}\right)a_i+\left(\frac{1}{\zeta_i}+\frac{1}{\Delta\zeta_i}\right)u_i+g_i w_i$$

式中，g_i 是实数；$|\Delta\zeta_i| = f_i(t)$；$f_i(t)$ 是 Lebesgue - measurable 连续函数，并且满足 $f_i^2(t) \geqslant D_i$，$D_i>0$。由以上分析，车队系统可以写为

$$\dot{x}(t)=(\boldsymbol{A}+\Delta\boldsymbol{A})x(t)+(\boldsymbol{B}+\Delta\boldsymbol{B})u(t)+Gw(t) \tag{2.9}$$

$$y(t)=\boldsymbol{C}_o x(t)+\boldsymbol{C}_c x(t) \tag{2.10}$$

式中，

$$\boldsymbol{C}_o=\begin{bmatrix}\begin{bmatrix}\boldsymbol{C}_1\\0\end{bmatrix} & 0 & \cdots & 0\\ 0 & \begin{bmatrix}\boldsymbol{C}_1\\0\end{bmatrix} & \cdots & 0\\ \vdots & \ddots & \ddots & \vdots\\ 0 & \cdots & 0 & \begin{bmatrix}\boldsymbol{C}_1\\0\end{bmatrix}\end{bmatrix},\boldsymbol{C}_c=\begin{bmatrix}\begin{bmatrix}0\\\boldsymbol{C}_2\end{bmatrix} & 0 & \cdots & 0\\ \begin{bmatrix}0\\\boldsymbol{C}_2\end{bmatrix} & \begin{bmatrix}0\\\boldsymbol{C}_2\end{bmatrix} & \cdots & 0\\ \vdots & \ddots & \ddots & \vdots\\ \begin{bmatrix}0\\\boldsymbol{C}_2\end{bmatrix} & \cdots & \begin{bmatrix}0\\\boldsymbol{C}_2\end{bmatrix} & \begin{bmatrix}0\\\boldsymbol{C}_2\end{bmatrix}\end{bmatrix}$$

$\boldsymbol{C}=\boldsymbol{C}_o+\boldsymbol{C}_c$,

$\boldsymbol{G}=\mathrm{diag}\{g_1,\cdots,g_{n-1}\}, w(t)=\mathrm{Col}[w_t(t)]_{i=1}^{n-1}$,

$\Delta\boldsymbol{A}=\mathrm{diag}\{\Delta\boldsymbol{A}_1,\cdots,\Delta\boldsymbol{A}_1\}$,

$\Delta\boldsymbol{B}=\mathrm{diag}\{\Delta\boldsymbol{B}_1,[-\Delta\boldsymbol{B}_1\quad \Delta\boldsymbol{B}_1],\cdots,[-\Delta\boldsymbol{B}_1\quad \Delta\boldsymbol{B}_1]\}$,

$$\Delta\boldsymbol{A}_1=\begin{bmatrix}0&0&0\\0&0&0\\0&0&1/\Delta\zeta_i\end{bmatrix},\ \Delta\boldsymbol{B}_1=\begin{bmatrix}0\\0\\1/\Delta\zeta_i\end{bmatrix}。$$

根据不确定参数 $\Delta\zeta_i$ 的假设可得到

$$[\Delta\boldsymbol{A}\quad \Delta\boldsymbol{B}]=\boldsymbol{D}\boldsymbol{F}(t)[\boldsymbol{E}_1\quad \boldsymbol{E}_2]$$

式中，

$$\boldsymbol{D}=\frac{1}{\sqrt{D_i}}\times\mathrm{diag}\left\{\begin{bmatrix}0&0&1\\0&0&1\end{bmatrix}^{\mathrm{T}},\cdots,\begin{bmatrix}0&0&1\\0&0&1\end{bmatrix}^{\mathrm{T}}\right\},$$

$$\boldsymbol{E}_1=\mathrm{diag}\left\{\begin{bmatrix}0&0&0\\0&0&1\end{bmatrix}^{\mathrm{T}},\cdots,\begin{bmatrix}0&0&0\\0&0&1\end{bmatrix}^{\mathrm{T}}\right\},$$

$$\boldsymbol{E}_2=\mathrm{diag}\left\{\begin{bmatrix}0\\1\end{bmatrix},\begin{bmatrix}0&0\\-1&1\end{bmatrix},\cdots,\begin{bmatrix}0&0\\-1&1\end{bmatrix}\right\},$$

$$\boldsymbol{F}(t)=\frac{\sqrt{D_i}}{f_i(t)}\boldsymbol{I},$$

式中，$\boldsymbol{F}^{\mathrm{T}}(t)\boldsymbol{F}(t)\leqslant\boldsymbol{I}$。

2.1.4 通信限制建模

假设反馈变量 $y(t)$ 是可测量的，且其中一部分反馈量 $y_c(t)$ 包含了领队车辆的信息，通过网络传输给其余跟随车辆。如果跟随车辆在采样周期内成功接收到该信息，则可以忽略网络延时，如果延时超出采样周期，则假设存在延时为 τ，且 $\tau<\tau_m$，其中，τ_m 为最大延时值。如果传输失败，则设 θ 为丢包数，$\theta<\theta_m$，其中，θ_m 为最大丢包数。这里将丢包数考虑为 θ 个采样周期的延时，则式（2.8）写为

$$u(t)=\boldsymbol{K}_o y_o+\boldsymbol{K}_c y_c(t-\eta) \tag{2.11}$$

式中，$\eta=\tau+\theta h$，最后，得到车队的混合系统模型为

$$\dot{x}(t)=[\boldsymbol{A}+\boldsymbol{B}\boldsymbol{K}_o\boldsymbol{C}_o+\boldsymbol{D}\boldsymbol{F}(\boldsymbol{E}_1+\boldsymbol{E}_2\boldsymbol{K}_o\boldsymbol{C}_o)]x(t)+[\boldsymbol{B}\boldsymbol{K}_c\boldsymbol{C}_c+\boldsymbol{D}\boldsymbol{F}\boldsymbol{E}_2\boldsymbol{K}_c\boldsymbol{C}_c]x(t-\eta)+\boldsymbol{G}w(t) \tag{2.12}$$

该模型是本章下文控制器设计的基础。

2.1.5 控制目标

本章将设计式（2.8）所表示的跟随车辆控制器，使车队控制满足以下控制性能：

（1）车队稳定性：实现闭环车队系统渐近稳定性。

（2）零稳态性能：所有车间距离误差 $\delta_i(t)$ 最终趋近于零。

（3）车队队列稳定性：避免因领队或其他干扰使车间距离误差沿着队列向后逐渐递增[15]，即对所有 $w>0$，满足 $\|G(\mathrm{j}w)\|\leqslant 1$，其中，$G(s)=\delta_i(s)/\delta_{i-1}(s)$。

对于车队控制系统除了要满足上述稳定性条件外，还需要满足以下性能指标：

$$J=\int_0^{\infty}[x^{\mathrm{T}}(t)\boldsymbol{Q}x(t)+u^{\mathrm{T}}(t)\boldsymbol{R}u(t)]\mathrm{d}t \tag{2.13}$$

式中，$\boldsymbol{Q}$、$\boldsymbol{R}$ 是正定对称矩阵；如果式（2.12）所表示的闭环车队系统稳定，并且对式（2.13）所表示的给定的性能指标满足 $J\leqslant J^*$，则称 J^* 为保性能指标；$u(t)$ 为保性能控制器。

2.2 车队稳定性分析

2.2.1 保性能控制器设计

本小节考虑式（2.12）所表示的通信网络影响下的无干扰车队系统，针对式（2.13）所表示的性能指标设计式（2.8）所表示的保性能控制器，使车队系统异步渐近稳定。

首先给出以下定理，证明该保性能控制器的存在。

定理 2.1 对式（2.12）所表示的闭环车队系统和式（2.13）所表示的性能指标，如果存在矩阵 $\boldsymbol{K}$，正定对称矩阵 $\boldsymbol{P}$ 和 $\boldsymbol{T}$，使得对式（2.12）所描述的所有不确定性、延时/丢包情况下，以下矩阵不等式成立：

$$\begin{bmatrix} \boldsymbol{\Pi}_1 & \boldsymbol{\Pi}_2 \\ * & -\boldsymbol{T} \end{bmatrix} < 0 \tag{2.14}$$

式中，

$$\begin{aligned} \boldsymbol{\Pi}_1 &= \boldsymbol{Q} + (\boldsymbol{KC})^{\mathrm{T}}\boldsymbol{RKC} + \boldsymbol{P}[\boldsymbol{A} + \boldsymbol{BK}_o\boldsymbol{C}_o + \boldsymbol{DF}(\boldsymbol{E}_1 + \boldsymbol{E}_2\boldsymbol{K}_o\boldsymbol{C}_o)] \\ &\quad + [\boldsymbol{A} + \boldsymbol{BK}_o\boldsymbol{C}_o + \boldsymbol{DF}(\boldsymbol{E}_1 + \boldsymbol{E}_2\boldsymbol{K}_o\boldsymbol{C}_o)]^{\mathrm{T}}\boldsymbol{P} + (\boldsymbol{K}_c\boldsymbol{C}_c)^{\mathrm{T}}\boldsymbol{TK}_c\boldsymbol{C}_c, \\ \boldsymbol{\Pi}_2 &= \boldsymbol{P}[\boldsymbol{B} + \boldsymbol{DFE}_2]。 \end{aligned} \tag{2.15}$$

则该车队系统存在保性能控制器。

证明 选取 Lyapunov 函数为

$$V(t) = x^{\mathrm{T}}(t)\boldsymbol{P}x(t) + \int_{t-\eta}^{t} x^{\mathrm{T}}(s)(\boldsymbol{K}_c\boldsymbol{C}_c)^{\mathrm{T}}\boldsymbol{TK}_c\boldsymbol{C}_c x(s)\mathrm{d}s \tag{2.16}$$

由矩阵 $\boldsymbol{P}$、$\boldsymbol{T}$ 的正定性可以推断出 Lyapunov 函数 $V(t)$ 是正定的。则沿着式（2.12）所表示的闭环车队系统的任意轨迹，对 $V(t)$ 求导得

$$\begin{aligned} \dot{V}(t) &= 2x^{\mathrm{T}}(t)\boldsymbol{P}[\boldsymbol{A} + \boldsymbol{BK}_o\boldsymbol{C}_o + \boldsymbol{DF}(\boldsymbol{E}_1 + \boldsymbol{E}_2\boldsymbol{K}_o\boldsymbol{C}_o)]x(t) \\ &\quad + 2x^{\mathrm{T}}(t)\boldsymbol{P}[\boldsymbol{BK}_c\boldsymbol{C}_c + \boldsymbol{DFE}_2\boldsymbol{K}_c\boldsymbol{C}_c]x(t-\eta) \\ &\quad + x^{\mathrm{T}}(t)(\boldsymbol{K}_c\boldsymbol{C}_c)^{\mathrm{T}}\boldsymbol{TK}_c\boldsymbol{C}_c x(t) - x^{\mathrm{T}}(t-\eta)(\boldsymbol{K}_c\boldsymbol{C}_c)^{\mathrm{T}}\boldsymbol{TK}_c\boldsymbol{C}_c x(t-\eta) \\ &= \begin{bmatrix} x(t) \\ \boldsymbol{K}_c\boldsymbol{C}_c x(t-\eta) \end{bmatrix}^{\mathrm{T}} \begin{bmatrix} \boldsymbol{\Pi}_1 - \boldsymbol{Q} - (\boldsymbol{KC})^{\mathrm{T}}\boldsymbol{RKC} & \boldsymbol{\Pi}_2 \\ * & -\boldsymbol{T} \end{bmatrix} \begin{bmatrix} x(t) \\ \boldsymbol{K}_c\boldsymbol{C}_c x(t-\eta) \end{bmatrix} \end{aligned} \tag{2.17}$$

式中，$\boldsymbol{\Pi}_1$、$\boldsymbol{\Pi}_2$ 在式（2.15）中给出。

由式（2.17）可以得到对所有允许的不确定性有下式成立，

$$\dot{V}(t) < -x^{\mathrm{T}}(t)[\boldsymbol{Q} + (\boldsymbol{KC})^{\mathrm{T}}\boldsymbol{RKC}]x(t) < 0 \tag{2.18}$$

因此由 Lyapunov 稳定性理论，可以得出式（2.12）所表示的闭环车队系统是鲁棒渐近稳定的。

进一步对不等式（2.18）的两边，从 0 到 T 进行积分可以得到

$$\begin{aligned} &-\int_0^T x^{\mathrm{T}}(t)[\boldsymbol{Q} + (\boldsymbol{KC})^{\mathrm{T}}\boldsymbol{RKC}]x(t)\mathrm{d}t \\ &> x^{\mathrm{T}}(T)\boldsymbol{P}x(T) - x^{\mathrm{T}}(0)\boldsymbol{P}x(0) + \int_{T-\eta}^{T} x^{\mathrm{T}}(s)\boldsymbol{T}x(s)\mathrm{d}s - \int_{-\eta}^{0} x^{\mathrm{T}}(s)\boldsymbol{T}x(s)\mathrm{d}s \end{aligned}$$

因为式（2.12）所表示的闭环系统是渐近稳定的，当 $T\to\infty$，并利用初始条件 $x(0)=0$，$x^{\mathrm{T}}(0)\boldsymbol{P}x(0)=0$，可以得到 $x^{\mathrm{T}}(T)\boldsymbol{P}x(T)\to 0$ 和 $\int_{T-\eta}^{T} x^{\mathrm{T}}(s)\boldsymbol{T}x(s)\mathrm{d}s \to 0$。

即 $\int_0^{\infty} x^{\mathrm{T}}(t)[\boldsymbol{Q} + (\boldsymbol{KC})^{\mathrm{T}}\boldsymbol{RKC}]x(t)\mathrm{d}t \leqslant \int_{-d}^{0} x^{\mathrm{T}}(t)[\boldsymbol{Q} + (\boldsymbol{KC})^{\mathrm{T}}\boldsymbol{RKC}]x(t)\mathrm{d}t$。

从而证明该车队系统存在保性能控制器。定理得证。

定理 2.1 证明了保证车队稳定的保性能控制器的存在性。下面给出引理 2.1，基于该引理可将不等式（2.14）转换为线形矩阵不等式的可行解问题，并以此给

出保性能控制器的设计方法。

引理 2.1 给定适当维数的矩阵 $\boldsymbol{N}$、$\boldsymbol{L}$ 和 $\boldsymbol{M}$，其中，$\boldsymbol{F}$ 是对称的，则 $\boldsymbol{N}+\boldsymbol{LFM}+\boldsymbol{M}^{\mathrm{T}}\boldsymbol{F}^{\mathrm{T}}\boldsymbol{L}^{\mathrm{T}}<0$，对所有满足 $\boldsymbol{F}^{\mathrm{T}}\boldsymbol{F}\leqslant\boldsymbol{I}$ 的矩阵 $\boldsymbol{F}$ 成立，当且仅当存在一个 $\varepsilon>0$，使得$\boldsymbol{N}+\varepsilon\boldsymbol{LL}^{\mathrm{T}}+\varepsilon^{-1}\boldsymbol{M}^{\mathrm{T}}M<0$ 成立。

定理 2.2 对于车队闭环系统式（2.12）和给定性能指标式（2.13），存在正定对称矩阵 $\boldsymbol{P}=\boldsymbol{P}^{\mathrm{T}}>0$，$\boldsymbol{T}=\boldsymbol{T}^{\mathrm{T}}>0$ 使矩阵不等式（2.14）成立的条件为，当且仅当存在一个指标 $\varepsilon>0$，矩阵 $\boldsymbol{W}$，$\boldsymbol{U}\in\boldsymbol{R}^{m\times n}$，对称矩阵 $\boldsymbol{X}$，$\boldsymbol{Y}\in\boldsymbol{R}^{m\times n}$，使得矩阵不等式成立。

$$\begin{bmatrix}\boldsymbol{\Omega}_1 & 0 & (\boldsymbol{E}_1\boldsymbol{X}+\boldsymbol{E}_2\boldsymbol{W})^{\mathrm{T}} & \boldsymbol{X} & (\boldsymbol{W}+\boldsymbol{U})^{\mathrm{T}} & \boldsymbol{U}^{\mathrm{T}}\\ * & -\boldsymbol{Y} & 0 & 0 & 0 & 0\\ * & * & -\boldsymbol{I}\varepsilon & 0 & 0 & 0\\ * & * & * & -\boldsymbol{Q}^{-1} & 0 & 0\\ * & * & * & * & -\boldsymbol{R}^{-1} & 0\\ * & * & * & * & * & -\boldsymbol{Y}\end{bmatrix}<0 \tag{2.19}$$

式中，$\boldsymbol{\Omega}_1=\boldsymbol{AX}+\boldsymbol{BW}+(\boldsymbol{AX}+\boldsymbol{BW})^{\mathrm{T}}+\varepsilon\boldsymbol{DD}^{\mathrm{T}}$。

进一步给出保性能控制器的增益为

$$\begin{aligned}\boldsymbol{K}_o&=\mathrm{diag}\{\boldsymbol{K}_{oi}=\hat{\boldsymbol{W}}\hat{\boldsymbol{X}}^{-1}[\boldsymbol{I}_{3\times3}\quad \mathbf{zero}(2)]\}_1^{n-1}\\ \boldsymbol{K}_c&=\mathrm{diag}\{\boldsymbol{K}_{ci}=\hat{\boldsymbol{U}}\hat{\boldsymbol{X}}^{-1}[\mathbf{zero}(3)\quad \boldsymbol{I}_{2\times2}]\}_1^{n-1}\end{aligned} \tag{2.20}$$

显然，不等式（2.19）可以写为

$$\boldsymbol{V}+\begin{bmatrix}\boldsymbol{PD}\\0\end{bmatrix}\boldsymbol{F}[\boldsymbol{E}_1+\boldsymbol{E}_2\boldsymbol{K}_o\boldsymbol{C}_o\quad 0]+[\boldsymbol{E}_1+\boldsymbol{E}_2\boldsymbol{K}_o\boldsymbol{C}_o\quad 0]^{\mathrm{T}}\boldsymbol{F}^{\mathrm{T}}\begin{bmatrix}\boldsymbol{PD}\\0\end{bmatrix}^{\mathrm{T}}<0$$

其中，

$$\boldsymbol{V}=\begin{bmatrix}\boldsymbol{Q}+(\boldsymbol{KC})^{\mathrm{T}}\boldsymbol{RKC}+\boldsymbol{P}[\boldsymbol{A}+\boldsymbol{BK}_o\boldsymbol{C}_o]+[\boldsymbol{A}+\boldsymbol{BK}_o\boldsymbol{C}_o]^{\mathrm{T}}\boldsymbol{P}+(\boldsymbol{K}_c\boldsymbol{C}_c)^{\mathrm{T}}\boldsymbol{TK}_c\boldsymbol{C}_c & 0\\ 0 & -\boldsymbol{T}\end{bmatrix}。$$

根据引理 2.1，给出上述矩阵不等式成立的条件为：对所有允许的不确定性，当且仅当存在一个常数 $\varepsilon>0$ 使以下不等式成立：

$$\boldsymbol{V}+\varepsilon_1\begin{bmatrix}\boldsymbol{PD}\\0\end{bmatrix}\begin{bmatrix}\boldsymbol{PD}\\0\end{bmatrix}^{\mathrm{T}}+\varepsilon_1^{-1}[\boldsymbol{E}_1+\boldsymbol{E}_2\boldsymbol{K}_o\boldsymbol{C}_o\quad 0]^{\mathrm{T}}[\boldsymbol{E}_1+\boldsymbol{E}_2\boldsymbol{K}_o\boldsymbol{C}_o\quad 0]>0$$

即下式成立：

$$\begin{bmatrix}\boldsymbol{\Omega}_2 & 0\\ * & -\boldsymbol{T}+\varepsilon_2^{-1}+\boldsymbol{E}_2^{\mathrm{T}}\varepsilon_3^{-1}\boldsymbol{E}_2\end{bmatrix}<0 \tag{2.21}$$

式中，$\boldsymbol{\Omega}_2=\boldsymbol{Q}+(\boldsymbol{KC})^{\mathrm{T}}\boldsymbol{RKC}+\boldsymbol{P}[\boldsymbol{A}+\boldsymbol{BK}_o\boldsymbol{C}_o]+[\boldsymbol{A}+\boldsymbol{BK}_o\boldsymbol{C}_o]^{\mathrm{T}}\boldsymbol{P}$
$+(\boldsymbol{K}_c\boldsymbol{C}_c)^{\mathrm{T}}\boldsymbol{TK}_c\boldsymbol{C}_c+\varepsilon\boldsymbol{PDD}^{\mathrm{T}}\boldsymbol{P}+\varepsilon^{-1}(\boldsymbol{E}_1+\boldsymbol{E}_2\boldsymbol{K}_o\boldsymbol{C}_o)^{\mathrm{T}}(\boldsymbol{E}_1+\boldsymbol{E}_2\boldsymbol{K}_o\boldsymbol{C}_o)$。

利用 Schur 补性质，不等式（2.21）等价于

$$\begin{bmatrix} \boldsymbol{\Omega}_3 & 0 & (\boldsymbol{E}_1+\boldsymbol{E}_2\boldsymbol{K}_o\boldsymbol{C}_o)^{\mathrm{T}} & \boldsymbol{I} & (\boldsymbol{KC})^{\mathrm{T}} & (\boldsymbol{K}_c\boldsymbol{C}_c)^{\mathrm{T}} \\ * & -\boldsymbol{T} & 0 & 0 & 0 & 0 \\ * & * & -\boldsymbol{I}\varepsilon & 0 & 0 & 0 \\ * & * & * & -\boldsymbol{Q}^{-1} & 0 & 0 \\ * & * & * & * & -\boldsymbol{R}^{-1} & 0 \\ * & * & * & * & * & -\boldsymbol{T}^{-1} \end{bmatrix}<0 \quad (2.22)$$

式中，$\boldsymbol{\Omega}_3=\boldsymbol{P}[\boldsymbol{A}+\boldsymbol{BK}_o\boldsymbol{C}_o]+[\boldsymbol{A}+\boldsymbol{BK}_o\boldsymbol{C}_o]^{\mathrm{T}}\boldsymbol{P}+(\varepsilon_1+4\varepsilon_3)\boldsymbol{PDD}^{\mathrm{T}}\boldsymbol{P}+4\varepsilon_2\boldsymbol{PBB}^{\mathrm{T}}\boldsymbol{P}$。

式（2.22）两边同时乘以下述矩阵：

$$\begin{bmatrix} \boldsymbol{P}^{-1} & 0 & 0 & 0 & 0 & 0 \\ * & \boldsymbol{T}^{-1} & 0 & 0 & 0 & 0 \\ * & * & \boldsymbol{I} & 0 & 0 & 0 \\ * & * & * & \boldsymbol{I} & 0 & 0 \\ * & * & * & * & \boldsymbol{I} & 0 \\ * & * & * & * & * & \boldsymbol{I} \end{bmatrix}$$

式中，$\boldsymbol{X}=\boldsymbol{P}^{-1}$，$\boldsymbol{W}=\boldsymbol{K}_o\boldsymbol{C}_o\boldsymbol{P}^{-1}$，$\boldsymbol{Y}=\boldsymbol{T}^{-1}$，$\boldsymbol{U}=\boldsymbol{K}_c\boldsymbol{C}_c\boldsymbol{P}^{-1}$，即可得矩阵不等式（2.19）。

为了得到反馈增益 $\boldsymbol{K}$，设 $\boldsymbol{X}=\mathrm{diag}\ \{\hat{\boldsymbol{X}}\cdots,\ \hat{\boldsymbol{X}}\}$，$\boldsymbol{W}=\mathrm{diag}\ \{\hat{\boldsymbol{W}}\cdots,\ \hat{\boldsymbol{W}}\}$，

$$\boldsymbol{U}=\begin{bmatrix} \hat{\boldsymbol{U}} & 0 & 0 & 0 \\ \hat{\boldsymbol{U}} & \hat{\boldsymbol{U}} & 0 & 0 \\ \vdots & \ddots & \ddots & \vdots \\ \hat{\boldsymbol{U}} & \hat{\boldsymbol{U}} & \hat{\boldsymbol{U}} & \hat{\boldsymbol{U}} \end{bmatrix}。$$

利用式（2.6）和式（2.8），可以得到控制器增益 $\boldsymbol{K}_o=\mathrm{diag}\ \{\boldsymbol{K}_{oi}=\hat{\boldsymbol{W}}\hat{\boldsymbol{X}}^{-1}[\boldsymbol{I}_{3\times3}\quad \mathbf{zero}\ (2)]\}_1^{n-1}$，$\boldsymbol{K}_c=\mathrm{diag}\ \{\boldsymbol{K}_{ci}=\hat{\boldsymbol{U}}\hat{\boldsymbol{X}}^{-1}\ [\mathbf{zero}\ (3)\quad \boldsymbol{I}_{2\times2}]\}_1^{n-1}$，定理得证。

2.2.2 H_∞ 控制器设计

上一小节的控制器只考虑了车队控制系统中存在延时和丢包的问题，未考虑领队车辆以及外界风等对车队的干扰。本小节从更加实用的角度出发，设计能适应领队车辆的影响以及外界对车队的干扰的一种次优控制器，即 γ 次优 H_∞ 控制器。首先给出车队控制系统的 γ 次优 H_∞ 控制定义。

定义 2.1 对给定的常数 $\gamma>0$，如果以下条件成立，则成立，则称式（2.8）所表示的控制器为 γ 次优 H_∞ 控制器。

1）式（2.12）所表示的闭环车队系统渐近稳定；

2）在零初始条件下，测量输出 $y(t)$ 满足 $\|y\|_2 \leqslant \gamma \|w\|_2$，其中，$\|\cdot\|_2$ 表示 l_2［0，∞）中的标准范数。

下面给出车队系统存在该控制器的条件。

定理 2.3 对式（2.12）所表示的闭环系统，存在 γ 次优 H_∞ 控制器的一个充分条件是，对给定的常数 $\gamma>0$，存在矩阵 $\boldsymbol{P}=\boldsymbol{P}^{\mathrm{T}}>0$，$\boldsymbol{T}=\boldsymbol{T}^{\mathrm{T}}>0$，使得对所有允许的参数不确定性，以下矩阵不等式成立：

$$\begin{bmatrix} \boldsymbol{\Pi}_1 & 0 & \boldsymbol{PG} & \boldsymbol{\Pi}_2 \\ * & -\gamma \boldsymbol{I} & 0 & 0 \\ * & * & -\gamma \boldsymbol{I} & 0 \\ * & * & * & -\boldsymbol{T} \end{bmatrix} < 0 \tag{2.23}$$

其中，$\boldsymbol{\Pi}_1$、$\boldsymbol{\Pi}_2$ 在式（2.15）中给出。

证明 选取 Lyapunov 函数如式（2.16）。采用类似定理 2.1 的证明方法可以得到 $\dot{V}(t)<0$，即式（2.12）所表示的闭环车队系统异步渐近稳定。对所有 $w \in l_2$［0，∞），可以得到

$$\dot{V}(t)+\gamma^{-1}y^{\mathrm{T}}(t)y(t)-\gamma w^{\mathrm{T}}(t)w(t)$$

$$=\begin{bmatrix} x(t) \\ w(t) \\ \boldsymbol{K}_c\boldsymbol{C}_c x(t-\eta) \end{bmatrix}^{\mathrm{T}} \left(\begin{bmatrix} \boldsymbol{\Pi}_1 & \boldsymbol{PG} & \boldsymbol{\Pi}_2 \\ * & 0 & 0 \\ * & * & -\boldsymbol{T} \end{bmatrix} + \begin{bmatrix} \gamma^{-1}\boldsymbol{C}^{\mathrm{T}}\boldsymbol{C} & 0 & 0 \\ * & -\gamma \boldsymbol{I} & 0 \\ * & * & 0 \end{bmatrix} \right) \begin{bmatrix} x(t) \\ w(t) \\ \boldsymbol{K}_c\boldsymbol{C}_c x(t-\eta) \end{bmatrix}$$

利用 Schur 补性质以及不等式（2.23），可得

$$\dot{V}(t)+\gamma^{-1}y^{\mathrm{T}}(t)y(t)-\gamma w^{\mathrm{T}}(t)w(t)<0$$

即 $\int_0^T \dot{V}(t)+\gamma^{-1}y^{\mathrm{T}}(t)y(t)-\gamma w^{\mathrm{T}}(t)w(t)\mathrm{d}t<0$。

在零初始条件下，可得

$$\int_0^T y^{\mathrm{T}}(t)y(t) \leqslant \gamma^2 \int_0^\infty w^{\mathrm{T}}(t)w(t)$$

由此及 $w \in l_2$［0，∞）可得 $\|y\|_2 \leqslant \gamma \|w\|_2$。定理得证。

以下采用与定理 2.2 相似的方法，将式（2.23）转化成线性矩阵不等式的可行性问题，并据此设计控制器。

定理 2.4 对式（2.12）所表示的车队闭环系统和式（2.13）所给定的性能指标，存在正定对称矩阵 $\boldsymbol{P}=\boldsymbol{P}^{\mathrm{T}}>0$，$\boldsymbol{T}=\boldsymbol{T}^{\mathrm{T}}>0$，使矩阵不等式（2.23）成立的条件为，当且仅当关于 $\varepsilon>0$，矩阵 $\boldsymbol{W}$，$\boldsymbol{U}\in \boldsymbol{R}^{m\times n}$，对称矩阵 $\boldsymbol{X}$，$\boldsymbol{Y}\in \boldsymbol{R}^{m\times m}$ 的线性矩阵不等式成立。

$$
\begin{bmatrix}
\boldsymbol{\Omega}_4 & 0 & \boldsymbol{PG} & 0 & (\boldsymbol{E}_1\boldsymbol{X}+\boldsymbol{E}_2\boldsymbol{W})^{\mathrm{T}} & \boldsymbol{X} & (\boldsymbol{W}+\boldsymbol{U})^{\mathrm{T}} & \boldsymbol{U}^{\mathrm{T}} \\
* & -\gamma\boldsymbol{I} & 0 & 0 & 0 & 0 & 0 & 0 \\
* & * & -\gamma\boldsymbol{I} & 0 & 0 & 0 & 0 & 0 \\
* & * & * & -\boldsymbol{Y} & 0 & 0 & 0 & 0 \\
* & * & * & * & -\boldsymbol{I}\varepsilon & 0 & 0 & 0 \\
* & * & * & * & * & -\boldsymbol{Q}^{-1} & 0 & 0 \\
* & * & * & * & * & * & -\boldsymbol{R}^{-1} & 0 \\
* & * & * & * & * & * & * & -\boldsymbol{Y}
\end{bmatrix} < 0 \tag{2.24}
$$

其中，$\boldsymbol{\Omega}_4 = \boldsymbol{AX}+\boldsymbol{BW}+(\boldsymbol{AX}+\boldsymbol{BW})^{\mathrm{T}}+(\varepsilon_1+4\varepsilon_3)\boldsymbol{DD}^{\mathrm{T}}+4\varepsilon_2\boldsymbol{BB}^{\mathrm{T}}$。

γ 次优 H_∞ 控制器增益为

$$
\begin{aligned}
\boldsymbol{K}_o &= \mathrm{diag}\{\boldsymbol{K}_{oi}=\hat{\boldsymbol{W}}\hat{\boldsymbol{X}}^{-1}[\boldsymbol{I}_{3\times 3}\quad \mathbf{zero}(2)]\}_1^{n-1} \\
\boldsymbol{K}_c &= \mathrm{diag}\{\boldsymbol{K}_{ci}=\hat{\boldsymbol{U}}\hat{\boldsymbol{X}}^{-1}[\mathbf{zero}(3)\quad \boldsymbol{I}_{2\times 2}]\}_1^{n-1}
\end{aligned} \tag{2.25}
$$

证明　证明与定理 2.2 相似。

说明 2.4　上述控制器设计过程中，为了计算方便做出假设，为所有的跟随车辆都具有相同的延时及丢包。而在实际中不同跟随车辆获得的信息是通过相对独立的数据包传输实现的，这就导致不同的延时及丢包的情况出现。本章所设计的控制器同样可以处理分布式延时的情况。考虑分布式延时后闭环车队系统可以写为如下形式：

$$
\dot{x}(t) = [\boldsymbol{A}+\boldsymbol{BK}_o\boldsymbol{C}_o+\boldsymbol{DF}(\boldsymbol{E}_1+\boldsymbol{E}_2\boldsymbol{K}_o\boldsymbol{C}_o)]x(t)+\sum_{i=1}^{n-1}\overline{\boldsymbol{H}}_i\overline{x}(t-\eta_i)+\boldsymbol{G}w(t) \tag{2.26}
$$

式中，$\overline{x}(t-\eta_i)=\mathrm{Col}[x_i(t-\eta_i)]_{i=1}^{n-1}$是代表延时的状态向量；矩阵 $\overline{\boldsymbol{H}}_i=\mathrm{diag}\{\overline{h}_1 \cdots, \overline{h}_j\cdots, \overline{h}_{(n-1)}\}\overline{\boldsymbol{H}}$，其中，$\overline{h}_i=\boldsymbol{I}_{3\times 3}$，$\overline{h}_j=0\ (j\neq i)$，$\overline{\boldsymbol{H}}=\boldsymbol{BK}_c\boldsymbol{C}_c(1+\varphi(t))+\boldsymbol{DF}(1+\varphi(t))\boldsymbol{E}_2\boldsymbol{K}_c\boldsymbol{C}_c$。

以下推论可证明使式（2.26）表示的闭环车队系统渐近稳定的控制器存在。

推论 2.1　对式（2.26）所表示的分布式延时系统存在 H_∞ 控制器的一个充分条件是对给定的常数 $\gamma>0$，存在矩阵 $\boldsymbol{P}=\boldsymbol{P}^{\mathrm{T}}>0$，$\boldsymbol{T}=\boldsymbol{T}^{\mathrm{T}}>0$，使得对所有允许的参数不确定性，以下矩阵不等式成立：

$$
\begin{bmatrix}
\overline{\boldsymbol{\Pi}}_1-\boldsymbol{Q}-(\boldsymbol{KC})^{\mathrm{T}}\boldsymbol{RKC} & 0 & \boldsymbol{PG} & \boldsymbol{PH}_1 & \cdots & \boldsymbol{PH}_{n-1} \\
* & -\gamma\boldsymbol{I} & 0 & 0 & 0 & 0 \\
* & * & -\gamma\boldsymbol{I} & 0 & 0 & 0 \\
* & * & * & -\boldsymbol{T} & 0 & 0 \\
* & * & * & * & \ddots & 0 \\
* & * & * & * & * & -\boldsymbol{T}
\end{bmatrix} < 0 \tag{2.27}
$$

其中，$\boldsymbol{\Pi}_1 = \boldsymbol{Q} + (\boldsymbol{KC})^{\mathrm{T}}\boldsymbol{RKC} + \boldsymbol{P}[\boldsymbol{A} + \boldsymbol{BK}_o\boldsymbol{C}_o + \boldsymbol{DF}(\boldsymbol{E}_1 + \boldsymbol{E}_2\boldsymbol{K}_o\boldsymbol{C}_o)]$

$$+ [\boldsymbol{A} + \boldsymbol{BK}_o\boldsymbol{C}_o + \boldsymbol{DF}(\boldsymbol{E}_1 + \boldsymbol{E}_2\boldsymbol{K}_o\boldsymbol{C}_o)]^{\mathrm{T}}\boldsymbol{P} + \sum_{i=1}^{n-1}(\boldsymbol{K}_c\boldsymbol{C}_c)^{\mathrm{T}}\boldsymbol{TK}_c\boldsymbol{C}_c。\tag{2.28}$$

证明 选择 Lyapunov 函数如下：

$$V(t) = x^{\mathrm{T}}(t)\boldsymbol{P}x(t) + \sum_{i=1}^{n-1}\int_{t-\eta_i}^{t}\bar{x}_i^{\mathrm{T}}(s)(\boldsymbol{K}_c\boldsymbol{C}_c)^{\mathrm{T}}\boldsymbol{TK}_c\boldsymbol{C}_c\bar{x}_i(s)\mathrm{d}s$$

则沿着式（2.26）所表示的闭环车队系统的任意轨迹，对 $V(t)$ 求导得

$$\begin{aligned}
\dot{V}(t) = & 2x^{\mathrm{T}}(t)\boldsymbol{P}[\boldsymbol{A} + \boldsymbol{BK}_o\boldsymbol{C}_o + \boldsymbol{DF}(\boldsymbol{E}_1 + \boldsymbol{E}_2\boldsymbol{K}_o\boldsymbol{C}_o)]x(t) \\
& + \sum_{i=1}^{n-1}2x^{\mathrm{T}}(t)\boldsymbol{P}\overline{\boldsymbol{H}}_i\bar{x}_i(t-\eta_i) + \sum_{i=1}^{n-1}\bar{x}_i^{\mathrm{T}}(t)(\boldsymbol{K}_c\boldsymbol{C}_c)^{\mathrm{T}}\boldsymbol{TK}_c\boldsymbol{C}_c\bar{x}_i(t) \\
& - \sum_{i=1}^{n-1}\bar{x}_i^{\mathrm{T}}(t-\eta_i)(\boldsymbol{K}_c\boldsymbol{C}_c)^{\mathrm{T}}\boldsymbol{TK}_c\boldsymbol{C}_c\bar{x}_i(t-\eta_i)
\end{aligned}$$

$$= \begin{bmatrix} x(t) \\ \boldsymbol{K}_c\boldsymbol{C}_c\bar{x}_1(t-\eta_1) \\ \boldsymbol{K}_c\boldsymbol{C}_c\bar{x}_2(t-\eta_2) \\ \vdots \\ \boldsymbol{K}_c\boldsymbol{C}_c\bar{x}_{n-1}(t-\eta_{n-1}) \end{bmatrix}^{\mathrm{T}} \begin{bmatrix} \overline{\boldsymbol{\Pi}}_1 - \boldsymbol{Q} - (\boldsymbol{KC})^{\mathrm{T}}\boldsymbol{RKC} & \boldsymbol{PH}_1 & \boldsymbol{PH}_2 & \cdots & \boldsymbol{PH}_{n-1} \\ * & -\boldsymbol{T} & 0 & 0 & 0 \\ * & * & -\boldsymbol{T} & 0 & 0 \\ * & * & * & \ddots & 0 \\ * & * & * & * & -\boldsymbol{T} \end{bmatrix}$$

$$\times \begin{bmatrix} x(t) \\ \boldsymbol{K}_c\boldsymbol{C}_c\bar{x}_1(t-\eta_1) \\ \boldsymbol{K}_c\boldsymbol{C}_c\bar{x}_2(t-\eta_2) \\ \vdots \\ \boldsymbol{K}_c\boldsymbol{C}_c\bar{x}_{n-1}(t-\eta_{n-1}) \end{bmatrix} \tag{2.29}$$

式中，$\overline{\boldsymbol{\Pi}}_1$ 在式（2.28）中给出。采用类似于定理 2.2（定理 2.3）的证明，可得到 $\dot{V}(t) < 0$，即式（2.26）所表示的系统渐近稳定。对所有非零 $w \in l_2[0, \infty)$，可得

$$\dot{V}(t) + \gamma^{-1}y^{\mathrm{T}}(t)y(t) - \gamma w^{\mathrm{T}}(t)w(t) =$$

$$\begin{bmatrix} x(t) \\ w(t) \\ \boldsymbol{K}_c\boldsymbol{C}_c\bar{x}_1(t-\eta_1) \\ \vdots \\ \boldsymbol{K}_c\boldsymbol{C}_c\bar{x}_{n-1}(t-\eta_{n-1}) \end{bmatrix}^{\mathrm{T}} \begin{bmatrix} \overline{\boldsymbol{\Pi}}_1 - \boldsymbol{Q} - (\boldsymbol{KC})^{\mathrm{T}}\boldsymbol{RKC} & \boldsymbol{PG} & \boldsymbol{PH}_1 & \cdots & \boldsymbol{PH}_{n-1} \\ * & 0 & 0 & 0 & 0 \\ * & * & -\boldsymbol{T} & 0 & 0 \\ * & * & * & -\boldsymbol{T} & 0 \\ * & * & * & * & -\boldsymbol{T} \end{bmatrix} \begin{bmatrix} x(t) \\ w(t) \\ \boldsymbol{K}_c\boldsymbol{C}_c\bar{x}_1(t-\eta_1) \\ \vdots \\ \boldsymbol{K}_c\boldsymbol{C}_c\bar{x}_{n-1}(t-\eta_{n-1}) \end{bmatrix}$$

利用 Schur 补性质和不等式（2.27），可得 $\dot{V}(t) + \gamma^{-1}y^{\mathrm{T}}(t)y(t) - \gamma w^{\mathrm{T}}(t)$

$w(t)<0$。即 $\int_0^T \dot{V}(t)+\gamma^{-1}y^{\mathrm{T}}(t)y(t)-\gamma w^{\mathrm{T}}(t)w(t)\mathrm{d}t<0$。

在零初始条件下，可得 $\int_0^T y^{\mathrm{T}}(t)y(t)\leqslant\gamma^2\int_0^\infty w^{\mathrm{T}}(t)w(t)$，由此及 $w\in l_2[0,\infty)$ 可得 $\|y\|_2\leqslant\gamma\|w\|_2$。推论得证。

2.3 车队队列稳定性分析

本章2.2节给出保证车队稳定性的条件能保证车队车间距离误差最终趋近于零，但能否保证车队队列稳定，即瞬时误差会不会沿队列向后逐渐扩大，这是车队控制必须要考虑的一个问题，瞬时误差的传递可能会导致车队解体，甚至发生碰撞。本小节针对此问题，首先给出保证车队队列稳定的条件，并讨论车队的零阶稳态误差问题（后续几章也都要对此相关问题进行讨论）。

考虑车队中每辆跟随车辆都采用上节所设计的鲁棒控制器。利用式（2.1）可以得到以下车间距离误差方程：

$$\dddot{\delta}_i(t)=\dot{a}_{i-1}(t)-\dot{a}_i(t)。\tag{2.30}$$

将式（2.7）代入式（2.4），可得

$$\dot{a}_i(t)=-\frac{1}{\zeta}a_i(t)+\frac{1}{\zeta}k_iy_i$$

将变量 y_i 代入，并结合式（2.30），可得

$$\begin{aligned}\zeta\dddot{\delta}_i(t)=&-\ddot{\delta}_i(t)-k_p\delta_i(t)-k_v\dot{\delta}_i(t)-k_a\ddot{\delta}_i(t)-k_{vl}\dot{\delta}_i(t-\eta)\\&-k_{al}\ddot{\delta}_i(t-\eta)+k_p\delta_{i-1}(t)+k_v\dot{\delta}_{i-1}(t)+k_a\ddot{\delta}_{i-1}(t)\end{aligned}\tag{2.31}$$

对式（2.31）求拉普拉斯变换可得

$$G(s)=\frac{\delta_i(s)}{\delta_{i-1}(s)}=\frac{k_p+k_vs+k_as^2}{(k_{vl}s+k_{al}s^2)\mathrm{e}^{-\eta s}+k_p+k_vs+(1+k_a)s^2+\zeta s^3}。\tag{2.32}$$

基于该传递函数，可得以下车队队列稳定性定理。

定理2.5 对式（2.32）表示的车间距离误差系统，当且仅当以下条件成立：

$$\begin{cases}(a)k_vk_{al}-k_{vl}+k_ak_{vl}\leqslant0\\(b)k_vk_{vl}-k_pk_{al}\leqslant0\\(c)k_{al}+k_ak_{al}-\zeta k_{vl}=0\\(d)k_{vl}^2-2k_p+2(k_vk_{vl}-k_pk_{al})\geqslant0\\(e)1+2k_a-2\zeta k_v+2\eta(k_vk_{al}-k_{vl}+k_ak_{vl})\geqslant0\end{cases}\tag{2.33}$$

则满足对任意 $w>0$，$|\delta_i(\mathrm{j}w)/\delta_{i-1}(\mathrm{j}w)|\leqslant1$，即车队队列稳定。

证明 首先给出 $|\delta_i(\mathrm{j}w)/\delta_{i-1}(\mathrm{j}w)|$ 为

$$G(\mathrm{j}w)=\left|\frac{\delta_i(\mathrm{j}w)}{\delta_{i-1}(\mathrm{j}w)}\right|=\sqrt{\frac{a}{a+b}}$$

其中，

$$a=(k_p-k_a w^2)^2+k_v^2 w^2,$$

$$\begin{aligned}b=&[2k_p k_{vl}\sin(\eta w)]w+2(k_v k_{al}-k_{vl}-k_a k_{vl})\sin(\eta w)w^3\\&+[k_{vl}^2-2k_p+2(k_v k_{vl}-k_p k_{al})\cos(\eta w)]w^2\\&+[1+(k_{al}^2+2k_a-2\zeta k_v+2(k_{al}+k_a k_{al}-\zeta k_{vl})\cos(\eta w)]w^4\\&-2\zeta k_{al}\sin(\eta w)w^5+\zeta^2 w^6。\end{aligned}$$

因为 $a>0$，所以 $|\delta_i(\mathrm{j}w)/\delta_{i-1}(\mathrm{j}w)|\leqslant 1$ 成立，即如果 $b\geqslant 0$，则车队队列稳定。结合式（2.33a）和 $\sin(\eta w)\leqslant\eta w\leqslant 1$，可以得到对所有 $w>0$ 有下式成立：

$$\begin{aligned}b\geqslant&[2k_p k_{vl}\sin(\eta w)]w\\&+[k_{vl}^2-2k_p+2(k_v k_{vl}-k_p k_{al})\cos(\eta w)]w^2\\&+[1+k_{al}^2+2k_a-2\zeta k_v+2\eta(k_v k_{al}-k_{vl}+k_a k_{vl})]w^4\\&-2\zeta k_{al}\sin(\eta w)w^5+\zeta^2 w^6\end{aligned}$$

利用 $\cos(\eta w)\leqslant 1$ 和式（2.33b）、式（2.33c），可推得

$$\begin{aligned}b\geqslant&[2k_p k_{vl}\sin(\eta w)]w+[k_{vl}^2-2k_p+2(k_v k_{vl}-k_p k_{al})]w^2\\&+[1+2k_a-2\zeta k_v+2\eta(k_v k_{al}-k_{vl}+k_a k_{vl})]w^4+\zeta^2 w^6\end{aligned}$$

那么，如果条件式（2.33d）和式（2.33e）成立，则 $b\geqslant 0$。定理得证。

说明2.5 由定理5可以得到通信延时上限为

$$\eta\leqslant\frac{1+2k_a-2\zeta k_v}{2[(k_{vl}+k_a k_{vl})-k_v k_{al}]}=\eta^*$$

式中，$\eta^*=\tau_m+\theta_m h$；τ_m 为网络诱导延时上限值；θ_m 为最大丢包数。

下面讨论该控制器可保证车队实现领结稳态误差。设 d_0 表示在 t 时刻领队车辆速度与稳态时速度 v_0 的偏差，即 $d_0(t)=v_0(t)-v_0$，由式（2.1），可得

$$\dddot{\delta}_1(t)=\ddot{d}_0(t)-\dot{a}_1(t) \tag{2.34}$$

将式（2.4）代入式（2.34），利用控制器 u_i 和 y_i，$i=1$，可得

$$\begin{aligned}\zeta\dddot{\delta}_1(t)=&\zeta\ddot{d}_0(t)+\dot{d}_0(t)-k_p\delta_1(t)-k_v\dot{\delta}_1(t)-k_a\ddot{\delta}_1(t)\\&-k_{vl}\delta_1(t-\eta)-k_{al}\ddot{\delta}_1(t-\eta)\end{aligned} \tag{2.35}$$

对式（2.35）进行拉普拉斯变换，可以得到第一辆跟随车的车间距离误差与领队车辆速度变换的关系

$$G(s)=\frac{\delta_1(s)}{d_0(s)}=\frac{\zeta s^2+s}{\zeta s^3+k_p+k_v s+k_a s^2+(k_{vl}s+k_{al}s^2)\mathrm{e}^{-\eta s}} \tag{2.36}$$

假设领队车辆在有限时间 t_f 内可以达到终态稳定值。则有 $d_0(t)-d_0(t_f)=0$，

$t \geqslant t_f$。可以得到

$$d_0(s)=\frac{d_0(t_f)}{s} \tag{2.37}$$

利用终值定理和式（2.35）、式（2.36）和式（2.37），可推得

$$\lim_{t\to\infty}\delta_i(t)=\lim_{s\to 0}sG^{i-1}(s)\delta_1(s)=0$$

式中，$i=1, 2, \cdots, n-1$，即可以保证车队实现零阶误差。

算法 2.1　异质分层控制器设计算法。

1）设计式（2.3）所表示的反馈线性化控制器，此类控制在传统非线性系统中频繁采用，在此列出是为了使本节算法更加完整。

2）根据定理 2.2 或者定理 2.4，利用 LMI 工具箱计算鲁棒 H_∞ 增益 K。

3）根据定理 2.5 给出的条件限制所得到的控制器增益 K。如果结果可行，则相关的控制增益可用于车队队列稳定性控制。否则需要重新设定矩阵 $\boldsymbol{Q}$、$\boldsymbol{R}$ 和其他相关矩阵回到第 2 步重新求解。

说明 2.6　需要强调指出，这里给出的队列稳定性条件并没有给所设计的鲁棒控制器带来太严格的限制条件，这一点可以在后面的仿真实验中得到验证。

2.4　数字仿真

本小节给出控制方法应用的仿真实验，该实验是在 MATLAB 环境下建立的由五辆车组成车队系统中进行的，并将本文算法与文献［42］仅考虑延时的滑模控制器进行对比分析，进而得出相关结论。

实验中设期望车间距离 $\delta_d=1$，车辆长度为 $L=2\text{m}$。其余相关参数设置与文献［99］相同，即空气质量密度为 $\sigma=1\text{m/s}^3$，车辆横截面积为 $A_l=2.2\text{m}^2$，拽力系数 $c_{di}=0.35$，车辆质量为 $m_i=1464\text{kg}$，机械拽力为 $d_{mi}=5\text{N}$。将上述参数代入式（2.2），可以推得

$$\ddot{v}_i=-\frac{1}{\zeta_i}\left(\dot{v}_i+\frac{0.49}{1464}v_i^2+\frac{5}{1464}\right)-\frac{0.92\dot{v}_iv_i}{1464}+\frac{c_i}{1464\zeta_i} \tag{2.38}$$

反馈线性化控制器为

$$c_i=1464u_i+0.49v_i^2+5+0.92\dot{v}_iv_i\zeta_i \tag{2.39}$$

这里控制器设计的相关控制参数设置如下：$\zeta_i=0.2\text{s}$，$\boldsymbol{Q}=\boldsymbol{I}_{15\times 15}$，$\boldsymbol{R}=0.5$，$|\Delta\zeta_i|=f_i(t)=D_i/\sin(t)$，$D_i=4$。利用定理 2.2 得到以下矩阵：

$$\hat{\boldsymbol{X}}=\begin{bmatrix}0.1119 & -0.0075 & 0.0024\\ -0.0075 & 0.0213 & -0.0107\\ 0.0024 & -0.0107 & 0.1301\end{bmatrix}$$

$$\hat{\boldsymbol{W}}=\begin{bmatrix}-0.1128 & 0.3184 & -0.0967\end{bmatrix}$$

$\hat{U}=[1.1934\quad -0.0921\quad 0.2821]$

反馈增益为

$\boldsymbol{K}_1=\boldsymbol{K}_2=\boldsymbol{K}_3=\boldsymbol{K}_4=[10.001\quad 0.2010\quad 2.000\quad 15.204\quad 0.5068]$

由定理2.5可得，当 $\eta\leqslant\eta^*=0.1024$ 时，在该保性能控制器下车队的队列稳定性可以获得。设网络诱导延时上限 $\tau_m=40\text{ms}$，丢包数 $\theta_m=2$，在仿真中网络诱导延时和丢包随机产生（随机分布在允许的范围内）如图2.3和图2.4所示。

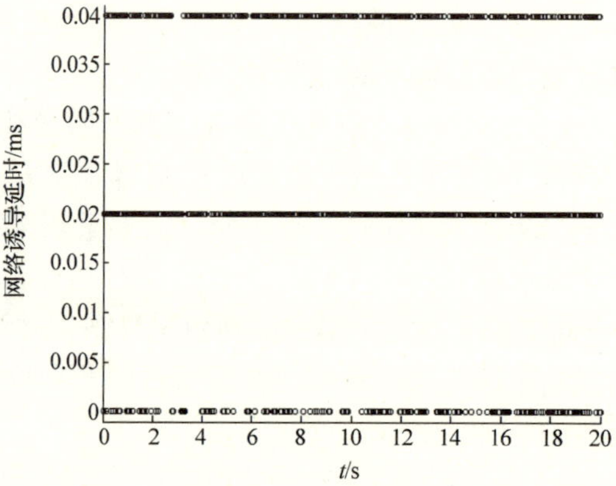

图2.3 网络诱导延时

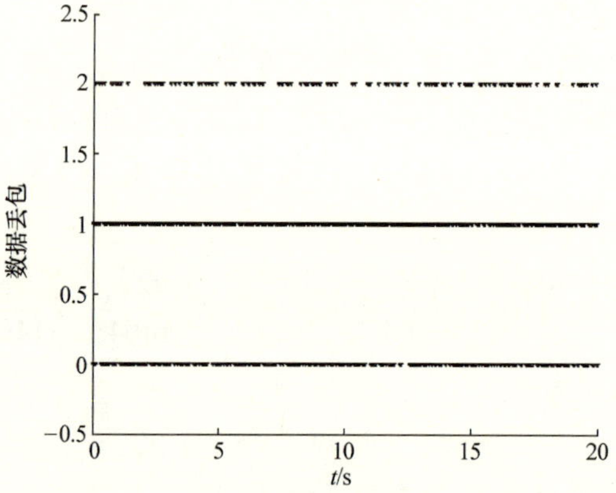

图2.4 丢包

五辆车的车间距离误差特性由 $|G(jw)|$ 和 $g(t)$ 表示，由图2.5所示。首先，设

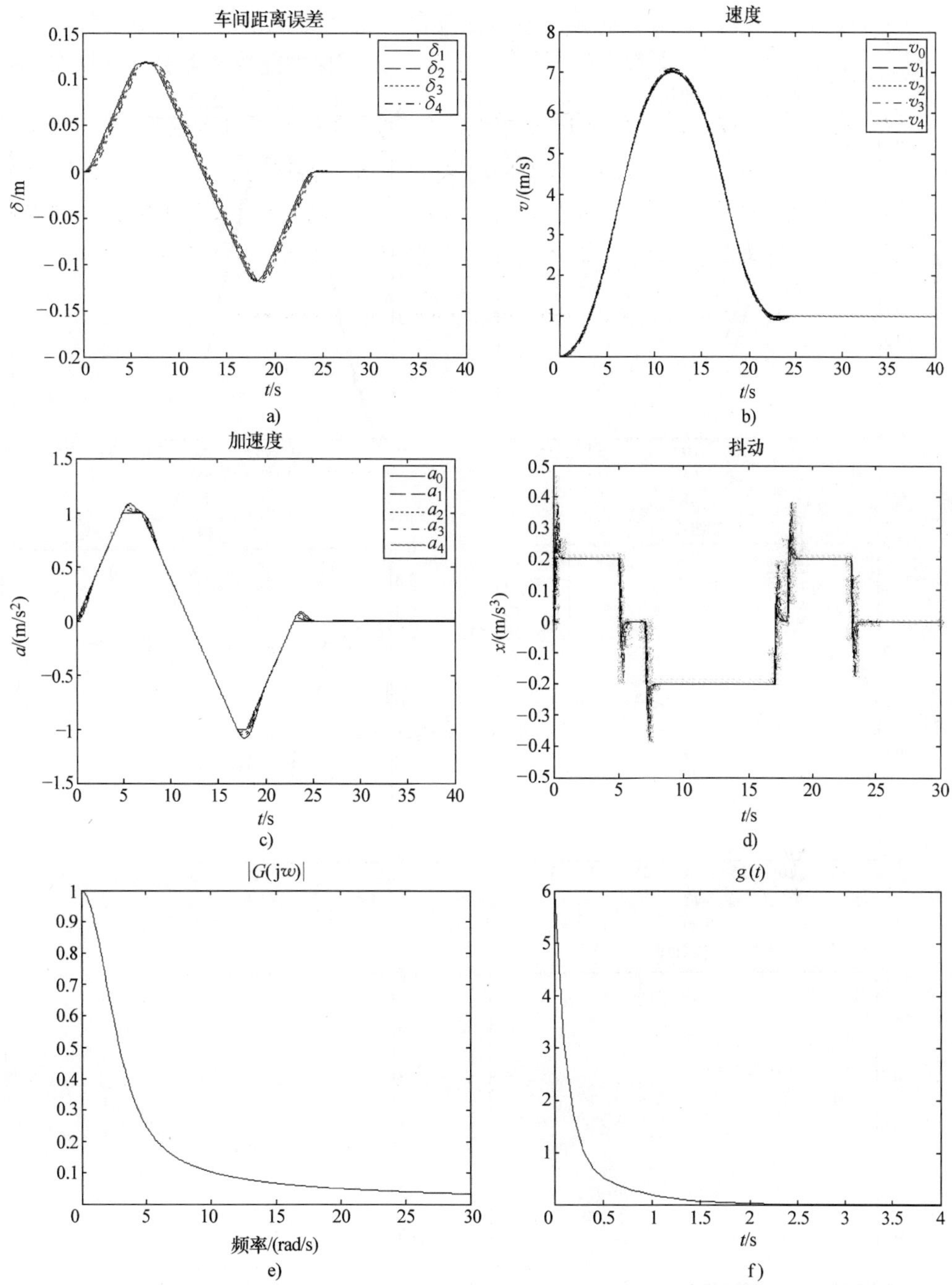

图 2.5　保性能控制下的响应曲线和车间距特性：车队有 5 辆车，$\zeta_i = 0.2s$，$\eta = 0.08$

a）车间距离误差　b）速度　c）加速度　d）抖动　e）$G(jw)$　f）$g(t)$

$\zeta_i=0.2\text{s}$，$\eta=0.08$，采用本章保性能方法控制算法下车队的性能明显要优于文献［42］，比较图2.5a～c及图2.6a～c可以看到，采用保性能控制器算法车队车间距

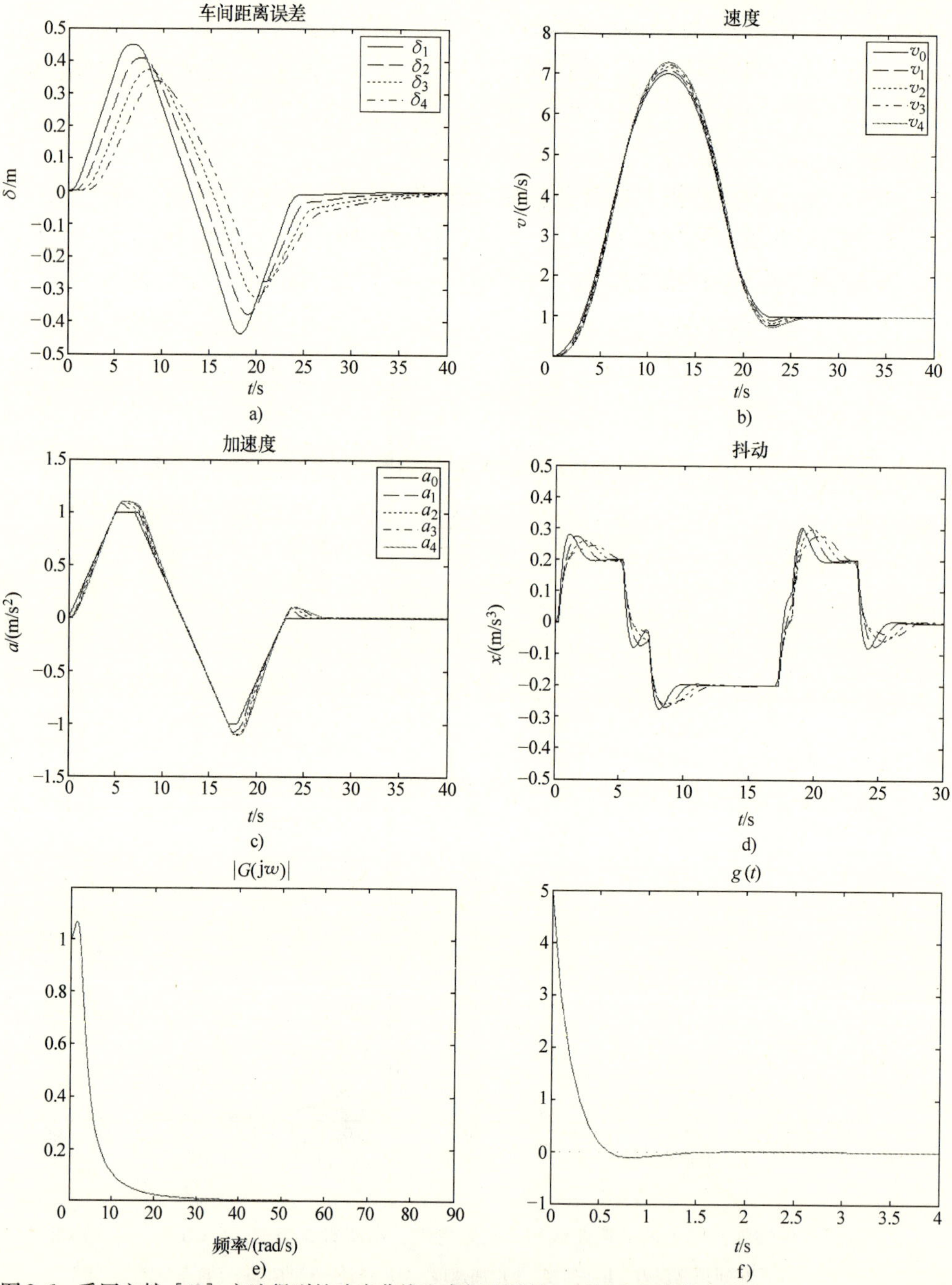

图2.6　采用文献［42］方法得到的响应曲线和车间距特性：五辆车组成的车队在$\zeta_i=0.2\text{s}$，$\eta=0.08$

a）车间距误差　b）速度　c）加速度　d）抖动　e）$G(jw)$　f）$g(t)$

离误差最大为 0.12m，加速度为 1.1m/s^2，跟随车辆速度跟踪准确。

如果采用文献［99］的控制方法，最大车间距离误差为 0.45m，加速度为 1.2m/s^2，比本章所设计控制器要大，且车队抖动比较剧烈，不能保持车队队列稳定。由图 2.5e 和 f 可以看到，保性能控制算法$|G(jw)|$和$g(t)$满足车队控制目标，由文献［112］的求解最优问题的方法，可以得到对应的性能指标的最优解$J^* = 366.8$。

图 2.7 所示为发动机时间常数比较大的情况下（如文献［42]），设$\zeta_i = 0.5$s 时车队的跟踪性能。同样利用定理 2.2，首先设相关的加权矩阵为$\boldsymbol{Q} = \boldsymbol{I}_{15\times 15}$，$\boldsymbol{R} = 10$，可以得到以下控制器增益：

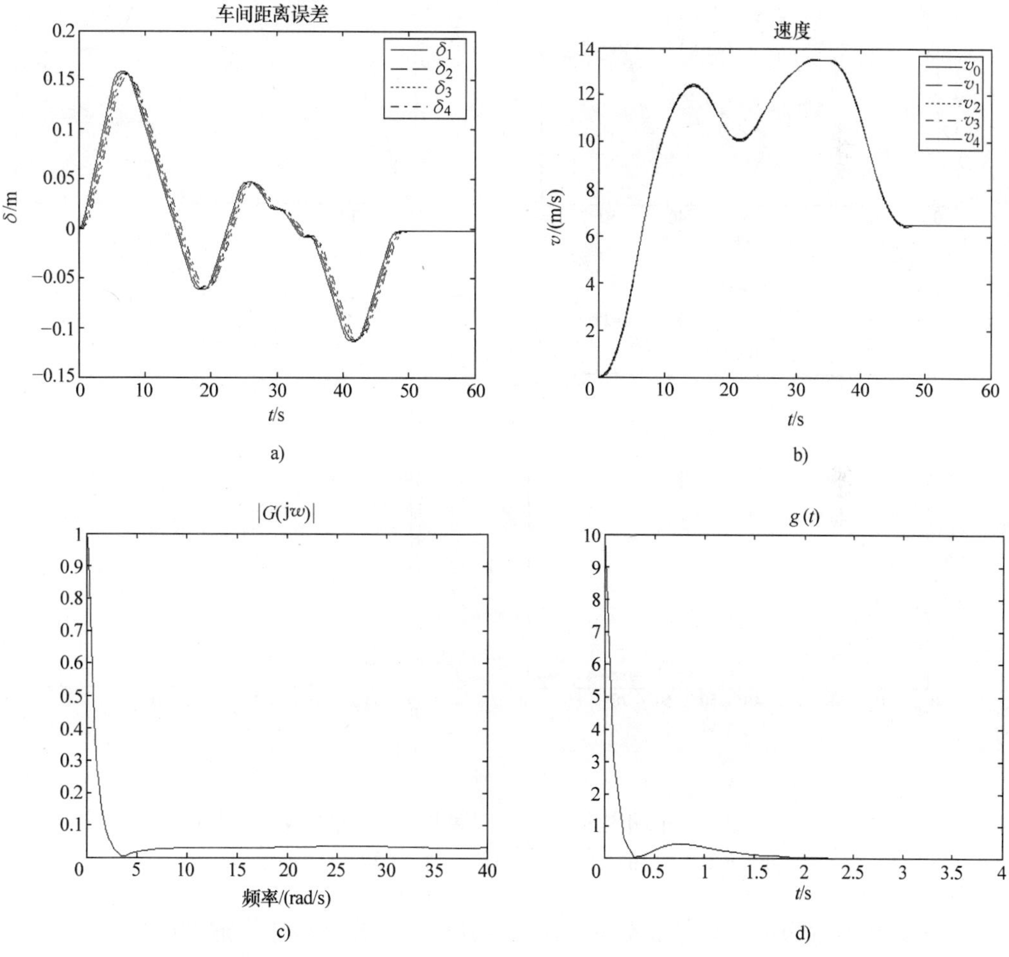

图 2.7　保性能控制下的响应曲线和车间距特性：车队有 5 辆车 $\zeta_i = 0.5$s，$\eta = 0.06$

a）车间距离误差　b）速度　c）$\exists w: |G(jw)| > 1$　d）$\exists t: g(t) < 0$

$$\boldsymbol{K}_1=\boldsymbol{K}_2=\boldsymbol{K}_3=\boldsymbol{K}_4=\begin{bmatrix}9.801 & 0.3010 & 1.800 & 12.110 & 0.612\end{bmatrix}$$

由定理2.5得到保证车队队列稳定所允许的最大上限值 $\eta^*=0.074$，其中，$\eta=0.06$，设最大延时上限为 $\tau_m=20\mathrm{ms}$，最大丢包数为 $\theta_m=2$。由图2.7和图2.8的对比可以看出，车队在领队车辆速度复杂变化的情况下，仍能保证准确、快速的响应，车队整体性能要优于文献［42］。

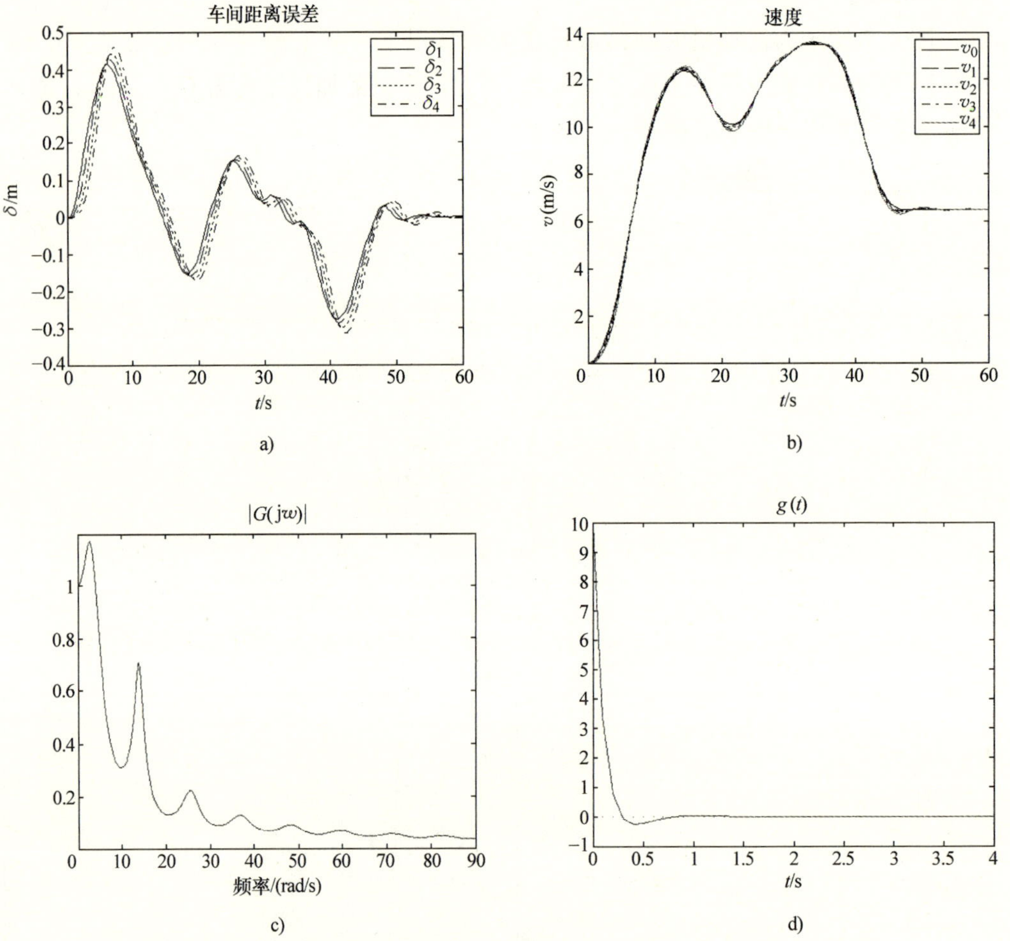

图2.8　采用文献［42］方法得到的响应曲线和车间距特性：五辆车组成的车队在 $\zeta_i=0.5\mathrm{s}$，$\eta=0.06$

a）车间距离误差　b）速度　c）$\exists w:|G(jw)|>1$　d）$\exists t:g(t)<0$

图2.9所示为进一步验证本章算法的实用性，考虑实际中会遇到的各种不同的干扰及测量误差等情况下该控制器的性能。设车队各项状态初始为零，设 δ_i、$\dot{\delta}_i$

以及 $\ddot{\delta}_i$ 的测量噪声为白噪声，标准偏差分别为0.01m、0.07m/s、0.02m/s^2。利用定理4，得到如下矩阵及控制器增益：

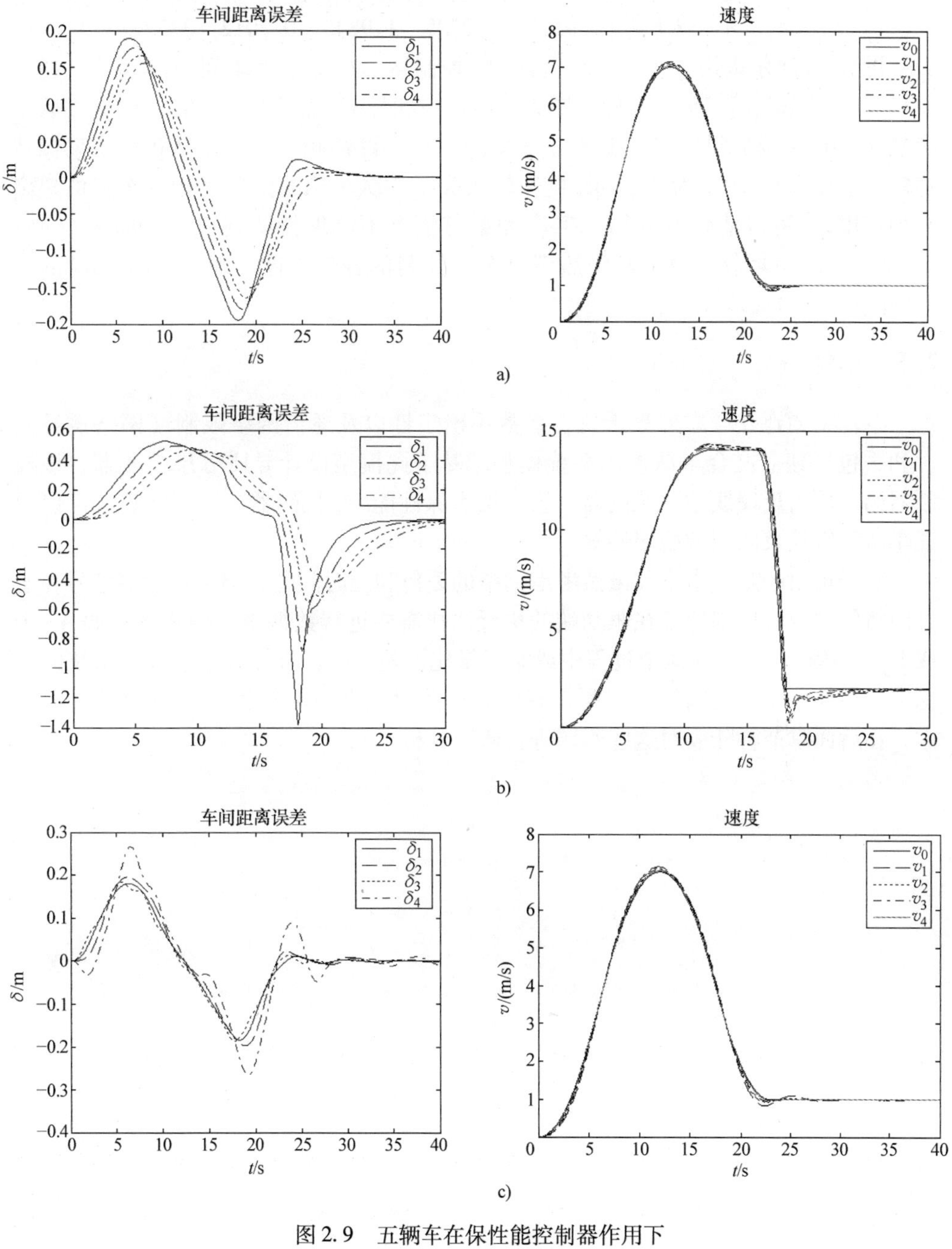

图2.9　五辆车在保性能控制器作用下

a）噪声和测量误差对车队的影响　b）突然减速　c）领队车辆信息的丢失

$$\hat{X}=\begin{bmatrix}0.0335 & -0.1358 & 0.0119\\ -0.1358 & 0.0213 & -0.0238\\ 0.0119 & -0.0238 & 0.2315\end{bmatrix}$$

$$K_1=K_2=K_3=K_4=[9.9502\quad 0.2225\quad 1.9845\quad 0.2012\quad 3.5221]$$

图 2.9a 所示采用 2.2.2 小节设计 H_∞ 控制器，车队最大车间距离误差不超过 0.175m，且车队速度跟踪准确。图 2.9b 对应在时间间隔［17s，19s］间，领队车突然从 14m/s 减速到 2m/s，这对本车队速度的跟踪影响很小，车队仍然队列保持稳定。如图 2.9c 所示为第三辆跟随车辆丢失了领队车辆的信息（领队车辆的速度和加速度），可以清楚看到第二辆车和第三辆车不能保持队列稳定，即 $\delta_2(jw)/\delta_3(jw)>1$，而其余跟随车辆仍然满足车队控制的各项性能，即 $\delta_1(jw)/\delta_2(jw)$，$\delta_3(jw)/\delta_4(jw)\leqslant 1$。

2.5 小结

本章主要建立考虑外界干扰，参数不确定性以及通信网络限制（网络诱导延时和丢包）建立混合车队控制系统模型。基于此模型设计异质分层控制器，该控制器第一层为反馈线性化控制器，第二层为保性能 H_∞ 控制器。该控制算法可以保证车队稳定性及队列的稳定性等。

需要指出的是，本章节虽然考虑网络的丢包和延时问题，但当传感器信号在通过网络传输或者控制信号在驱动端的执行往往需要进行数据格式的转换，如 A－D 或 D－A 转换，本章在这个过程中或略了量化误差问题，可能会导致车队系统的不稳定，另外，车辆之间传感器测量有限，车队存在严重非线性等问题也都需要考虑，在后面章节将陆续对这些问题进行研究分析。

第 3 章　分散式车辆协作控制

本章针对车辆协作综合考虑了通信网络影响（如量化、延时以及丢包）和传感器测量能力有限影响下的交叠式车队系统，提出分散式保性能控制器的设计方法。首先，综合考虑网络和传感器的影响建立交叠式车队系统模型，然后，利用包含原理对该交叠系统进行解耦，而后，在新的解耦空间下设计分散式保性能控制器，最后，可以通过包含原理收缩扩张条件将其转换回原空间以便于应用。

文献［35］中分析了设计有效的分散式车队控制器需要用到的信息包括：跟随车的速度、加速度，与前车的车间距离，前车的速度、加速度及领队车辆的参考轨迹、速度和加速度（对于不同的信息结构的车队控制系统可以参考文献［94，103］，对应的控制策略分别车间距离控制和前进距离控制）。本章在文献［35］的基础上，综合考虑网络和传感器的影响设计分散式控制器，进一步提高控制算法的实际应用性。

主要内容安排如下，3.1 节描述了问题的来源，并引出要解决的主要问题；3.2 节则给出了分散式保性能控制器设计的方法，并给出了控制器存在充分必要条件；3.3 节简要分析了车队的队列稳定性，给出了最糟糕情况下满足队列稳定的定理；3.4 节通过数字仿真验证了本章算法的有效性和实用性；3.5 节总结本章所讨论的问题及结论。

3.1　问题描述

定义车队状态变量为：$x_i(t)=\begin{bmatrix}\delta_i & \dot{\delta}_i & \dot{e}_i & \ddot{e}_i\end{bmatrix}^{\mathrm{T}}$，其中，$e_i$ 为跟踪误差，即跟随车辆与领队车辆之间的距离误差（具体车队结构可参考第 2 章）$e_i=z_0-z_i-i(\delta_d+L)$，并且有 $\delta_i=e_i-e_{i-1}=z_{i-1}-z_i-\delta_d-L_i(i=0,\ e_0=0)$，进而车队的闭环系统 S 可写为

$$\begin{bmatrix}\dot{x}_1\\ \dot{x}_2\\ \vdots\\ \dot{x}_{n-1}\end{bmatrix}=\begin{bmatrix}\boldsymbol{A}_1 & 0 & \cdots & 0\\ \boldsymbol{A}_{in} & \boldsymbol{A}_2 & \cdots & 0\\ \cdots & \cdots & \cdots & \vdots\\ 0 & \cdots & \boldsymbol{A}_{in} & \boldsymbol{A}_{n-1}\end{bmatrix}\begin{bmatrix}x_1\\ x_2\\ \vdots\\ x_{n-1}\end{bmatrix}+\begin{bmatrix}\boldsymbol{B}_1 & 0 & \cdots & 0\\ 0 & \boldsymbol{B}_2 & \cdots & 0\\ \cdots & \cdots & \cdots & \vdots\\ 0 & 0 & \cdots & \boldsymbol{B}_{n-1}\end{bmatrix}\begin{bmatrix}u_1\\ u_2\\ \vdots\\ u_{n-1}\end{bmatrix}\quad(3.1)$$

式中，

$$A_i=\begin{bmatrix}0&1&0&0\\0&0&0&1\\0&0&0&1\\0&0&0&-1/\zeta_i\end{bmatrix},\ A_{in}=\begin{bmatrix}0&0&0&0\\0&0&0&-1\\0&0&0&0\\0&0&0&0\end{bmatrix},\ B_i=[0\quad 0\quad 0\quad 1/\zeta_i]^{\mathrm{T}}。$$

说明3.1 式（3.1）所表示的系统是一个子系统互相耦合的交叠系统，子系统通过交叠子矩阵 $\boldsymbol{A}_{in}$ 连接起来，状态和输入项由相同的对角矩阵 $\boldsymbol{A}_i$ 和 $\boldsymbol{B}_i$ 组成。

对该交叠系统设计状态反馈控制器为

$$u(t)=Kx(t) \tag{3.2}$$

式中，K 为待设定的控制器增益。

由状态变量的结构可知，上述反馈控制律第一辆跟随车辆与其余跟随车辆不同。对第一辆跟随车辆，$i=1$，反馈控制信号 $\dot{e}_1$ 和 $\ddot{e}_1$ 可以通过车载传感器测量变量 δ_1 估计得到。而对其余跟随车辆 $i=2,\cdots,n-1$，$\dot{e}_i=\dot{\delta}_1+\cdots+\dot{\delta}_i$ 和 $\ddot{e}_i=\ddot{\delta}_1+\cdots+\ddot{\delta}_i$ 则需要通过无限通信网络传输得到。由式（3.2）可知，保证车队稳定运行需要测量的反馈信息主要有两部分组成，第一部分为 $[\delta_i\quad \dot{\delta}_i]$，其测量可以通过车载传感器来完成（本章考虑传感器测量能力有限），第二部分为 $[\dot{e}_i\quad \ddot{e}_i]$，其测量需经过无线通信来实现（需要考虑网络量化、延时与丢包）。

本章针对式（3.1）所表示的子系统耦合的车队系统设计可克服通信和测量影响的分散式车队控制器。为此，下一节首先给出网络因素的数学描述，得出通信和测量影响下的车队动力学模型，后续部分将进行分散式控制器设计。

为了便于讨论，这里将式（3.2）所表示的状态反馈控制器写为 $u(t)=\boldsymbol{K}_o x(t)+\boldsymbol{K}_c x(t)$，即反馈变量由两部分组成。其中通过无线网络通信的量为 $\boldsymbol{K}_c x(t)$，而车载传感器测量部分为 $\boldsymbol{K}_o x(t)$。控制器增益 $\boldsymbol{K}=\boldsymbol{K}_o+\boldsymbol{K}_c$，其中，$\boldsymbol{K}_o=\mathrm{diag}\{\boldsymbol{K}_{oi}\}_1^{n-1}$，$\boldsymbol{K}_c=\mathrm{diag}\{\boldsymbol{K}_{ci}\}_1^{n-1}$，$\boldsymbol{K}_{oi}=[k_{pi}^{\delta i}\quad k_{vi}^{\delta i}\quad 0\quad 0]$，$\boldsymbol{K}_{ci}=[0\quad 0\quad k_{vi}^{ei}\quad k_{ai}^{ei}]$。

本文考虑的车队控制系统，反馈变量 $x_o(t)$ 受到测量范围受限的影响（如上一章所讨论），这里不再描述，另一部分反馈变量 $x_c(t)$ 经过网络传输后首先经过量化器量化，然后由无线网络传输到控制器［假设变量 $x(t)$ 中只有通过网络传输的部分存在量化、网络诱导延时、丢包等问题，传感器测量部分延时为零］，这里所采用的量化器为无记忆时不变形，用符号 $f(\cdot)$ 表示，假设该量化器是对称的，即 $f(-v)=-f(v)$。响应的量化级集合可以描述如下：

$$U=\{\pm u_i,i=0,\pm 1,\pm 2\cdots\}\cup\{0\} \tag{3.3}$$

文献[104]指出，如果量化器的量化级可以描述为

$$\begin{aligned}&U=\{\pm u_i,u_i=\rho^i u_0,i=0,\pm 1,\pm 2\cdots\}\cup\{u_0\}\cup\{0\}\\&0<\rho<1,u_0>0。\end{aligned} \tag{3.4}$$

则该量化器称作对数量化器。

上述对数量化器的每一个量化等级 u_i 都对应一个片段 v_i，量化器函数 $f(\cdot)$ 将每个片段都映射成集合 U 的一个元素。对于该对数量化器的量化函数 $f(\cdot)$ 可以描述如下：

$$f(v)=\begin{cases}u_i, & \text{如果}\dfrac{1}{1+\xi}u_i<v\leqslant\dfrac{1}{1-\xi}u_i, v>0\\ 0, & \text{如果 } v=0\\ -f(-v), & \text{如果 } v<0\end{cases} \tag{3.5}$$

式中，$\xi=\dfrac{1-\rho}{1+\rho}$。

采用该量化器后车队的反馈控制器可以写为

$$u(t)=\boldsymbol{K}_o x(t)+\boldsymbol{K}_c f[x(t)] \tag{3.6}$$

如果信号在传输过程中出现丢包，丢包数为 $\theta(\theta<\theta_m)$，θ_m 为最大丢包数，则在此车队的控制过程中，我们把 θ 个丢包考虑为 θ 个采样周期的延时。如果信号在采样周期内成功从传感器传送到控制器，则不考虑延时，如果延时超过采样周期，则信号在无线网络中的延时为 τ，传感器到量化器之间没有延时。由上述分析可知，同时考虑延时、丢包和量化因素后，式（3.6）所表示的车队反馈控制器可以写为

$$\hat{u}(t)=K_o x(t)+K_c f\left[x(t-\Delta-\tau)\right] \tag{3.7}$$

式中，$\Delta=\theta h$。

根据第 3 章对传感器测量受限问题的描述（第 3 章第 3.1.2 节）及文献［104］对具有上述量化问题的处理方法，该车队反馈控制律可以写为

$$u(t)=\mathrm{Col}[u_i]_1^{n-1}=\mathrm{Col}\{\boldsymbol{K}_{oi}^* x_i(t)+[1+\varphi_i(t)]\boldsymbol{K}_{ci}x_i(t-\eta)\}_1^{n-1} \tag{3.8}$$

其中，$\varphi(t)\in[-\xi,\xi]$，$\eta=\Delta+\tau$，带入式（3.1）所表示的交叠车队系统模型，根据式（3.5）所表示的传感器特性

反馈增益 K_{oi}^* 可写为

（1）$\delta_i\leqslant\underline{d}-\delta_d$：$\boldsymbol{K}_{oi}^*=\begin{bmatrix}-k_{pi}^{\delta i} & -k_{vi}^{\delta i} & 0 & 0\end{bmatrix}$；

（2）$\underline{d}-\delta_d<\delta_i<\bar{d}-\delta_d$：$\boldsymbol{K}_{oi}^*=\begin{bmatrix}-\tilde{M}k_{pi}^{\delta i} & -\tilde{M}k_{vi}^{\delta i} & 0 & 0\end{bmatrix}$；

（3）$\delta_i\geqslant\bar{d}-\delta_d$：$\boldsymbol{K}_{oi}^*=\begin{bmatrix}0 & 0 & 0 & 0\end{bmatrix}$。

3.2 设计分散式保性能控制器

前一节考虑了传感器测量受限和网络量化、延时及丢包等问题给控制器设计带来的影响，本节则以此为基础，针对式（3.1）所表示的交叠式车队系统设计可保证车队稳定的分散式控制器。

3.2.1 交叠系统解耦

为设计该分散式控制器，首先要利用包含原理将式（3.1）所表示的交叠系统扩展为系统 $\tilde{S}$（实现子系统解耦），在新的系统下设计分散式控制器，再利用包含原理将控制转换回原空间以便于应用。考虑线性系统如下：

S：$\dot{x}=\boldsymbol{A}x+\boldsymbol{B}u$，$x(t_0)=x_0$

$x\in R^n$ 是状态变量，$u\in R^m$ 是控制输入量

$\tilde{S}$：$\dot{\tilde{x}}=\tilde{\boldsymbol{A}}\tilde{x}+\tilde{\boldsymbol{B}}\tilde{u}$，$\tilde{x}(t_0)=\tilde{x}_0$

$x\in \boldsymbol{R}^{\tilde{n}}$ 是状态变量，$u\in \boldsymbol{R}^{\tilde{m}}$ 是控制输入量 (3.9)

式中，$\tilde{n}>n$，$\tilde{m}>m$；系统 S 的轨迹标记为 $x(t;x_0,u)$；$\tilde{S}$ 的轨迹标记为 $\tilde{x}(t;\tilde{x}_0,\tilde{u})$。

假设 $t_0=\tilde{t}_0=0$，系统状态矩阵存在扩展矩阵对如下：

$\boldsymbol{V}\in\boldsymbol{R}^{\tilde{n}\times n}$，$\boldsymbol{U}\in\boldsymbol{R}^{\tilde{n}\times n}$，$\boldsymbol{UV}=\boldsymbol{I}\in\boldsymbol{R}^{n\times n}$

相似的输入矩阵的扩展矩阵对为

$\boldsymbol{R}\in\boldsymbol{R}^{\tilde{n}\times n}$，$\boldsymbol{Q}\in\boldsymbol{R}^{\tilde{n}\times n}$，$\boldsymbol{QR}=\boldsymbol{I}\in\boldsymbol{R}^{n\times n}$

以下给出包含原理的定义以及本文所用到的关键性定理。

定义 3.1（包含原理）对于任意初始状态 x_0 和输入 $u(t)$，如果系统 $\tilde{S}$ 包含系统 S，则以下条件：$x(t;x_0,u)=\boldsymbol{U}\tilde{x}(t;\boldsymbol{V}\tilde{x}_0,\boldsymbol{R}\tilde{u})$成立。

引理 3.1[105] 当且仅当存在两对满秩矩阵$\{(\boldsymbol{U},\ \boldsymbol{V}),(\boldsymbol{R},\ \boldsymbol{S})\}$，满足 $\boldsymbol{UV}=\boldsymbol{I}$，$\boldsymbol{QR}=\boldsymbol{I}$，使对于任意初始条件 x_0 和输入 $u(t)$，有以下条件 $\tilde{x}_0=\boldsymbol{V}x_0$，$\tilde{u}(t)=\boldsymbol{R}u(t)$及 $x(t)=\boldsymbol{U}\tilde{x}(t)$成立。

对于包含原理有两种特例是交叠系统研究中主要关注的，即限制和收缩条件。两种条件下状态和输入矩阵有着不同的组合形式[105]，本章节所关心的为限制条件的特例[106]。

定义 3.2（限制条件） 对于任意初始状态 x_0 和输入 $u(t)$，如果系统 S 是$\tilde{S}$的一个限制条件，则有以下条件：$\boldsymbol{V}x(t;\ x_0,\ \boldsymbol{Q}u)=\tilde{x}(t;\ \boldsymbol{V}\tilde{x}_0,\tilde{u})$或$\boldsymbol{V}x(t;\ x_0,u)=\tilde{x}(t;\ \boldsymbol{V}\tilde{x}_0,\ \boldsymbol{R}\tilde{u})$成立。

引理 3.2[105] 如果$\tilde{\boldsymbol{A}}\boldsymbol{V}=\boldsymbol{VA}$ 和$\tilde{\boldsymbol{B}}=\boldsymbol{VBQ}$ 满足，则系统 S 是系统$\tilde{S}$的一个限制条件。

以上定理可以推广到闭环系统，并得到可应用于本章测量限制和通信影响下的反馈控制器设计所需的结论。

设本章反馈控制律 u 和 $\tilde{u}$ 设计如下：

$u(t) = \boldsymbol{K}_o^* x(t) + \boldsymbol{K}_c x(t-\eta)$，式中，$\boldsymbol{K}_o^* = \mathrm{diag}\{\boldsymbol{K}_{oi}^*\}_1^{n-1}$。

$$\tilde{u}(t) = \tilde{\boldsymbol{K}}_o^* \tilde{x}(t) + \tilde{\boldsymbol{K}}_c \tilde{x}(t-\eta)\text{，式中，}\tilde{K}_o^* = \mathrm{diag}\{\tilde{K}_{oi}^*\}_1^{n-1}\text{。} \tag{3.10}$$

分别代入式（3.9）所表示的开环系统，可以得到闭环系统如下：

$$\begin{aligned} \overline{S}&: \dot{x}(t) = (\boldsymbol{A} + \boldsymbol{B}\boldsymbol{K}_o^*)x(t) + \boldsymbol{B}\boldsymbol{K}_c x(t-\eta) \\ \breve{\tilde{S}}&: \dot{\tilde{x}}(t) = (\tilde{\boldsymbol{A}} + \tilde{\boldsymbol{B}}\tilde{\boldsymbol{K}}_o^*)\tilde{x}(t) + \tilde{\boldsymbol{B}}\tilde{\boldsymbol{K}}_c \tilde{x}(t-\eta) \end{aligned} \tag{3.11}$$

利用包含原理的特例——限制条件[106]，这里给出应用于本文的限制条件结论如下：

结论 3.1 如果 $\tilde{\boldsymbol{A}}\boldsymbol{V} = \boldsymbol{V}\boldsymbol{A}$，$\tilde{\boldsymbol{B}}\boldsymbol{R} = \boldsymbol{V}\boldsymbol{B}$ 及 $[\boldsymbol{K}_o \quad \boldsymbol{K}_c]\boldsymbol{V} = \boldsymbol{R}[\tilde{\boldsymbol{K}}_o \quad \tilde{\boldsymbol{K}}_c]$ 满足，则闭环系统 $\overline{S}$ 是系统 $\breve{\tilde{S}}$ 的一个限制条件。

这里由以上给出的包原理定义及引理可知，解耦的关键问题是分别对状态和输入找到一对矩阵（$\boldsymbol{U}$，$\boldsymbol{V}$）和（$\boldsymbol{Q}$，$\boldsymbol{R}$），使得系统 S 和 $\tilde{S}$ 是可以相互转化的（为了使在扩展空间中设计控制器 $\tilde{u}$ 便于应用，需要将该控制器转换到原空间 u）。

根据式（3.1）所表示的交叠车队系统模型，由包含原理可以得到状态和输入扩展矩阵对分别如下：

$$\boldsymbol{V} = \begin{bmatrix} \boldsymbol{I} & 0 & 0 & 0 & 0 & \cdots & 0 \\ 0 & \boldsymbol{I} & \boldsymbol{I} & 0 & 0 & \cdots & 0 \\ 0 & 0 & 0 & \boldsymbol{I} & 0 & \cdots & 0 \\ \vdots & \vdots & \vdots & \vdots & \vdots & \ddots & 0 \\ 0 & 0 & 0 & 0 & 0 & \cdots & \boldsymbol{I} \end{bmatrix}^{\mathrm{T}}, \boldsymbol{U} = \begin{bmatrix} \boldsymbol{I} & 0 & 0 & 0 & 0 & \cdots & 0 \\ 0 & \frac{1}{2}\boldsymbol{I} & \frac{1}{2}\boldsymbol{I} & 0 & 0 & \cdots & 0 \\ 0 & 0 & 0 & \boldsymbol{I} & 0 & \cdots & 0 \\ \cdots & \cdots & \cdots & \cdots & \cdots & \ddots & \cdots \\ 0 & 0 & 0 & 0 & 0 & \cdots & \boldsymbol{I} \end{bmatrix},$$

$$\boldsymbol{R} = \begin{bmatrix} \boldsymbol{I} & 0 & 0 & \cdots & 0 \\ \boldsymbol{I} & 0 & 0 & \cdots & 0 \\ 0 & \boldsymbol{I} & 0 & \cdots & 0 \\ \vdots & \vdots & \vdots & \ddots & \vdots \\ 0 & 0 & 0 & \cdots & \boldsymbol{I} \end{bmatrix}, \boldsymbol{Q} = \begin{bmatrix} \frac{1}{2}\boldsymbol{I} & \frac{1}{2}\boldsymbol{I} & 0 & \cdots & 0 \\ 0 & 0 & \frac{1}{2}\boldsymbol{I} & \cdots & 0 \\ 0 & 0 & 0 & \cdots & 0 \\ \vdots & \vdots & \vdots & \ddots & \vdots \\ 0 & 0 & 0 & \cdots & \boldsymbol{I} \end{bmatrix}\text{。}$$

进而得到车队在扩展空间中的模型为

$$
\tilde{S}:\begin{bmatrix}\dot{\tilde{x}}_1\\ \dot{\tilde{x}}_2\\ \vdots\\ \dot{\tilde{x}}_{n-1}\end{bmatrix}=\begin{bmatrix}\tilde{\boldsymbol{A}}_1 & 0 & \cdots & 0\\ 0 & \tilde{\boldsymbol{A}}_2 & \cdots & 0\\ \vdots & \vdots & \ddots & \vdots\\ 0 & 0 & \cdots & \tilde{\boldsymbol{A}}_{n-1}\end{bmatrix}\begin{bmatrix}\tilde{x}_1\\ \tilde{x}_2\\ \vdots\\ \tilde{x}_{n-1}\end{bmatrix}+\begin{bmatrix}\tilde{\boldsymbol{B}}_1 & 0 & \cdots & 0\\ 0 & \tilde{\boldsymbol{B}}_2 & \cdots & 0\\ \vdots & \vdots & \ddots & \vdots\\ 0 & 0 & \cdots & \tilde{\boldsymbol{B}}_{n-1}\end{bmatrix}\begin{bmatrix}\tilde{u}_1\\ \tilde{u}_2\\ \vdots\\ \tilde{u}_{n-1}\end{bmatrix}
\tag{3.12}
$$

式中，$\tilde{x}_i=[\dot{e}_{i-1}\quad \ddot{e}_{i-1}\quad \delta_i\quad \dot{\delta}_i\quad \dot{e}_i\quad \ddot{e}_i]^{\mathrm{T}}$，$\tilde{u}_i=[u_{i-1}\quad u_i]^{\mathrm{T}}$，

$\tilde{\boldsymbol{A}}_i=\begin{bmatrix}\boldsymbol{A}_L & 0\\ \tilde{\boldsymbol{A}}_{in} & \boldsymbol{A}_i\end{bmatrix}$，$\tilde{\boldsymbol{B}}_i=\begin{bmatrix}\boldsymbol{B}_L & 0\\ 0 & \boldsymbol{B}_i\end{bmatrix}$，

$\boldsymbol{A}_L=\begin{bmatrix}0 & 1\\ 0 & -1/\zeta_i\end{bmatrix}$，$\boldsymbol{B}_L=\begin{bmatrix}0\\ 1/\zeta_i\end{bmatrix}$，

$\tilde{\boldsymbol{A}}_{in}=\begin{bmatrix}0 & 0 & 0 & 0\\ 0 & -1 & 0 & 0\end{bmatrix}^{\mathrm{T}}$。

将式（3.10）所表示的控制器与通信和测量受限相结合，并带入式（3.12）中可得车队闭环系统如下：

$$
\dot{\tilde{x}}_i(t)=(\tilde{\boldsymbol{A}}_i+\tilde{\boldsymbol{B}}_i\tilde{\boldsymbol{K}}_{oi}^*)\tilde{x}_i(t)+(1+\varphi_i(t))\tilde{\boldsymbol{B}}_i\tilde{\boldsymbol{K}}_{ci}\tilde{x}_i(t-\eta_i)
\tag{3.13}
$$

式中，$\tilde{\boldsymbol{K}}_{oi}^*=[\boldsymbol{K}_{o(i-1)}^*\quad \boldsymbol{K}_{oi}^*]$；$\tilde{\boldsymbol{K}}_{ci}=[\boldsymbol{K}_{c(i-1)}\quad \boldsymbol{K}_{ci}]$。

其中，丢包和时延项 η_i 表示对不同的跟随车辆丢包和延时可以不同。经过扩展后的车队系统的子系统（3.12）不再交叠，下一小节在扩展空间中对子系统设计反馈控制器，并在 3.2.3 节中进一步将其转换到原车队系统中以便于应用。

3.2.2 子系统控制器设计

本小节设计分散式保性能控制器，保证车队在传感器受限及无线通信网络的影响下能保持稳定，首先给出性能指标为

$$
J_i=\int_0^{\infty}[\tilde{x}_i^{\mathrm{T}}(t)\boldsymbol{L}_i\tilde{x}_i(t)+\tilde{u}_i^{\mathrm{T}}(t)\boldsymbol{M}_i\tilde{u}_i(t)]\mathrm{d}t
\tag{3.14}
$$

主要的目标是对式（3.12）所表示的扩展的闭环车队系统和式（3.14）所表示的性能指标，设计一个形如式（3.10）所示的保性能反馈控制器。由式（3.13）可知，对于具有式（3.3）~式（3.5）量化特性的量化误差 $\varphi(t)$，可以将其处理为$((1+\varphi_i(t))/2)^{\mathrm{T}}((1+\varphi_i(t))/2)\leqslant \boldsymbol{I}$ 的不确定性参数问题。使得对所有满足该不确定性的式（3.13）所表示的闭环系统渐近稳定，且响应的闭环性能指标值满足 $J_i\leqslant J_i^*$，其中，J_i^* 是某个确定的常数。

定理 3.1 对式（3.13）所表示的闭环车队系统和式（3.14）所表示的性能指标，如果存在矩阵$\tilde{\boldsymbol{K}}_{oi}^{*}$和$\tilde{\boldsymbol{K}}_{ci}$，对正定称矩阵 $\boldsymbol{P}_i$ 和 $\boldsymbol{S}_i$，使得对式（3.13）所描述的所有不确定性、延时/丢包情况下，以下矩阵不等式成立：

$$\begin{bmatrix} \boldsymbol{\Pi} & \boldsymbol{P}_i\tilde{\boldsymbol{B}}_i(1+\varphi_i(t)) \\ * & -\boldsymbol{S}_i \end{bmatrix} < 0 \tag{3.15}$$

其中，$\boldsymbol{\Pi} = \boldsymbol{L}_i + \tilde{\boldsymbol{K}}_{ci}^{\mathrm{T}}\boldsymbol{M}_i\tilde{\boldsymbol{K}}_{ci} + \boldsymbol{P}_i(\tilde{\boldsymbol{A}}_i + \tilde{\boldsymbol{B}}_i\tilde{\boldsymbol{K}}_{oi}^{*}) + (\tilde{\boldsymbol{A}}_i + \tilde{\boldsymbol{B}}_i\tilde{\boldsymbol{K}}_{oi}^{*})^{\mathrm{T}}\boldsymbol{P}_i + \tilde{\boldsymbol{K}}_{ci}^{\mathrm{T}}\boldsymbol{S}\tilde{\boldsymbol{K}}_{ci}$

证明 选取 Lyapunov 函数

$$\boldsymbol{V}(t) = \tilde{x}_i^{\mathrm{T}}(t)\boldsymbol{P}_i\tilde{x}_i(t) + \int_{t-\eta_i}^{t}\tilde{x}_i^{\mathrm{T}}(s)\tilde{\boldsymbol{K}}_i^{\mathrm{T}}\boldsymbol{S}_i\tilde{\boldsymbol{K}}_i\tilde{x}_i(s)\mathrm{d}s \tag{3.16}$$

由正定对称矩阵 $\boldsymbol{P}_i$ 和 $\boldsymbol{S}_i$ 知 $V(t)$是正定的，沿式（3.13）所表示的闭环系统的任意轨线对 $V(t)$求导可得：

$$\begin{aligned}
\dot{V}(t) = {} & \tilde{x}_i^{\mathrm{T}}(t)[\boldsymbol{P}_i(\tilde{\boldsymbol{A}}_i + \tilde{\boldsymbol{B}}_i\tilde{\boldsymbol{K}}_{oi}^{*}) + (\tilde{\boldsymbol{A}}_i + \tilde{\boldsymbol{B}}_i\tilde{\boldsymbol{K}}_{ci})^{\mathrm{T}}\boldsymbol{P}_i + \tilde{\boldsymbol{K}}_{ci}^{\mathrm{T}}\tilde{\boldsymbol{S}}_i\tilde{\boldsymbol{K}}_{ci}]\tilde{x}_i(t) \\
& + (\tilde{\boldsymbol{K}}_{ci}\tilde{x}_i(t-\eta_i))^{\mathrm{T}}(\tilde{\boldsymbol{B}}_i^{\mathrm{T}}(1+\varphi_i(t)))\boldsymbol{P}_i\tilde{x}_i(t) \\
& + \tilde{x}_i^{\mathrm{T}}(t)\boldsymbol{P}_i(\tilde{\boldsymbol{B}}_i(1+\varphi_i(t)))\tilde{\boldsymbol{K}}_{ci}\tilde{x}_i(t-\eta_i) \\
& - \tilde{x}_i^{\mathrm{T}}(t-\eta_i)(\tilde{\boldsymbol{K}}_{ci}^{\mathrm{T}}\boldsymbol{S}_i\tilde{\boldsymbol{K}}_{ci}\tilde{x}_i(t-\eta_i)) \\
= {} & \begin{bmatrix} \tilde{x}_i(t) \\ \tilde{\boldsymbol{K}}_{ci}\tilde{x}_i(t-\eta_i) \end{bmatrix}^{\mathrm{T}} \begin{bmatrix} \boldsymbol{\Pi} - \boldsymbol{L}_i - \tilde{\boldsymbol{K}}_{ci}^{\mathrm{T}}\boldsymbol{M}_i\tilde{\boldsymbol{K}}_{ci} & \boldsymbol{P}_i\tilde{\boldsymbol{B}}_i(1+\varphi_i(t)) \\ * & -\boldsymbol{S}_i \end{bmatrix} \begin{bmatrix} \tilde{x}_i(t) \\ \tilde{\boldsymbol{K}}_{ci}\tilde{x}_i(t-\eta_i) \end{bmatrix}
\end{aligned}$$

从式（3.15），可得对所有允许的不确定性

$$\dot{V}(t) < -\tilde{x}_i^{\mathrm{T}}(t)(\boldsymbol{L}_i + \tilde{\boldsymbol{K}}_{ci}^{\mathrm{T}}\boldsymbol{M}_i\tilde{\boldsymbol{K}}_{ci}\tilde{x}_i(t)) < 0 \tag{3.17}$$

因此，式（3.13）所表示的闭环系统是异步渐近稳定的，从 0 到 T 对上式两边同时积分，并利用 Lyapunov 方程式（3.16）得到

$$-\int_0^T \tilde{x}_i^{\mathrm{T}}(t)(\boldsymbol{L}_i + \tilde{\boldsymbol{K}}_{ci}^{\mathrm{T}}\boldsymbol{M}_i\tilde{\boldsymbol{K}}_{ci})\tilde{x}_i(t)\mathrm{d}t > \tilde{x}_i^{\mathrm{T}}(T)\boldsymbol{P}_i\tilde{x}_i(T) -$$

$$\tilde{x}_i^{\mathrm{T}}(0)\boldsymbol{P}_i\tilde{x}_i(0) + \int_{T-\eta_i}^{T}\tilde{x}_i^{\mathrm{T}}(s)\boldsymbol{S}_i\tilde{x}_i(s)\mathrm{d}s - \int_{-\eta_i}^{0}\tilde{x}_i^{\mathrm{T}}(s)\boldsymbol{S}_i\tilde{x}_i(s)\mathrm{d}s$$

假设初始状态$\tilde{x}_i(0)=0$，$\tilde{x}_i^{\mathrm{T}}(0)\boldsymbol{P}_i\tilde{x}_i(0)=0$，当 $T\to\infty$ 时，得到

$$\tilde{x}_i^{\mathrm{T}}(T)\boldsymbol{P}_i\tilde{x}_i(T)\to 0,\ \int_{T-\eta_i}^{\mathrm{T}}\tilde{x}_i^{\mathrm{T}}(s)\boldsymbol{T}\tilde{x}_i(s)\mathrm{d}s\to 0$$

进一步得到

$$\int_0^{\infty}\tilde{x}_i^{\mathrm{T}}(t)(\boldsymbol{L}_i + \tilde{\boldsymbol{K}}_{ci}^{\mathrm{T}}\boldsymbol{M}_i\tilde{\boldsymbol{K}}_{ci}\tilde{x}_i(t)\mathrm{d}t \leqslant$$

$$\int_{-\eta_i}^{0}\tilde{x}_i^{\mathrm{T}}(t)(\boldsymbol{L}_i + \tilde{\boldsymbol{K}}_{ci}^{\mathrm{T}}\boldsymbol{M}_i\tilde{\boldsymbol{K}}_{ci}\tilde{x}_i(t)\mathrm{d}t$$

定理得证。

以下定理 3.2 用一个线性矩阵不等式的可行性给出式（3.13）所表示的该车队控制系统保性能控制律的存在条件，并用线性矩阵不等式的可行解给出了保性能控制律的构造方法。

定理 3.2 对式（3.13）所表示的车队闭环系统和式（3.14）所表示的给定性能指标，如果存在一个指标 $\varepsilon_i > 0$，矩阵 $\boldsymbol{W}_i$、$\boldsymbol{U}_i$ 和对称矩阵 $\boldsymbol{X}_i$ 和 $\boldsymbol{Y}_i$ 使得以下不等式成立：

$$\begin{bmatrix} \boldsymbol{\Omega} & 0 & 0 & \boldsymbol{W}_i & \boldsymbol{U}_i^{\mathrm{T}} & \boldsymbol{U}_i^{\mathrm{T}} \\ * & -\boldsymbol{Y}_i & \boldsymbol{Y}_i & 0 & 0 & 0 \\ * & * & -\boldsymbol{I}\varepsilon_i & 0 & 0 & 0 \\ * & * & * & -\boldsymbol{L}_i^{-1} & 0 & 0 \\ * & * & * & * & \boldsymbol{M}_i^{-1} & 0 \\ * & * & * & * & * & -\boldsymbol{Y}_i \end{bmatrix} < 0 \tag{3.18}$$

式中，$\boldsymbol{\Omega} = \tilde{\boldsymbol{A}}_i\boldsymbol{X}_i + \tilde{\boldsymbol{B}}_i\boldsymbol{W}_i + (\tilde{\boldsymbol{A}}_i\boldsymbol{X}_i + \tilde{\boldsymbol{B}}_i\boldsymbol{W}_i)^{\mathrm{T}} + 4\varepsilon_i \tilde{\boldsymbol{B}}_i \tilde{\boldsymbol{B}}_i^{\mathrm{T}}$。

得到控制器增益为

$$\tilde{\boldsymbol{K}}_{oi}^{*} = \boldsymbol{W}_i\boldsymbol{X}_i^{-1},\ \tilde{\boldsymbol{K}}_{ci} = \boldsymbol{U}_i\boldsymbol{X}_i^{-1} \tag{3.19}$$

证明 矩阵不等式（3.15）可以写成

$$\begin{bmatrix} \boldsymbol{\Pi} & 0 \\ 0 & -\boldsymbol{S}_i \end{bmatrix} + \begin{bmatrix} 2\boldsymbol{P}_i\tilde{\boldsymbol{B}}_i \\ 0 \end{bmatrix} \frac{(1+\varphi_i(t))}{2} [0 \quad \boldsymbol{I}]$$

$$+ [0 \quad \boldsymbol{I}]^{\mathrm{T}} \frac{(1+\varphi_i(t))}{2} \begin{bmatrix} 2\boldsymbol{P}_i\tilde{\boldsymbol{B}}_i \\ 0 \end{bmatrix}^{\mathrm{T}} < 0 \tag{3.20}$$

根据引理 2.1，并应用 Schur 补性质，式（3.20）对所有允许的不确定性成立，当且仅当存在一个 $\varepsilon_i > 0$ 时，使得

$$\begin{bmatrix} \boldsymbol{\Pi}_1 & 0 & 0 & \boldsymbol{I} & \tilde{\boldsymbol{K}}_{ci}^{\mathrm{T}} & \tilde{\boldsymbol{K}}_{ci}^{\mathrm{T}} \\ * & -\boldsymbol{S}_i & \boldsymbol{I} & 0 & 0 & 0 \\ * & * & -\boldsymbol{I}\varepsilon_i & 0 & 0 & 0 \\ * & * & * & -\boldsymbol{L}_i^{-1} & 0 & 0 \\ * & * & * & * & \boldsymbol{M}_i^{-1} & 0 \\ * & * & * & * & * & -\boldsymbol{S}_i^{-1} \end{bmatrix} < 0$$

式中，$\boldsymbol{\Pi}_1 = \boldsymbol{P}_i(\tilde{\boldsymbol{A}}_i + \tilde{\boldsymbol{B}}_i\tilde{\boldsymbol{K}}_{oi}^{*}) + (\tilde{\boldsymbol{A}}_i + \tilde{\boldsymbol{B}}_i\tilde{\boldsymbol{K}}_{oi}^{*})^{\mathrm{T}}\boldsymbol{P}_i + 4\varepsilon_i\boldsymbol{P}_i\tilde{\boldsymbol{B}}_i\tilde{\boldsymbol{B}}_i^{\mathrm{T}}P_i$。

对以上不等式分别左、右乘矩阵

$$\begin{bmatrix} \boldsymbol{P}_i^{-1} & 0 & 0 & 0 & 0 & 0 \\ * & \boldsymbol{S}_i^{-1} & 0 & 0 & 0 & 0 \\ * & * & \boldsymbol{I} & 0 & 0 & 0 \\ * & * & * & \boldsymbol{I} & 0 & 0 \\ * & * & * & * & \boldsymbol{I} & 0 \\ * & * & * & * & * & \boldsymbol{I} \end{bmatrix}$$

并记 $\boldsymbol{X}_i = \boldsymbol{P}_i^{-1}$，$\boldsymbol{W}_i = \tilde{\boldsymbol{K}}_{oi}^* \boldsymbol{P}_i^{-1}$，$\boldsymbol{Y}_i = \boldsymbol{S}_i^{-1}$，$\boldsymbol{U}_i = \tilde{\boldsymbol{K}}_{ci} \boldsymbol{P}_i^{-1}$。再次应用 Schur 补性质，即可得到矩阵不等式（3.18）。定理得证。

3.2.3 原车队控制器设计

根据结论 3.1，原车队系统控制器增益系数为

$$[\boldsymbol{K}_o \quad \boldsymbol{K}_c]\boldsymbol{V} = \boldsymbol{R}[\tilde{\boldsymbol{K}}_o^* \quad \tilde{\boldsymbol{K}}_c] \tag{3.21}$$

根据说明 3.2 和式（3.12）对控制器信息结构的限制条件 $\tilde{\boldsymbol{K}} = \tilde{\boldsymbol{K}}_o^* + \tilde{\boldsymbol{K}}_c$，可以描述为（这里为了便于控制器的描述，以前三辆车为例）

$$\tilde{\boldsymbol{K}} = \begin{bmatrix} \tilde{\boldsymbol{K}}_{11} & \tilde{\boldsymbol{K}}_{12} & 0 & 0 & 0 & 0 & 0 & 0 \\ 0 & 0 & \tilde{\boldsymbol{K}}_{23} & 0 & 0 & 0 & 0 & 0 \\ 0 & 0 & \tilde{\boldsymbol{K}}_{33} & \tilde{\boldsymbol{K}}_{34} & \tilde{\boldsymbol{K}}_{35} & 0 & 0 & 0 \\ 0 & 0 & 0 & 0 & 0 & \tilde{\boldsymbol{K}}_{46} & 0 & 0 \\ 0 & 0 & 0 & 0 & 0 & \tilde{\boldsymbol{K}}_{56} & \tilde{\boldsymbol{K}}_{57} & \tilde{\boldsymbol{K}}_{58} \end{bmatrix}$$

式中，$\tilde{\boldsymbol{K}}_{11} = [k_{p1}^{\delta1} \quad k_{v1}^{\delta1}]$，$\tilde{\boldsymbol{K}}_{12} = [k_{v1}^{e1} \quad k_{a1}^{e1}]$，

$\tilde{\boldsymbol{K}}_{23} = [k_{v1}^{e1} \quad k_{a1}^{e1}]$，$\tilde{\boldsymbol{K}}_{33} = [k_{v1}^{e1} \quad k_{a1}^{e1}]$，$\tilde{\boldsymbol{K}}_{34} = [k_{p2}^{\delta2} \quad k_{v2}^{\delta2}]$，

$\tilde{\boldsymbol{K}}_{35} = [k_{v2}^{e2} \quad k_{a2}^{e2}]$，$\tilde{\boldsymbol{K}}_{46} = [k_{v2}^{e2} \quad k_{a2}^{e2}]$，$\tilde{\boldsymbol{K}}_{56} = [k_{v2}^{e2} \quad k_{a2}^{e2}]$，

$\tilde{\boldsymbol{K}}_{57} = [k_{p3}^{\delta3} \quad k_{v3}^{\delta3}]$，$\tilde{\boldsymbol{K}}_{58} = [k_{v3}^{e3} \quad k_{a3}^{e3}]$。

为了使方程式（3.21）对 $\boldsymbol{K}$ 可解，采用参考文献［106］的方法将 $\tilde{\boldsymbol{K}}$ 修改为 $\tilde{\boldsymbol{K}}_M$ 如下：

$$\tilde{\boldsymbol{K}}_M=\begin{bmatrix}\tilde{\boldsymbol{K}}_{11} & \frac{1}{2}(\tilde{\boldsymbol{K}}_{12}+\tilde{\boldsymbol{K}}_{23}) & 0 & 0 & 0 & 0 & 0 & 0\\ \tilde{\boldsymbol{K}}_{11} & 0 & \frac{1}{2}(\tilde{\boldsymbol{K}}_{12}+\tilde{\boldsymbol{K}}_{23}) & 0 & 0 & 0 & 0 & 0\\ 0 & 0 & \tilde{\boldsymbol{K}}_{33} & \tilde{\boldsymbol{K}}_{34} & \frac{1}{2}(\tilde{\boldsymbol{K}}_{35}+\tilde{\boldsymbol{K}}_{46}) & 0 & 0 & 0\\ 0 & 0 & \tilde{\boldsymbol{K}}_{33} & \tilde{\boldsymbol{K}}_{34} & 0 & \frac{1}{2}(\tilde{\boldsymbol{K}}_{35}+\tilde{\boldsymbol{K}}_{46}) & 0 & 0\\ 0 & 0 & 0 & 0 & 0 & \tilde{\boldsymbol{K}}_{56} & \tilde{\boldsymbol{K}}_{57} & \tilde{\boldsymbol{K}}_{58}\end{bmatrix} \tag{3.22}$$

修改后的$\tilde{\boldsymbol{K}}_M$ 保证式（3.13）所表示的闭环车队系统满足包含原理的定义 3.1，并使增益矩阵 $\boldsymbol{K}$ 基于修改后的$\tilde{\boldsymbol{K}}_M$ 使式（3.21）可解，进而求得原车队控制增益 K 为

$$\boldsymbol{K}=\begin{bmatrix}\tilde{\boldsymbol{K}}_{11} & \tilde{\boldsymbol{K}}_{22} & 0 & 0 & 0 & 0\\ 0 & \tilde{\boldsymbol{K}}_{33} & \tilde{\boldsymbol{K}}_{34} & \tilde{\boldsymbol{K}}_{44} & 0 & 0\\ 0 & 0 & 0 & \tilde{\boldsymbol{K}}_{56} & \tilde{\boldsymbol{K}}_{57} & \tilde{\boldsymbol{K}}_{58}\end{bmatrix}$$

式中，$\tilde{\boldsymbol{K}}_{22}=\frac{1}{2}(\tilde{\boldsymbol{K}}_{12}+\tilde{\boldsymbol{K}}_{23})$，$\tilde{\boldsymbol{K}}_{44}=\frac{1}{2}(\tilde{\boldsymbol{K}}_{35}+\tilde{\boldsymbol{K}}_{46})$，从而得到原车队控制器 u。

说明 3.2 因为$\tilde{\boldsymbol{K}}$是块对称矩阵，$\tilde{\boldsymbol{K}}_M$ 是下三角矩阵，两矩阵拥有相同的主对角矩阵，因此在扩展空间中得到保持车队稳定的保性能控制器增益$\tilde{\boldsymbol{K}}$，经上述修改后得到控制器增益$\tilde{\boldsymbol{K}}_M$，仍可保证车队的稳定性，且使方程式（3.21）可解，从而得到原空间的控制器增益。

3.3 车队队列稳定性分析

考虑车队中每辆跟随车辆都采用本章设计的分散式控制器。利用第 3 章方程式（3.1）可得

$$\dot{a}_i(t)=-\frac{1}{\zeta}a_i(t)+\frac{1}{\zeta}k_ix_i$$

为了保证车队的队列稳定性，本节考虑在最大量化误差的情况下，即 $\varphi(t)=\mathrm{diag}\{-\varphi_v(t),\varphi_a(t)\}$，其中，$\varphi_v(t)\in[-\xi_v,\xi_v]$，$\varphi_a(t)\in[-\xi_a,\xi_a]$分别是对领队车辆速度 v_0 和加速度 a_0 的量化误差区间，这里取边界条件如下：

$$\varphi_v(t)=-\xi_v,\ \varphi_a(t)=-\xi_a$$

对应上述取值，对车间距离误差函数进行拉普拉斯变化可以得到连续两辆车的车间距离误差传递函数如下：

$$G(s)=\frac{\delta_i(s)}{\delta_{i-1}(s)}=\frac{k_p+k_v s}{(k_{vl}s+k_{al}s^2)\mathrm{e}^{-\eta s}+k_p+k_v s+s^2+\zeta s^3} \tag{3.23}$$

基于该传递函数，仍采用与前两章相类似的分析方法，可得以下车队队列稳定性定理。

定理 3.3 对式（3.23）所表示的车间距离误差系统，当且仅当以下条件：

$$\begin{cases}(a)(1-\xi_a)k_v k_{al}-(1-\xi_v)k_{vl}\leqslant 0\\(b)(1-\xi_v)k_v k_{vl}-(1-\xi_a)k_p k_{al}\leqslant 0\\(c)(1-\xi_a)k_{al}-(1-\xi_v)\zeta k_{vl}=0\\(d)(1-\xi_v)^2k_{vl}^2-2k_p+2((1-\xi_v)k_v k_{vl}-(1-\xi_a)k_p k_{al})\geqslant 0\\(e)1-2\zeta k_v+2\eta((1-\xi_v)k_v k_{al}-(1-\xi_v)k_{vl})\geqslant 0\end{cases} \tag{3.24}$$

成立，则满足对任意 $w>0$，$|\delta_i(\mathrm{j}w)/\delta_{i-1}(\mathrm{j}w)|\leqslant 1$，即车队队列稳定。

证明 同样采用和前两章相同的方法，通过求取 $|\delta_i(\mathrm{j}w)/\delta_{i-1}(\mathrm{j}w)|\leqslant 1$ 的条件，可以推得上述定理，这里不再赘述。

并且由该定理可得通信延时的上限值为

$\eta\leqslant\dfrac{1+2k_a-2\zeta k_v}{2((1-\xi_v)(k_{vl}+k_a k_{vl})-(1-\xi_a)k_v k_{al})}=\eta^*$，其中，$\eta^*=\tau_m+\theta_m h$，$\tau_m$ 为网络诱导延时上限值，θ_m 为最大丢包数。

对于车队的零阶稳态误差的分析以及结论与前两章相同，本章也不再讨论。

3.4 数字仿真

为了检验本文控制方法的有效性，本小节对由五辆车所组成的车队进行了仿真，并与文献［91］不考虑车队通信网络影响下所设计的分散式控制器以及文献［101］仅考虑网络延时和丢包影响的集中式保性能控制做一比较，并得出相关结论。仿真中相关参数设为如下：丢包数 $\theta=2$，延时 $\tau=2$（丢包和延时曲线如图 3.2 和图 3.3 所示），量化密度 $\rho=0.4$，发动机时间常数 $\zeta=0.1$，为了清晰描述网络限制的影响，仿真所用车辆参数都相同，领队车辆速度 v_0 和加速度 a_0 曲线如图 3.1 所示。

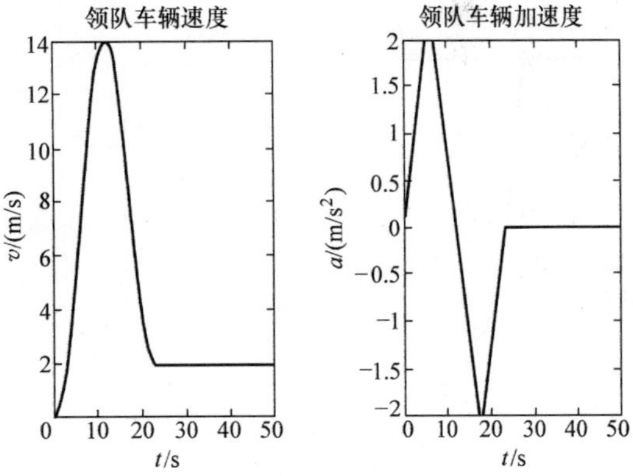

图 3.1 领队车辆曲线图

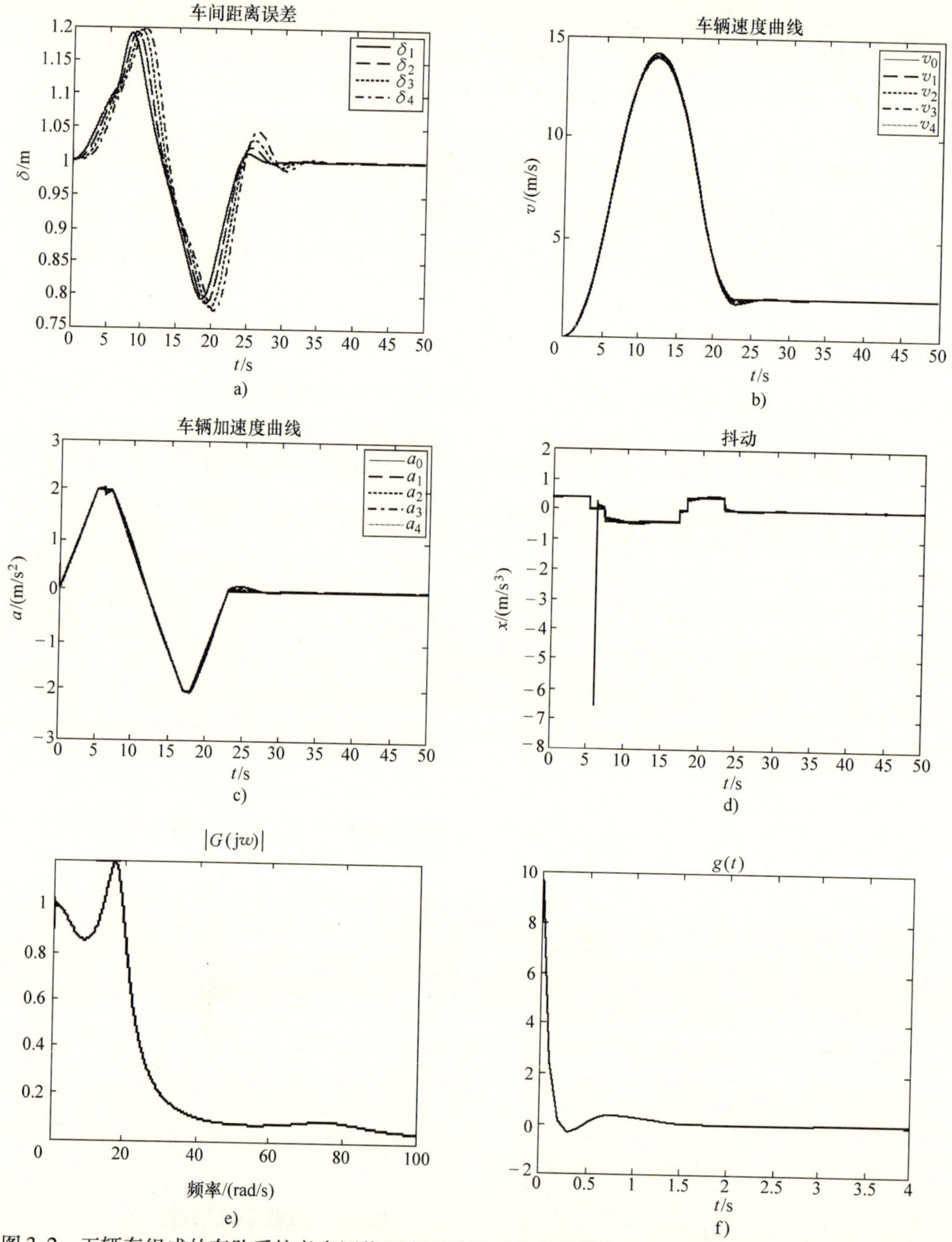

图 3.2　五辆车组成的车队系统考虑网络因素下分散式控制器[91]：响应曲线和车间距离变化特性

a）车间距离误差　b）速度　c）加速度　d）抖动　e）G（jw）　f）$g(t)$

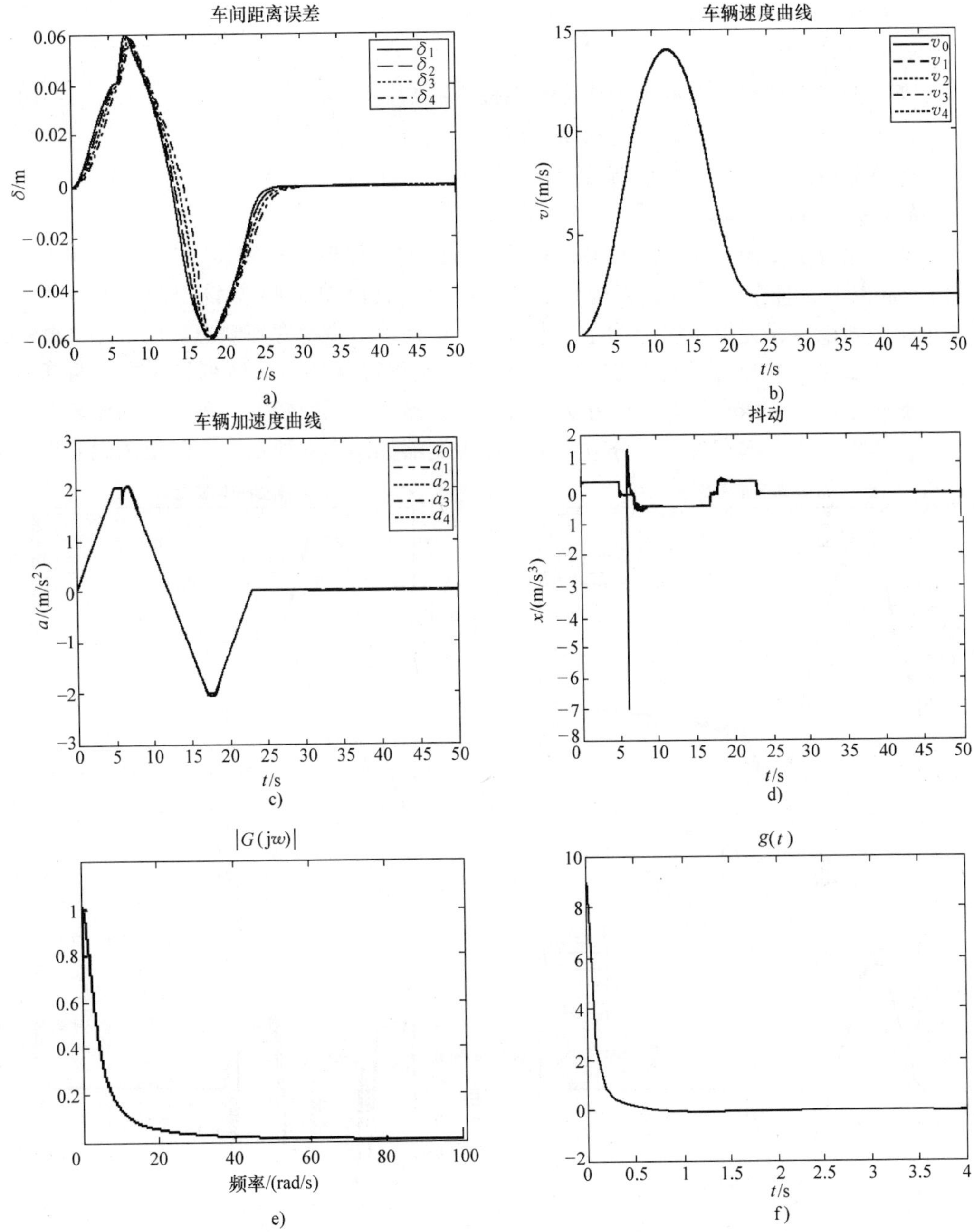

图 3.3　五辆车组成的车队系统在网络因素下集中式控制器[101]：响应曲线和车间距离变化特性

a）车间距离误差　b）速度　c）加速度　d）抖动　e) $G(jw)$　f) $g(t)$

为了比较本章算法的优越性，这里给出文献［91］和文献［101］的控制算法，以上两种算法都基于车队系统的无干扰线性部分设计。

不考虑网络通信影响的分散式控制器增益[91]：

$k_p=13.2$，$k_v=2.6$，$k_a=2$，$k_{vl}=2.6$，$k_{al}=2.3$；

考虑网络丢包和延时的集中式保性能控制器增益[101]：

$k_p=19.6$，$k_v=4.6$，$k_a=3.7$，$k_{vl}=4.1$，$k_{al}=5.3$；

本章分散式保性能控制器增益：

$k_p^{\delta}=4.3$，$k_v^{\delta}=2.1$，$k_v^{e}=5.7$，$k_a^{e}=2.4$。

通过比较仿真图 3.4 可以看出，考虑网络影响下分散式控制器[91]车间距误差达 1.2m 以上，且车队行驶过程中车队抖动剧烈，且由图 3.4a 知该控制器难以保持车队队列稳定，无论从安全性还是乘车的舒适性上考虑都存在缺点。而采用文献［101］的集中式控制器设计的保性能控制器虽然可以保持车队队列稳定性，且车间距离较小仅有 0.06m，但是该方法下求得控制器增益系数较大，车队抖动比较剧烈，鲁棒性较差。本章设计的分散式保性能控制器如图 3.6 所示，车间距离误差仅

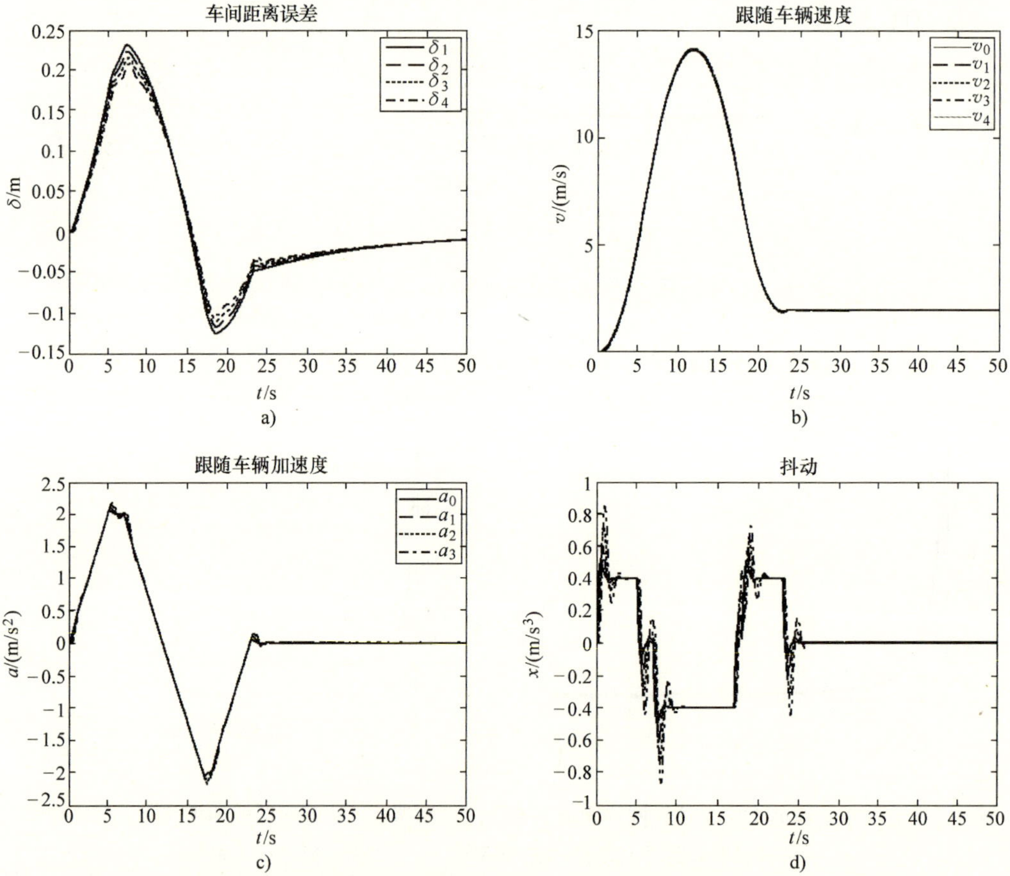

图 3.4　五辆车组成的车队系统在分散式控制器下：响应曲线和车间距离变化特性

a）车间距离误差　b）速度　c）加速度　d）抖动

有 0.23m，大大改善了车队的安全性，且车队可以保持队列稳定性，该方法鲁棒性能较好，虽然车队响应较慢，但车队抖动很小，舒适性和安全性能都得到很大改善，车队系统性能指标上界 $J^* = 38.6$。

3.5 小结

本章综合考虑车辆协作中跟随车辆与领队车辆间通信网络存在量化、延时及丢包，并且跟随车辆之间传感器测量受限因素影响下，建立交叠式车队控制系统模型，在该模型的基础上利用包含原理设计分散式保性能控制器，改善了车队的控制性能，更有利于在实际中得以应用。

前几章所考虑车队模型均为采用反馈线性化后得到的线性模型，但在实际当中由于车辆本身复杂性及行驶路况的影响，难以得到线性化的车队模型，对于非线性车队系统的控制问题仍是一个难点问题，本论文最后两章将针对非线性车队系统的设计问题进行分析讨论。

第4章 传感器测量受限下的车辆协作控制

在第2章中，我们讨论分析了车队间通信网络存在延时、丢包的情况下分层控制器的设计方法。在分析的过程中，我们知道车队中跟随车辆获得领队车辆的信息是通过无线网络实现的，而连续两辆车之间信息则需要车载传感器来测量。这里值得注意的是，目前对车队控制问题的研究几乎都假设传感器测量的信息准确[100]。然而，在实际应用中许多传感器测量能力是有限的。传感器检测范围有限制的一个很好的例子就是声呐传感器，通常存在一个最大探测距离和最小探测距离。最小和最大探测距离之间的间距被称为检测范围。最小探测距离和探头的表面，以及超出最大探测距离的部分都称作不敏感区。实际应用中有许多其他类型的传感器也具有相似的特点，例如，红外摄像机、雷达、电磁传感器等，只有在一定范围内才可以提供可靠的测量信息。在这种情况下，基于准确信息反馈设计的车队控制器的方法不再适用，需要一种新的框架来填补传感器测量受限的车队控制方法。文献［46］提出一种分散式通信的半自动车辆监控系统，辅助驾驶员在交通拥挤或能见度低的路段安全行驶。但对于传感器测量能力有限时会对车队控制带来的影响，仍是一个极具挑战性的问题。

基于上述讨论，本章针对传感器测量能力有限的情况建立一套车辆协作控制方法体系。在本章节的框架下，车队的通信结构为每一辆车都安装测量车间距离的车载传感器，为了在传感器的测量距离有限的情况下，保证车队队列稳定（尤其是在车载传感器完全检测不到前车信息时），需要将领队车辆的速度和加速度传送给每辆跟随车辆。本章除了考虑传感器受限问题，还考虑了执行器延时的问题（包括燃油延时和制动延时），这种延时可能会在车队中积累传递，引起车队的不稳定。

本章具体安排如下：4.1节对所要解决的传感器问题进行描述，并设计传感器受限模型下车队的控制器结构；4.2节基于设计该车队模型，设计保证车队稳定的变结构保性能控制器，同时考虑领队车辆加速度给车队造成的干扰及发动机时间常数存在不确定性问题，设计变结构保性能 H_∞ 控制器，进一步提高车队的鲁棒性能；4.3节针对车队的队列稳定性以及零阶稳定性问题进行了分析讨论，得到相关的条件；4.4节给出了大量详细的数字仿真及实验，以证明本章结论的正确性；4.5节对本章内容进行了总结。

4.1 问题描述

4.1.1 协作式车队结构

考虑传感器测量范围有限的车队结构如图 4.1 所示，图 4.1 中扇形部分为传感器检测区域，第一辆跟随车处于完全检测区域，第二辆跟随车处于检测受限区域，第三辆跟随车则完全超出传感器检测范围。车队中其余参数与第二章相同，本章为使车辆模型更加符合实际情况，考虑每辆车的执行器存在燃油延时和制动延时，可以给出总延时为 τ 的车辆动态模型式（2.4）可写为如下形式：

$$\dot{a}_i(t) = -\frac{1}{\zeta_i}a_i(t) + \frac{1}{\zeta_i}u_i(t-\tau) \tag{4.1}$$

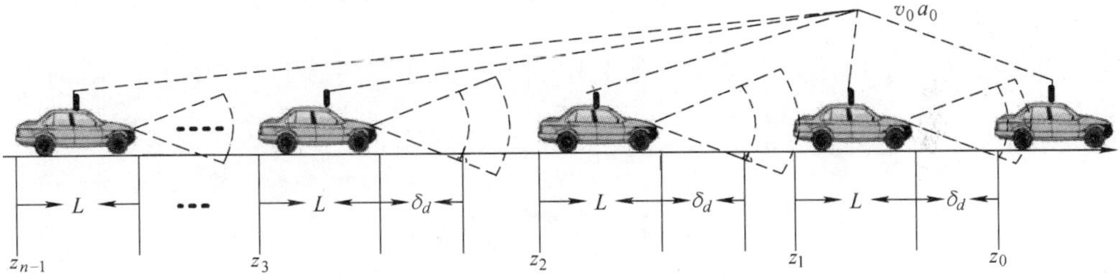

图 4.1 传感器受限下车队结构图

进一步给出车队的控制器为

$$u_i(t) = k_p^{\delta}(\delta_i) + k_v^{\delta}(\dot{\delta}_i) + k_a^{\delta}(\ddot{\delta}_i) + k_v^{e}(v_0 - v_i) + k_a^{e}(a_0 - a_i) \tag{4.2}$$

式中，k_p^{δ}、k_v^{δ}、k_a^{δ}、k_v^{e} 和 k_a^{e} 是控制器增益系数。该控制律主要基于车间距离误差，以及领队车辆的速度和加速度信息等。

说明 4.1 由第 2 章可知领队车辆的信息（加速度和速度）是通过无线网络周期性向跟随车辆传送，而连续两辆车之间的距离、速度及加速度等则通过每一辆跟随车辆前端安装的车载传感器来测量。本章从更加实际的角度出发，在下一小节详细考虑车载传感器的测量能力有限的影响给车队控制带来的影响。

4.1.2 传感器测量受限建模

考虑车载传感器测量能力有限的情况下建立传感器模型如下：

$$A_i(d_i) = \begin{cases} d_i, \text{ 如果 } d_i \leqslant \underline{d}_i \\ \dfrac{\underline{d}_i}{\overline{d}_i + \underline{d}_i}(\overline{d}_i + d_i), \text{ 如果 } \underline{d}_i < d_i < \overline{d}_i \\ 2\,\underline{d}_i\,\overline{d}_i/(\overline{d}_i + \underline{d}_i), \text{ 如果 } d_i \geqslant \overline{d}_i \end{cases} \tag{4.3}$$

式中，d_i 表示相邻两辆车的实际距离，$d_i = z_{i-1} - z_i - L_i$；$\underline{d}_i$ 和 $\bar{d}_i$ 分别代表测量的上限值和下限值。传感器的测量区域被分为三个区域：完全测量区域 $[0, \underline{d}_i]$，在该区域内测量的距离即为实际车间距离，即 $A_i(d_i) = d_i$；测量受限区域（$\underline{d}_i$，$\bar{d}_i$），在该区域内测量值在$\left(\underline{d}_i, \dfrac{2\underline{d}_i\bar{d}_i}{\bar{d}_i+\underline{d}_i}\right)$之间变化；测量上限区域 $[\bar{d}_i, \infty)$，在该区域内无论实际车间距离为多大，跟随车辆都检测到常数值为$\dfrac{2\underline{d}_i\bar{d}_i}{\bar{d}_i+\underline{d}_i}$，传感器的瞬时曲线如图 4.2 所示。在本章的研究中假设所有车载传感器是相同的，即$\underline{d}_1 = \underline{d}_2 = \cdots = \underline{d}_{n-1} = \underline{d}$，$\bar{d}_1 = \bar{d}_2 = \cdots = \bar{d}_{n-1} = \bar{d}$。

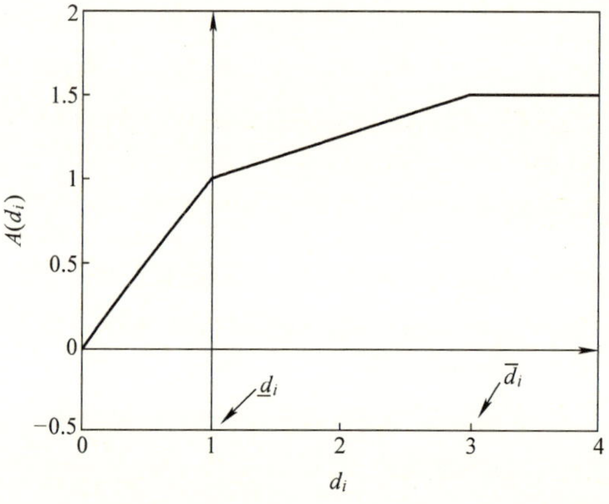

图 4.2　传感器的瞬时曲线 A_i（d_i），$\bar{d}_i = 3$，$\underline{d}_i = 1$

说明 4.2　距离传感器的一个重要特性就是测量范围受限，在实际应用当中这也是许多传感器都有的一个特性，如红外传感器、声呐传感器及雷达传感器等。通过简单的数字修改本章所建立的传感器模型式（4.3），可以获得类似的其他类型的传感器模型。

下面着重处理传感器受限给控制器设计带来的影响，首先，已知车间距离误差满足 $\delta_i = d_i - \delta_d$，根据由式（4.3）表示的传感器模型，可以推得实际的车间距离误差方程为

$$A_i(\delta_i) = A_i(d_i) - \delta_d \tag{4.4}$$

由式（4.3）可得

$$A_i(\delta_i) = \begin{cases} \delta_i, \text{如果 } \delta_i \leqslant \underline{d} - \delta_d \\ \dfrac{\underline{d}}{\overline{d} + \underline{d}}(\overline{d} + \delta_i) - \dfrac{\overline{d}}{\overline{d} + \underline{d}}\delta_d, \text{如果} \underline{d} - \delta_d < \delta_i < \overline{d} - \delta_d \\ 2\,\underline{d}_i\,\overline{d}_i/(\overline{d}_i + \underline{d}_i) - \delta_d, \text{如果 } \delta_i \geqslant \overline{d} - \delta_d \end{cases} \tag{4.5}$$

控制器变为如下形式：

$$u_i(t) = \begin{cases} k_p^\delta \delta_i(t) + k_v^\delta\, \dot{\delta}_i(t) + k_a^\delta\, \ddot{\delta}_i(t) \\ \quad + k_v^e(v_0 - v_i) + k_a^e(a_0 - a_i),\ \delta_i \leqslant \underline{d} - \delta_d \\ k_p^\delta A_i(\delta_i) + k_v^\delta\, \dot{A}_i(\delta_i) + k_a^\delta\, \ddot{A}_i(\delta_i) \\ \quad + k_v^e(v_0 - v_i) + k_a^e(a_0 - a_i),\ \underline{d} - \delta_d < \delta_i < \overline{d} - \delta_d \\ k_v^e(v_0 - v_i) + k_a^e(a_0 - a_i),\ \delta_i \geqslant \overline{d} - \delta_d \end{cases} \tag{4.6}$$

考虑该车载传感器给控制器设计带来的影响，下一小节将给出系统模型结合传感器模型的车队控制系统。

4.1.3 车队控制系统模型

将式（4.6）带入式（4.1）可得

$$\dot{a}_i(t) = \begin{cases} \dfrac{1}{\zeta_i}\{-a_i(t) + k_p^\delta \delta_i(t-\tau) + k_v^\delta\, \dot{\delta}_i(t-\tau) + k_a^\delta\, \ddot{\delta}_i(t-\tau) \\ k_v^e(v_0(t-\tau) - v_i(t-\tau)) + k_a^e(a_0(t-\tau) - a_i(t-\tau))\}, & \delta_i \leqslant \underline{d} - \delta_d \\ \dfrac{1}{\zeta_i}\{-a_i(t) + \tilde{d} k_p^\delta[(\delta_i(t-\tau) + \overline{d}\delta_d + k_v^\delta\, \dot{\delta}_i(t-\tau) + k_a^\delta\, \ddot{\delta}_i(t-\tau)] \\ -k_p^\delta \dfrac{\overline{d}}{\overline{d} + \underline{d}}\delta_d + k_v^e(v_0(t-\tau) - v_i(t-\tau)) + k_a^e(a_0(t-\tau) - a_i(t-\tau))\}, & \underline{d} - \delta_d < \delta_i < \overline{d} - \delta_d \\ \dfrac{1}{\zeta_i}\{-a_i(t) + k_v^e(v_0(t-\tau) - v_i(t-\tau)) + k_a^e(a_0(t-\tau) - a_i(t-\tau))\}, \delta_i \geqslant \overline{d} - \delta_d \end{cases}$$

（4.7）

式中，$\tilde{d} = \underline{d}/(\overline{d} + \underline{d})$。同时根据第 2 章式（2.2），可以推出

$$\dddot{\delta}_i = \dot{a}_{i-1} - \dot{a}_i \tag{4.8}$$

将式（4.8）与式（4.7）结合可得

$$\dddot{\delta}_i=\begin{cases}\frac{1}{\zeta_i}\{-\ddot{\delta}_i(t)+k_p^{\delta}\delta_{i-1}(t-\tau)+k_v^{\delta}\ddot{\delta}_{i-1}(t-\tau) \\ +k_a^{\delta}\ddot{\delta}_{i-1}(t-\tau)-k_p^{\delta}\delta_i(t-\tau)-(k_v^{\delta}+k_v^{e})\dot{\delta}_i(t-\tau) \\ -(k_a^{\delta}+k_a^{e})\ddot{\delta}_i(t-\tau)\}, & \delta_i\leqslant \underline{d}-\delta_d \\ \frac{1}{\zeta_i}\{-\ddot{\delta}_i(t)+\tilde{d}[k_p^{\delta}\delta_{i-1}(t-\tau)+k_v^{\delta}\dot{\delta}_{i-1}(t-\tau) \\ +k_a^{\delta}\ddot{\delta}_{i-1}(t-\tau)]-\tilde{d}k_p^{\delta}\delta_i(t-\tau)-(\tilde{d}k_v^{\delta}+k_v^{e})\dot{\delta}_i(t-\tau) \\ -(\tilde{d}k_a^{\delta}+k_a^{e})\ddot{\delta}_i(t-\tau)\}, & \underline{d}-\delta_d<\delta_i<\overline{d}-\delta_d \\ \frac{1}{\zeta_i}\{-\ddot{\delta}_i(t)-k_v^{e}\dot{\delta}_i(t-\tau)-k_a^{e}\ddot{\delta}_i(t-\tau)\}, & \delta_i\geqslant \overline{d}-\delta_d\end{cases} \tag{4.9}$$

定义状态变量 $x(t)=\mathrm{Col}\,[x_i(t)]_{i=1}^{n-1}$，其中，$x_i(t)=[\delta_i\quad \dot{\delta}_i\quad \ddot{\delta}_i]^{\mathrm{T}}$，$i=1,\cdots,n-1$。由第 2 章式（2.2）及式（4.9），可以得到如下闭环车队系统：

$$\dot{x}(t)=\boldsymbol{A}x(t)+\boldsymbol{B}^*\boldsymbol{K}^*x(t-\tau) \tag{4.10}$$

式中，

$$\boldsymbol{A}=\begin{bmatrix}\boldsymbol{A}_1 & 0 & \cdots & 0\\ 0 & \boldsymbol{A}_2 & \cdots & 0\\ \cdots & \ddots & \ddots & \cdots\\ 0 & \cdots & 0 & \boldsymbol{A}_{n-1}\end{bmatrix},\ \boldsymbol{B}^*=\begin{bmatrix}\boldsymbol{B}_1^* & 0 & \cdots & 0\\ 0 & \boldsymbol{B}_2^* & \cdots & 0\\ \cdots & 0 & \cdots & \cdots\\ 0 & \cdots & 0 & \boldsymbol{B}_{n-1}^*\end{bmatrix},$$

$$\boldsymbol{K}^*=\begin{bmatrix}\boldsymbol{K}_1^{1*} & 0 & \cdots & 0\\ \boldsymbol{K}_2^{2*} & \boldsymbol{K}_2^{1*} & \cdots & 0\\ \cdots & 0 & \cdots & \cdots\\ 0 & \cdots & \boldsymbol{K}_{n-1}^{2*} & \boldsymbol{K}_{n-1}^{1*}\end{bmatrix},$$

$$\boldsymbol{A}_i=\begin{bmatrix}0 & 1 & 0\\ 0 & 0 & 1\\ 0 & 0 & -1/\zeta_i\end{bmatrix},\ \boldsymbol{B}_i^*=\begin{bmatrix}0\\ 0\\ -1/\zeta_i\end{bmatrix}。$$

以上矩阵中的控制增益矩阵定义为以下形式：

（1）$\delta_i\leqslant \underline{d}-\delta_d$：

$\boldsymbol{K}_i^{1*}=[k_p^{\delta}\quad k_v^{\delta}+k_v^{e}\quad k_a^{\delta}+k_a^{e}]$，

$$\boldsymbol{K}_i^{2*} = [-k_p^{\delta} \quad -k_v^{\delta} \quad -k_a^{\delta}];$$

（2）$\underline{d} - \delta_d < \delta_i < \overline{d} - \delta_d$：

$$\boldsymbol{K}_i^{1*} = [\tilde{d}k_p^{\delta} \quad \tilde{d}k_v^{\delta} + k_v^e \quad \tilde{d}k_a^{\delta} + k_a^e],$$

$$\boldsymbol{K}_i^{2*} = [-\tilde{d}k_p^{\delta} \quad -\tilde{d}k_v^{\delta} \quad -\tilde{d}k_a^{\delta}];$$

（3）$\delta_i \geqslant \overline{d} - \delta_d$：

$$\boldsymbol{K}_i^{1*} = [0 \quad -k_v^e \quad -k_a^e],\ \boldsymbol{K}_i^{2*} = [0 \quad 0 \quad 0]。\tag{4.11}$$

本章基于该结合传感器模型的车队控制系统，设计满足如 2.1.5 节所列出的车队控制性能指标。

4.2 车队稳定性分析

本小节针对结合传感器模型的车队系统设计保性能 H_∞ 控制器，保证车队系统在带有执行器延时的情况下仍能实现车队的稳定行驶。

首先定义车队系统的性能指标为

$$J = \sum_{k=0}^{\infty} [x^{\mathrm{T}}(k)\boldsymbol{Q}x(k) + u^{\mathrm{T}}(k)\boldsymbol{R}u(k)] \tag{4.12}$$

其中，$\boldsymbol{Q}$ 和 $\boldsymbol{R}$ 是给定的对称正定加权矩阵。

定理 4.1 对传感器受限及执行器延时的闭环车队系统式（4.10）和性能指标式（4.12），如果存在矩阵 $\boldsymbol{W} \in \boldsymbol{R}^{m \times n}$，$\boldsymbol{X} = \boldsymbol{X}^{\mathrm{T}} > 0$，$\boldsymbol{Y} = \boldsymbol{Y}^{\mathrm{T}} > 0$，使以下线性矩阵不等式成立：

$$\begin{bmatrix} \boldsymbol{AX} + (\boldsymbol{AX})^{\mathrm{T}} & \boldsymbol{B}^*\boldsymbol{Y} & \boldsymbol{X} & \boldsymbol{W}^{\mathrm{T}} & \boldsymbol{W}^{\mathrm{T}} \\ * & -\boldsymbol{Y} & 0 & 0 & 0 \\ * & * & -\boldsymbol{Q}^{-1} & 0 & 0 \\ * & * & * & -\boldsymbol{R}^{-1} & 0 \\ * & * & * & * & -\boldsymbol{Y} \end{bmatrix} < 0 \tag{4.13}$$

则保性能控制器存在，对应的控制器增益为

$$\boldsymbol{K}_i^{1*} = \hat{\boldsymbol{W}}_i^1 \hat{\boldsymbol{X}}_i^{-1},\ \boldsymbol{K}_i^{2*} = \hat{\boldsymbol{W}}_i^2 \hat{\boldsymbol{X}}_{i-1}^{-1} (i=2, \cdots, n-1)。\tag{4.14}$$

证明 定义 Lyapunov 函数为

$$V(t) = x^{\mathrm{T}}(t)\boldsymbol{P}x(t) + \int_{t-\tau}^{t} [x^{\mathrm{T}}(s)(\boldsymbol{K}^*)^{\mathrm{T}}\boldsymbol{TK}^* x(s)]\mathrm{d}s \tag{4.15}$$

则沿着式（4.10）所表示的闭环车队系统的任意轨迹，对 $V(t)$ 求导得

$$\dot{V}(t) = 2x^{\mathrm{T}}(t)\boldsymbol{PA}x(t) + 2x^{\mathrm{T}}(t)\boldsymbol{PB}^*\boldsymbol{K}^*x(t-\tau)$$

$$+x^{\mathrm{T}}(t)\,(\boldsymbol{K}^{*})^{\mathrm{T}}\boldsymbol{T}\boldsymbol{K}^{*}x(t)-x^{\mathrm{T}}(t-\tau)\,(\boldsymbol{K}^{*})^{\mathrm{T}}\boldsymbol{T}\boldsymbol{K}^{*}x(t-\tau)$$

$$=\begin{bmatrix}x(t)\\ \boldsymbol{K}^{*}x(t-\tau)\end{bmatrix}^{\mathrm{T}}\begin{bmatrix}\boldsymbol{\Pi}_1-\boldsymbol{Q}-(\boldsymbol{K}^{*})^{\mathrm{T}}\boldsymbol{R}\boldsymbol{K}^{*} & \boldsymbol{P}\boldsymbol{B}^{*}\\ * & -\boldsymbol{T}\end{bmatrix}\begin{bmatrix}x(t)\\ \boldsymbol{K}^{*}x(t-\tau)\end{bmatrix}\tag{4.16}$$

其中，$\boldsymbol{\Pi}_1=\boldsymbol{Q}+(\boldsymbol{K}^{*})^{\mathrm{T}}\boldsymbol{R}\boldsymbol{K}^{*}+(\boldsymbol{K}^{*})^{\mathrm{T}}\boldsymbol{T}\boldsymbol{K}^{*}+\boldsymbol{P}\boldsymbol{A}+\boldsymbol{A}^{\mathrm{T}}\boldsymbol{P}$

由式（4.16）可推出

$$\dot{V}(t)<-x^{\mathrm{T}}(t)[\boldsymbol{Q}+(\boldsymbol{K}^{*})^{\mathrm{T}}\boldsymbol{R}\boldsymbol{K}^{*}]x(t)<0\tag{4.17}$$

因此，可以保证式（4.10）所表示的无干扰闭环车队系统是异步渐近稳定的。

根据

$$\begin{bmatrix}\boldsymbol{\Pi}_1 & \boldsymbol{P}\boldsymbol{B}^{*}\\ * & -\boldsymbol{T}\end{bmatrix}<0\tag{4.18}$$

利用Schur补性质，不等式（4.18）等价于

$$\begin{bmatrix}\boldsymbol{P}\boldsymbol{A}+\boldsymbol{A}^{\mathrm{T}}\boldsymbol{P} & \boldsymbol{P}\boldsymbol{B}^{*} & \boldsymbol{I} & (\boldsymbol{K}^{*})^{\mathrm{T}} & (\boldsymbol{K}^{*})^{\mathrm{T}}\\ * & -\boldsymbol{T} & 0 & 0 & 0\\ * & * & -\boldsymbol{Q}^{-1} & 0 & 0\\ * & * & * & -\boldsymbol{R}^{-1} & 0\\ * & * & * & * & -\boldsymbol{T}^{-1}\end{bmatrix}<0\tag{4.19}$$

对式（4.19）左右两端同时乘以

$$\begin{bmatrix}\boldsymbol{P}^{-1} & 0 & 0 & 0 & 0\\ * & \boldsymbol{T}^{-1} & 0 & 0 & 0\\ * & * & \boldsymbol{I} & 0 & 0\\ * & * & * & \boldsymbol{I} & 0\\ * & * & * & * & \boldsymbol{I}\end{bmatrix}$$

并标记$\boldsymbol{X}=\boldsymbol{P}^{-1}$，$\boldsymbol{W}=\boldsymbol{K}^{*}\boldsymbol{P}^{-1}$，$\boldsymbol{Y}=\boldsymbol{T}^{-1}$可得出矩阵不等式（4.13）。

为了获得控制齐增益$\boldsymbol{K}^{*}$，设

$$\boldsymbol{X}=\mathrm{diag}\{\hat{\boldsymbol{X}}_1\cdots,\hat{\boldsymbol{X}}_{n-1}\},\boldsymbol{W}=\begin{bmatrix}\hat{\boldsymbol{W}}_1^1 & 0 & \cdots & 0\\ \hat{\boldsymbol{W}}_2^2 & \hat{\boldsymbol{W}}_2^1 & \cdots & 0\\ \vdots & 0 & \cdots & \cdots\\ 0 & \cdots & \hat{\boldsymbol{W}}_{n-1}^2 & \hat{\boldsymbol{W}}_{n-1}^1\end{bmatrix}$$

则可以得到

$$\boldsymbol{K}_i^{1*}=\hat{\boldsymbol{W}}_i^1\hat{\boldsymbol{X}}_i^{-1},\boldsymbol{K}_i^{2*}=\hat{\boldsymbol{W}}_i^2\hat{\boldsymbol{X}}_{i-1}^{-1}(i=2,\cdots,n-1)。$$

进一步从0到T，对不等式（4.17）两端进行积分可以得到

$$- \int_0^{\mathrm{T}} x^{\mathrm{T}}(t)[\boldsymbol{Q} + (\boldsymbol{K}^*)^{\mathrm{T}}\boldsymbol{R}\boldsymbol{K}^*]x(t)\mathrm{d}t$$

$$> x^{\mathrm{T}}(T)\boldsymbol{P}x(T) - x^{\mathrm{T}}(0)\boldsymbol{P}x(0) + \int_{T-\tau}^{T} x^{\mathrm{T}}(s)(\boldsymbol{K}^*)^{\mathrm{T}}\boldsymbol{T}\boldsymbol{K}^* x(s)\mathrm{d}s$$

$$- \int_{-\tau}^{0} x^{\mathrm{T}}(s)(\boldsymbol{K}^*)^{\mathrm{T}}\boldsymbol{T}\boldsymbol{K}^* x(s)\mathrm{d}s。$$

因为式（4.10）所表示的闭环系统是渐近稳定的，当 $T \to \infty$ 时，利用初始条件 $x(0)=0$，$x^{\mathrm{T}}(0)\boldsymbol{P}x(0)=0$，可以得到

$$x^{\mathrm{T}}(T)\boldsymbol{P}x(T) \to 0,\ \int_{T-\tau}^{T} x^{\mathrm{T}}(s)(\boldsymbol{K}^*)^{\mathrm{T}}\boldsymbol{T}\boldsymbol{K}^* x(s)\mathrm{d}s \to 0。$$

可以得到系统性能指标为

$$\int_0^{\infty} x^{\mathrm{T}}(t)(\boldsymbol{Q} + \boldsymbol{K}^{\mathrm{T}}\boldsymbol{R}\boldsymbol{K})x(t)\mathrm{d}t \leqslant \int_{-\tau}^{0} x^{\mathrm{T}}(t)(\boldsymbol{K}^*)^{\mathrm{T}}\boldsymbol{T}\boldsymbol{K}^* x(t)\mathrm{d}t。$$

即满足式（4.12）所表示的性能指标的车队系统保性能控制器存在，定理得证。

说明 4.3　注意以上主要针对不考虑不确定性以及领队车辆的干扰的车队系统进行研究，而所忽略的因素可能是引起车队不稳定的主要原因。因此，以下着重讨论发动机时间常数存在不确定性 $\Delta\zeta$ 及领队车辆和外界环境干扰 $w(t)$，根据式(4.10)，可以推得闭环车队系统如下所示：

$$\dot{x}(t) = (\boldsymbol{A} + \Delta\boldsymbol{A})x(t) + (\boldsymbol{B}^* + \Delta\boldsymbol{B}^*)\boldsymbol{K}^* x(t-\tau) + \boldsymbol{G}w(t) \qquad (4.20)$$

式中，$G = \mathrm{diag}\{g_1, \cdots, g_{n-1}\}$，$w(t) = \mathrm{Col}[w_i(t)]_{i=1}^{n-1}$，其中，$g_i$ 是实数，$w_i(t)$ 代表干扰量（包括领队车辆干扰以及外界风速等），$\Delta\boldsymbol{A} = \mathrm{diag}\{\Delta\boldsymbol{A}_1, \cdots, \Delta\boldsymbol{A}_{n-1}\}$，$\Delta\boldsymbol{B}^* = \mathrm{diag}\{\Delta\boldsymbol{B}_1^*, \cdots, \Delta\boldsymbol{B}_{n-1}^*\}$，

$$\Delta\boldsymbol{A}_i = \begin{bmatrix} 0 & 0 & 0 \\ 0 & 0 & 0 \\ 0 & 0 & -1/\Delta\zeta_i \end{bmatrix},\ \Delta\boldsymbol{B}_i^* = \begin{bmatrix} 0 \\ 0 \\ -1/\Delta\zeta_i \end{bmatrix},$$

$\boldsymbol{A}$、$\boldsymbol{B}^*$、$\boldsymbol{K}^*$ 在式（4.10）中给出。

假设不确定性满足 $|\Delta\zeta_i| = \ell_i(t)$，其中，$\ell_i(t)$ 是 Lebesgue - measurable 连续函数 $\ell_i^2(t) \geqslant \partial_i$，$\partial_i > 0$，可以得到

$$[\Delta\boldsymbol{A} \quad \Delta\boldsymbol{B}] = \boldsymbol{D}\boldsymbol{F}(t)[\boldsymbol{E}_1 \quad \boldsymbol{E}_2]$$

式中，

$$\boldsymbol{D} = \frac{1}{\sqrt{D_i}} \times \mathrm{diag}\left\{\begin{bmatrix} 0 & 0 & 1 \\ 0 & 0 & 1 \end{bmatrix}^{\mathrm{T}}, \cdots, \begin{bmatrix} 0 & 0 & 1 \\ 0 & 0 & 1 \end{bmatrix}^{\mathrm{T}}\right\},$$

$$\boldsymbol{E}_1 = \mathrm{diag}\left\{\begin{bmatrix} 0 & 0 & 0 \\ 0 & 0 & 1 \end{bmatrix}, \cdots, \begin{bmatrix} 0 & 0 & 0 \\ 0 & 0 & 1 \end{bmatrix}\right\},$$

$$E_2 = \mathrm{diag}\left\{\begin{bmatrix}0\\1\end{bmatrix}, \quad \cdots, \quad \begin{bmatrix}0\\1\end{bmatrix}\right\},$$

$$\boldsymbol{F}(t) = \frac{\sqrt{D_i}}{f_i(t)}\boldsymbol{I},$$

式中，$\boldsymbol{F}(t)$满足$\boldsymbol{F}^{\mathrm{T}}(t)\boldsymbol{F}(t) \leqslant \boldsymbol{I}$。

对式（4.20）所表示的闭环车队系统，给出以下定理证明，保证该系统稳定的保性能控制器存在。

定理 4.2 对式（4.20）所表示的闭环车队系统和式（4.12）所表示的性能指标存在 H_∞ 控制器的一个充分条件是，对给定的常数 $\gamma > 0$，当且仅当存在标量 $\varepsilon > 0$，矩阵 $\boldsymbol{W} \in \boldsymbol{R}^{m \times n}$，$\boldsymbol{X} = \boldsymbol{X}^{\mathrm{T}} > 0$ 和 $\boldsymbol{Y} = \boldsymbol{Y}^{\mathrm{T}} > 0$，使得对所有允许的参数不确定性，矩阵不等式成立

$$\begin{bmatrix} \boldsymbol{AX} + (\boldsymbol{AX})^{\mathrm{T}} + \varepsilon \boldsymbol{DD}^{\mathrm{T}} & \boldsymbol{G} & \boldsymbol{X} & \boldsymbol{B}^*\boldsymbol{Y} & (\boldsymbol{E}_1\boldsymbol{X})^{\mathrm{T}} & \boldsymbol{X} & \boldsymbol{W} & \boldsymbol{W} \\ * & -\gamma\boldsymbol{I} & 0 & 0 & 0 & 0 & 0 & 0 \\ * & * & -\gamma\boldsymbol{I} & 0 & 0 & 0 & 0 & 0 \\ * & * & * & -\boldsymbol{Y} & \boldsymbol{E}_2\boldsymbol{Y} & 0 & 0 & 0 \\ * & * & * & * & -\varepsilon\boldsymbol{I} & 0 & 0 & 0 \\ * & * & * & * & * & -\boldsymbol{Q}^{-1} & 0 & 0 \\ * & * & * & * & * & * & -\boldsymbol{R}^{-1} & 0 \\ * & * & * & * & * & * & * & -\boldsymbol{Y} \end{bmatrix} < 0, \tag{4.21}$$

存在保性能 H_∞ 控制增益为

$$\boldsymbol{K}_i^{1*} = \hat{\boldsymbol{W}}_i^1 \hat{\boldsymbol{X}}_i^{-1}, \boldsymbol{K}_i^{2*} = \hat{\boldsymbol{W}}_i^2 \hat{\boldsymbol{X}}_{i-1}^{-1} \tag{4.22}$$

证明 定义 Lyapunov 函数如式（4.15）。采用与定理 4.1 相似的证明可以得到 $\dot{V}(t) < 0$，即式（4.20）所表示的闭环车队系统异步渐近稳定。对所有非零 $w \in l_2[0, \infty)$，推得

$$\dot{V}(t) + \gamma^{-1}x^{\mathrm{T}}(t)x(t) - \gamma w^{\mathrm{T}}(t)w(t)$$
$$= \begin{bmatrix} x(t) \\ w(t) \\ \boldsymbol{K}^* x(t-\tau) \end{bmatrix}^{\mathrm{T}} \left(\begin{bmatrix} \boldsymbol{\varPi}_2 & \boldsymbol{PG} & \boldsymbol{\varPi}_3 \\ * & 0 & 0 \\ * & * & -\boldsymbol{T} \end{bmatrix} + \begin{bmatrix} \gamma^{-1} & 0 & 0 \\ * & -\gamma\boldsymbol{I} & 0 \\ * & * & 0 \end{bmatrix} \right) \begin{bmatrix} x(t) \\ w(t) \\ \boldsymbol{K}^* x(t-\tau) \end{bmatrix}$$

根据定理 2.3，可得

$$\begin{bmatrix} \boldsymbol{\varPi}_2 & \boldsymbol{PG} & \boldsymbol{I} & \boldsymbol{\varPi}_3 \\ * & -\gamma\boldsymbol{I} & 0 & 0 \\ * & * & -\gamma\boldsymbol{I} & 0 \\ * & * & * & -\boldsymbol{T} \end{bmatrix} < 0 \tag{4.23}$$

式中，$\boldsymbol{\Pi}_2=\boldsymbol{Q}+(\boldsymbol{K}^*)^{\mathrm{T}}\boldsymbol{R}\boldsymbol{K}^*+(\boldsymbol{K}^*)^{\mathrm{T}}\boldsymbol{T}\boldsymbol{K}^*+\boldsymbol{P}[\boldsymbol{A}+\boldsymbol{D}\boldsymbol{F}\boldsymbol{E}_1]+[\boldsymbol{A}+\boldsymbol{D}\boldsymbol{F}\boldsymbol{E}_1]^{\mathrm{T}}P$，
$\boldsymbol{\Pi}_3=\boldsymbol{P}[\boldsymbol{B}^*+\boldsymbol{D}\boldsymbol{F}\boldsymbol{E}_2]$。 (4.24)

利用 Schur 补性质，不等式（4.23）等价于

$$\begin{bmatrix}\boldsymbol{\Pi}_2+\gamma^{-1} & \boldsymbol{PG} & \boldsymbol{\Pi}_3\\ * & -\gamma\boldsymbol{I} & 0\\ * & * & -\boldsymbol{T}\end{bmatrix}<0$$

因此有

$$\dot{V}(t)+\gamma^{-1}x^{\mathrm{T}}(t)x(t)-\gamma w^{\mathrm{T}}(t)w(t)<0$$

那么

$$\int_0^{\tau}[\dot{V}(t)+\gamma^{-1}x^{\mathrm{T}}(t)x(t)-\gamma w^{\mathrm{T}}(t)w(t)]\mathrm{d}t<0$$

在零初始条件下可得

$$\int_0^{\tau}x^{\mathrm{T}}(t)x(t)\leqslant\gamma^2\int_0^{\infty}w^{\mathrm{T}}(t)w(t)$$

即对所有非零 $w\in l_2[0,\infty)$，$\|x\|_2\leqslant\gamma\|w\|_2$ 成立。

至此，可知车队系统存在异步渐近稳定的 H_∞ 控制器。

为了求控制器增益 K^*，将不等式（4.23）另写为

$$\boldsymbol{\Psi}+\begin{bmatrix}\boldsymbol{PD}\\0\\0\\0\end{bmatrix}\boldsymbol{F}[\boldsymbol{E}_1\quad 0\quad 0\quad \boldsymbol{E}_2]+[\boldsymbol{E}_1\quad 0\quad 0\quad \boldsymbol{E}_2]^{\mathrm{T}}\boldsymbol{F}^{\mathrm{T}}\begin{bmatrix}\boldsymbol{PD}\\0\\0\\0\end{bmatrix}^{\mathrm{T}}<0$$

式中，

$$\boldsymbol{\Psi}=\begin{bmatrix}\boldsymbol{\Omega}_1 & \boldsymbol{PG} & \boldsymbol{I} & \boldsymbol{PB}^*\\ * & -\gamma\boldsymbol{I} & 0 & 0\\ * & * & -\gamma\boldsymbol{I} & 0\\ * & * & * & -\boldsymbol{T}\end{bmatrix}$$

式中，$\boldsymbol{\Omega}_1=\boldsymbol{Q}+\boldsymbol{PA}+\boldsymbol{A}^{\mathrm{T}}\boldsymbol{P}+(\boldsymbol{K}^*)^{\mathrm{T}}\boldsymbol{R}\boldsymbol{K}^*+(\boldsymbol{K}^*)^{\mathrm{T}}\boldsymbol{T}\boldsymbol{K}^*$，应用文献［101］中的引理 2.4，当且仅当存在常数 $\varepsilon>0$ 使对所有满足 $\boldsymbol{F}^{\mathrm{T}}(t)\boldsymbol{F}(t)\leqslant\boldsymbol{I}$ 的不确定性，下述不等式成立：

$$\boldsymbol{\Psi}+\varepsilon\begin{bmatrix}\boldsymbol{PD}\\0\\0\\0\end{bmatrix}\begin{bmatrix}\boldsymbol{PD}\\0\\0\\0\end{bmatrix}^{\mathrm{T}}+\varepsilon^{-1}[\boldsymbol{E}_1\quad 0\quad 0\quad \boldsymbol{E}_2]^{\mathrm{T}}[\boldsymbol{E}_1\quad 0\quad 0\quad \boldsymbol{E}_2]<0$$

即

$$\begin{bmatrix} \boldsymbol{\Omega}_2 & \boldsymbol{PG} & \boldsymbol{I} & \boldsymbol{PB}^* + \varepsilon^{-1}\boldsymbol{E}_1^{\mathrm{T}}\boldsymbol{E}_2 \\ * & -\gamma\boldsymbol{I} & 0 & 0 \\ * & * & -\gamma\boldsymbol{I} & 0 \\ * & * & * & -\boldsymbol{T}+\boldsymbol{E}_2^{\mathrm{T}}\boldsymbol{E}_2 \end{bmatrix} < 0 \tag{4.25}$$

式中，$\boldsymbol{\Omega}_2 = \boldsymbol{Q} + (\boldsymbol{K}^*)^{\mathrm{T}}\boldsymbol{RK}^* + (\boldsymbol{K}^*)^{\mathrm{T}}\boldsymbol{TK}^* + \boldsymbol{PA} + \boldsymbol{A}^{\mathrm{T}}\boldsymbol{P} + \varepsilon\boldsymbol{PDD}^{\mathrm{T}}\boldsymbol{P} + \varepsilon^{-1}\boldsymbol{E}_1^{\mathrm{T}}\boldsymbol{E}_1$。

根据 Schur 补性质，不等式（4.25）等价于

$$\begin{bmatrix} \boldsymbol{\Omega}_3 & \boldsymbol{PG} & \boldsymbol{I} & \boldsymbol{PB}^* & \boldsymbol{E}_1^{\mathrm{T}} & \boldsymbol{I} & (\boldsymbol{K}^*)^{\mathrm{T}} & (\boldsymbol{K}^*)^{\mathrm{T}} \\ * & -\gamma\boldsymbol{I} & 0 & 0 & 0 & 0 & 0 & 0 \\ * & * & -\gamma\boldsymbol{I} & 0 & 0 & 0 & 0 & 0 \\ * & * & * & -\boldsymbol{T} & \boldsymbol{E}_2 & 0 & 0 & 0 \\ * & * & * & * & -\varepsilon\boldsymbol{I} & 0 & 0 & 0 \\ * & * & * & * & * & -\boldsymbol{Q}^{-1} & 0 & 0 \\ * & * & * & * & * & * & -\boldsymbol{R}^{-1} & 0 \\ * & * & * & * & * & * & * & -\boldsymbol{T}^{-1} \end{bmatrix} < 0 \tag{4.26}$$

式中，$\boldsymbol{\Omega}_3 = \boldsymbol{PA} + \boldsymbol{A}^{\mathrm{T}}\boldsymbol{P} + \varepsilon\boldsymbol{PDD}^{\mathrm{T}}\boldsymbol{P}$。

对上式两端同乘

$$\begin{bmatrix} \boldsymbol{P}^{-1} & 0 & 0 & 0 & 0 & 0 & 0 & 0 \\ * & \boldsymbol{I} & 0 & 0 & 0 & 0 & 0 & 0 \\ * & * & \boldsymbol{I} & 0 & 0 & 0 & 0 & 0 \\ * & * & * & \boldsymbol{T}^{-1} & 0 & 0 & 0 & 0 \\ * & * & * & * & \boldsymbol{I} & 0 & 0 & 0 \\ * & * & * & * & * & \boldsymbol{I} & 0 & 0 \\ * & * & * & * & * & * & \boldsymbol{I} & 0 \\ * & * & * & * & * & * & * & \boldsymbol{I} \end{bmatrix}$$

设 $\boldsymbol{X} = \boldsymbol{P}^{-1}$，$\boldsymbol{W} = \boldsymbol{K}^*\boldsymbol{P}^{-1}$，$\boldsymbol{Y} = \boldsymbol{T}^{-1}$ 可得不等矩阵（4.21），根据与定理 4.1 相似证明方法可求的控制器增益。定理得证。

4.3 车队队列稳定性分析

针对车队控制的各项性能指标，本节同样给出考虑传感器测量受限及执行器存在燃油延时和制动延时的情况下，保证车队的队列稳定性条件，并在本节最后讨论车队的零阶稳态误差问题。

对式（4.9）进行拉普拉斯变换得

$$G(s) = \frac{\delta_i(s)}{\delta_{i-1}(s)}$$

$$
= \begin{cases} \dfrac{\tilde{d}^* k_p^\delta + \tilde{d}^* k_v^\delta s + \tilde{d}^* k_a^\delta s^2}{(\zeta_i s^3 + s^2)e^{\tau s} + \tilde{d}^* k_p^\delta + (\tilde{d}^* k_v^\delta + k_v^e)s + (\tilde{d}^* k_a^\delta + k_a^e)s^2}, & \delta_i < \overline{d} - \delta_d \\ 1, & \delta_i \geqslant \overline{d} - \delta_d \end{cases} \tag{4.27}
$$

式中，当 $\delta_i \leqslant \underline{d} - \delta_d$ 时，$\tilde{d}^* = 1$；

当 $\underline{d} - \delta_d < \delta_i < \overline{d} - \delta_d$ 时，$\tilde{d}^* = -\tilde{d}$；

并且由传递函数式（4.9）第3式，可以推得，当 $\delta_i \geqslant \overline{d} - \delta_d$ 时所有跟随车辆都有相同的传递函数，因此，结合式（4.27），可得如下队列稳定性条件：

定理4.3 对式（4.27）所表示的车间距离误差系统，当且仅当以下条件成立：

$$
\begin{cases} (a)\zeta_i(\tilde{d}^* k_v^\delta + k_v^e) - \tilde{d}^* k_p^\delta \geqslant 0 \\ (b)\zeta_i(\tilde{d}^* k_a^\delta + k_a^e) - \tilde{d}^* k_p^\delta - k_v^e = 0 \\ (c)(k_v^e)^2 + 2\tilde{d}^*(k_v^\delta k_v^e - k_a^e k_p^\delta - \zeta_i k_p^\delta) \geqslant 0 \\ (d)\zeta_i^2 - (k_a^e)^2 - 2\tau(\zeta_i(\tilde{d}^* k_v^\delta + k_v^e) - \tilde{d}^* k_p^\delta) \geqslant 0 \end{cases} \tag{4.28}
$$

则满足对任意 $w > 0$，$|\delta_i(\mathrm{j}w)/\delta_{i-1}(\mathrm{j}w)| \leqslant 1$，即车队队列稳定。

证明 将 $|\delta_i(\mathrm{j}w)/\delta_{i-1}(\mathrm{j}w)|$ 写为

$$
G(\mathrm{j}w) = \left| \frac{\delta_i(\mathrm{j}w)}{\delta_{i-1}(\mathrm{j}w)} \right| = \sqrt{\frac{a}{a+b}}
$$

式中，$a = (\tilde{d}^*)^2[(k_p^\delta - k_a^\delta w^2)^2 + (k_v^\delta w)^2]$，

$b = [(k_v^e)^2 + 2\tilde{d}^* k_v^e k_v^\delta - 2\tilde{d}^* k_a^e k_p^\delta - 2\zeta_i \tilde{d}^* k_p^\delta \cos(\tau w)]w^2 - 2[\zeta_i(\tilde{d}^* k_v^\delta + k_v^e) - \tilde{d}^* k_p^\delta]\sin(\tau w)w^3 + \{\zeta_i^2 + 2\tilde{d}^* k_a^e k_a^\delta + (k_v^e)^2 + 2[\zeta_i(\tilde{d}^* k_a^\delta + k_a^e) - \tilde{d}^* k_v^\delta - k_v^e]\cos(\tau w)\}w^4 - 2(\tilde{d}^* k_a^\delta + k_a^e)\sin(\tau w)w^5 + w^6$。

因为 $a > 0$，所以要使 $|\delta_i(\mathrm{j}w)/\delta_{i-1}(\mathrm{j}w)| \leqslant 1$ 成立，即使车队能够保持队列稳定性，则要求 $b \geqslant 0$。由4.28（a）以及 $\sin(\tau w) \leqslant \tau w \leqslant 1$，可以得到

$b \geqslant [(k_v^e)^2 + 2\tilde{d}^* k_v^e k_v^\delta - 2\tilde{d}^* k_a^e k_p^\delta - 2\zeta_i \tilde{d}^* k_p^\delta \cos(\tau w)]w^2 + [\zeta_i^2 + 2\tilde{d}^* k_a^\delta k_a^e + (k_a^e)^2 - 2\tau(\zeta_i(\tilde{d}^* k_v^\delta + k_v^e) - \tilde{d}^* k_p^\delta)]w^4 - 2(\tilde{d}^* k_a^\delta + k_a^e)\sin(\eta w)w^5 + w^6$

利用 $\cos(\tau w) \leqslant 1$ 及式（4.28b），可得：

$b \geqslant [(k_v^e)^2 + 2\tilde{d}^* k_v^\delta k_v^e - 2\tilde{d}^* k_p^\delta k_a^e - 2\zeta_i k_p^\delta]w^2 + \{\delta_i^2 - (k_a^e)^2 - 2\tau(\zeta_i(\tilde{d}^* k_v^\delta + k_v^e) - \tilde{d}^* k_p^\delta)\}w^4$

那么，只要式（4.28c）和式（4.28d）成立，则 $b \geqslant 0$。定理得证。

说明 4.4 由式（4.28d）可以得到执行器的延时上限值为

$$\tau \leqslant \frac{\zeta^2-(k_a^e)^2}{2(\zeta\,\tilde{d}^{*}k_v^{\delta}+\zeta k_v^e-\tilde{d}^{*}k_p^{\delta})} \tag{4.29}$$

以下对系统能否取得零阶稳态误差展开讨论。设 d_0 表示 t 时刻领队车辆速度与稳态速度 v_0 之间的偏差，即 $d_0(t)=v_0(t)-v_0$。由第 2 章式（2.1）可得

$$\dddot{\delta}_1(t)=\ddot{d}_0(t)-\dot{a}_1(t) \tag{4.30}$$

将式（4.7）带入式（4.30）得到

$$\dddot{\delta}_1(t)=\begin{cases}\ddot{d}_0(t)+\dfrac{1}{\zeta_i}[\dot{d}_0(t)-\ddot{\delta}_1(t)-k_{p1}^{\delta}\delta_1(t-\tau)-k_{v1}^{\delta}\dot{\delta}_1(t-\tau)-k_{a1}^{\delta}\ddot{\delta}_1(t-\tau)], & \delta_i\leqslant d-\delta_d\\ \ddot{d}_0(t)+\dfrac{1}{\zeta_i}[\dot{d}_0(t)-\ddot{\delta}_1(t)+\tilde{d}k_{p1}^{\delta}\delta_1(t-\tau)+(\tilde{d}k_{v1}^{\delta}-k_{v1}^{e}) & \\ \qquad\dot{\delta}_1(t-\tau)+(\tilde{d}k_{a1}^{\delta}-k_{a1}^{e})\ddot{\delta}_1(t-\tau)], & \underline{d}-\delta_d<\delta_i<\bar{d}-\delta_d\\ \ddot{d}_0(t)+\dfrac{1}{\zeta_i}[\dot{d}_0(t)-\ddot{\delta}_1(t)-k_{v1}^{e}\dot{\delta}_1(t-\tau)-k_{a1}^{e}\ddot{\delta}_1(t-\tau), & \delta_i\geqslant\bar{d}-\delta_d\end{cases} \tag{4.31}$$

该式是关于第一辆车的车间距离误差方程，对其进行拉普拉斯变换可得第一辆车的车间距离误差与领队车辆加速度之间的关系如下：

$$G(s)=\frac{\delta_1(s)}{d_0(s)}$$

$$=\begin{cases}\dfrac{\zeta s^2+s}{\zeta s^3+s^2+(k_{a1}^{\delta}s^2+k_{v1}^{\delta}s+k_{p1}^{\delta})\mathrm{e}^{-\tau s}}, & \delta_i\leqslant\underline{d}-\delta_d\\ \dfrac{\zeta s^2+s}{\zeta s^3+s^2+[(k_{a1}^{e}-\tilde{d}k_{a1}^{\delta})s^2+(k_{v1}^{e}-\tilde{d}k_{v1}^{\delta})s+\tilde{d}k_{p1}^{\delta}]\mathrm{e}^{-\tau s}}, & \underline{d}-\delta_d<\delta_i<\bar{d}-\delta_d\\ \dfrac{\zeta s^2+s}{\zeta s^3+s^2+(k_{a1}^{e}s^2+k_{v1}^{e}s)\mathrm{e}^{-\tau s}}, & \delta_i\geqslant\bar{d}-\delta_d\end{cases} \tag{4.32}$$

假设领队车可以在有限时间 t_f 内达到稳态值，可以得到对所有 $t\geqslant t_f$，$d_0(t)-d_0(t_f)=0$，可以推得

$$d_0(s)=\frac{d_0(t_f)}{s} \tag{4.33}$$

利用终值定理及式（4.31）、式(4.32)和式(4.33)，可得

$$\lim_{t\to\infty}\delta_i(t)=\lim_{s\to 0}sG^{i-1}(s)\delta_1(s)=0$$

其中，i，$i=1$，2，…，$n-1$，即零阶稳态误差可以取得。

本节最后给出控制器的设计算法如下：

算法 4.1

1）根据定理 4.3（b）可以得到 $\zeta_i(\tilde{d}^* k_a^\delta + k_a^e) = \tilde{d}^* k_p^\delta + k_v^e$，根据定理 4.1 或者定理 4.2，利用 LMI 工具箱可以计算控制器增益 $\boldsymbol{K}^*$。

2）根据定理 4.3 的条件（a）和（c），限制获得的控制器增益 $\boldsymbol{K}^*$。如果结果可行，那么获得的控制器增益可以保证车队的队列稳定。否则需要重新设置矩阵 $\boldsymbol{Q}$、$\boldsymbol{R}$ 及其他相关矩阵，并回到第二步重新求解。

4.4 仿真与实验

4.4.1 数字仿真

为了验证本文算法的有效性，本小节在 MATLAB 环境下建立了四辆车组成的车队模型，并与文献［101］和［102］进行分析和比较得出本文控制算法的有效性。领队车辆的速度和加速度曲线如图 4.3 所示。

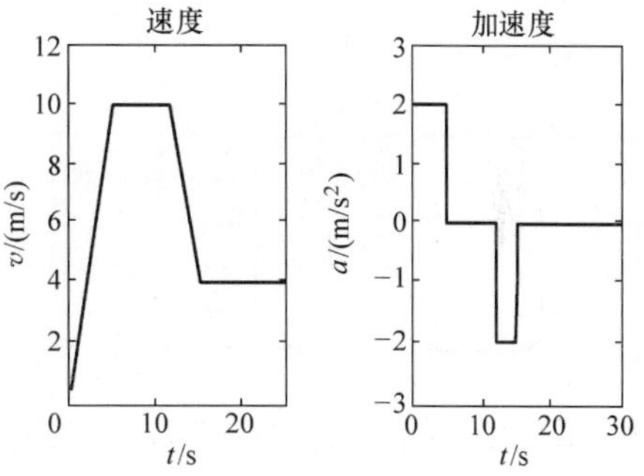

图 4.3 领队车辆曲线图

在仿真过程中，设定车间距离误差为 $\delta_d = 1$，车辆长度为 $L = 2\text{m}$，发动机时间常数为 $\zeta_i = 0.25$。其余相关参数与文献［99］中相同，即空气质量密度函数 $\sigma = 1\text{m/s}^3$，车辆横截面积 $A_i = 2.2\text{m}^2$，拽力系数 $c_{di} = 0.35$，车辆的质量 $m_i = 1464\text{kg}$，机械拽力为 $d_{mi} = 5\text{N}$。将以上参数带入车辆动态方程（2.2）可得

$$\dot{a}_i = -4\left(a_i + \frac{0.49}{1464}v_i^2 + \frac{5}{1464}\right) - \frac{0.92a_iv_i}{1464} + \frac{c_i}{366} \tag{4.34}$$

反馈控制器为

$$c_i = 1464u_i + 0.49v_i^2 + 5 + 0.23\dot{v}_iv_i \tag{4.35}$$

下面给出本章控制器结构，首先，给出定理 4.2 中的相关矩阵及传感器模型中的相关参数如下：$\boldsymbol{Q} = \boldsymbol{I}_{12\times12}$，$\boldsymbol{R} = 0.5$，$|\Delta\zeta_i| = f_i(t) = D_i/\sin(t)$，$D_i = 4$，$\underline{d}_i = 1$，$\overline{d}_i = 3$。这里采用定理 4.3，可以得到控制器增益如下：

当 $\delta_i \leqslant \underline{d} - \delta_d$ 时，$k_p^\delta = 3.2$，$k_v^\delta = 18.6$，$k_a^\delta = 0.4$，$k_v^e = 2.8$，$k_a^e = 5.0$。

当 $\underline{d} - \delta_d < \delta_i < \overline{d} - \delta_d$ 时，$k_p^\delta = 3.6$，$k_v^\delta = 10.8$，$k_a^\delta = 7.3$，$k_v^e = 2.4$，$k_a^e = 16.7$。

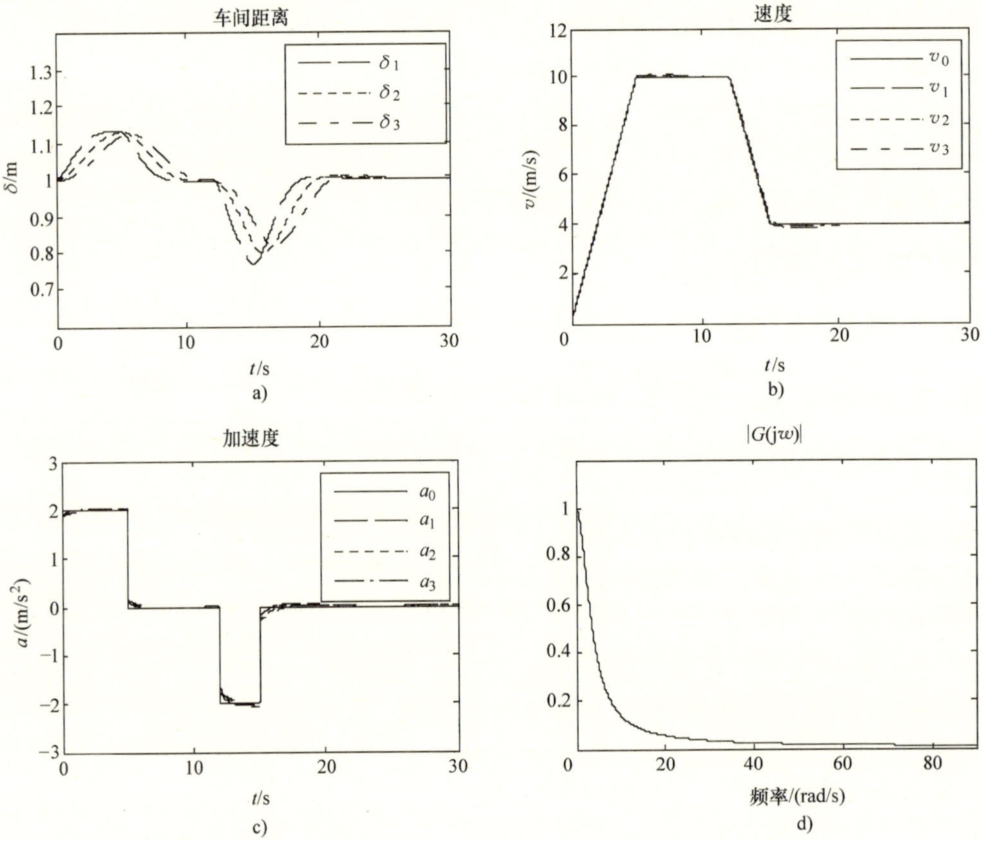

图 4.4　四辆车组成的车队采用保性能控制算法的响应曲线和车间距特性

a）车间距离　b）速度　c）加速度　d）频率响应 $\forall w$：$|G(jw)| \leq 1$

当 $\delta_i \geq \overline{d} - \delta_d$ 时，$k_v^e = 12.0$，$k_a^e = 21.5$。

由定理 4.3 可知若要保证车队队列稳定，则要在车队队列稳定性最难保持的情况下，即 $\underline{d} - \delta_d < \delta_i < \overline{d} - \delta_d$ 时取得，则整个车队队列可以保持稳定，该情况下由定理 4.3（d）得到保证车队队列稳定的执行器延时 $\tau \leq 0.3117$。比较图 4.4 和图 4.5 可以看到本文设计的保性能 H_∞ 控制器的优越性。由图 4.4a 和图 4.4c 看到采用本章算法车队间最大车间距离为 1.15m，车队最大加速度为 2m/s^2，并且图 4.4b 显示车队能准确快速的跟踪领队车辆的速度变化。而采用文献［101］中的方法如图 4.5 所示，最大车间距离误差为 1.62m，车队最大加速度达到 2.55m/s^2，比本文所设计控制器要高出很多，并且车队速度也存在较大抖动，无论安全性还是车辆行驶的舒适性上考虑本文算法都优于文献［101］。

车队队列稳定上通过对比图 4.4d 和图 4.5d 可以明显看出，后者 $|G(jw)|$ 存在大于 1 的情况，即车队队列不稳定。

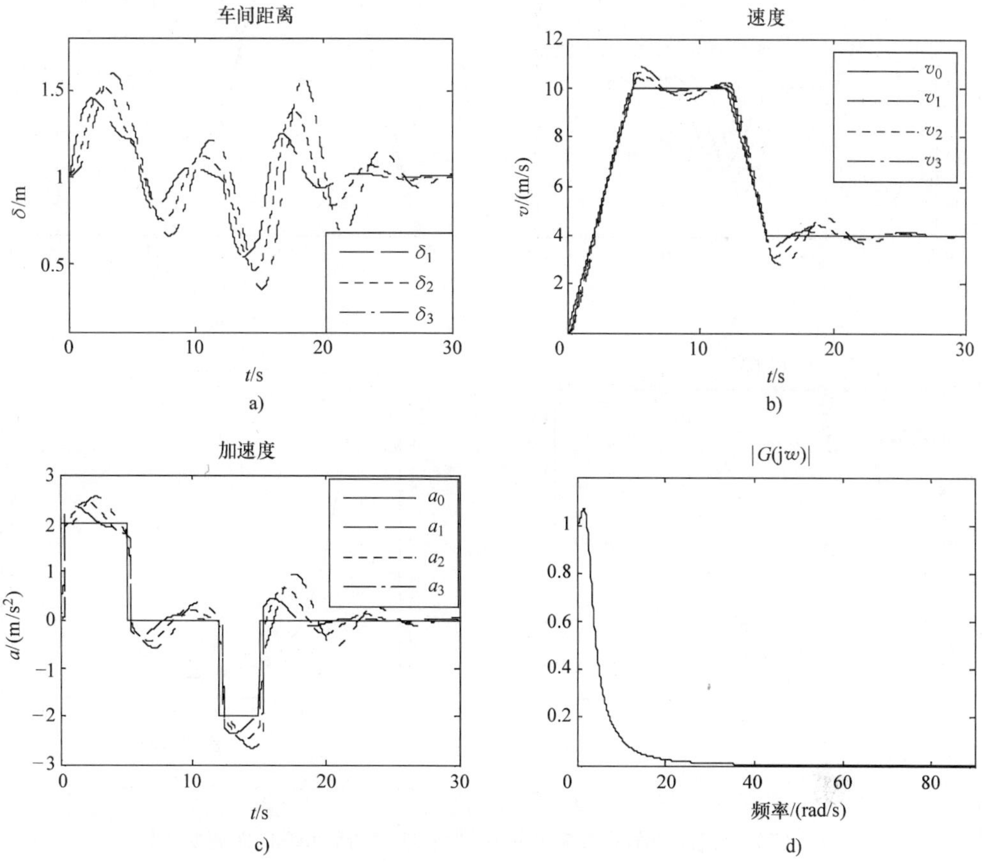

图 4.5　四辆车组成的车队系统在采用滑模控制方法[101]：响应曲线和车间距离变化特性

a）车间距离　b）速度　c）加速度　d）$\exists w: |G(jw)|>1$

在相同的仿真环境下，采用文献［102］的算法，由图 4.6 可以看到车队车间距离误差可以满足队列稳定性，但是速度和加速度明显存在队列不稳定问题，并且车队车间距离误差最大为 1.5m，最大加速度为 2.4m/s^2。通过分析可知，采用该算法车队通过用较大的加速度来维持车间距离误差的队列稳定性，该方法存在牺牲能源以达到控制目的的缺点。

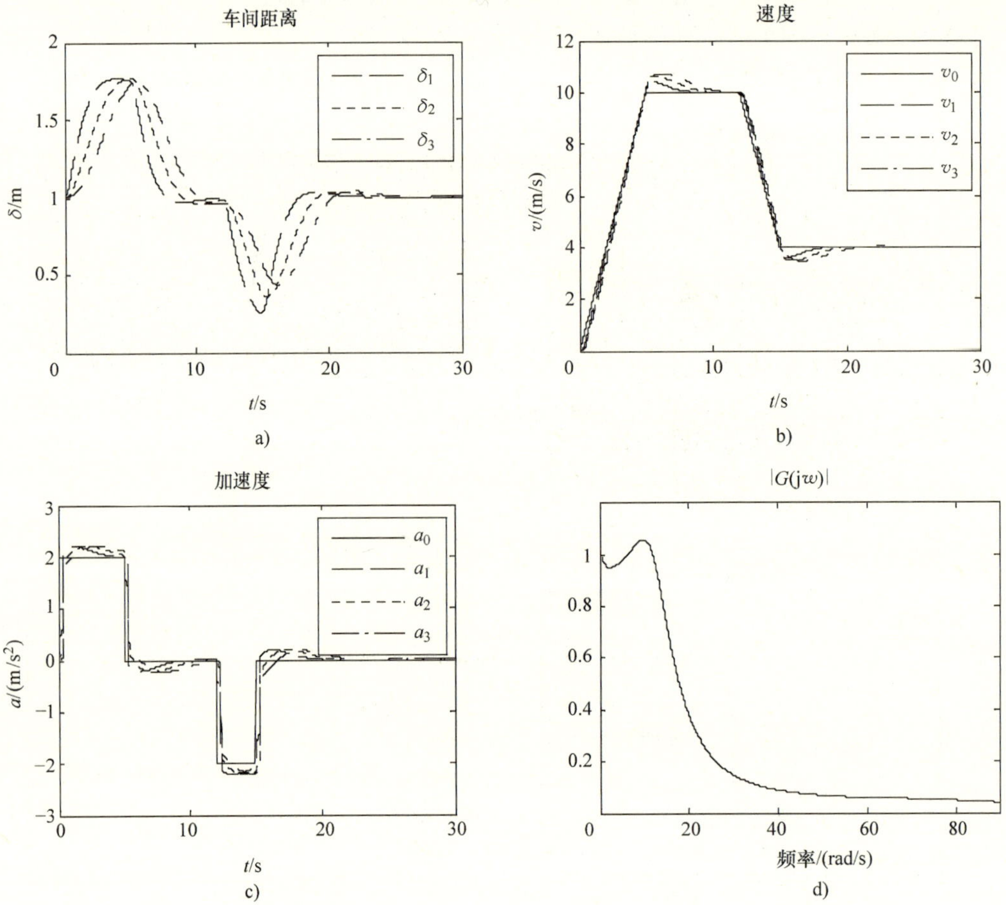

图 4.6 四辆车组成的车队系统在采用[101]：响应曲线和车间距离变化特性

a）车间距离 b）速度 c）加速度 d）$\exists w$：$|G(jw)|>1$

4.4.2 Arduino 车队实验

为了验证本算法的实际应用情况，本小节针对四辆由 Arduino 芯片为核心控制器设计的智能小车组成的车队进行实验，验证本章的算法实用性和有效性。该小车是由前轮驱动和控制转向，在保留原有硬件（如底盘、马达、传动系统和电池等）的基础上，在车的前端增加了两个红外传感器，用来测量车辆之间的距离（该信息用于车辆控制），同时小车正前端还装有一个超声波传感器，用来测量车间距离，由于超声波传感器的测量距离远大于红外传感器，因此当车间实际距离超出红外传感器测量范围时，仍可获得车队车间距离的真实值，但是该值不用于车辆的控制，仅用于车间距离曲线的绘制。小车的后轮和顶部分别安装了增量编码器和三轴加速度传感器，用来测量车辆的速度和加速度，小车的后上部安装无线传输模块，用来发送编码器和加速度器测量的信息。小车的机构和车队的结构如图 4.7a 和 b 所示，车间距离期望值设为 15cm。

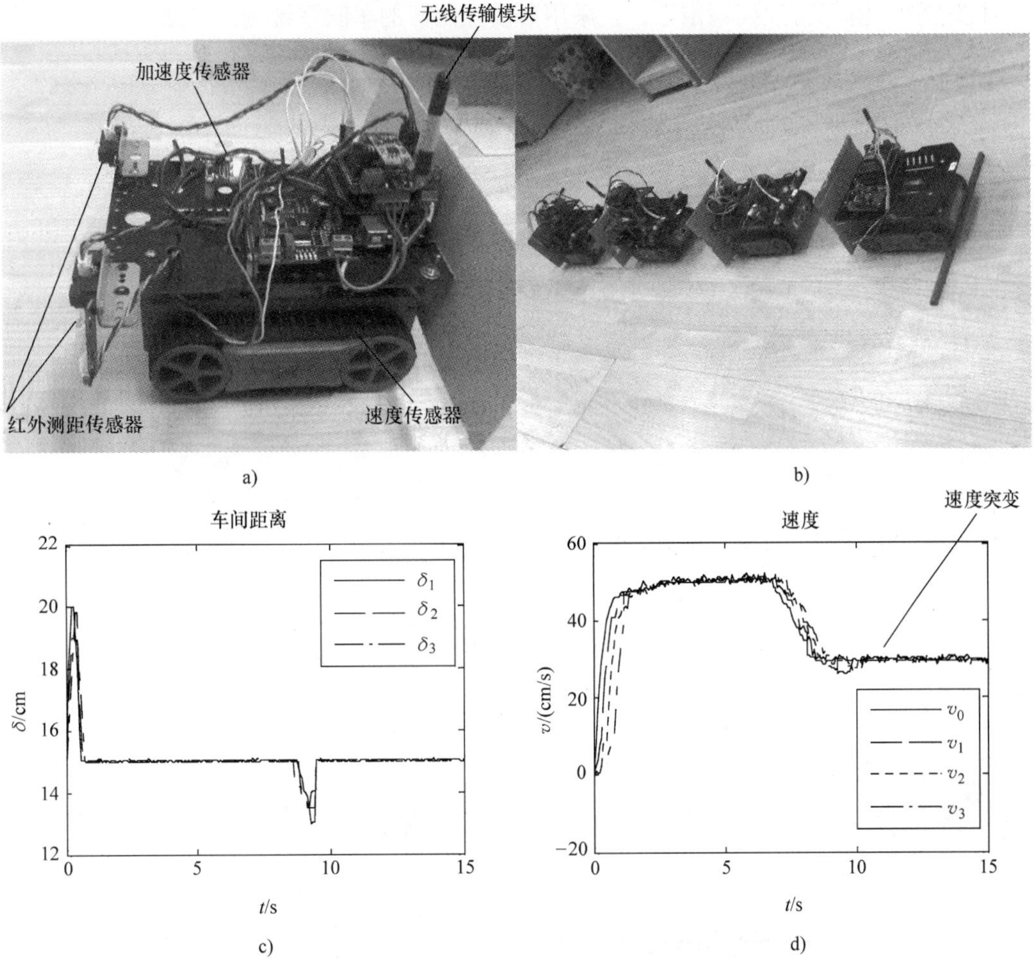

图 4.7　小车的机构、车队的结构、车间距离和车辆速度

a）Arduino 小车　b）实验的车队　c）车间距离　d）车辆速度

在实验中通过固定在路面上的一个电线来设计速度突变，从实验的结果图 4.7c 和 d 可以看到当车辆通过速度突变点时，车间距离误差几乎没有受到影响，车间距离最大为 20cm，并且车队能够保持队列稳定，该算法有较强鲁棒性能。

最后，对本章主要解决的传感器受限所带来的影响进行实验，即跟随车辆控制器不能获得前车的信息或获得的信息不准确的情况下车队能否保持稳定。为了进行本次实验，设计期望的车间距离为 78cm（本文所用红外传感器的最大测量距离为 $\bar{d}=80\text{cm}$）。实验结果如图 4.8 和图 4.9 所示，在车间距离 $d \leqslant 80\text{cm}$ 时，无论本章控制器还是滑模控制器[101]都能取得较好的控制性能。但是当车间距离 $d>80\text{cm}$ 时，后者不能保持队列稳定性，且采用滑模控制器的车队系统响应较慢。

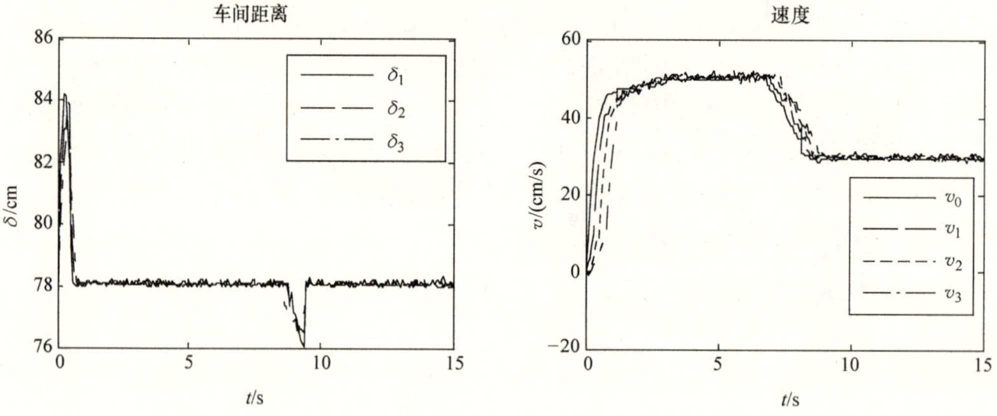

a)　　b)

图 4.8　保性能控制器下四辆车

a）车间距离　b）速度

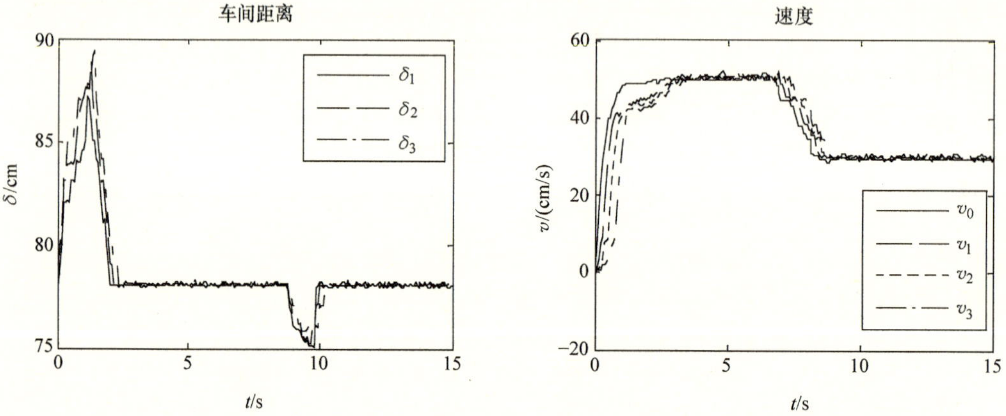

a)　　b)

图 4.9　滑模控制器下四辆车[101]

a）车间距离　b）速度

4.5 小结

本章建立考虑传感器测量能力受限和执行器延时的车队模型，并针对该模型设计保性能控制器。该方法可以保证车队稳定性和队列稳定性，仿真结果表明该控制方法在处理传感器测量受限时十分有效，本章中跟随车辆控制器设计用到车间距离、速度误差和加速度误差及领队车辆的速度和加速度。对于车间距离可以根据车载测距传感器测量，而对于速度误差和加速度误差，则由车间距离误差来估计。由本章实验可知，速度误差和加速度误差也可采用传感器来测量，如果同样考虑传感器存在的测量问题和执行器延时等情况，问题会更加复杂，则需要考虑新的方法进行分析设计。另外，同时考虑无线网络通信的限制和传感器测量能力有限的问题也是下一章要考虑的问题。

第 5 章 传感器失效下的切换式车辆协作控制

第 4 章针对传感器测量距离有限的问题进行了研究，在实验的过程中发现传感器除了存在测量距离受限的问题，还存在偶尔失效的情况（传感器的失效是随机的，采样周期越短，传感器的失效率越大），这与实际的车辆控制存在相似的问题，即低能见度下（如雨、雪或雾霾的天气）时，车辆传感器都存在偶尔失效的现象，导致意外事故的发生。如文献［50］针对雨天传感器失效的问题建立了几种不同的预警机制，采用图像处理的方法获得前车或周围环境的信息。文献［25］也考虑了低能见度天气时车辆的控制问题，并建立了一套人机交互系统，成功将该系统应用于车辆的控制中。但上述几篇文章都是考虑单车的控制，如何在低能见度天气下，保证车队的安全行驶是本章研究的主要问题。为了保证传感器偶尔失效时，车队仍能安全行驶，本章将基于平均驻留时间方法，设计切换环控制器，并对传感器的失效率、采样周期及最大失效率之间的关系做出定量的分析。

本章具体安排如下：5.1 节考虑传感器失效建立混合车队控制系统；5.2 节基于平均驻留时间的方法设计切换控制器，保证车队的指数渐近稳定性；5.3 节进一步对车队的整体稳定性分析得出结论；5.4 节通过数值仿真，验证算法的有效性和可行性，并对结果进行分析；5.5 节对本章内容做一简单的总结。

5.1 建立车队模型

5.1.1 协作式自适应巡航控制车队模型建立

本章针对变车间距的车队进行研究，车间距离误差定义如下：

$$\delta_i = z_{i-1} - z_i - L_i - hv_i - d_0 \tag{5.1}$$

式中，h 是时间间隔常数；d_0 是最小车间距离；L_i 是车身长度。那么第 i 辆跟随车辆可以建为如下非线性动态方程：

$$\dot{\delta}_i = v_{i-1} - v_i - h\dot{v}_i,\ \Delta v_i = a_{i-1} - a_i,\ \dot{a}_i = f_i(v_i, a_i) + g_i(v_i)c_i \tag{5.2}$$

式中，c_i 是发动机输入。函数 $f_i(v_i,\ a_i)$ 和 $g_i(v_i)$ 如下：

$$f_i(v_i,\ a_i) = -\frac{1}{\zeta_i}\left(\dot{v}_i + \frac{\sigma A_i c_{di}}{2m_i}v_i^2 + \frac{d_{mi}}{m_i}\right) - \frac{\sigma A_i c_{di} v_i a_i}{m_i},\ g_i(v_i) = \frac{1}{\zeta_i m_i}$$

式中，σ 是空气质量密度常数。对于第 i 辆车，m_i 是车辆的质量；A_i 是车辆的横截面积；$\frac{\sigma A_i c_{di}}{2m_i}$是空气阻力；$c_{di}$是拽力系数；$d_{mi}$是机械拽力；$\zeta_i$ 是发动机时间常数；c_i 是发动机输入。

设计如下反馈线性化控制器：

$$c_i = u_i m_i + \frac{\sigma A_i c_{di} v_i^2}{2} + d_{mi} + \zeta_i \sigma A_i c_{di} v_i a_i \tag{5.3}$$

式中，u_i 是额外的输入信号。基于此控制器，式（5.2）可以写为

$$\dot{a}_i(t) = -\frac{1}{\zeta_i} a_i(t) + \frac{1}{\zeta_i} u_i(t) \tag{5.4}$$

结合式（5.4）和式（5.1），并且设定 $a_{i-1}(t) = w_i(t)$ 是一个可以测量的干扰量，可以得到协作式自适应巡航车队系统如下：

$$\dot{x}_i(t) = \boldsymbol{A}_i x_i(t) + \boldsymbol{B}_i u_i(t) + \boldsymbol{G}_i w_i(t) \tag{5.5}$$

$$y_i(t) = [x_i^{\mathrm{T}}(t), w_i(t)]^{\mathrm{T}} \tag{5.6}$$

式中，$x_i(t) = [\delta_i \quad \Delta v_i \quad a_i]^{\mathrm{T}}$（$\delta_1$ 中 $z_0 = 0$）是系统的状态；$y_i(t) = [\delta_i \quad \Delta v_i \quad a_i \quad w_i(t)]^{\mathrm{T}}$ 是系统的输出。

$$\boldsymbol{A}_i = \begin{bmatrix} 0 & 1 & -h \\ 0 & 0 & -1 \\ 0 & 0 & \dfrac{-1}{\zeta_i} \end{bmatrix}, \boldsymbol{B}_i = \begin{bmatrix} 0 \\ 0 \\ \dfrac{1}{\zeta_i} \end{bmatrix}, \boldsymbol{G}_i = \begin{bmatrix} 0 \\ 1 \\ 0 \end{bmatrix} \tag{5.7}$$

对每一辆跟随车辆设计其核心控制器如下：

$$u_i(t) \equiv u_i(t_k) = k_i y_i(t_k) \tag{5.8}$$

式中，$t \in (t_k, t_{k+1}]$，$t_k = kT$，$k = 0, 1, 2, \cdots$；T 是采样间隔；$k_i = [k_p \quad k_v \quad k_a \quad k_{ac}]$ 是带设计的控制器增益。

注意：在该自适应巡航控制系统的设计过程中，控制律基于车间距离、相对速度和相邻车辆的加速度。前两个量是由车载传感器测量的，而后者是通过无线网络传输的。

5.1.2 传感器失效影响

因为加速度对天气条件并不敏感，所以这里仅考虑距离传感器和相对速度传感器的失效问题。传感器的失效模型参考文献［51］，即 $\delta_i^f(t) = \rho_{i\delta}\delta_i(t)$，$\Delta v_i^f(t) = \rho_{iv}\Delta v_i(t)$，其中，$0 \leqslant \underline{\rho}_{i\delta} \leqslant \rho_{i\delta} \leqslant \overline{\rho}_{i\delta}$，$0 \leqslant \underline{\rho}_{iv} \leqslant \rho_{iv} \leqslant \overline{\rho}_{iv}$ 是失效率，$\underline{\rho}_{i\delta}$，$\underline{\rho}_{iv} \leqslant 1$，$\overline{\rho}_{i\delta}$，$\overline{\rho}_{iv} \geqslant 1$。考虑传感器失效的影响，控制器的输入向量可以写为

$$y_i^f(t) = \boldsymbol{\rho}_i y_i(t) \tag{5.9}$$

式中，$y_i^f(t)$ 是失效的传感器输出量；$\rho_i = \mathrm{diag}\{\rho_{i\delta}, \rho_{iv}, 1, 1\}$ 是第 i 辆车的失效矩阵。

说明 5.1 上述传感器模型包括三种情况：传感器完全失效，正常模式及部分失效模式。当 $\rho_{i\delta} = \rho_{iv} = 0$ 时，对应的是完全失效模式时；当 $\underline{\rho}_{i\delta} = \underline{\rho}_{iv} = \overline{\rho}_{i\delta} = \overline{\rho}_{iv} = 1$，

$y_i^f(t)=y_i(t)$时，对应的正常模式；当$0<\underline{\rho}_{i\delta}<1\cup\overline{\rho}_{i\delta}>1$，$0<\underline{\rho}_{iv}<1\cup\overline{\rho}_{iv}>1$时，对应的传感器部分信息失效。

下面进一步考虑传感器失效对车队系统造成的影响。首先，将式（5.8）表示的控制器写为下述数字传感器形式：

$$u_i(t_k)=k_{ix}x_i(t_k)+k_{iw}w_i(t_k) \tag{5.10}$$

式中，$k_{ix}=[k_p \quad k_v \quad k_a]$；$k_{iw}=k_{ac}$。

为了简便，定义一个算子$\sigma(t)\in\{s,u\}$来表示传感器的失效状态，即$\sigma(t)=u$表示传感器完全失效，$\sigma(t)=s$表示其他状态。那么闭环的车队系统在采样间隔$(t_k,t_{k+1}]$，$k=0,1,2,\cdots$，可以写为如下形式：

$$\begin{cases} S_{is}: \dot{x}_i(t)=A_ix_i(t)+B_ik_{ix}^sx_i(t_k)+B_ik_{iw}^sw_i(t_k), & \sigma(t)=s \\ S_{iu}: \dot{x}_i(t)=A_ix_i(t)+B_ik_{ix}^ux_i(t_k)+B_ik_{iw}^uw_i(t_k), & \sigma(t)=u \end{cases} \tag{5.11}$$

式中，$t\in(t_k,t_{k+1}]$。

对于传感器完全失效的情况$\rho_{i\delta}=\rho_{iv}=0$，控制器可以写为

$$u_i(t_k)=k_{ix}^ux_i(t_k)+k_{iw}^uw_i(t_k)$$

式中，$k_{ix}^u=[0 \quad 0 \quad k_a \quad 0]$，$k_{iw}^u=[0 \quad 0 \quad 0 \quad k_{ac}]$。

对于其他情况控制器可以写为

$$u_i(t_k)=k_{ix}^sx_i(t_k)+k_{iw}^sw_i(t_k)$$

式中，$k_{ix}^s=[k_p\rho_{i\delta} \quad k_v\rho_{iv} \quad k_a \quad 0]$，$k_{iw}^s=[0 \quad 0 \quad 0 \quad k_{ac}]$。

由式（5.11）可以看出该车队系统实际是一个切换系统。

为了方便下面的分析讨论，我们将上述的混合系统转换为一个连续系统。定义$\tau(t)=t-t_k$，并且假设初始状态$x(s)=\phi(s)=\phi(t_0)$，$s\leqslant t_0$。那么系统式（5.11）可以重新写为如下的连续切换演示系统：

$$\dot{x}_i(t)=A_ix_i(t)+B_{ix}^{\sigma(t)}x_i(t-\tau(t))+B_{iw}^{\sigma(t)}w_i(t-\tau(t)) \tag{5.12}$$

对于$t\in(t_k,t_{k+1}]$，其中，$\sigma(t)$是切换信号，$B_{ix}^s=B_ik_{ix}^s$，$B_{iw}^s=B_ik_{iw}^s$，$B_{ix}^u=B_ik_{ix}^u$，$B_{iw}^u=B_ik_{iw}^u$，$0<\tau(t)\leqslant T$。

定义t_s和t_u为分别表示在总的时间内$[t_0,t]$，车辆在模式s和模式u的总的操作时间，那么可以得到$t_s+t_u=t-t_0$。定义$\Delta_s=t_s/(t-t_0)$，$\Delta_u=t_u/(t-t_0)$。那么Δ_s和Δ_u分别叫作抑制率和传感器完全失效率，并且有$\Delta_s+\Delta_u=1$。

说明 5.2 注意当传感器工作在正常模式下时，式（5.12）所表示的系统是稳定的[24]。否则式（5.12）所表示的系统难以稳定（即使可以取得渐近稳定也无法保证队列稳定），式（5.12）所表示的系统是一个连续切换时延系统。

5.1.3 控制目标及设计相关定义

本章的目标是设计一个切换控制器，使协作式自适应巡航控制系统车辆间维持

安全的车间距离，具体指标如下：

（1）车辆稳定性：整个车队是指数渐近稳定的。

（2）稳态性能：相邻车辆的相对速度 $\Delta v_i(t)$ 趋近于零。

（3）队列稳定性：领队车辆的操作不会沿着车队向下逐渐传递，即 $\| G(jw) \| \leqslant 1$，对任意 w，其中，$G(s) = a_i(s)/a_{i-1}(s)$，$a_i(s)$ 和 $a_{i-1}(s)$ 分别为加速度 $a_i(t)$ 和 $a_{i-1}(t)$ 的拉普拉斯变换。

在给出控制器设计的主要结论前，先给出两个定义。

定义 5.1[52] 对任意 $\tau_2 > \tau_1 \geqslant 0$，使 $N_{\sigma(\tau_1 \cdot \tau_2)}$ 表示 $\sigma(t)$ 在时间间隔 $[\tau_1, \tau_2]$ 内切换的次数。如果当 $T_a > 0$ 和 $N_0 \geqslant 0$ 时，$N_{\sigma(\tau_1 \cdot \tau_2)} \leqslant N_0 + (\tau_2 - \tau_1)/T_a$ 成立，则 T_a 称作平均驻留时间，为了简单，在研究当中设定 $N_0 = 0$。

定义 5.2 如果对第 i 辆车存在常数 $\lambda_i > 0$，使得协作式自适应巡航系统式（5.12）是指数稳定的，且对于任意的初始状态 $\phi(t_0)$，对应的车队系统状态满足 $\| x_i(t) \| \leqslant c\mathrm{e}^{-\lambda_i(t-t_0)} \| \phi \|_m$，$\forall t \geqslant t_0$，式中，$\| \phi \|_m = \max \{ \| \phi(t_0) \|, \| \dot{\phi}(t_0) \| \}$；$c > 0$ 是一个给定的常数；λ_i 称作抑制率。

5.2 切换控制的控制器设计

本小节给出充分条件，以确保车队所有车辆在传感器失效的情况下，保证指数渐近稳定性。并且从得到的稳定性条件中可以进一步给出对车队传感器的选择，以及保证车队控制系统稳定的前提下对采样周期的选择具有指导意义的条件。

为了给出主要的结论，首先给出如下两个引理：

引理 5.1 下述不等式，对任意矩阵 $\boldsymbol{Q} > 0$，$\boldsymbol{M}_1$、$\boldsymbol{M}_2$、$\boldsymbol{M}_3$ 和标量 $d \geqslant 0$ 成立：

$$\int_{t-d}^{t} \dot{x}^{\mathrm{T}}(s)\boldsymbol{Q}\dot{x}(s)\mathrm{d}s \leqslant \Xi^{\mathrm{T}}(t)\begin{bmatrix} \boldsymbol{M}_1 + \boldsymbol{M}_1^{\mathrm{T}} & -\boldsymbol{M}_1^{\mathrm{T}} + \boldsymbol{M}_2 & \boldsymbol{M}_3 \\ * & -\boldsymbol{M}_2 - \boldsymbol{M}_2^{\mathrm{T}} & -\boldsymbol{M}_3 \\ * & * & 0 \end{bmatrix}\Xi(t) +$$

$$\Xi^{\mathrm{T}}(t)\begin{bmatrix} \boldsymbol{M}_1^{\mathrm{T}} \\ \boldsymbol{M}_2^{\mathrm{T}} \\ \boldsymbol{M}_3^{\mathrm{T}} \end{bmatrix}\mathrm{d}\boldsymbol{Q}^{-1}[\boldsymbol{M}_1 \quad \boldsymbol{M}_2 \quad \boldsymbol{M}_3]\Xi(t) \tag{5.13}$$

式中，$x(t)$ 和 $w(t)$ 是状态和干扰变量；$\Xi(t) = [x^{\mathrm{T}}(t) \quad x^{\mathrm{T}}(t-d) \quad w^{\mathrm{T}}(t-d)]^{\mathrm{T}}$。

证明 根据 Leibniz – Newton 定理

$$x(t) - x(t-d) - \int_{t-d}^{t} \dot{x}(s)\mathrm{d}s = 0 \tag{5.14}$$

所以，对任意 $\boldsymbol{N}_1$、$\boldsymbol{N}_2$、$\boldsymbol{N}_3 \in \boldsymbol{R}^{n \times n}$，下述等式成立：

$$2[x^{\mathrm{T}}(t)\boldsymbol{N}_1^{\mathrm{T}} + x^{\mathrm{T}}(t-d)\boldsymbol{N}_2^{\mathrm{T}} + w^{\mathrm{T}}(t-d)\boldsymbol{N}_3^{\mathrm{T}}] \cdot [x(t) - x(t-d) - \int_{t-d}^{t} \dot{x}(s)\mathrm{d}s] = 0$$

$$= 2\Xi^{\mathrm{T}}(t)\boldsymbol{N}^{\mathrm{T}}[\boldsymbol{I} \quad -\boldsymbol{I} \quad 0]\Xi^{\mathrm{T}}(t) - 2\int_{t-d}^{t}\Xi^{\mathrm{T}}(t)\boldsymbol{N}^{\mathrm{T}}\dot{x}(s)\mathrm{d}s \tag{5.15}$$

式中，$\boldsymbol{N} = [\boldsymbol{N}_1 \quad \boldsymbol{N}_2 \quad \boldsymbol{N}_3]$。应用引理 5.1[53]，得到

$$-2\int_{t-d}^{t}\Xi^{\mathrm{T}}(t)\boldsymbol{N}^{\mathrm{T}}\dot{x}(s)\mathrm{d}s \leqslant \int_{t-d}^{t}\dot{x}^{\mathrm{T}}(t)\boldsymbol{X}\dot{x}(s)\mathrm{d}s +$$
$$2\Xi^{\mathrm{T}}(t)(\boldsymbol{Y}^{\mathrm{T}} - \boldsymbol{N}^{\mathrm{T}})[\boldsymbol{I} \quad -\boldsymbol{I} \quad 0]\Xi(t) + d\Xi^{\mathrm{T}}(t)\boldsymbol{Z}\Xi(t) \tag{5.16}$$

将式（5.16）代入式（5.14）得到

$$-\int_{t-d}^{t}\Xi^{\mathrm{T}}(t)\boldsymbol{N}^{\mathrm{T}}\dot{x}(s)\mathrm{d}s \leqslant 2\Xi^{\mathrm{T}}(t)\boldsymbol{Y}^{\mathrm{T}}[\boldsymbol{I} \quad -\boldsymbol{I} \quad 0]\Xi(t) + d\Xi^{\mathrm{T}}(t)\boldsymbol{Z}\Xi(t), \tag{5.17}$$

式中，$\boldsymbol{Y} = [\boldsymbol{M}_1 \quad \boldsymbol{M}_2 \quad \boldsymbol{M}_3]$。

对式（5.17）进行简单的重组，并应用文献［53］中的推论得到式（5.13）成立。证毕。

引理 5.2 对于给定的标量 $T>0$，$\alpha_i^s>0$ 及 $\alpha_i^u<0$，如果存在矩阵 $\boldsymbol{P}_i^j>0$，$\boldsymbol{R}_i^j>0$，$\boldsymbol{Q}_i^j>0$，$\boldsymbol{k}_{ix}$，$\boldsymbol{k}_{iw}$，$\boldsymbol{M}_{i1}^j$，$\boldsymbol{M}_{i2}^j$ 和 $\boldsymbol{M}_{i3}^j$，$j=s$，u，使得如下矩阵不等式成立：

$$\boldsymbol{\Omega}_i^j \overset{\Delta}{=} \begin{bmatrix} \boldsymbol{A}_i^{\mathrm{T}}\boldsymbol{P}_i^j + \boldsymbol{P}_i^j\boldsymbol{A}_i + \alpha_i^j\boldsymbol{P}_i^j + (\boldsymbol{M}_{i1}^j)^{\mathrm{T}} + \boldsymbol{M}_{i1}^j & (\boldsymbol{B}_{ix}^j)^{\mathrm{T}}\boldsymbol{P}_i^j - (\boldsymbol{M}_{i1}^j)^{\mathrm{T}} + \boldsymbol{M}_{i2}^j & (\boldsymbol{B}_{iw}^j)^{\mathrm{T}} + \boldsymbol{M}_{i3}^j \\ * & -(\boldsymbol{M}_{i2}^j)^{\mathrm{T}} - \boldsymbol{M}_{i2}^j & -\boldsymbol{M}_{i3}^j \\ * & * & \boldsymbol{C}_{i2}^{\mathrm{T}}\boldsymbol{R}_i^j \end{bmatrix}$$
$$+\begin{bmatrix} \boldsymbol{A}_i^{\mathrm{T}} \\ (\boldsymbol{B}_{ix}^j)^{\mathrm{T}} \\ (\boldsymbol{B}_{iw}^j)^{\mathrm{T}} \end{bmatrix} T\boldsymbol{Q}_i^j[\boldsymbol{A}_i \quad \boldsymbol{B}_{ix}^j \quad \boldsymbol{B}_{iw}^j] + T\begin{bmatrix} (\boldsymbol{M}_{i1}^j)^{\mathrm{T}} \\ (\boldsymbol{M}_{i2}^j)^{\mathrm{T}} \\ (\boldsymbol{M}_{i3}^j)^{\mathrm{T}} \end{bmatrix}(\mathrm{e}^{-\alpha_i^j\varphi_i^j}\boldsymbol{Q}_i^j)^{-1}[\boldsymbol{M}_{i1}^j \quad \boldsymbol{M}_{i2}^j \quad \boldsymbol{M}_{i3}^j] < 0 \tag{5.18}$$

其中，$\boldsymbol{C}_{i2} = [0 \quad 0 \quad 0 \quad 1]^{\mathrm{T}}$，$\varphi_i^s=1$ 及 $\varphi_i^u=0$，那么，

$$V_i^j(t) \leqslant \mathrm{e}^{-\alpha_i^j(t-t_0)}V_i^j(t_0) \tag{5.19}$$

证明：对子式（5.12）所表示的系统定义 Lyapunov－Krasovskii 函数如下：

$$V_i^j(t) = x_i^{\mathrm{T}}(t)\boldsymbol{P}_i^j x_i(t) + 2\int_0^{t-\tau(t)} w_i^{\mathrm{T}}(s)\boldsymbol{C}_{i2}^{\mathrm{T}}\boldsymbol{R}_i^j\boldsymbol{C}_{i2}w_i(s)\mathrm{d}s$$
$$+\int_{-T}^{0}\int_{t+\theta}^{t}\dot{x}_i^{\mathrm{T}}(\xi)\mathrm{e}^{\alpha_i^j(\xi-t)}\boldsymbol{Q}_i^j\dot{x}_i(\xi)\mathrm{d}\xi\mathrm{d}\theta \tag{5.20}$$

式中，$j\in\{s, u\}$。对 V_i^j 求导，$t\in(t_k, t_{k+1}]$，引用引理 5.1 得到

$$\dot{V}_i^j(t) \leqslant 2x_i^{\mathrm{T}}(t)\boldsymbol{P}_i^j[\boldsymbol{A}_i x_i(t) + \boldsymbol{B}_{ix}^j x_i(t-\tau(t)) + \boldsymbol{B}_{iw}^j w_i(t-\tau(t))] +$$
$$2w_i^{\mathrm{T}}(t-\tau(t))\boldsymbol{C}_{i2}^{\mathrm{T}}\boldsymbol{R}_i^j\boldsymbol{C}_{i2}w_i(t-\tau(t)) - 2w_i^{\mathrm{T}}(0)\boldsymbol{C}_{i2}^{\mathrm{T}}\boldsymbol{R}_i^j\boldsymbol{C}_{i2}w_i(0) - \alpha_i^j\int_{-T}^{0}\int_{t+\theta}^{t}\dot{x}_i^{\mathrm{T}}(\xi)$$
$$\mathrm{e}^{\alpha_i^j(\xi-t)}\boldsymbol{Q}_i^j\dot{x}_i(t)\mathrm{d}\xi\mathrm{d}\theta + \boldsymbol{T}\dot{x}_i^{\mathrm{T}}(t)\boldsymbol{Q}_i^j\dot{x}_i(t) - \int_{t-T}^{t}\dot{x}_i^{\mathrm{T}}(\xi)\mathrm{e}^{-\alpha_i^j\varphi_i^j\mathrm{T}}\boldsymbol{Q}_i^j\dot{x}_i(\xi)\mathrm{d}\xi。$$

假设前车的初始状态是稳定的，即 $w_i(0)=0$，那么，

$$\dot{V}_i^j(t) \leqslant -\alpha_i^j V_i^j(t) + \alpha_i^j x_i^{\mathrm{T}}(t)\boldsymbol{P}_i^j x_i(t) + 2x_i^{\mathrm{T}}(t)\boldsymbol{P}_i^j[\boldsymbol{A}_i x_i(t) + \boldsymbol{B}_{ix}^j x_i(t-\tau(t)) + \boldsymbol{B}_{iw}^j w_i(t-\tau(t))] + 2w_i^{\mathrm{T}}(t-\tau(t))\boldsymbol{C}_{i2}^{\mathrm{T}}\boldsymbol{R}_i^j\boldsymbol{C}_{i2}w_i(t-\tau(t)) + \boldsymbol{T}\dot{x}_i^{\mathrm{T}}(t)\boldsymbol{Q}_i^j\dot{x}_i(t) - \int_{t-\tau(t)}^{t}\dot{x}_i^{\mathrm{T}}(\xi)\mathrm{e}^{-\alpha_i^j\varphi_i^j T}\boldsymbol{Q}_i^j\dot{x}_i(\xi)\mathrm{d}\xi \leqslant -\alpha_i^j V_i^j(t) + (\eta_i(t))^{\mathrm{T}}\boldsymbol{\Omega}_i^j\eta_i(t) \tag{5.21}$$

式中，$\eta_i(t) = [x_i^{\mathrm{T}}(t) \quad x_i^{\mathrm{T}}(t-\tau(t)) \quad w_i^{\mathrm{T}}(t-\tau(t))]^{\mathrm{T}}$。根据式（5.13）和式（5.21），可以得到 $\dot{V}_i^j(t) + \alpha_i^j V_i^j(t) \leqslant 0$，进一步得到

$$V_i^j(t) \leqslant \mathrm{e}^{-\alpha_i^j(t-t_k)}V_i^j(t_k) \tag{5.22}$$

并且 $\cup_{k=0}^{\infty}(t_k, t_{k+1}] = (t_0, \infty)$，$x(t_k^+) = x(t_k)$，根据式（5.22）可知式（5.19）成立。证毕。

说明 5.3 如果设定 $c_i^j = \lambda_{\min}(\boldsymbol{P}_i^j)$，$b_{pi}^j = \lambda_{\max}(\boldsymbol{P}_i^j)$，$b_{qi}^j = \lambda_{\max}(\boldsymbol{Q}_i^j)$ 及 $\boldsymbol{e}_i^j = (T/\alpha_i^j - (1-\mathrm{e}^{-\alpha_i^j}/(\alpha_i^j)^2)$。那么，由式（5.19）得到 $\|x_i(t)\| \leqslant \sqrt{b_{pi}^j + c_i^j b_{qi}^j/\alpha_i^j}\,\mathrm{e}^{-0.5\alpha_i^j(t-t_0)}\|\phi\|_m$，由定义 5.1 知子系统 S_s 是指数稳定的，衰减率为 $\lambda_i^s = 0.5\alpha_i^s$，子系统 S_u 的状态增加率有界的为 $\lambda_i^u = 0.5|\alpha_i^u|$。

定义 T_1^+，…，T_m^+ 作为 $\sigma(t)$ 在时间间隔 $[t_0, t)$ 内的切换时刻，其中 $t_0 < T_1^+ < \cdots < T_m^+ < t$，$m \geqslant 1$。这里 T_n^+ 表示时刻 T_n 后的立即时刻，$n=1$，…，m，其中，T_n 是采样间隔，属于 $\{t_1, t_2, \cdots\}$。那么，可以给出车队系统的稳定定理如下。

定理 5.1 对给定的标量 $T>0$，$\alpha_i^s>0$，$\alpha_i^u<0$，$\mu_i>0$，闭环协作式车队控制式（5.12）所表示的系统是指数稳定的，当且仅当存在矩阵 $\boldsymbol{P}_i^j>0$，$\boldsymbol{R}_i^j>0$，$\boldsymbol{Q}_i^j>0$，$\boldsymbol{k}_{ix}$，$\boldsymbol{k}_{iw}$，$\boldsymbol{M}_{i1}^j$，$\boldsymbol{M}_{i2}^j$，$\boldsymbol{M}_{i3}^j$，$j=s$，u，使得以下矩阵不等式成立：

$$\boldsymbol{P}_i^s - \mu_i\boldsymbol{P}_i^u \leqslant 0 \tag{5.23}$$

$$\boldsymbol{R}_i^s - \mu_i\boldsymbol{R}_i^u \leqslant 0 \tag{5.24}$$

$$\boldsymbol{Q}_i^s - \mu_i\boldsymbol{Q}_i^u \leqslant 0 \tag{5.25}$$

$$\boldsymbol{P}_i^u - \mu_i\mathrm{e}^{(\alpha_i^s-\alpha_i^u)\mathrm{T}}\boldsymbol{P}_i^s \leqslant 0 \tag{5.26}$$

$$\boldsymbol{R}_i^u - \mu_i\boldsymbol{R}_i^s \leqslant 0 \tag{5.27}$$

$$\boldsymbol{Q}_i^u - \mu_i\boldsymbol{Q}_i^s \leqslant 0 \tag{5.28}$$

$$T_i^a > T_i^* = \ln\mu_i\varepsilon_i/\alpha_i^s \tag{5.29}$$

此外，可以得到传感器的失效率上限值 $\Delta_{ui} < \Delta_{ui}^* = (\alpha_i^s - (\ln\mu_i\varepsilon_i/T_i^a))/(\alpha_i^s - \alpha_i^u)$，衰减率 $\lambda_i = 0.5(\eta_i - \ln\mu_i\varepsilon_i/T_a)$，其中，$\varepsilon_i = \mathrm{e}^{0.5T(\alpha_i^s-\alpha_i^u)}$，$\eta_i = \alpha_i^s - (\alpha_i^s - \alpha_i^u)\Delta_{ui}$，$T_i^a$ 是平均驻留时间。

证明 定义 Lyapunov - Krasovskii 函数如下：

$$V_i^{\sigma(t)}(t) = x_i^{\mathrm{T}}(t)\boldsymbol{P}_i^{\sigma(t)}x_i(t) + 2\int_0^{t-\tau(t)} w_i^{\mathrm{T}}(s)\boldsymbol{C}_{i2}^{\mathrm{T}}\boldsymbol{R}_i^{\sigma(t)}\boldsymbol{C}_{i2}w_i(s)\mathrm{d}s + \int_{-T}^{0}\int_{t+\theta}^{t}\dot{x}_i^{\mathrm{T}}(\xi)\mathrm{e}^{\alpha_i^{\sigma(t)}(\xi-t)}\boldsymbol{Q}_i^{\sigma(t)}\dot{x}_i(t)\mathrm{d}\xi\mathrm{d}\theta \tag{5.30}$$

已经知道式（5.12）所表示的系统在切换时刻不会跳变，应用式（5.23）~式（5.29）可以得到，当式（5.12）所表示的系统从 S_u 切换到 S_s 时

$$\begin{aligned}V_i^s(T_n^+) &= x_i^{\mathrm{T}}(T_n^+)\boldsymbol{P}_i^s x_i(T_n^+) + 2\int_0^{T_n^+-\tau(t)} w_i^{\mathrm{T}}(s)\boldsymbol{C}_{i2}^{\mathrm{T}}\boldsymbol{R}_i^s\boldsymbol{C}_{i2}w_i(s)\mathrm{d}s + \int_{-T}^{0}\int_{T_n^++\theta}^{T_n^+}\\&\quad\dot{x}_i^{\mathrm{T}}(\xi)\mathrm{e}^{\alpha_i^s(\xi-T_n^+)}\boldsymbol{Q}_i^s\dot{x}_i(\xi)\mathrm{d}\xi\mathrm{d}\theta\\&= x_i^{\mathrm{T}}(T_n)\boldsymbol{P}_i^s x_i(T_n) + 2\int_0^{T_n-\tau(t)} w_i^{\mathrm{T}}(s)\boldsymbol{C}_{i2}^{\mathrm{T}}\boldsymbol{R}_i^s\boldsymbol{C}_{i2}w_i(s)\mathrm{d}s + \int_{-T}^{0}\int_{T_n+\theta}^{T_n}\\&\quad\dot{x}_i^{\mathrm{T}}(\xi)\mathrm{e}^{\alpha_i^u(\xi-T_n)}\mathrm{e}^{(\alpha_i^s-\alpha_i^u)(\xi-T_n)}\boldsymbol{Q}_i^s\dot{x}_i(\xi)\mathrm{d}\xi\mathrm{d}\theta \leqslant \mu_i V_i^u(T_n)\end{aligned} \tag{5.31}$$

当式（5.12）所表示的系统从 S_s 切换到 S_u 时，由式(5.26)~式(5.28)得到

$$\begin{aligned}V_i^u(T_n^+) &= x_i^{\mathrm{T}}(T_n^+)\boldsymbol{P}_i^u x_i(T_n^+) + 2\int_0^{T_n^+-\tau(t)} w_i^{\mathrm{T}}(s)\boldsymbol{C}_{i2}^{\mathrm{T}}\boldsymbol{R}_i^u\boldsymbol{C}_{i2}w_i(s)\mathrm{d}s\\&\quad+\int_{-T}^{0}\int_{T_n^++\theta}^{T_n^+}\dot{x}_i^{\mathrm{T}}(\xi)\mathrm{e}^{\alpha_i^u(\xi-T_n^+)}\boldsymbol{Q}_i^u\dot{x}_i(\xi)\mathrm{d}\xi\mathrm{d}\theta\\&= x_i^{\mathrm{T}}(T_n)\boldsymbol{P}_i^u x_i(T_n) + 2\int_0^{T_n^+-\tau(t)} w_i^{\mathrm{T}}(s)\boldsymbol{C}_{i2}^{\mathrm{T}}\boldsymbol{R}_i^u C_{i2}w_i(s)\mathrm{d}s\\&\quad+\int_{-T}^{0}\int_{T_n+\theta}^{T_n}\dot{x}_i^{\mathrm{T}}(\xi)\mathrm{e}^{\alpha_i^s(\xi-T_n)}\mathrm{e}^{(\alpha_i^u-\alpha_i^s)(\xi-T_n)}\boldsymbol{Q}_i^u\dot{x}_i(\xi)\mathrm{d}\xi\mathrm{d}\theta\\&\leqslant \mu_i\mathrm{e}^{(\alpha_i^s-\alpha_i^u)\mathrm{T}}V_i^s(T_n)\end{aligned} \tag{5.32}$$

定义

$$\chi = \begin{cases}\mu_i, & S_u\to S_s\\ \mu_i\mathrm{e}^{(\alpha_i^s-\alpha_i^u)T}, & S_s\to S_u\end{cases}$$

那么式（5.31）和式（5.32）可以重新写为

$$V_i^{\sigma(T_n^+)}(T_n^+) \leqslant \chi V_i^{\sigma(T_n)}(T_n) \tag{5.33}$$

记时间间隔$[t_0, t]$内，$S_u\to S_s$ 的切换次数和 $S_s\to S_u$ 的切换次数分别为 π_{us} 和 π_{su}。

那么，根据切换信号时间分析可以得到 $\pi_{us}\leqslant\pi_{su}+1$ 和 $\pi_{us}+\pi_{su}=N_\sigma(t, t_0)$，进一步分析可得 $\pi_{su}\leqslant(N_\sigma(t, t_0)+1)/2$。由上述不等式得

$$\mathrm{e}^{(\alpha_i^s-\alpha_i^u)\mathrm{T}\pi_{su}} \leqslant \varepsilon_i\times\varepsilon_i^{N_\sigma(t,t_0)} \tag{5.34}$$

根据 Lyapunov－Krasovskii 方程式（5.30），以及式（5.18）、式（5.33）、式（5.34）和定义 5.1 得到

$$V_i^{\sigma(t)}(t) \leqslant \mathrm{e}^{-\alpha_i^{\sigma(T_m^+)}(t-T_m^+)}V_i^{\sigma(T_m^+)}(T_m^+) \leqslant \mathrm{e}^{-\alpha_i^{\sigma(T_m^+)}(t-T_m^+)}\chi V_i^{\sigma(T_m)}(T_m) \leqslant \cdots$$

$$\leqslant\mu_i^{N_\sigma(t,t_0)}\mathrm{e}^{(\alpha_i^s-\alpha_i^u)T\pi_{us}}\mathrm{e}^{-\alpha_i^{\sigma(T_m^+)}(t-T_m^+)}\mathrm{e}^{-\alpha_i^{\sigma(T_{m-1}^+)}(T_m-T_{m-1}^+)}$$

$$\cdots\mathrm{e}^{-\alpha_i^{\sigma(T_1^+)}(T_2-T_1^+)}\mathrm{e}^{-\alpha_i^{\sigma(T_0^+)}(T_1-T_0^+)}V_i^{\sigma(T_0^+)}(t_0^+)$$

$$\leqslant\varepsilon_i(\mu_i\varepsilon_i)^{N_\sigma(t,t_0)}\mathrm{e}^{-\alpha_i^s t_s}\mathrm{e}^{-\alpha_i^u t_u}V_i^{\sigma(t_0^+)}(t_0^+)$$

$$\leqslant\varepsilon_i(\mathrm{e}^{\ln\mu_i\varepsilon_i/T_i^a})^{(t-t_0)}(\mathrm{e}^{-\alpha_i^s t_s/(t-t_0)})^{(t-t_0)}(\mathrm{e}^{-\alpha_i^u t_u/(t-t_0)})^{(t-t_0)}V_i^{\sigma(t_0^+)}(t_0^+)$$

$$=\varepsilon_i(\mathrm{e}^{\ln\mu_i\varepsilon_i/T_i^a})^{(t-t_0)}(\mathrm{e}^{-\alpha_i^s\Delta_s})^{(t-t_0)}(\mathrm{e}^{-\alpha_i^s\Delta u})^{(t-t_0)}V_i^{\sigma(t_0^+)}(t_0^+)$$

$$=\varepsilon_i\mathrm{e}^{-2\lambda_i(t-t_0)}V_i^{\sigma(t_0)}(t_0) \tag{5.35}$$

定义 $c_i=\min\{c_i^s,\ c_i^u\}$，$b_{pi}=\max\{b_{pi}^s,\ b_{pi}^u\}$，$b_{qi}=\max\{b_{qi}^s,\ b_{qi}^u\}$ 和 $\mathrm{e}_i=\max\{\mathrm{e}_i^s,\ \mathrm{e}_i^u\}$。那么从式（5.35）得到

$$c_i\|x_i(t)\|^2\leqslant V_i^{\sigma(t)}(t)\leqslant\varepsilon_i\mathrm{e}^{-2\lambda_i(t-t_0)}V_i^{\sigma(t_0)}(t_0)\leqslant\varepsilon_i(b_{pi}+b_{qi}\mathrm{e}_i)\mathrm{e}^{-2\lambda_i(t-t_0)}\|\phi\|_m^2 \tag{5.36}$$

即
$$\|x_i(t)\|\leqslant\sqrt{\varepsilon_i(b_{pi}+b_{qi}\mathrm{e}_i)/c_i}\,\mathrm{e}^{-2\lambda_i(t-t_0)}\|\phi\|_m。 \tag{5.37}$$

式（5.29）表明 $\lambda_i>0$。所以，由式（5.37）和定义 5.2 可知式（5.12）所表示的系统在传感器失效的影响下可以保证指数稳定，且衰减率为 λ_i。证毕。

说明 5.4 由定理 5.1 可以进一步得到指数衰减、采样周期和允许的最大传感器失效上界三者之间的量化关系如下：

（1）指数衰减 λ_i 是关于传感器失效率的单调递增函数。

$$\lambda_i(\Delta_u)=-0.5(\alpha_i^s-\alpha_i^u)\Delta_u+0.5\alpha_i^s-[0.25T(\alpha_i^s-\alpha_i^u)+0.5\ln\mu_i]/T_i^a \tag{5.38}$$

式中，α_i^s、α_i^u、μ_i、T、T_i^a 为给定常数。

（2）指数衰减率 λ_i 是关于采样周期的单调递增函数。

$$\lambda_i(T)=-0.25(\alpha_i^s-\alpha_i^u)T/T_i^a+0.5[\alpha_i^s-(\alpha_i^s-\alpha_i^u)\Delta_{ui}-\ln\mu_i/T_i^a] \tag{5.39}$$

式中，α_i^s、α_i^u、μ_i、Δ_{ui}、T_i^a 为给定常数。

（3）允许的传感器失效率上界是关于采样周期的单调递增函数。

$$\Delta_{ui}^*(T)=-0.5T/T_i^a+(\alpha_i^s-\ln\mu_i/T_i^a)/(\alpha_i^s-\alpha_i^u) \tag{5.40}$$

式中，α_i^s、α_i^u、μ_i、T_i^a 为给定的常数。

从式（5.40）和式（5.39）可以看到，采样周期较大时，传感器允许的最大失效率和指数衰减率都较小，这说明可以通过降低采样周期来改善系统的鲁棒性能。由式（5.38）可知，传感器的失效率越大，车队的稳定性能越差，即在传感器失效率一定的情况下，可以判断车队系统是否可以稳定。

定理 5.1 给出了协作式车队系统指数稳定的充分条件，下面给出控制器的具体设计方法定理 5.2。

定理 5.2 对给定的标量 $T>0$，$\alpha_i^s>0$，$\alpha_i^u<0$，$\mu_i>0$，式（5.12）所表示的

闭环协作式车队系统指数稳定，当且仅当存在矩阵 $\boldsymbol{R}_i^j>0$，$\boldsymbol{Z}_i^j>0$，$\boldsymbol{V}_i^j$，$\boldsymbol{N}_{i1}^j$，$\boldsymbol{N}_{i2}^j$和$\boldsymbol{N}_{i3}^j$，$j=s$、u，使得矩阵式（5.29）和下述线性矩阵不等式成立：

$$\begin{bmatrix} \boldsymbol{\Phi}_{i1} & \boldsymbol{B}_i^j\boldsymbol{V}_i^j-(\boldsymbol{N}_{i1}^j)^{\mathrm{T}}+\boldsymbol{N}_{i2}^j & \boldsymbol{B}_i^j\boldsymbol{W}_i^j+\boldsymbol{N}_{i3}^j & \boldsymbol{Y}_i^j\boldsymbol{A}_i^{\mathrm{T}} & (\boldsymbol{N}_{i1}^j)^{\mathrm{T}} \\ * & -(\boldsymbol{N}_{i2}^j)^{\mathrm{T}}-\boldsymbol{N}_{i2}^j & -\boldsymbol{N}_{i3}^j & (\boldsymbol{V}_i^j)^{\mathrm{T}}(\boldsymbol{B}_i^j)^{\mathrm{T}} & (\boldsymbol{N}_{i2}^j)^{\mathrm{T}} \\ * & * & \boldsymbol{Y}_i^j\boldsymbol{C}_{i2}^{\mathrm{T}} & (\boldsymbol{W}_i^j)^{\mathrm{T}}(\boldsymbol{B}_i^j)^{\mathrm{T}} & (\boldsymbol{N}_{i3}^j)^{\mathrm{T}} \\ * & * & * & -\boldsymbol{T}^{-1}\boldsymbol{Z}_i^j & 0 \\ * & * & * & * & -\boldsymbol{T}^{-1}\mathrm{e}^{-\alpha_i^j\varphi_i^j}(2\boldsymbol{Y}_i^j-\boldsymbol{Z}_i^j) \end{bmatrix}<0 \tag{5.41}$$

$$\begin{bmatrix} -\mu_i\boldsymbol{Y}_i^u & \boldsymbol{Y}_i^u \\ * & -\boldsymbol{Y}_i^s \end{bmatrix}\leqslant 0,\ \begin{bmatrix} -\mu_i\mathrm{e}^{(\alpha_i^s-\alpha_i^u)T}\boldsymbol{Y}_i^s & \boldsymbol{Y}_i^s \\ * & -\boldsymbol{Y}_i^u \end{bmatrix}\leqslant 0 \tag{5.42}$$

$$\begin{bmatrix} -\mu_i\boldsymbol{U}_i^u & \boldsymbol{U}_i^u \\ * & -\boldsymbol{U}_i^s \end{bmatrix}\leqslant 0,\ \begin{bmatrix} -\mu_i\boldsymbol{U}_i^s & \boldsymbol{U}_i^s \\ * & -\boldsymbol{U}_i^u \end{bmatrix}\leqslant 0 \tag{5.43}$$

$$\begin{bmatrix} -\mu_i\boldsymbol{Z}_i^u & \boldsymbol{Z}_i^u \\ * & -\boldsymbol{Z}_i^s \end{bmatrix}\leqslant 0,\begin{bmatrix} -\mu_i\boldsymbol{Z}_i^s & \boldsymbol{Z}_i^s \\ * & -\boldsymbol{Z}_i^u \end{bmatrix}\leqslant 0 \tag{5.44}$$

式中，$\boldsymbol{\Phi}_{i1}=\boldsymbol{A}_i^{\mathrm{T}}\boldsymbol{Y}_i^j+\boldsymbol{Y}_i^j\boldsymbol{A}_i+\alpha_i^j\boldsymbol{Y}_i^j+(\boldsymbol{N}_{i1}^j)^{\mathrm{T}}+\boldsymbol{N}_{i1}^j$，在定理5.1中已给出传感器失效率上界$\boldsymbol{\Delta}_{ui}^*$、衰减率$\lambda_i$、平均驻留时间$T_i^a$。此外，可以得到传感器的控制增益如下：

$$\boldsymbol{k}_{ix}=\boldsymbol{V}_i^j(\boldsymbol{Y}_i^j)^{-1},\ \boldsymbol{k}_{iw}=\boldsymbol{W}_i^j(\boldsymbol{U}_i^j)^{-1}。\tag{5.45}$$

证明 由苏尔补定理，$\boldsymbol{\Omega}_i^j<0$等价于

$$\begin{bmatrix} \boldsymbol{\Phi}_{i2} & \boldsymbol{\Phi}_{i3} & \boldsymbol{\Phi}_{i4} & \boldsymbol{A}_i^{\mathrm{T}} & (\boldsymbol{M}_{i1}^j)^{\mathrm{T}} \\ * & -(\boldsymbol{M}_{i2}^j)^{\mathrm{T}}-\boldsymbol{M}_{i2}^j & -\boldsymbol{M}_{i3}^j & (\boldsymbol{B}_{ix}^j)^{\mathrm{T}} & (\boldsymbol{M}_{i2}^j)^{\mathrm{T}} \\ * & * & \boldsymbol{C}_{i2}^{\mathrm{T}}\boldsymbol{R}_i^j & (\boldsymbol{B}_{iw}^j)^{\mathrm{T}} & (\boldsymbol{M}_{i3}^j)^{\mathrm{T}} \\ * & * & * & -T^{-1}(\boldsymbol{Q}_i^j)^{-1} & 0 \\ * & * & * & * & -T^{-1}\mathrm{e}^{-\alpha_i^j\varphi_i^j}\boldsymbol{Q}_i^j \end{bmatrix}<0 \tag{5.46}$$

式中，

$$\boldsymbol{\Phi}_{i2}=\boldsymbol{A}_i^{\mathrm{T}}\boldsymbol{P}_i^j+\boldsymbol{P}_i^j\boldsymbol{A}_i+\alpha_i^j\boldsymbol{P}_i^j+(\boldsymbol{M}_{i1}^j)^{\mathrm{T}}+\boldsymbol{M}_{i1}^j,$$

$$\boldsymbol{\Phi}_{i3}=(\boldsymbol{B}_{ix}^j)^{\mathrm{T}}P_i^j-(\boldsymbol{M}_{i1}^j)^{\mathrm{T}}+\boldsymbol{M}_{i2}^j,$$

$$\boldsymbol{\Phi}_{i4}=(\boldsymbol{B}_{iw}^j)^{\mathrm{T}}\boldsymbol{P}_i^j+\boldsymbol{M}_{i3}^j。$$

定义$\boldsymbol{Y}_i^j=(\boldsymbol{P}_i^j)^{-1}$，$\boldsymbol{Z}_i^j=(\boldsymbol{Q}_i^j)^{-1}$，$\boldsymbol{U}_i^j=(\boldsymbol{R}_i^j)^{-1}$，$\boldsymbol{V}_i^j=\boldsymbol{k}_{ix}\boldsymbol{Y}_i^j$，$\boldsymbol{W}_i^j=\boldsymbol{k}_{iw}\boldsymbol{U}_i^j$，$\boldsymbol{N}_{i1}^j=\boldsymbol{Y}_i^j\boldsymbol{M}_{i1}^j\boldsymbol{Y}_i^j$，$\boldsymbol{N}_{i2}^j=\boldsymbol{Y}_i^j\boldsymbol{M}_{i2}^j\boldsymbol{Y}_i^j$，$\boldsymbol{N}_{i3}^j=\boldsymbol{Y}_i^j\boldsymbol{M}_{i3}^j\boldsymbol{U}_i^j$。对式（5.46）两端同时乘以$\mathrm{diag}\{\boldsymbol{Y}_i^j,\boldsymbol{Y}_i^j,\boldsymbol{U}_i^j,\boldsymbol{Y}_i^j,\boldsymbol{Y}_i^j\}$，并应用不等式$\boldsymbol{Y}_i^j\boldsymbol{Q}_i^j\boldsymbol{Y}_i^j\geqslant 2\boldsymbol{Y}_i^j-(\boldsymbol{Q}_i^j)^{-1}$，可以得到式（5.41）。对式

(5.23) 和式 (5.26) 两端分别乘以 $\boldsymbol{Y}_i^u$ 和 $\boldsymbol{Y}_i^s$，并应用苏尔补定理可得式 (5.42)。相似的对式 (5.24) 和式 (5.27) 两端分别乘以 $\boldsymbol{Z}_i^u$ 和 $\boldsymbol{Z}_i^s$，式 (5.25) 和式 (5.28) 两端分别乘以 $\boldsymbol{U}_i^u$ 和 $\boldsymbol{U}_i^s$，可以得到举证不等式 (5.43) 和不等式 (5.44)。利用式 (5.12)，可以得到控制增益为 $\boldsymbol{k}_{ix}=\boldsymbol{V}_i^j(\boldsymbol{Y}_i^j)^{-1}$ 和 $\boldsymbol{k}_{iw}=\boldsymbol{W}_i^j(\boldsymbol{U}_i^j)^{-1}$。证毕。

说明 5.5 在上述讨论中，为了计算方便，假设无线传输的时延为零。但在实际当中可测量干扰 $w_i(t)$ 是存在延时的，如果考虑该延时，则上述算法是否可行。为了解决该问题，下面给出本章主要结论的一个扩展，考虑无线传输延时后，系统式 (5.12) 可以写成下述形式：

$$\dot{x}_i(t)=\boldsymbol{A}_i x_i(t)+\boldsymbol{B}_{ix}^{\sigma(t)}x_i[t-\tau(t)]+\boldsymbol{B}_{iw}^{\sigma(t)}w_i[t-\tau(t)-\tau_i]$$

式中，τ_i 是传输延时。扩展 Lyapunov - Krasovskii 函数式 (5.30) 为下述形式：

$$V_i^{\sigma(t)}(t)=x_i^{\mathrm{T}}(t)\boldsymbol{P}_i^{\sigma(t)}x_i(t)+2\int_0^{t-\tau(t)-\tau_i}w_i^{\mathrm{T}}(s)\boldsymbol{C}_{i2}^{\mathrm{T}}\boldsymbol{R}_i^{\sigma(t)}\boldsymbol{C}_{i2}w_i(s)\mathrm{d}s$$
$$+\int_{-T}^{0}\int_{t+\theta}^{t}\dot{x}_i^{\mathrm{T}}(\xi)\mathrm{e}^{\alpha_i^{\sigma(t)}(\xi-t)}\boldsymbol{Q}_i^{\sigma(t)}\dot{x}_i(t)\mathrm{d}\xi\mathrm{d}\theta,$$

可以得到与定理 5.1 和定理 5.2 相似的结果。

5.3 车队队列稳定性分析及控制算法

上述几节主要分析讨论车队系统的指数渐近稳定性。本节着重研究该控制算法是否可以保证车队整体队列的稳定性。首先，给出队列稳定的条件，随后给出零稳态误差的条件如下述。

定理 5.3 式 (5.12) 所表示的闭环协作式车队系统是队列稳定的，如果满足下述条件：

$$\begin{cases}K_{px}\geqslant 0\\ k_{ac}^2-(1-k_a)^2+2(hK_{px}+K_{vx})\vartheta\geqslant 0\\ 2(1-k_a)-2k_{ac}-2hK_{vx}-hK_{px}\geqslant 0\end{cases}\tag{5.47}$$

证明：假设所有跟随车辆都安装式 (5.10) 所表示的切换控制器，将式 (5.8) 和式 (5.10) 代入式 (5.4)，可以得到

$$\dot{a}_i(t)=-a_i(t)/\zeta_i+[K_{px}\delta_i(t)+K_{vx}(\Delta v_i(t))+k_a a_i(t)+k_{ac}a_{i-1}(t)]/\zeta_i\tag{5.48}$$

式中，当传感器完全失效时，$K_{px}=K_{vx}=0$；其他情况下，$K_{px}=\rho_{i\delta}k_p$，$K_{vx}=\rho_{iv}k_v$。

对上式进行拉普拉斯变换，并且假设 $a_i(0)=0$，得到

$$\left[s-\left(\frac{k_a-1}{\zeta_i}\right)\right]a_i(s)=\frac{1}{\zeta_i}(K_{px}\delta_i(s)+K_{vx}\Delta v_i(s)+k_{ac}a_{i-1}(s))\tag{5.49}$$

根据式 (5.1)，得

$$\delta_i(s)=\frac{a_{i-1}(s)-a_i(s)}{s^2}-\frac{ha_i(s)}{s} \tag{5.50}$$

$$\Delta v_i(s)=\frac{a_{i-1}(s)-a_i(s)}{s} \tag{5.51}$$

将式（5.50）和式（5.51）代入式（5.49），将相似项结合，可得

$$G(s)=\frac{a_i(s)}{a_{i-1}(s)}=\frac{s^2k_{ac}+sK_{vx}+K_{px}}{s^3\zeta_i-s^2(k_a-1)+s(hK_{px}+K_{vx})+K_{px}} \tag{5.52}$$

如果要得到条件 $|a_i(\mathrm{j}w)/a_{i-1}(\mathrm{j}w)|\leqslant 1$ 对任意 w，那么，可以得到下述关于 w 的不等式：

$$\begin{aligned}&w^6\vartheta^2+[k_{ac}^2-(1-k_a)^2+2(hK_{px}+K_{vx})\vartheta]w^4+\\&[2(1-k_a)K_{px}-2K_{px}k_{ac}+2K_{px}^2-2hK_{px}K_{vx}-hK_{px}^2]w^2\geqslant 0\end{aligned} \tag{5.53}$$

式中，$\vartheta=1/\zeta_i$。

要保证式（5.53）满足非负的条件，可以得到式（5.47）。证毕。

说明 5.6 由定理 5.3 可以得到允许的部分失效率上下界为

$$0\leqslant\rho_i\leqslant\frac{2(1-k_a)-2k_{ac}}{h(2k_v+k_p)},k_p>0,k_v>0 \tag{5.54}$$

下面进一步讨论零稳态速度误差。用 ν_0 表示领队车辆 t 时刻的加速度稳态值 a_0 的变化，即 $\nu_0(t)=a_0(t)-a_0$。由式（5.1）得

$$\dddot{\delta}_1=\dot{\nu}_0-\dot{a}_1-h\ddot{a}_1 \tag{5.55}$$

将式（5.48）代入式（5.55），$i=1$，得到

$$\begin{aligned}\dddot{\delta}_1(t)=\dot{\nu}_0+(1+h\vartheta)\nu_0(t)-(\vartheta+h\vartheta^2-h\vartheta)(K_{px}\delta_1(t)+\\K_{vx}(\Delta v_1(t))+k_a\nu_0(t)+k_{ac}\nu_0(t))\end{aligned} \tag{5.56}$$

上式（5.56）表示第一辆跟随车辆的相对速度误差方程。对该式进行拉普拉斯变换可得，

$$F(s)=\frac{\Delta v_1(s)}{\nu_0(s)}=\frac{s^3+s^2+((1+h\vartheta)-(\vartheta+h\vartheta^2-h\vartheta)(k_a+k_{ac})s+(\vartheta+h\vartheta^2-h\vartheta)K_{px}h)}{s^3+K_{px}s+(\vartheta+h\vartheta^2-h\vartheta)K_{px}} \tag{5.57}$$

假设领队车辆达到其稳定状态在时间 t_f 内。利用 $\nu_0(t)-\nu_0(t_f)=0$，$t\geqslant t_f$。那么可以得到

$$\nu_0(s)=\frac{\nu_0(t_f)}{s} \tag{5.58}$$

利用中值定理和式（5.56）、式（5.57）及式（5.58），可得

$$\lim_{t\to\infty}\Delta v_i(t)=\lim_{s\to 0}sF^{i-1}(s)\Delta v_1(s)=0$$

即可以保持零稳态速度误差，对跟随车辆 i，$i=1$，2，…，$n-1$。

最后，基于上述分析讨论，可以得到下述关于协作式车队控制器的设计算法。

算法 5.1 切换控制器算法。

（1）首先，给出式（5.3）表示的反馈线性化控制器。

（2）根据定理 5.3，可以得到 $K_{px} \geqslant 0$，$K_{vx} \geqslant 0$ 和 $k_{ac} \geqslant 0$，选定足够小的初始值 α_i^s 使得式（5.28）可解。

（3）以一定的步长 $\Delta\alpha_i^s$，增加 α_i^s，测试式（5.28）的可行解。如果存在可行解，则继续增大 α_i^s。否则结束程序，设定 $\alpha_i^s = \alpha_i^s - \Delta\alpha_i^s$。

（4）应用与第二步和第三步相似的方法得到 α_i^u 的最大值。

（5）选取一个较大值 μ_i 使得定理 5.2 成立。以一定的步长 $\Delta\mu_i$ 减小 μ_i，如果第二步里的条件成立则继续减小 μ_i；否则，结束程序，设 $\mu_i = \mu_i + \Delta\mu_i$。

5.4 仿真及实验

5.4.1 数字仿真

本节通过数字仿真例子，在由四辆车组成的车队验证本章提出算法的有效性，为了进一步体现算法的优越性，将该切换算法与文献［54］的算法做出对比。领队车辆的速度曲线和加速度曲线如图 5.1a 所示。仿真中所用参数如下：最小车间距离 $d_0 = 3\text{m}$，车身长度 $L_i = 4\text{m}$，发动机时间常数 $\zeta_i = 0.25$，时间常数 $h = 0.7$。其他的车辆参数可以参考第 4 章。将上述参数代入式（5.2），得到：

$$\dot{a}_i = -4(a_i + 0.588v_i^2/1464 + 5/1464) - 1.104a_iv_i/1464 + c_i/366 \quad (5.59)$$

反馈线性化控制器为

$$c_i = 1464u_i + 0.588v_i^2 + 5 + 0.276\dot{v}_iv_i \quad (5.60)$$

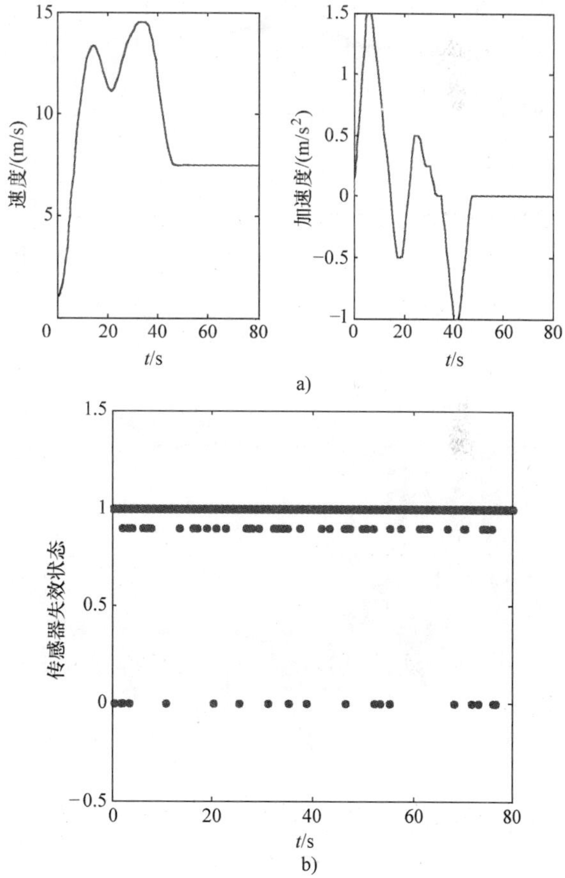

图 5.1

a）领队车辆速度和加速度曲线 b）传感器失效状态

图5.2所示为十辆车的车间距离、速度及加速度曲线，可以看到本文切换控制器明显优于文献［54］的控制算法（见图5.3）。采样周期选为 $T=0.1\text{s}$。在仿真中，我们假设所有的车辆有相同的传感器失效状态。这里采用随机序列来表示传感器在［0，80s］内的失效模式，如图5.1b所示，切换序列为 $\sigma\in\{s, u\}$，其中 $s\in\{s_n, s_p\}$，当 $s_n=1$ 时，传感器工作在正常模式（$s_n=1$ 的概率是0.9），用 $s_p=0.9$ 表示传感器部分失效状态（$s_p=0.9$ 的概率是0.07），$u=0$ 表示传感器完全失效，$u=0$ 的概率为0.03，对应的完全失效率为 $\Delta_{ui}=3\%$。平均驻留时间 $T_i^a=1.6666\text{s}$。根据算法5.1，当 $\alpha_i^s=0.41$，$\alpha_i^u=-0.39$，$\mu_i=2.11$ 时，可以得到 $T_i^*=1.2222<T_i^a$ 和 $\Delta_{ui}^*=10.16\%>\Delta_{ui}$。假设初始状态 $\delta_i=0.2\text{m}$，$\Delta v_i=0.2\text{m/s}$，$a_i=0$。那么，由定理5.3和定理5.2可以算得控制器的增益为 $p_{ix}^s=[0.540\quad 1.531\quad -0.218\quad 0]$，$p_{iw}^s=[0\quad 0\quad 0\quad 1.218]$。

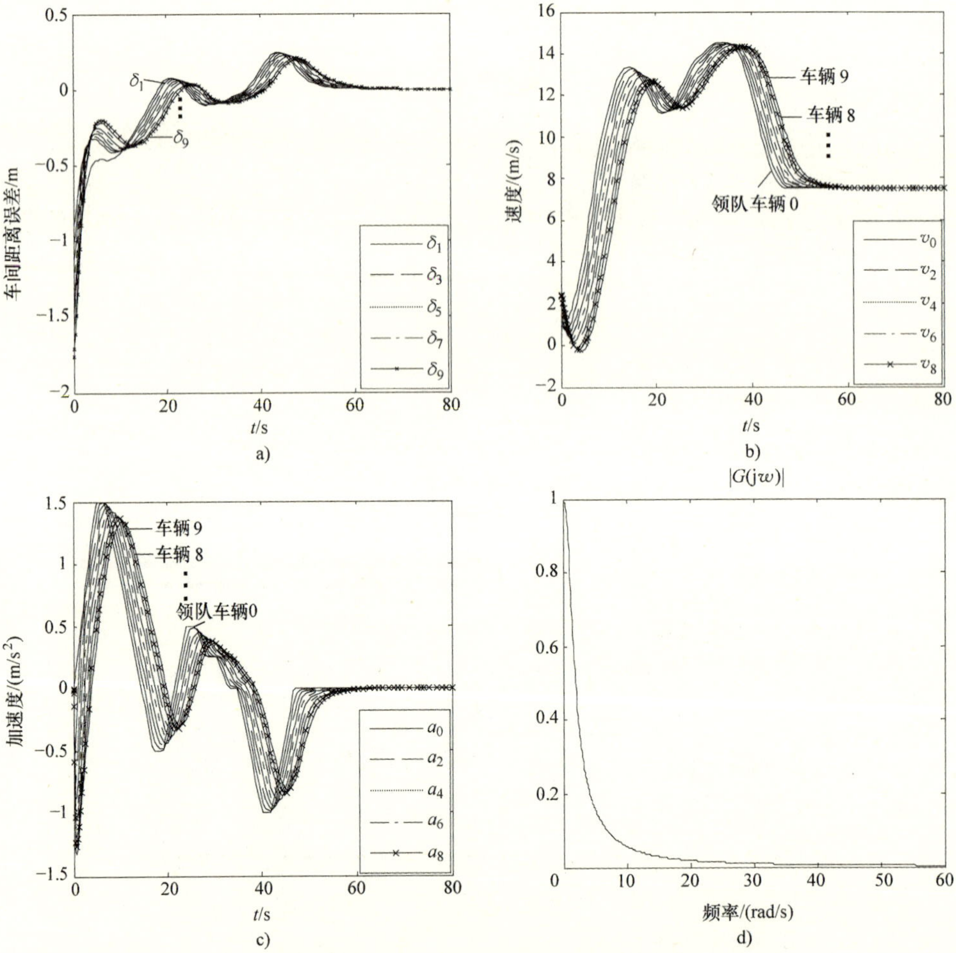

图5.2　十辆车组成的车队在切换控制器作用下的响应曲线

a）车间距离误差　b）速度曲线　c）加速度曲线　d）频率响应 $\forall w$：$|G(jw)|\leqslant 1$

当传感器失效时，采用本文提出的切换控制器取得较好的控制效果，系统跟踪准确，最大车间距离误差为0.23m，最大加速度为1.5m/s²。在图5.2中，实线表示第一辆车和领队车辆之间的距离误差，虚线表示第二辆车和第三辆车之间的距离误差，点线表示第四辆车与第五辆车之间的距离误差，点画线表示第六辆车和第七辆车之间的距离误差，点叉表示第八辆车和第九辆车之间的距离误差。用实线、虚线、点线、点画线和点叉线分别表示领队车，第二、四、六、八辆车的速度曲线。在相同的情况下，采用文献［54］中设计的控制器，前馈和反馈环节的控制增益计算如下：

$K_{i,i-1}=[0\quad 0\quad 0\quad 0]$，$K_{i,i}=[0\quad 0\quad 0\quad -1]$，在 $\rho=0$ 的情况下；

$K_{i,i-1}=[0.0625\quad 0.25\quad 0\quad 0]$，$K_{i,i}=[0.0625\quad 0.2937\quad 0.175\quad -1]$，在 $\rho=1$ 的情况下；

$K_{i,i-1}=[0.0625\rho\quad 0.25\rho\quad 0\quad 0]$，$K_{i,i}=[0.0625\rho\quad 0.2937\rho\quad 0.175\rho\quad -1]$，在 $\rho=0.9$ 的情况下。

在该控制作用下车队系统队列不稳定（见图5.3），尤其当传感器失效发生时，最大车间距离误差为2.21m，最大加速度为2.52m/s²，这几项数据都要比采用切换控制器时要大，如图5.2a和b所示。同时注意 $|G(jw)|$ 在图5.2d中满足协作式车队控制性能表的要求。

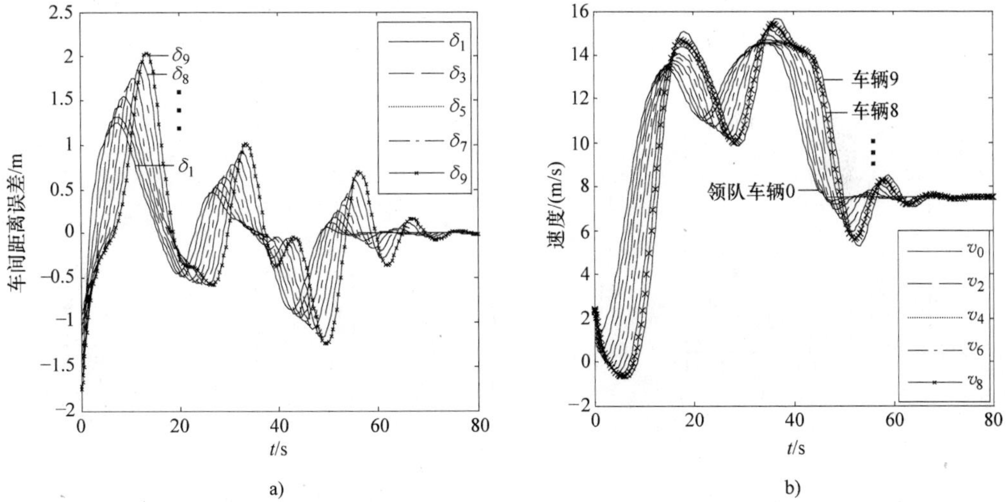

图5.3　十辆车组成的车队在文献［54］的作用下的响应曲线

a）车间距离误差　b）速度曲线

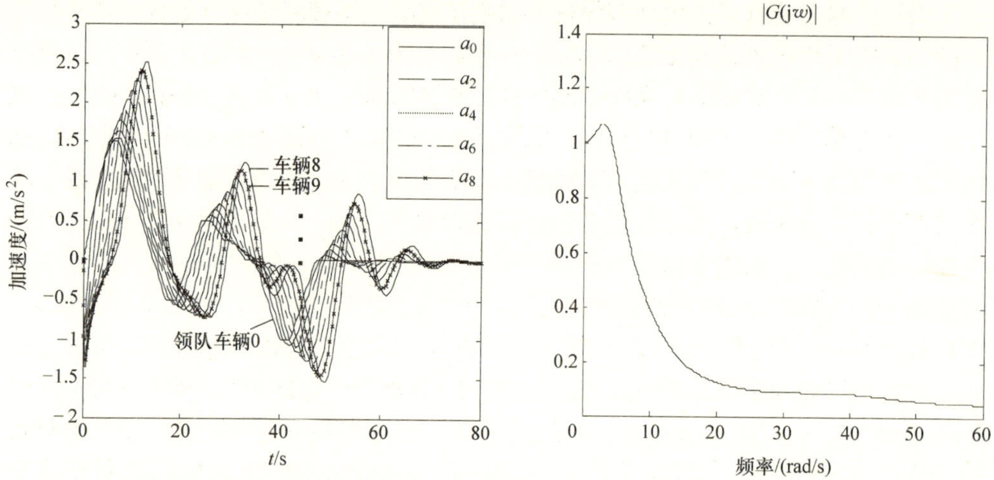

c) d)

图 5.3　十辆车组成的车队在文献［54］的作用下的响应曲线（续）

c）加速度曲线　d）频率响应曲线 $\exists w$：$|G(jw)|>1$

根据式（5.38）~式（5.40）得出的指数衰减率、传感器失效率及允许的最大传感器失效率三者之间的关系如图 5.4 所示。

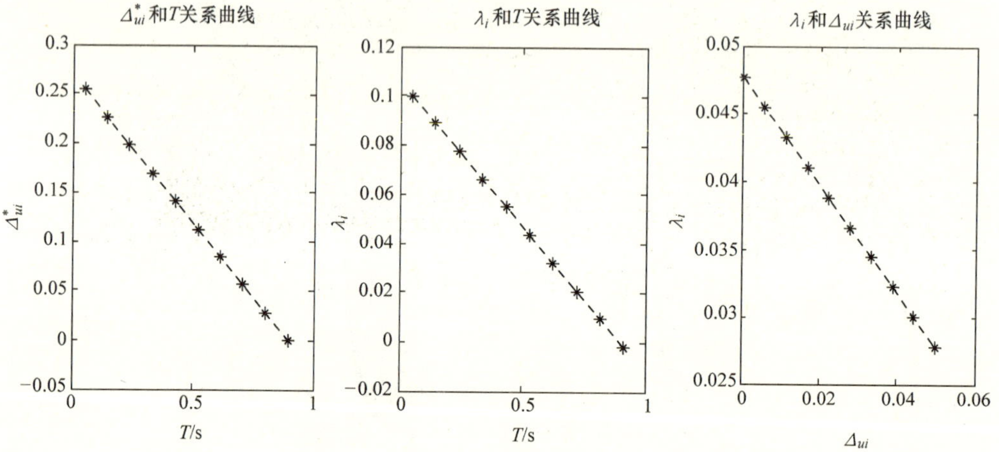

a)　b)　c)

图 5.4　函数轨迹

a）Δ_{ui}和 T 关系曲线　b）λ_i 和 T 关系曲线　c）λ_i 和 Δ_{ui}的关系曲线

对于给定的 $\alpha_i^s=0.41$，$\alpha_i^u=-0.39$，$\mu_i=2.11$，$T_i^a=1.6666s$，Δ_{ui}和 T 之间的关系如图 5.4a 所示。进一步给出 $\Delta_{ui}=3\%$，λ_i 和采样周期 T 之间的关系如图 5.4b 所示，仿真结果显示，当 λ_i 增加时 T 减小。尤其，当 λ_i 从 0.1005 减小到 0.0098 时，采样周期由 0.05 增加到 0.8055。如果采样周期增加到 0.9，则 λ_i 减小为

-0.0015，则与我们前面得到的条件 $\lambda_i>0$ 相矛盾，根据此可以得到该协作式车队系统的最大采样周期应该设为 0.6s。对 $\alpha_i^s=0.41$，$\alpha_i^u=-0.39$，$\mu_i=2.11$，$T_i^a=1.6666\mathrm{s}$，$T=0.1\mathrm{s}$ 给定，λ_i 和 Δ_{ui} 之间的关系如图 5.4c 所示。该结果显示当 λ_i 减小时，传感器的完全失效率增加，尤其当 λ_i 从 0.0477 减小到 0.0199 时，Δ_{ui} 从 0.56% 增加到 4.4%。如果 Δ_{ui} 增加到 5%，则 λ_i 减小到 -0.0021，那么 $\lambda_i>0$ 也不符合前面得到的条件。据此，可以得出传感器允许的最大失效率介于 4.4% ~5%。

5.4.2 实验

前一小节我们设计的控制参数、车队结构等比较容易调整，使得控制性能满足车队控制性能要求。在本小节，我们将控制算法应用到四辆 Arduino RF 小车组成的车队再次验证本章算法的有效性。图 5.5 所示为实验车的结构，前面安装两个红外传感器（GP2D12，该传感器内部集成了信号处理和模拟电压输出）用来测量连续两辆车之间的距离（采用两个红外传感器，每次采用平均值作为控制输入信号）。车辆纵向速度和加速度分别由安装在车轮的编码器和车顶部的加速度传感器测量。核心控制芯片是 Atmega2560，用来实时控制驱动车辆的后轮。四个车辆的相关参数见表 5.1。

图 5.5 实验车的结构及其组成的车队

a）Arduino 小车结构 b）Arduino 小车组成的车队

表 5.1 四个 Arduino 小车的参数

物理量	数值	单位
$A_1/A_2/A_3/A_4$	15/12/12/12	cm^2
$d_{mi}/d_{mi}/d_{mi}/d_{mi}$	0.5/0.4/0.4/0.4	N
σ	0.98	$\mathrm{m/s}^3$
c_{di}	0.15	—

通过40组试验数据分析可以获得四个小车上的传感器完全失效率分别为3.5%、3.7%、3.9%和4.1%，部分失效率为0.96。采样周期设定为0.2s。在实验当中期望的车间距离为15cm。

第一个实验验证本章的主要研究内容，即在传感器失效时采用本文设计的传感器效果图。实验结果如图5.6和图5.7所示。可以从实验数据图像看出，采用本文

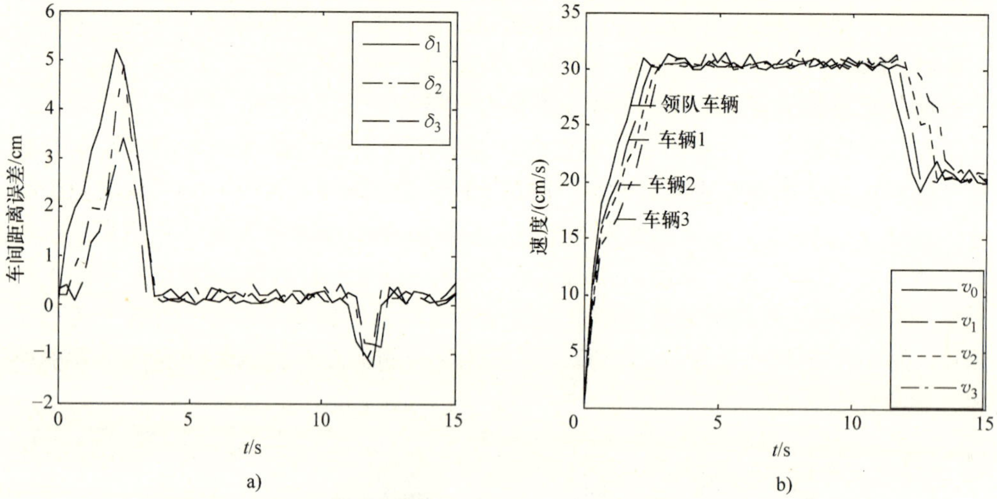

图5.6　四辆车组成的车队在切换控制器作用下的响应曲线

a）车间距离误差　b）速度

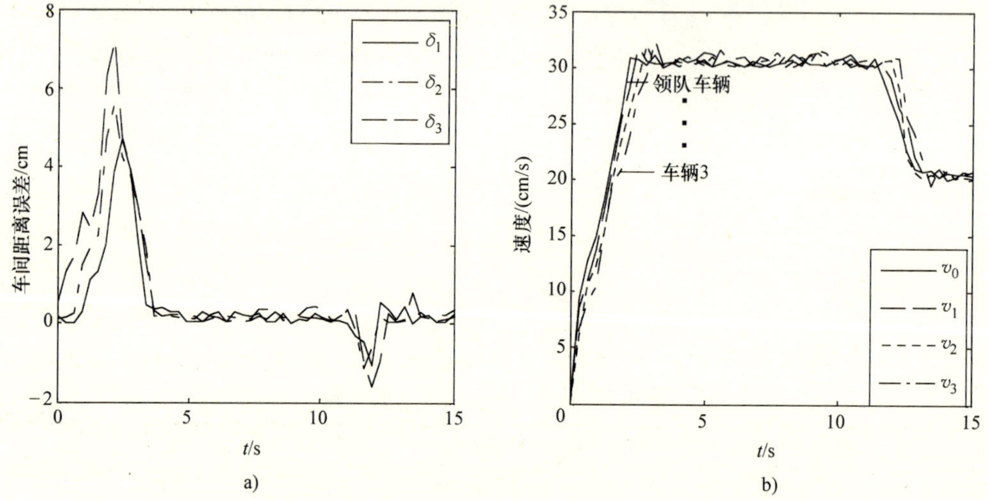

图5.7　四辆车组成的车队在文献［54］作用下的响应曲线

a）车间距离误差　b）速度

提出的控制器车队控制效果较好，最大车间距离是5.2cm（该误差主要由领队车辆的加速引起）。同时注意到，所有跟随车辆可以准确跟踪前车，车队控制需要满足的各项性能指标都可以满足。当采用文献［54］中的算法，在图5.7中可以明显看出当传感器失效时，车队队列难以继续保持稳定，最大车间距离达到7.4cm。虽然采用文献［54］中的控制器在跟踪性能上也比较好，但从两者的均方值误差上看，本章所设计的控制器要明显优于文献［54］（表5.2中所用数据是在时间间隔［5s，10s］内车队整体稳定时）。该结果表明采用切换控制器可以明显改善由传感器失效引起的车队控制性能变差的情况。

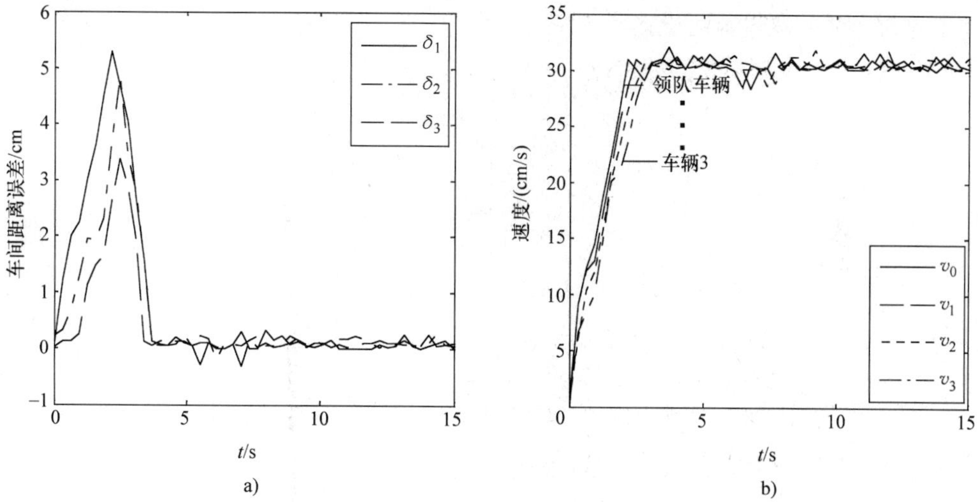

图5.8　四辆车组成的车队在切换控制器作用下的响应曲线

a）车间距离误差　b）速度

表5.2　采用切换控制器和状态反馈控制器[54]的均方值误差

控制方式	MSE
切换控制器	$v_1=0.3021$，$v_2=0.3135$，$v_3=0.3726$
状态反馈控制[54]	$v_1=0.5201$，$v_2=0.5539$，$v_3=0.5932$

实验中也对控制器的鲁棒性能进行测试，该实验通过一根固定在路面上的塑料棒来实现。车队中的所有车辆按顺序依次通过该障碍物。从图5.8a和图5.8b可以看出，当领队车辆通过该障碍物时，第二辆跟随车辆会有明显的速度抖动（由于该抖动使得车间距离增大，最大值为5.3cm，如图5.8a所示），同样，第三辆车和第四辆车也会有轻微的抖动，但并不明显，如图5.8b所示。由此可以看出采用本文的控制器车队有较强的鲁棒性能。

5.5 小结

本章针对协作式车队控制系统传感器失效的问题进行研究。为了减小传感器失效及延时问题引起车队的控制性能衰减，本章采用基于平均驻留时间的切换控制技术设计控制器。仿真结果显示该控制算法取得了较好的控制效果，为了验证算法的应用性，进一步将该算法应用到四辆 Arduino 小车组成的车队中，进一步验证了该算法的优越性。

本章没有考虑车队间无线通信网络信道不足、延时、不确定性等问题，下一章将着重对上述问题进行讨论。

第 6 章　非线性车辆协作控制

关于车辆协作纵向控制问题，大都假设车队在水平道路上，不考虑风速影响下的行驶，如文献［107－109］针对线性模型设计 PID 及滑模类型的控制器，实现车队在水平道路上稳定行驶。文献［110］采用卡尔曼滤波器准确估计对车队控制重要但又难以准确测量的状态变量，较好地满足了车队控制的需要。如果考虑风速干扰及路面坡度的影响，则上述控制算法都存在明显的弊端，车辆控制器不能适应对外界环境的变化。本章在文献［109］研究工作的基础上，进一步考虑坡度和风速的影响后建立车辆的非线性动态模型，基于反馈线性化方法，设计具有一定自适应能力的非线性 PID 控制器，使得车队对外界环境有一定的适应能力，随着坡度或者风速的变化适时改变控制参数，进一步改善车队的控制性能。

本章内容安排：6.1 节考虑风速和坡度影响，建立车辆动态模型及车队结构；6.2 节针对由坡度引起的控制问题，采用反馈线性方法，设计非线性 PID 控制器；6.3 节进一步考虑执行器存在延时的控制设计，分别从单车稳定性、车队稳定性和消除抖动三方面分析得出结论；6.4 节通过数值仿真、验证算法的有效性和可行性，并对结果进行分析；6.5 节对本章内容做一简单的总结。

6.1　建立车队模型

在已有车辆协作纵向控制的成果中，所涉及的众多车辆动态模型都未考虑路面的坡度和风速对车队的影响，本章在文献［109］的基础上，进一步考虑风速及路面等因素后，如图 6.1 所示对行进车辆进行受力分析，并由牛顿第二定律得出第 i 车辆动态模型如下：

$$m_i\ddot{x}_i = \left[F_i - m_i g\sin\theta - \frac{\rho A_i C_{di}}{2}(\dot{x}_i + v_{wind})^2 \mathrm{sgn}(\dot{x}_i + v_{wind}) - d_{mi}\right]\cos\theta \tag{6.1}$$

式中，θ 是路面与水平线所成角度；ρ 是空气质量密度；A_i 是第 i 辆车的断面面积；C_{di}是拽力系数；F_i 是车辆驱动力；d_{mi}是第 i 辆车的机械阻力；x_i 是车辆的水平位置；v_i 是车辆的水平速度；m_i 是车的质量；g 是重力加速度；v_{wind}是风的速度。

这里给出发动机一阶滞后模型如下：

$$\dot{a}_i = \frac{\dot{F}_i}{m} = -\frac{F_i}{m\tau_i(\dot{x}_i)} + \frac{u_i}{m\tau_i(\dot{x}_i)} \tag{6.2}$$

式中，$\tau_i(\dot{x}_i)$是发动机的时间常数。

假设车辆的行驶方向不变，则可以推得 sgn（$\dot{x}_i+v_{wind}$）=1，结合式（6.1）和式（6.2）得

$$\frac{m_i\ddot{x}_i}{\cos\theta}=F_i-m_ig\sin\theta-k_{\mathrm{d}i}\dot{x}_i^2-k_{\mathrm{d}i}v_{wind}^2-2k_{\mathrm{d}i}\dot{x}_iv_{wind}-d_{mi} \tag{6.3}$$

式中，$k_{di}=\dfrac{\rho A_iC_{di}}{2}$。对式（6.3）两边同时求导得

$$\frac{m_i\dddot{x}_i}{\cos\theta}=\dot{F}_i-2k_{di}\ddot{x}_i\dot{x}_i-2k_{di}\ddot{x}_iv_{wind} \tag{6.4}$$

将式（6.1）和式（6.2）代入式（6.4）得三阶非线性模型如下：

$$\dddot{x}_i=\left\{-\frac{2k_{di}\ddot{x}_i}{m_i}(\dot{x}_i+v_{wind})-\frac{1}{\tau_i(\dot{x}_i)}\left[\dot{x}_i+\frac{k_{di}}{m_i}(\dot{x}_i^2+v_{wind}^2+2\dot{x}_im_i)+\frac{d_{mi}}{m_i}+g\sin\theta\right]\right\}$$

$$\cos\theta+\frac{\cos\theta}{m_i\tau_i(\dot{x}_i)}u_i \tag{6.5}$$

该模型是下文设计的基础。

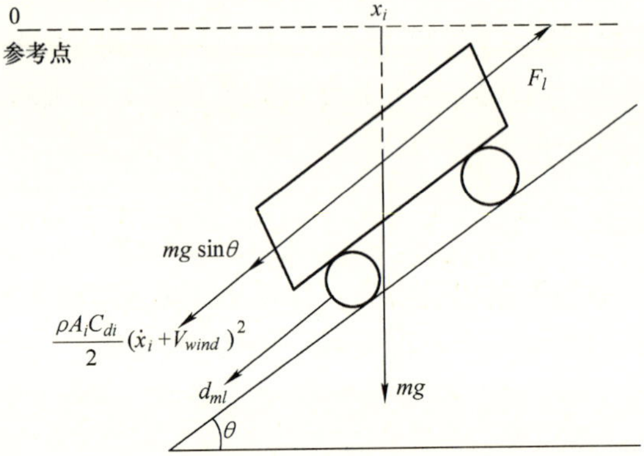

图 6.1　车辆受力图

6.2　非线性 PID 控制器设计

本小节首先给出车队系统传统的 PID 控制器设计方法，指出在本章车队控制中存在的缺点，进而引出下一节设计的改进的非线性 PID 控制器设计方法。对于式（6.5）所示的车辆非线性模型，本节同样采用反馈线性化的方法设计控制器如下：

$$u_i=\frac{1}{a_i(\dot{x}_i)}[c_i-b(\dot{x}_i,\ddot{x}_i)] \tag{6.6}$$

式中，

$$a_i(\dot{x}_i)=\frac{1}{m_i\tau_i(\dot{x}_i)},$$

$$b_i(\dot{x}_i,\ddot{x}_i)=\left\{-\frac{2k_{d_i}\ddot{x}_i}{m_i}(\dot{x}_i+v_{wind})-\frac{1}{\tau_i(\dot{x}_i)}\left[\ddot{x}_i+\frac{k_{d_i}}{m_i}(\dot{x}_i^2+v_{wind}^2+2\dot{x}_iv_{wind})\right.\right.$$
$$\left.\left.+\frac{d_{m_i}}{m_i}+g\sin\theta\right]\right\}。$$

由式（6.4）、式（6.5）和式（6.6）可得

$$\dddot{x}_i=c_i \tag{6.7}$$

式中，c_i 是待设计的附加输入量，可根据车间距离误差、误差变化率、速度变化、加速度变化等信息设计 c_i 如下：

（1）对第 1 辆车

$$c_1=c_{p1}\delta_1(t)+c_{v1}\dot{\delta}_1(t)+c_{a1}\ddot{\delta}_1(t)+c_{vl}\omega_0(t)+c_{al}\dot{\omega}_0(t) \tag{6.8}$$

式中，$\omega_0=v_0-\hat{v}_0$，$\dot{\omega}_0=a_0$，$\hat{v}_0$ 是车辆的速度稳态值，c_{p1}、c_{v1}、c_{a1}、c_{vl}、c_{al} 为待设定参数。取 $i=1$，对第 2 章车间距离误差式（2.1）两端求三阶导数得

$$\dddot{\delta}_1=\dddot{x}_0-\dddot{x}_1 \tag{6.9}$$

结合式（6.7）和式（6.8）可得

$$\dddot{\delta}_1=\dddot{x}_0-[c_{p1}\delta_1(t)+c_{v1}\dot{\delta}_1(t)+c_{a1}\ddot{\delta}_1(t)+c_{vl}(v_0(t)-\hat{v}_0(t))+c_{al}a_0(t)]$$

对上式进行拉普拉斯变换有

$$[s^3+c_{a1}s^2+c_{v1}s+c_{p1}]\delta_1=[s^2-c_{al}s-c_{vl}]\omega_0$$

$$h_{\delta_1\delta_0}(s)=\frac{s^2-c_{al}s-c_{vl}}{s^3+c_{a1}s^2+c_{v1}s+c_{p1}} \tag{6.10}$$

（2）对第 i 辆车

$$c_i=c_p\delta_i(t)+c_v\dot{\delta}_i(t)+c_a\ddot{\delta}_1(t)+c_{vl}[v_0-v_i]+c_{al}[a_0-a_i] \tag{6.11}$$

同样，由第 2 章式（2.1）求导可得

$$\dddot{\delta}_i=\dddot{x}_{i-1}-\dddot{x}_i$$

结合式（6.7）和式（6.11）可得

$$\dddot{\delta}_i=c_p\delta_{i-1}+c_v\dot{\delta}_{i-1}+c_a\ddot{\delta}_{i-1}+c_{vl}[v_0(t)-v_{i-1}(t)]+c_{al}[a_0(t)-a_{i-1}(t)]-$$
$$c_p\delta_i-c_v\dot{\delta}_i-c_a\ddot{\delta}_i-c_{vl}[v_0(t)-v_i(t)]-c_{al}[a_0(t)-a_i(t)]$$

同样，对上式进行拉普拉斯变换可得

$$[s^3+(c_a+c_{al})s^2+(c_v+c_{vl})s+c_p]\delta_i=[c_as^2+c_vs+c]\delta_{i-1}$$

$$h_{\delta_i\delta_{i-1}}=\frac{c_as^2+c_vs+c}{s^3+(c_a+c_{al})s^2+(c_v+c_{vl})s+c_p} \tag{6.12}$$

对上述传递函数式（6.10）和式（6.12），只需设计增益系数 c_{p1}、c_{v1}、c_{a1}、c_{vl}、c_{al}，使传递函数的所有极点位于 s 左平面就可以保证车队的稳定，但本章开头已经提到，在车队运行过程中，由于领队车辆加速度的变化、坡度和风速等外界因素的影响，使得事先设定的参数对车队的控制不够理想，变化较大时甚至引起车队的不稳定，尤其是在减速阶段，极易使车辆发生碰撞。本章采用变参数结构（非线性 PID 结构如图 6.2 所示）来改进经典 PID 的不足。即将参数 c_p、c_v、c_a、c_{vl}、c_{al}取为偏差 δ 的函数，根据偏差 δ 的大小，实时改变参数，以提高控制性能，使车间距离误差变化更小。我们把参数与偏差的函数关系取为

$$
\begin{aligned}
k_p &= k_{p0}(1 + k'_p(1 - \exp(\eta_1 e^2))) \\
k_i &= k_{i0}(k'_i + k''_i \exp(\eta_2 e^2)) \\
k_d &= k_{d0}(1 + k'_d(\eta_3 e^2))
\end{aligned}
\tag{6.13}
$$

式中，k_p 代表 c_p、c_{vl}、c_{al}的取法；k_d 代表 c_v、c_a 的取法；η_1、η_2、η_3 为待定系数，其取值可根据文献［111］选取；k_{p0}、k_{i0}、k_{d0}是按常规 PID 得到的参数（即按常规 PID 得到的 c_p、c_v、c_a、c_{vl}、c_{al}）；k'_p、k'_i、k''_i、k'_d 为修正系数，k'_p 主要取决于控制变量的限制幅值和对象的稳定性，k'_i 反映大偏差时的积分作用，k''_i 反映稳态值附近的积分作用，k'_d 反映稳态值附近的微分作用。之所以取成上述关系是因为比例系数 k_p 在偏差值较小时取较小值，这样有利于加快响应速度，同时有很好的稳定性；积分系数 k_i 在偏差较小时取较大值，在偏差较大时取较小值，这样既有利于保证稳态无静差，又不会引起饱和而使超调增大、调节时间延长；微分系数 k_d 在偏差较小时取较大值，在偏差较大时取较小值，这样能加快控制器对小偏差的反应速度，以便出现干扰时能够及时调整控制动作。

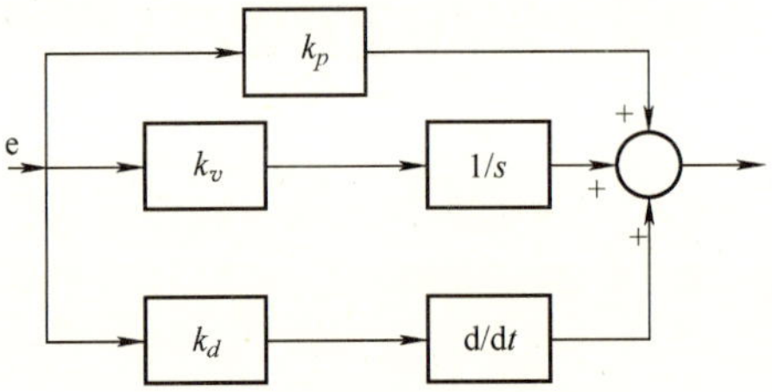

图 6.2　非线性 PID 结构图

将式（6.13）代入式（6.11）可得第 i 辆车的非线性控制律如下：

$$
\begin{aligned}
c_i = {} & c_{p0}(1 + c'_p(1 - \exp(\eta_1 e^2)))\delta_i(t) + c_{d0}(1 + c'_d(\eta_3 e^2))\dot{\delta}_i(t) + c_a\ddot{\delta}_1(t) + \\
& k_{v0}(1 + \dot{c}_{vl}(1 - \exp(\eta_1 (v_0(t) - v_i(t))^2))) \times [v_0(t) - v_i(t)] + k_{a0}(1 + \\
& \dot{c}_{al}(1 - \exp \times (\eta_1 (a_0(t) - a_i(t))^2)))[a_0(t) - a_i(t)]
\end{aligned}
\tag{6.14}
$$

本节主要是在考虑坡度和风速对车队的影响后设计控制器，下一节进而考虑燃

油和传输延时下，构建保证车辆稳定控制器延时上限。

本节最后同样给出本章车队控制系统的控制目标。

1）车队中每辆车能稳定运行，要求传递函数所有极点位于 s 左半平面；

2）避免因领队车辆、路面坡度及风速等外界影响使车队车间距离误差呈现沿车队向后逐渐增大的现象，即使车队能够保持车队队列稳定性，这就要求对 $w>0$，有 $|\delta_i(\mathrm{j}w)/\delta_{i-1}(\mathrm{j}w)|\leqslant 1$ 成立；

3）避免车队抖动，对任意时刻 $t>0$ 时，要满足 $g(t)>0$；

4）车队能够实现零阶稳态误差。

6.3 车队稳定性及队列稳定性分析

假设燃油及传输导致的延时为 h，则实际执行的控制信号 u_i 为

$$u_i(t-h)=\frac{1}{a_i(\dot{x}_i)}[c_i(t-h)-b(\dot{x}_i,\ddot{x}_i)] \tag{6.15}$$

式中，$c_1(t-h)$，$c_i(t-h)$分别如下：

$$c_1(t-h)=c_{p1}\delta_1(t-h)+c_1\dot{\delta}_1(t-h)+c_{a1}\ddot{\delta}_1(t-h)+c_{vl}[v_0(t-h)-\hat{v}_0(t-h)] + c_{al}a_0(t-h) \tag{6.16}$$

$$c_i(t-h)=c_p\delta_i(t-h)+c_v\dot{\delta}_1(t-h)+c_a\ddot{\delta}_1(t-h)+c_{vl}[v_0(t-h)-v_i(t-h)]+ c_{al}[a_0(t-h)-a_i(t-h)] \tag{6.17}$$

式中，c_p、c_v、c_a、c_{vl}、c_{al}待定参数同上节。

由式（6.7）得 $\dot{a}_i=c_i$，假设车队中存在的延时相同，结合式（6.17）得到

$$\dot{a}_i(t)=\hat{c}_p\delta_i(t-h)+\hat{c}_v\dot{\delta}_i(t-h)+\hat{c}_a\ddot{\delta}_i(t-h)+\hat{c}_{vl}[v_0(t-h)-v_i(t-h)]+ \hat{c}_{al}[a_0(t-h)-a_i(t-h)] \tag{6.18}$$

式中，$\hat{c}_p=c_p/m\tau$，$\hat{c}_v=c_v/m\tau$，$\hat{c}_a=c_a/m\tau$，$\hat{c}_{vl}=c_{vl}/m\tau$，$\hat{c}_{al}=c_{al}/m\tau$。

由第2章式（2.1）得到

$$\dddot{\delta}_i(t)=\dot{a}_{i-1}(t)-\dot{a}_i(t) \tag{6.19}$$

对于 $i=1$，将式（6.16）和式（6.18）代入式（6.19），得到第1辆车的距离误差方程为

$$\dddot{\delta}_1(t)=\dot{a}_0(t)-\hat{c}_p\delta_1(t-h)-(\hat{c}_v+\hat{c}_{vl}) \dot{\delta}_1(t-h)-(\hat{c}_a+\hat{c}_{al})\ddot{\delta}_1(t-h) \tag{6.20}$$

同样，将式（6.18）代入式（6.19）可以推得第 i 辆车的距离误差满足如下关系：

$$\dddot{\delta}_i(t)=-\hat{c}_p\delta_i(t-h)-(\hat{c}_v+\hat{c}_{vl})\dot{\delta}_i(t-h)-$$

$$(\hat{c}_a + \hat{c}_{al})\ddot{\delta}_i(t-h) + \hat{c}_p\delta_{i-1}(t-h) +$$

$$\hat{c}_v\dot{\delta}_{i-1}(t-h) + \hat{c}_a\ddot{\delta}_{i-1}(t-h) \tag{6.21}$$

车队要想取得好的控制性能，首先要保证每辆车稳定，考虑式（6.21）可以得到每辆车的闭环系统如下：

$$\dddot{\delta}_i(t) = -\hat{c}_p\delta_i(t-h) - (\hat{c}_v + \hat{c}_{vl})\dot{\delta}_i(t-h) - (\hat{c}_a + \hat{c}_{al})\ddot{\delta}_i(t-h) \tag{6.22}$$

考虑以下的组合方程：

$$\begin{bmatrix} \dot{\delta}_i(t) \\ \ddot{\delta}_i(t) \\ \dddot{\delta}_i(t) \end{bmatrix} = \begin{bmatrix} 0 & 1 & 0 \\ 0 & 0 & 1 \\ 0 & 0 & 0 \end{bmatrix} \begin{bmatrix} \delta_i(t) \\ \dot{\delta}_i(t) \\ \ddot{\delta}_i(t) \end{bmatrix} + \begin{bmatrix} 0 & 0 & 0 \\ 0 & 0 & 0 \\ -\hat{c}_p & -\hat{c}_v - \hat{c}_{vl} & -v_a - \hat{c}_{al} \end{bmatrix} \begin{bmatrix} \delta_i(t-h) \\ \dot{\delta}_i(t-h) \\ \ddot{\delta}_i(t-h) \end{bmatrix}$$

设 $e(t) = \begin{bmatrix} \delta_i(t) \\ \dot{\delta}_i(t) \\ \ddot{\delta}_i(t) \end{bmatrix}$，$\boldsymbol{A} = \begin{bmatrix} 0 & 1 & 0 \\ 0 & 0 & 1 \\ 0 & 0 & 0 \end{bmatrix}$，$\boldsymbol{B} = \begin{bmatrix} 0 & 0 & 0 \\ 0 & 0 & 0 \\ -\hat{c}_p & -\hat{c}_v - \hat{c}_{vl} & -\hat{c}_a - \hat{c}_{al} \end{bmatrix}$

可以得到

$$\dot{e}(t) = \boldsymbol{A}e(t) + \boldsymbol{B}e(t-h) \tag{6.23}$$

式中，$0 \leqslant h \leqslant \hat{h}$，$\hat{h}$ 是常数，$e(t)$ 对所有 $t \geqslant 0$ 都连续可微，于是根据牛顿—莱布尼兹公式

$$e(t-h) = e(t) - \int_{-h}^{0} \dot{e}(t+\alpha)\mathrm{d}\alpha = e(t) - \int_{-h}^{0} [\boldsymbol{A}e(t+\alpha) + \boldsymbol{B}e(t-h+\alpha)]\mathrm{d}\alpha$$

式（6.23）可另写为

$$\dot{e}(t) = (\boldsymbol{A}+\boldsymbol{B})e(t) - \boldsymbol{B}\int_{-h}^{0} [\boldsymbol{A}e(t+\alpha) + \boldsymbol{B}e(t-h+\alpha)]\mathrm{d}\alpha \tag{6.24}$$

以下定理是保证车辆渐近稳定的充分条件。

定理 6.1 如果延时上界满足 $h \leqslant \hat{h} < \sigma_1$，则式（6.24）表示的系统渐近稳定，式中

$$\sigma_1 = \frac{\lambda_{\min}(\boldsymbol{Q})}{\varepsilon \|\boldsymbol{PB}(\boldsymbol{AP}^{-1}\boldsymbol{A}^{\mathrm{T}} + \boldsymbol{BP}^{-1}\boldsymbol{B}^{\mathrm{T}})\boldsymbol{B}^{\mathrm{T}}\boldsymbol{P}\| + 2\|\boldsymbol{P}\|/\varepsilon}$$

$\varepsilon > 0$，$\boldsymbol{P}$ 为满足如下方程的正定对称矩阵：

$$(\boldsymbol{A}+\boldsymbol{B})^{\mathrm{T}}\boldsymbol{P} + \boldsymbol{P}(\boldsymbol{A}+\boldsymbol{B}) = -\boldsymbol{Q} \tag{6.25}$$

式中，$\boldsymbol{Q}$ 是任意正定对称矩阵。

证明 定义 Lyapunov 函数为

$$V(t) = e^{\mathrm{T}}(t) + \boldsymbol{P}e(t) \tag{6.26}$$

式中，$\boldsymbol{P}$ 是式（6.25）的正定对称解。

因此有如下不等式成立：

$$\lambda_{\min}(\boldsymbol{P})\| e(t) \|^2 \leqslant V(t) \leqslant \lambda_{\max}(\boldsymbol{P})\| e(t) \|^2 \tag{6.27}$$

沿着式（6.24）的任意轨迹对 $V(t)$ 求导可得

$$\dot{V}(t) = \dot{e}^{\mathrm{T}}(t)\boldsymbol{P}e(t) + e^{\mathrm{T}}(t)\boldsymbol{P}\dot{e}(t) = e^{\mathrm{T}}(t)[\boldsymbol{P}(\boldsymbol{A}+\boldsymbol{B}) + (\boldsymbol{A}+\boldsymbol{B})^{\mathrm{T}}\boldsymbol{P}]e(t) - 2\int_{-h}^{0} e^{\mathrm{T}}(t)\boldsymbol{PB}[\boldsymbol{A}e(t+\alpha) + \boldsymbol{B}e(t-h+\alpha)]\mathrm{d}\alpha = -e^{\mathrm{T}}(t)\boldsymbol{Q}e(t) - 2\int_{-h}^{0} e^{\mathrm{T}}(t)\boldsymbol{PB}[\boldsymbol{A}e(t+\alpha) + \boldsymbol{B}e(t-h+\alpha)]\mathrm{d}\alpha$$

由 $h \leqslant \hat{h} < \sigma_1$，可得

$$g = \sigma_1 - \hat{h} > 0 \tag{6.28}$$

进而推得

$$\hat{h} + \frac{g}{2} < \hat{h} + g = \sigma_1 \tag{6.29}$$

得到

$$\begin{aligned}\lambda_{\min}(\boldsymbol{Q}) &> h\lambda_{\max}[q\varepsilon\boldsymbol{PB}(\boldsymbol{AP}^{-1}\boldsymbol{A}^{\mathrm{T}} + \boldsymbol{BP}^{-1}\boldsymbol{B}^{\mathrm{T}})\boldsymbol{B}^{\mathrm{T}}\boldsymbol{P} + \frac{2q\boldsymbol{P}}{\varepsilon}] \\ &= h\lambda_{\max}[\varepsilon\boldsymbol{PB}(\boldsymbol{AP}^{-1}\boldsymbol{A}^{\mathrm{T}} + \boldsymbol{BP}^{-1}\boldsymbol{B}^{\mathrm{T}})\boldsymbol{B}^{\mathrm{T}}\boldsymbol{P} + \frac{2q\boldsymbol{P}}{\varepsilon} + (q-1)\varepsilon\boldsymbol{PB}(\boldsymbol{AP}^{-1}\boldsymbol{A}^{\mathrm{T}} + \boldsymbol{BP}^{-1}\boldsymbol{B}^{\mathrm{T}})\boldsymbol{B}^{\mathrm{T}}\boldsymbol{P}]\end{aligned} \tag{6.30}$$

注意，$(q-1)\varepsilon\boldsymbol{PB}(\boldsymbol{AP}^{-1}\boldsymbol{A}^{\mathrm{T}} + \boldsymbol{BP}^{-1}\boldsymbol{B}^{\mathrm{T}})\boldsymbol{B}^{\mathrm{T}}\boldsymbol{P}$ 是正定矩阵。根据文献［113］引理1，可得

$$\lambda_{\min}(\boldsymbol{Q}) > h\lambda_{\max}[\varepsilon\boldsymbol{PB}(\boldsymbol{AP}^{-1}\boldsymbol{A}^{\mathrm{T}} + \boldsymbol{BP}^{-1}\boldsymbol{B}^{\mathrm{T}})\boldsymbol{B}^{\mathrm{T}}\boldsymbol{P} + \frac{2q\boldsymbol{P}}{\varepsilon} + (q-1)\varepsilon\boldsymbol{PB}(\boldsymbol{AP}^{-1}\boldsymbol{A}^{\mathrm{T}} + \boldsymbol{BP}^{-1}\boldsymbol{B}^{\mathrm{T}})\boldsymbol{B}^{\mathrm{T}}\boldsymbol{P}] \geqslant h\lambda_{\max}[\varepsilon\boldsymbol{PB}(\boldsymbol{AP}^{-1}\boldsymbol{A}^{\mathrm{T}} + \boldsymbol{BP}^{-1}\boldsymbol{B}^{\mathrm{T}})\boldsymbol{B}^{\mathrm{T}}\boldsymbol{P} + \frac{2q\boldsymbol{P}}{\varepsilon}] + \lambda_{\min}(q-1)[\varepsilon\boldsymbol{PB}(\boldsymbol{AP}^{-1}\boldsymbol{A}^{\mathrm{T}} + \boldsymbol{BP}^{-1}\boldsymbol{B}^{\mathrm{T}})\boldsymbol{B}^{\mathrm{T}}\boldsymbol{P}] \geqslant h\lambda_{\max}[\varepsilon\boldsymbol{PB}(\boldsymbol{AP}^{-1}\boldsymbol{A}^{\mathrm{T}} + \boldsymbol{BP}^{-1}\boldsymbol{B}^{\mathrm{T}})\boldsymbol{B}^{\mathrm{T}}\boldsymbol{P} + \frac{2q\boldsymbol{P}}{\varepsilon}]$$

因此，可得

$$\lambda_{\min}(q-1)[\varepsilon\boldsymbol{PB}(\boldsymbol{AP}^{-1}\boldsymbol{A}^{\mathrm{T}} + \boldsymbol{BP}^{-1}\boldsymbol{B}^{\mathrm{T}})\boldsymbol{B}^{\mathrm{T}}\boldsymbol{P}] \geqslant 0 \tag{6.31}$$

由 Razumikhin 定理[113]，假设下述不等式成立

$$(e(\tau)) < qV(e(t)),\ t - 2\hat{h} \leqslant \tau \leqslant t \tag{6.32}$$

进一步假设，对任意 $\varepsilon > 0$ 和正定对称矩阵 $\boldsymbol{E}$

$$-2\xi^{\mathrm{T}}\vartheta \leqslant \varepsilon\xi^{\mathrm{T}}\boldsymbol{E}^{-1}\xi + \frac{1}{\varepsilon}\vartheta^{\mathrm{T}}\boldsymbol{E}\vartheta \tag{6.33}$$

可推得

$$-2\int_{-h}^{0}e^{\mathrm{T}}(t)\boldsymbol{PBA}e(t+\alpha)\leqslant\int_{-h}^{0}[\varepsilon e^{\mathrm{T}}(t)\boldsymbol{PBAP}^{-1}\boldsymbol{A}^{\mathrm{T}}\boldsymbol{B}^{\mathrm{T}}\boldsymbol{P}e(t)+\frac{1}{\varepsilon}e^{\mathrm{T}}(t+\alpha)\boldsymbol{P}e(t+\alpha)]\mathrm{d}\alpha<he^{\mathrm{T}}(t)[\varepsilon\boldsymbol{PBBP}^{-1}\boldsymbol{A}^{\mathrm{T}}\boldsymbol{B}^{\mathrm{T}}\boldsymbol{P}+\frac{q}{\varepsilon}\boldsymbol{P}]e(t)-2\int_{-h}^{0}e^{\mathrm{T}}(t)\boldsymbol{PBB}e(t-h+\alpha)\mathrm{d}\alpha$$

$$<he^{\mathrm{T}}(t)[\varepsilon\boldsymbol{PBBP}^{-1}\boldsymbol{B}^{\mathrm{T}}\boldsymbol{B}^{\mathrm{T}}\boldsymbol{P}+\frac{q}{\varepsilon}\boldsymbol{P}]e(t)$$

由此，可得

$$\dot{V}(t)<-e^{\mathrm{T}}(t)\{\boldsymbol{Q}-h[\varepsilon\boldsymbol{PB}(\boldsymbol{AP}^{-1}\boldsymbol{A}^{\mathrm{T}}+\boldsymbol{BP}^{-1}\boldsymbol{B}^{\mathrm{T}})\boldsymbol{B}^{\mathrm{T}}\boldsymbol{P}+\frac{2q}{\varepsilon}\boldsymbol{P}]\}\leqslant-\lambda_{\min}(\Phi)e^{\mathrm{T}}(t)e(t)\tag{6.34}$$

式中，

$$\Phi=\lambda_{\min}(\boldsymbol{Q})-h\lambda_{\max}[\varepsilon\boldsymbol{PB}(\boldsymbol{AP}^{-1}\boldsymbol{A}^{\mathrm{T}}+\boldsymbol{BP}^{-1}\boldsymbol{B}^{\mathrm{T}})\boldsymbol{B}^{\mathrm{T}}\boldsymbol{P}+\frac{2q}{\varepsilon}\boldsymbol{P}]。$$

由式（6.31）可知 $\Phi>0$，且由以下不等式成立：

$$\lambda_{\min}(\boldsymbol{Q})>\varepsilon\|\boldsymbol{PB}(\boldsymbol{AP}^{-1}\boldsymbol{A}^{\mathrm{T}}+\boldsymbol{BP}^{-1}\boldsymbol{B}^{\mathrm{T}})\boldsymbol{B}^{\mathrm{T}}\boldsymbol{P}\|+2\|\boldsymbol{P}\|/\varepsilon$$

可知，若 $h\leqslant\hat{h}<\sigma_1$，则车队系统式（6.34）异步渐近稳定。定理得证。

对于定理 6.1 含有一个自由常数 ε，因此，σ_1 可用如下结论进一步优化。

引理 6.1[111] 对于给定矩阵 $\boldsymbol{A}$、$\boldsymbol{B}$、$\boldsymbol{C}$、$\boldsymbol{P}$ 和 $\boldsymbol{Q}$，函数

$$f(\varepsilon)=\frac{\lambda_{\min}(\boldsymbol{Q})}{\varepsilon\|\boldsymbol{PB}(\boldsymbol{AP}^{-1}\boldsymbol{A}^{\mathrm{T}}+\boldsymbol{BP}^{-1}\boldsymbol{B}^{\mathrm{T}})\boldsymbol{B}^{\mathrm{T}}\boldsymbol{P}\|+2\|\boldsymbol{P}\|/\varepsilon}$$

取最大值时对应的 ε 为

$$\varepsilon=\sqrt{\frac{2\|\boldsymbol{P}\|}{\left\|\begin{matrix}\boldsymbol{PB}(\boldsymbol{AA}^{\mathrm{T}}+\boldsymbol{BB}^{\mathrm{T}}+\boldsymbol{CC}^{\mathrm{T}})\boldsymbol{B}^{\mathrm{T}}\boldsymbol{P}\\+2\boldsymbol{PC}(\boldsymbol{AA}^{\mathrm{T}}+\boldsymbol{BB}^{\mathrm{T}}+\boldsymbol{CC}^{\mathrm{T}})\boldsymbol{C}^{\mathrm{T}}\boldsymbol{P}\end{matrix}\right\|}}$$

假设车队中每辆车都采用控制律（6.15），车队的动态方程（6.21）经拉普拉斯变换，可以写成如下传递函数：

$$G(s)=\frac{\delta_i(s)}{\delta_{i-1}(s)}=\frac{(\hat{c}_p+\hat{c}_v s+\hat{c}_a s^2)\mathrm{e}^{-hs}}{[\hat{c}_p+(\hat{c}_v+\hat{c}_{vl})s+(\hat{c}_a+\hat{c}_{al})s^2]\mathrm{e}^{-hs}+s^3}\tag{6.35}$$

同样，设计待定参数要满足上节所述三个条件。

说明 6.1 为保证实现车队队列稳定性，要求下式：

$$G(\mathrm{j}w)=\left|\frac{\delta_i(\mathrm{j}w)}{\delta_{i-1}(\mathrm{j}w)}\right|=\sqrt{\frac{(\hat{c}_p-\hat{c}_a w^2)^2+\hat{c}_v^2 w^2}{\begin{matrix}(\hat{c}_{vl}^2+2\hat{c}_v\hat{c}_{vl}-2\hat{c}_{al}\hat{c}_s)+2\hat{c}_p\sin(hw)w^3\\+\{2\hat{c}_{al}\hat{c}_a+\hat{c}_{al}^2+2[\hat{c}_v-\hat{c}_{vl}]\}\cos(hw)w^4\\-2(\hat{c}_a+\hat{c}_{al})w^5\sin(hw)+w^6+(\hat{c}_p-\hat{c}_a w^2)^2+\hat{c}_v^2 w^2\end{matrix}}}$$

对任意的 $w>0$，满足 $|\delta_i(jw)/\delta_{i-1}(jw)|\leqslant 1$。

由于 $(\hat{c}_p-\hat{c}_a w^2)^2+\hat{v}_v^2 w^2>0$，所以仅需满足

$$(\hat{c}_{vl}^2+2\hat{c}_v\hat{c}_{vl}-2\hat{c}_{al}\hat{c}_s)+2\hat{c}_p\sin(hw)w^3+\{2\hat{c}_{al}\hat{c}_a+\hat{c}_{al}^2+2[\hat{c}_v-\hat{c}_{vl}]\}\cos(hw)w^4$$
$$-2(\hat{c}_a+\hat{c}_{al})w^5\sin(hw)+w^6\geqslant 0$$

另外，由 $\hat{c}_p$、$\hat{c}_{al}$、$\hat{c}_a>0$，$w>0$，$\sin(hw)\leqslant hw\leqslant 1$，$\cos(hw)\leqslant 1$ 可知，只要下述关系成立：

1）$\hat{c}_v+\hat{c}_{vl}\geqslant 0$；

2）$\hat{c}_{vl}^2+2\hat{c}_v\hat{c}_{vl}-2\hat{c}_{al}\hat{c}_p\geqslant 0$；

3）$2h\,\hat{c}_p-\hat{c}_a^2\geqslant 0$；

则对任意的 $w>0$，总有 $|\delta_i(jw)/\delta_{i-1}(jw)|\leqslant 1$，即保证车队队列稳定性。

由引理 6.1 和上述条件 3）得到延时上限要满足

$$\hat{h}<\min\{\sigma_1,\hat{c}_a^2/2\hat{c}_p\} \tag{6.36}$$

说明 6.2 文献［114］中指出，要避免车队抖动，只要求车队对任意 $t>0$ 都满足 $g(t)>0$，其中，$g(t)$ 为 $G(s)$ 的脉冲响应函数。

6.4 数字仿真

为了检验本文控制方法的有效性，我们对由五辆车所组成的车队进行了仿真，并与文献［109］的 PID 控制器做一比较。由式（6.36）可以得到延时上限值为 $\hat{h}<0.065\text{s}$，仿真中延时取为 0.06s 可满足车队稳定性需要，发动机时间常数 $\tau=0.1$。领队车辆速度 v_0 和加速度 a_0 曲线，如图 6.3 所示。

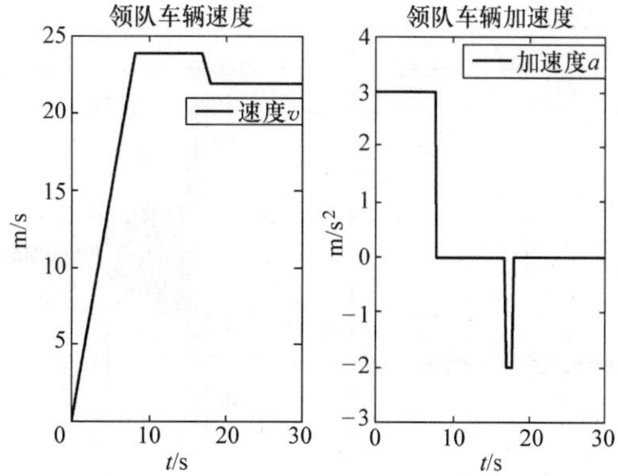

图 6.3 领队车辆曲线图

其他控制参数及车队运行初始条件如下所示。初始状态初始速度为 0，预设车间安全距离为 1m，路面坡度为（−30°，30°）。

PID 控制器增益：$c_p = 13.6$，$c_v = 2.6$，$c_a = 0.7$，$c_{vl} = -2.6$，$c_{al} = 2.3$。

非线性 PID 控制器增益：$c_p = 11$，$c_v = 1.4$，$c_a = 1.1$，$c_{vl} = 0.8$，$c_{al} = 1.6$，$\eta_1 = -100$，$\eta_2 = -100$，$\eta_3 = -25$。

由图 6.4 和图 6.5 可知，单纯采用 PID 控制时车队间抖动剧烈，整个车队难以保持队列稳定性存在 w，使 $G(jw) > 1$。在路面坡度不断变化的情况下，加速度调节频繁，变化率比较大，最大到 14m/s^2，这在实际中难以实现。虽然车间距离误差变化比较小，仅有 0.8m，但车队响应速度较慢，到 28s 时整个车队才稳定。而采用非线性 PID 控制器，车间距离误差最大时仅有 1.35m，车队在有坡度的道路上行驶时，车间距离和速度变化比较平滑，大大改善了车队的安全性，图 6.5a 显示车队在 22s 已经达到稳定，比前者响应速度更快。同时，通过计算可知频率响应对任意 w，满足 $|G(jw)| \leq 1$ 车队可以保证车队的队列稳定性。

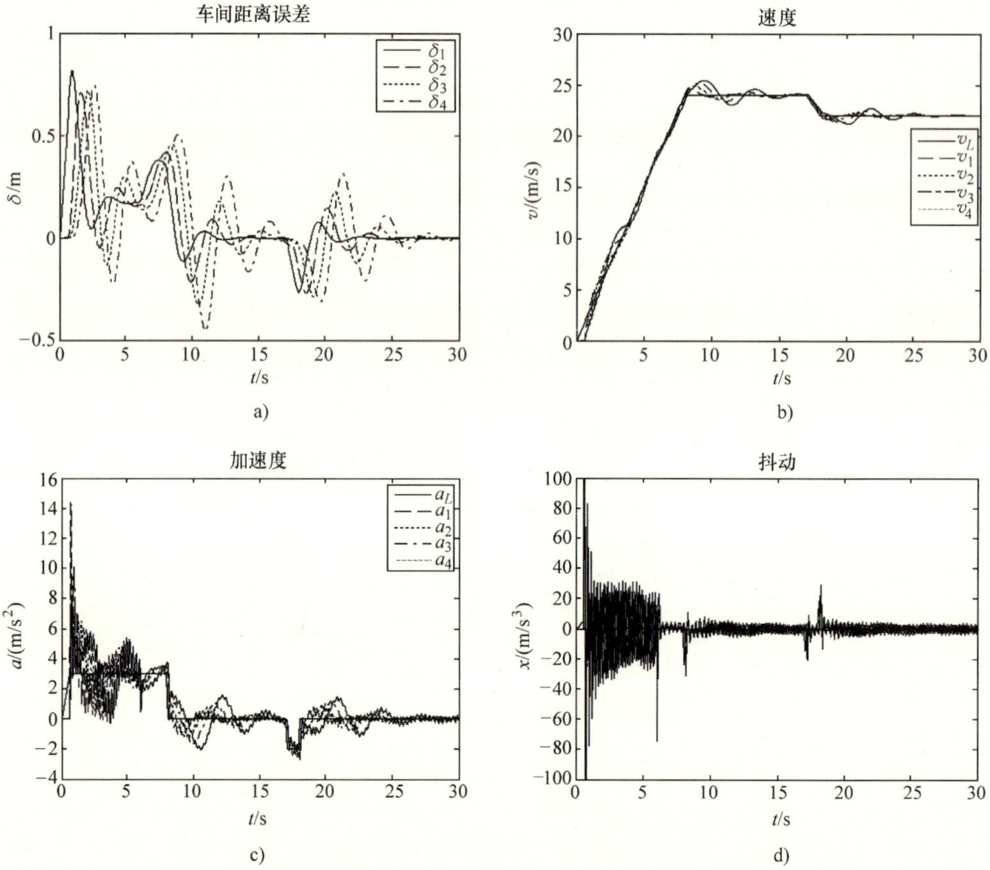

图 6.4　五辆车组成的车队系统在 PID[109]：响应曲线和车间距离变化特性

a）车间距离误差　b）速度　c）加速度　d）抖动

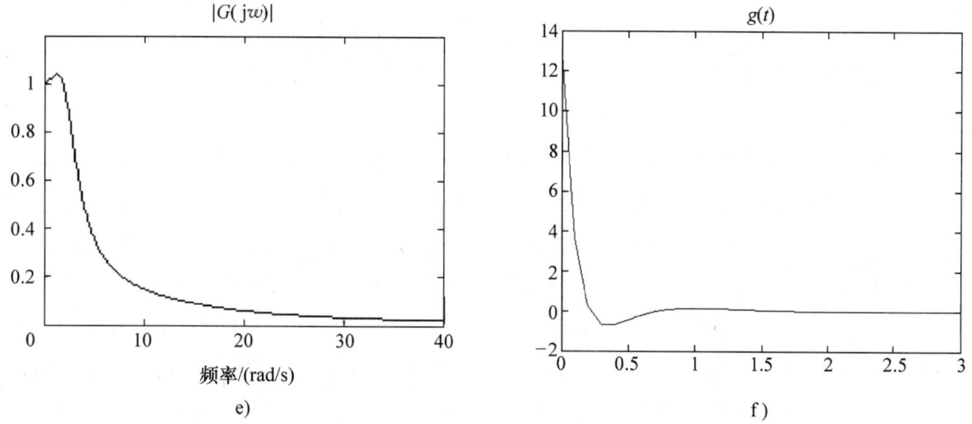

图 6.4　五辆车组成的车队系统在 PID[109]：响应曲线和车间距离变化特性（续）

e）$G(jw)$　f）$g(t)$

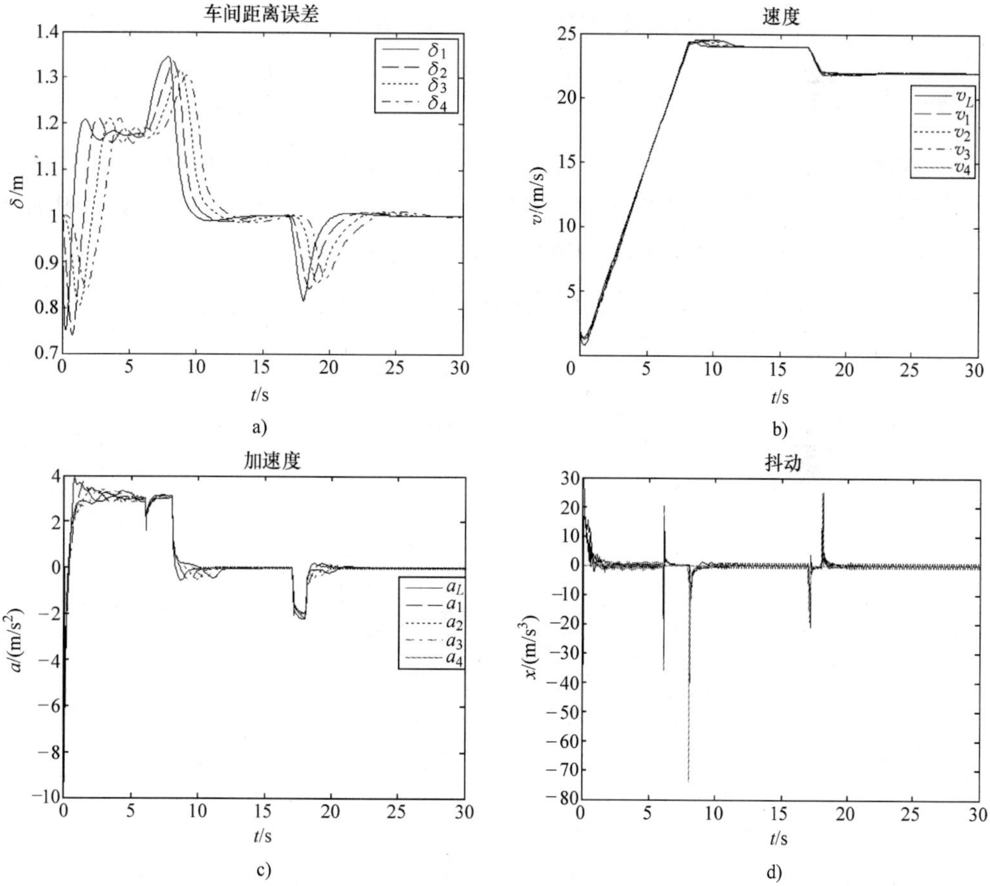

图 6.5　五辆车组成的车队系统在非线性 PID 控制下：响应曲线和车间距离变化特性

a）车间距离误差　b）速度　c）加速度　d）抖动

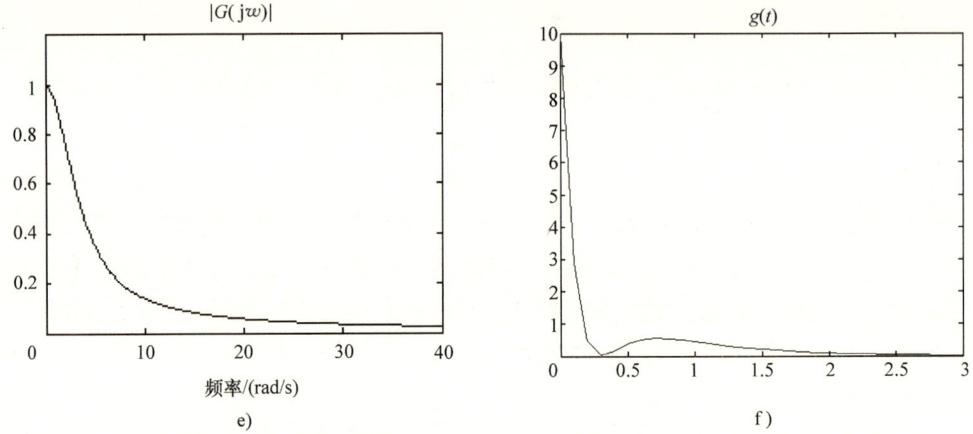

图 6.5　五辆车组成的车队系统在非线性 PID 控制下：响应曲线和车间距离变化特性（续）

e）频率响应 $G(jw)$　f）脉冲响应 $g(t)$

6.5　小结

本章考虑车队行驶过程中的路面坡度和风速影响，建立了新的非线性车辆动力学模型，并采用反馈线性化方法设计非线性 PID 控制器。所得控制器参数可根据变化的坡度实时改变其参数，较好地解决了传统 PID 参数固定的缺点，保证车队在坡度变化的路面上安全行驶。另外，针对燃油延时和传输延时问题，获得了可保证车队稳定运行的控制器设计方法和对应的延时上限值。

在本文模型的基础上，下一章进一步考虑车队的未建模动态，车辆的不确定性等问题设计控制器，有望得到更加有效的实用控制方法。

第7章　协作式车辆自适应保性能控制

对于车辆协作的控制有很多研究都是基于线性化后的简单模型[41,92,94]，而在实际应用当中，这样的模型存在着很多缺点且难以实现。而全面考虑车队的非线性动态，虽然可以使车队模型更加精确，但是高度非线性化的动态给车队控制设计带来很大的困难。尤其是非线性模型同执行器延时问题结合起来考虑，车队控制问题会更加复杂。

本章在非线性时变动态车队模型的框架下，考虑车辆的执行器延时问题，设计非线性车队控制器。我们将车队系统模型分为线性和非线性两部分，对线性部分设计保性能控制器，保证车队在没有非线性干扰的情况下能够保证稳定性，而后采用径向基函数神经网络[114]来估计并补偿非线性动态部分对车队的干扰。该自适应保性能控制器不仅仅实现车队的稳定，也可以保证实现车队的队列稳定性。

本章具体安排如下：7.1 节建立车辆协作非线性动态模型，简要介绍径向基函数神经网络，得出本章的问题；7.2 节基于得到的车队模型设计自适应保性能控制器，并对车队的稳定性和队列稳定性进行分析；7.3 节对本章的算法进行仿真并与文献［101］保性能控制器和文献［41］所设计的 Lyapunov 控制器进行分析比较，得出本章控制器的优点；7.4 节对本章内容予以总结。

7.1　车队模型建立及问题描述

7.1.1　非线性车辆动态模型建立

本章车队结构与第2章相同，设 z_i、v_i、a_i 分别为第 i 辆车的位置、速度和加速度（$i=0$ 代表领队车辆）。定义第 i 车的跟踪误差 e_i 为

$$e_i = z_0 - z_i - i(\delta_d + L_i) \tag{7.1}$$

式中，δ_d 代表期望的车间距离；L_i 代表车辆长度；对于领队车辆有 $e_0=0$。

在充分考虑车辆的非线性项建立车队模型前，首先给出第 i 辆跟随车辆的动态模型如下：

$$\dot{v}_i(t) = \frac{1}{m_i}[F_{eng}(t) - F_{aero}(t) - F_r(t)] \tag{7.2}$$

式中，m_i 代表车辆的质量；$F_{aero}(t)$ 和 $F_r(t)$ 分别代表空气阻力和车轮滚动阻力；$F_{eng}(t)$ 是发动机动力。该动态方程满足文献［91］。

$$\dot{F}_{eng}(t) = -\frac{1}{\zeta_i}F_{eng}(t) + \frac{1}{\zeta_i}u_i(t) \tag{7.3}$$

式中，u_i 是节气阀输入量；ζ_i 代表发动机时间常数。根据式（7.2）可以推得

$$F_{eng}(t) = m_i\dot{v}_i(t) + F_{aero}(t) + F_r(t) \tag{7.4}$$

将上式（7.4）带入式（7.3），考虑执行器延时，即燃油延时和制动延时可得

$$\dot{F}_{eng}(t) = -\frac{1}{\zeta_i}[m_i\dot{v}_i(t) + F_{aero}(t) + F_r(t)] + \frac{1}{\zeta_i}u_i(t-\eta) \tag{7.5}$$

由此，给出车队的动态模型。对式（7.2）两端求导，并带入式（7.4），可推得车辆动态模型如下：

$$\ddot{v}_i(t) = a\dot{v}_i(t) - bu_i(t-\eta) + b[F_{aero}(t) + F_r(t)] + c[\dot{F}_{aero}(t) + \dot{F}_r(t)] \tag{7.6}$$

式中，$a=-\dfrac{1}{\zeta_i}$，$b=-\dfrac{1}{m_i\zeta_i}$，$c=-\dfrac{1}{m_i}$。利用式（7.6）和由式（7.1）得出的速度跟踪误差 $\dot{e}_i(t)=v_0(t)-v_i(t)$，可以推得车队系统如下：

$$\dddot{e}_i = a\ddot{e}_i + bu_i(t-\eta) + b(F_{aero}(t) + F_r(t)) - c(\dot{F}_{aero}(t) + \dot{F}_r(t)) + \ddot{v}_0 - a\dot{v}_0 \tag{7.7}$$

式（7.7）可以另写为

$$\dddot{e}_i = a\ddot{e}_i + bu_i(t-\eta) + b(f_i(v_i,\dot{v}_i) + d_i) \tag{7.8}$$

式中，$f_i(v_i,\dot{v}_i) = F_{aero}(t) + F_r(t) - \dfrac{c}{b}(\dot{F}_{aero}(t) + \dot{F}_r(t))$，$d_i = \dfrac{1}{b}\ddot{v}_0 + \dfrac{1}{c}\dot{v}_0$。

这里$f_i(v_i,\dot{v}_i)$是平滑的未知非线性项；d_i 代表领队车辆加速度变化引起的干扰量；$\dot{v}_0$ 和 $\ddot{v}_0$ 是有限值，因此可以得出 $|d_i|<d_{M_i}$，式中，d_{M_i}为常数。

为了下文的研究，这里将车队系统写为更加简洁的形式。定义一个新的车队状态变量 $x_i(t) = [e_i \quad \dot{e}_i \quad \ddot{e}_i]^{\mathrm{T}}$，式中，$i=1,\cdots,n-1$。基于式（7.1）和式（7.8），并且考虑发动机时间常数存在不确定性 $\Delta\zeta_i$[101]，可以得到车队状态空间方程如下：

$$\dot{x}_i(t) = (\boldsymbol{A}_i + \Delta\boldsymbol{A}_i)x_i(t) + (\boldsymbol{B}_i + \Delta\boldsymbol{B}_i)u_i(t-\eta) + (\boldsymbol{B}_i + \Delta\boldsymbol{B}_i)[f_i(v_i,\dot{v}_i) + d_i] \tag{7.9}$$

式中，

$$\boldsymbol{A}_i = \begin{bmatrix} 0 & 1 & 0 \\ 0 & 0 & 1 \\ 0 & 0 & a \end{bmatrix},\ \boldsymbol{B}_i = [0 \quad 0 \quad b]^{\mathrm{T}},\ \Delta\boldsymbol{A}_i = \begin{bmatrix} 0 & 0 & 0 \\ 0 & 0 & 0 \\ 0 & 0 & \Delta a \end{bmatrix},\ \Delta\boldsymbol{B}_i = \begin{bmatrix} 0 \\ 0 \\ \Delta b \end{bmatrix},$$

式中，$\Delta a = m_i\Delta b = 1/\Delta\zeta_i$。假设 $|\Delta\zeta_i| = \ell_i(t)$，$\ell_i(t)$是 Lebesgue 连续函数，满足 $\ell_i^2(t) \geqslant \partial_i$，$\partial_i>0$，得到

$$[\Delta\boldsymbol{A}_i \quad \Delta\boldsymbol{B}_i] = \boldsymbol{D}_iF_i(t)[\boldsymbol{E}_{1i} \quad \boldsymbol{E}_{2i}]$$

式中，

$$\boldsymbol{D}_i = \frac{1}{\sqrt{\partial_i}}\begin{bmatrix} 0 & 0 & 1 \\ 0 & 0 & \dfrac{1}{m_i} \end{bmatrix}^{\mathrm{T}},\ \boldsymbol{E}_{1i} = \begin{bmatrix} 0 & 0 & 1 \\ 0 & 0 & 0 \end{bmatrix},\ \boldsymbol{E}_{2i} = \begin{bmatrix} 0 \\ 1 \end{bmatrix},\ F_i(t) = \frac{\sqrt{\partial_i}}{\ell_i(t)}\boldsymbol{I},$$

式中，$F_i(t)$满足 $F_i^{\mathrm{T}}(t)F_i(t) \leqslant \boldsymbol{I}$。

本章采用位置、速度和加速度的跟踪误差作为状态变量设计状态反馈控制器，可使车队在队列稳定性方面性能更加得好，且对设计的自适应保性能控制限制更少，之后将在车队稳定性分析中给出详细结论。

7.1.2 控制目标

本章的控制目标是设计自适应保性能控制器，使车队控制满足以下控制性能：

（1）车队稳定性。实现闭环车队系统渐近稳定性。

（2）零稳态性能。所有车间距离误差 $\delta_i(t)$最终趋近于零。

（3）车队队列稳定性。避免因领队或其他干扰使车间距离误差沿着队列向后逐渐递增，即对所有 $w>0$，满足 $\| G(\mathrm{j}w) \| \leqslant 1$，其中，$G(s) = \delta_i(s)/\delta_{i-1}(s)$。

对于车队控制系统，除了要满足上述稳定性条件外，还需要满足以下性能指标：

$$J = \int_0^{\infty} [x_i^{\mathrm{T}}(t)\boldsymbol{Q}_i x_i(t) + u_i^{\mathrm{T}}(t)\boldsymbol{R}_i u_i(t)]\,\mathrm{d}t \tag{7.10}$$

其中，$\boldsymbol{Q}_i$、$\boldsymbol{R}_i$ 是正定对称矩阵。

7.1.3 控制器结构

本小节设计控制器是由一个线性的核心控制器和一个基于径向基函数神经网络的非线性控制器组成的，后者可以理解为前者的一个补充，用来克服车队非线性带来的影响，可以将控制器写为如下形式：

$$u_i(t) = u_{lin_i}(t) + u_{NNi}(t) \tag{7.11}$$

式中，$u_{lini}(t)$是线性控制器，主要是针对式（7.10）中的线性部分设计的；$u_{NNi}(t)$是非线性神经网络控制器（RBFNN），用来估计并补偿式（7.9）中的非线性项和干扰项，即$f_i(v_i,\ \dot{v}_i)+d_i$，如果缺少该补偿项则可能会导致车队不稳定（参考仿真）。考虑式（7.9）所表示的车队系统，核心控制器设计为状态反馈控制器如下：

$$u_{lin_i}(t) = K_i x_i(t) \tag{7.12}$$

式中，$K_i = [k_p \quad k_{vl} \quad k_{al}]$ 是待定保性能控制器的增益。作为补偿的 RBFNN 设计为如下形式：

$$u_{NNi}(t) = -[\hat{f}_i(v_i,\dot{v}_i) + \hat{d}_i] \tag{7.13}$$

式中，$\hat{f}_i(v_i,\ \dot{v}_i)$ 是式（7.9）中非线性项$f_i(v_i,\ \dot{v}_i)$ 的估计；$\hat{d}_i$ 是鲁棒项，保证

车队系统在有界干扰下能保证鲁棒性。在给出详细分析前先给出 RBF 神经网络的一些基础知识。

7.1.4 RBFNN 描述

本小节介绍三层神经网络用来估计非线性项和干扰项，该神经网络给出如下：

$$g_i(\boldsymbol{\Pi}_i) = \boldsymbol{W}_i^{\mathrm{T}}\boldsymbol{\Phi}_i(\boldsymbol{E}_i^{\mathrm{T}}\overline{\boldsymbol{\Pi}}_i) \tag{7.14}$$

式中，$\boldsymbol{W}_i=[w_{i0},w_{i1},\cdots,w_{im}]^{\mathrm{T}}\in\boldsymbol{R}^{m+1}$是隐藏层到输出层的权值，$m>1$ 是神经网络的节点数；$\boldsymbol{\Phi}_i(\boldsymbol{E}_i^{\mathrm{T}}\overline{\boldsymbol{\Pi}}_i)=[\phi_{i0}(\boldsymbol{\Xi}_{i0}^{\mathrm{T}}\overline{\boldsymbol{\Pi}}_i),\ \phi_{i1}(\boldsymbol{\Xi}_{i1}^{\mathrm{T}}\overline{\boldsymbol{\Pi}}_i),\ \cdots,\ \phi_{i(m-1)}(\boldsymbol{\Xi}_{i(m-1)}^{\mathrm{T}}\overline{\boldsymbol{\Pi}}_i),\ 1]^{\mathrm{T}}$，$(i=0,1,\cdots,m)$ 是基函数向量，其中，$\phi_{ij}(\boldsymbol{\Pi}_i)$ 给出为 $\phi_{ij}(\boldsymbol{\Pi}_i)=\exp(-\|\boldsymbol{\Pi}_i-\boldsymbol{\Xi}_{ij}\|^2/2\sigma_{ij}^2)$，这里 $\boldsymbol{\Xi}_{ij}$表示第 j 个基函数的中心；σ_{ij}是基函数的偏差量；$\boldsymbol{E}_i=[\boldsymbol{\Xi}_{i0},\boldsymbol{\Xi}_{i1},\cdots\boldsymbol{\Xi}_{im}]\in\boldsymbol{R}^{3\times(m+1)}$；$\overline{\boldsymbol{\Pi}}_i=[\boldsymbol{\Pi}_i^{\mathrm{T}}\quad 1]^{\mathrm{T}}\in\boldsymbol{R}^3$ 是输出向量；$\boldsymbol{\Pi}_i=[v_i\quad \dot{v}_i]^{\mathrm{T}}$。输入层到隐藏层的权值等于 1。关于该神经网络的详细内容可以参考文献［115］。采用上述介绍 RBFNN，式（7.9）中未知的非线性项 $f_i(v_i,\dot{v}_i)$ 可以近似为

$$f_i(v_i,\dot{v}_i) = \boldsymbol{W}_i^{\mathrm{T}}\boldsymbol{\Phi}_i(\boldsymbol{E}_i^{\mathrm{T}}\overline{\boldsymbol{\Pi}}_i)+\varepsilon_i \tag{7.15}$$

式中，ε_i 是 RBFNN 的近似误差满足$|\varepsilon_i|\leqslant\varepsilon_{M_i}$，$\varepsilon_{M_i}$为常数。

一般情况下 RBF 基参数 $\boldsymbol{E}_i$ 和理想的权值 $\boldsymbol{W}_i$ 是未知的，在控制器设计中需对其进行估计。设 $\hat{\boldsymbol{W}}_i$、$\hat{\boldsymbol{E}}_i$ 分别是 $\boldsymbol{W}_i$ 和 $\boldsymbol{E}_i$ 的估计值，定义估计误差如下：

$$\tilde{\boldsymbol{W}}_i = \boldsymbol{W}_i-\hat{\boldsymbol{W}}_i,\ \tilde{\boldsymbol{E}}_i = \boldsymbol{E}_i-\hat{\boldsymbol{E}}_i \tag{7.16}$$

在设计车队控制器前，作为后续分析控制器鲁棒稳定性的基础，首先给出以下考虑 RBFNN 余项的相关定理。

定理 7.1 对神经网络（7.14），估计误差可以表示如下：

$$\boldsymbol{W}_i^{\mathrm{T}}\boldsymbol{\Phi}(\boldsymbol{E}_i^{\mathrm{T}}\overline{\boldsymbol{\Pi}}_i)-\hat{\boldsymbol{W}}_i\boldsymbol{\Phi}_i(\hat{\boldsymbol{E}}_i\overline{\boldsymbol{\Pi}}_i)=\tilde{\boldsymbol{W}}_i^{\mathrm{T}}\left[\boldsymbol{\Phi}(\hat{\boldsymbol{E}}_i^{\mathrm{T}}\overline{\boldsymbol{\Pi}}_i)-\dot{\boldsymbol{\Phi}}_i(\hat{\boldsymbol{E}}_i^{\mathrm{T}}\overline{\boldsymbol{\Pi}}_i)\hat{\boldsymbol{E}}_i^{\mathrm{T}}\overline{\boldsymbol{\Pi}}_i\right]$$

$$+\hat{\boldsymbol{W}}_i^{\mathrm{T}}\dot{\boldsymbol{\Phi}}_i(\hat{\boldsymbol{E}}_i^{\mathrm{T}}\overline{\boldsymbol{\Pi}})\tilde{\boldsymbol{E}}_i^{\mathrm{T}}\overline{\boldsymbol{\Pi}}_i+d_{u_i} \tag{7.17}$$

式中，余项 d_{u_i}满足以下限制条件：

$$|d_{u_i}|\leqslant\|\boldsymbol{E}_i\|_F\ \|\overline{\boldsymbol{\Pi}}_i\hat{\boldsymbol{W}}_i^{\mathrm{T}}\dot{\boldsymbol{\Phi}}_i(\hat{\boldsymbol{E}}_i^{\mathrm{T}}\overline{\boldsymbol{\Pi}}_i)\|_F+\|\boldsymbol{W}_i\|\ \|\dot{\boldsymbol{\Phi}}_i(\hat{\boldsymbol{E}}_i^{\mathrm{T}}\overline{\boldsymbol{\Pi}}_i)\hat{\boldsymbol{E}}_i^{\mathrm{T}}\overline{\boldsymbol{\Pi}}_i\|+2\boldsymbol{M}\,|\boldsymbol{W}_i|_1 \tag{7.18}$$

证明 对给定的 $\overline{\boldsymbol{\Pi}}$，通过泰勒公式展开可得

$$\boldsymbol{\Phi}(\boldsymbol{E}^{\mathrm{T}}\overline{\boldsymbol{\Pi}})=\boldsymbol{\Phi}(\hat{\boldsymbol{E}}^{\mathrm{T}}\overline{\boldsymbol{\Pi}})+\dot{\boldsymbol{\Phi}}(\hat{\boldsymbol{E}}^{\mathrm{T}}\overline{\boldsymbol{\Pi}})\hat{\boldsymbol{E}}^{\mathrm{T}}\overline{\boldsymbol{\Pi}}+\boldsymbol{R}(\hat{\boldsymbol{E}}^{\mathrm{T}}\overline{\boldsymbol{\Pi}})^2$$

即

$$\boldsymbol{W}^{\mathrm{T}}\boldsymbol{\Phi}(\boldsymbol{E}^{\mathrm{T}}\overline{\boldsymbol{\Pi}})-\hat{\boldsymbol{W}}\boldsymbol{\Phi}(\hat{\boldsymbol{E}}\overline{\boldsymbol{\Pi}})=\tilde{\boldsymbol{W}}^{\mathrm{T}}[\boldsymbol{\Phi}(\hat{\boldsymbol{E}}^{\mathrm{T}}\overline{\boldsymbol{\Pi}})-\dot{\boldsymbol{\Phi}}(\hat{\boldsymbol{E}}^{\mathrm{T}}\overline{\boldsymbol{\Pi}})\hat{\boldsymbol{E}}^{\mathrm{T}}\overline{\boldsymbol{\Pi}}]+\hat{\boldsymbol{W}}^{\mathrm{T}}\dot{\boldsymbol{\Phi}}(\hat{\boldsymbol{E}}^{\mathrm{T}}\overline{\boldsymbol{\Pi}})\tilde{\boldsymbol{E}}^{\mathrm{T}}\overline{\boldsymbol{\Pi}}+d_u \tag{7.19}$$

式中，$d_u=\tilde{\boldsymbol{W}}^{\mathrm{T}}\dot{\boldsymbol{\Phi}}\ (\hat{\boldsymbol{E}}^{\mathrm{T}}\overline{\boldsymbol{\Pi}})\ \boldsymbol{E}^{\mathrm{T}}\overline{\boldsymbol{\Pi}}+\boldsymbol{W}^{\mathrm{T}}\boldsymbol{R}\ (\tilde{\boldsymbol{E}}^{\mathrm{T}}\overline{\boldsymbol{\Pi}})^2$。

由式（7.19）可推得 d_u如下：

$$d_u=\hat{\boldsymbol{W}}^{\mathrm{T}}\dot{\boldsymbol{\Phi}}(\hat{\boldsymbol{E}}^{\mathrm{T}}\overline{\boldsymbol{\Pi}})\boldsymbol{E}\,\overline{\boldsymbol{\Pi}}-\boldsymbol{W}^{\mathrm{T}}\boldsymbol{\Phi}^{\mathrm{T}}(\hat{\boldsymbol{E}}^{\mathrm{T}}\overline{\boldsymbol{\Pi}})\boldsymbol{E}^{\mathrm{T}}\overline{\boldsymbol{\Pi}}+\boldsymbol{W}^{\mathrm{T}}[\boldsymbol{\Phi}(\hat{\boldsymbol{E}}^{\mathrm{T}}\overline{\boldsymbol{\Pi}})-\dot{\boldsymbol{\Phi}}(\hat{\boldsymbol{E}}^{\mathrm{T}}\overline{\boldsymbol{\Pi}})\hat{\boldsymbol{E}}^{\mathrm{T}}\overline{\boldsymbol{\Pi}}]$$

这里 $\boldsymbol{\Phi}$ 是 RBF 函数，所以 $\boldsymbol{\Phi}(\boldsymbol{E}^{\mathrm{T}}\overline{\boldsymbol{\Pi}})-\boldsymbol{\Phi}(\hat{\boldsymbol{E}}^{\mathrm{T}}\overline{\boldsymbol{\Pi}})$ 的每一个元素最大值为 $2\boldsymbol{M}$，并可以得到 $\boldsymbol{W}^{\mathrm{T}}[\boldsymbol{\Phi}(\hat{\boldsymbol{E}}^{\mathrm{T}}\overline{\boldsymbol{\Pi}})-\dot{\boldsymbol{\Phi}}(\hat{\boldsymbol{E}}^{\mathrm{T}}\overline{\boldsymbol{\Pi}})\hat{\boldsymbol{E}}^{\mathrm{T}}\overline{\boldsymbol{\Pi}}]\leqslant 2\ |\boldsymbol{W}|_1$，考虑

$$\hat{\boldsymbol{W}}^{\mathrm{T}}\dot{\boldsymbol{\Phi}}(\hat{\boldsymbol{E}}^{\mathrm{T}}\overline{\boldsymbol{\Pi}})\boldsymbol{E}\,\overline{\boldsymbol{\Pi}}=\mathrm{tr}\{E^{\mathrm{T}}\overline{\boldsymbol{\Pi}}\hat{\boldsymbol{W}}^{\mathrm{T}}\dot{\boldsymbol{\Phi}}(\hat{\boldsymbol{E}}^{\mathrm{T}}\overline{\boldsymbol{\Pi}})\}\leqslant\|\boldsymbol{E}\|_F\|\overline{\boldsymbol{\Pi}}\hat{\boldsymbol{W}}^{\mathrm{T}}\dot{\boldsymbol{\Phi}}(\hat{\boldsymbol{E}}^{\mathrm{T}}\overline{\boldsymbol{\Pi}})\|_F$$

即

$$|d_u|\leqslant\|\boldsymbol{E}\|_F\ \|\overline{\boldsymbol{\Pi}}\hat{\mathbf{W}}^{\mathrm{T}}\dot{\boldsymbol{\Phi}}(\hat{\boldsymbol{E}}^{\mathrm{T}}\overline{\boldsymbol{\Pi}})\|_F+\|\boldsymbol{W}\|\ \|\dot{\boldsymbol{\Phi}}(\hat{\boldsymbol{E}}^{\mathrm{T}}\overline{\boldsymbol{\Pi}})\hat{\boldsymbol{E}}^{\mathrm{T}}\overline{\boldsymbol{\Pi}}\|\ +2\boldsymbol{M}\ |\boldsymbol{W}|_1$$

定理得证。

7.2 车队稳定性及队列稳定性分析

基于上一节建立的车队模型和 RBFNN 的描述，引出本章车队稳定性分析和控制器设计的问题。对于车队系统，式（7.9）设计结构如式（7.11）所示的自适应保性能控制器如下：

$$u_i=K_i x_i(t)-\hat{f}_i(v_i,\dot{v}_i)-\hat{d}_i \tag{7.20}$$

式中，$\hat{f}_i(v_i,\ \dot{v}_i)$ 是$f_i(v_i,\ \dot{v}_i)$ 的估计，表达式如下：

$$\hat{f}_i(v_i,\dot{v}_i)=\hat{\boldsymbol{W}}_i^{\mathrm{T}}\boldsymbol{\Phi}_i(\hat{\boldsymbol{E}}_i^{\mathrm{T}}\overline{\boldsymbol{\Pi}}_i) \tag{7.21}$$

这里 $\hat{d}_i$ 也叫做鲁棒项，表达式如式（7.13）所示，根据式（7.21）可以将控制器式（7.20）写为

$$u_i=\boldsymbol{K}_i x_i(t)-\hat{\mathbf{W}}_i^{\mathrm{T}}\boldsymbol{\Phi}_i(\hat{\boldsymbol{E}}_i^{\mathrm{T}}\overline{\boldsymbol{\Pi}}_i)+u_{c_i} \tag{7.22}$$

式中，u_{c_i}设计为

$$u_{c_i}=-(\hat{c}_{1_i}\|\overline{\boldsymbol{\Pi}}_i\hat{\boldsymbol{W}}_i^{\mathrm{T}}\dot{\boldsymbol{\Phi}}_i(\hat{\boldsymbol{E}}_i^{\mathrm{T}}\overline{\boldsymbol{\Pi}}_i)\|_F+\hat{c}_{2_i}\|\dot{\boldsymbol{\Phi}}_i(\hat{\boldsymbol{E}}_i^{\mathrm{T}}\overline{\boldsymbol{\Pi}}_i)\hat{\boldsymbol{E}}_i^{\mathrm{T}}\overline{\boldsymbol{\Pi}}_i\|+\hat{c}_{3_i}) \tag{7.23}$$

该项设计为克服 *NN* 余项 d_{u_i}的干扰，增强系统鲁棒性（详细内容可参考定理 7.1），$\hat{c}_{1_i}$、$\hat{c}_{2_i}$、$\hat{c}_{3_i}$是待估计的未知参数。

对于 RBFNN 的权参数和鲁棒项，设计以下自适应律：

$$\begin{cases}\dot{\hat{\boldsymbol{W}}}_i = \Gamma_{w_i}[\boldsymbol{\Phi}_i(\hat{\boldsymbol{E}}_i^{\mathrm{T}}\overline{\boldsymbol{\Pi}}_i) - \dot{\boldsymbol{\Phi}}_i(\hat{\boldsymbol{E}}_i^{\mathrm{T}}\overline{\boldsymbol{\Pi}}_i)\hat{\boldsymbol{E}}_i^{\mathrm{T}}\overline{\boldsymbol{\Pi}}_i]x_i^{\mathrm{T}}(t)\boldsymbol{P}_i(\boldsymbol{B}_i + \boldsymbol{D}_i\boldsymbol{F}_i\boldsymbol{E}_{2i}) \\ \dot{\hat{\boldsymbol{E}}}_i = \Gamma_{E_i}\overline{\boldsymbol{\Pi}}_i\hat{\boldsymbol{W}}_i^{\mathrm{T}}\dot{\boldsymbol{\Phi}}_i(\hat{\boldsymbol{E}}_i^{\mathrm{T}}\overline{\boldsymbol{\Pi}}_i)x_i^{\mathrm{T}}(t)\boldsymbol{P}_i(\boldsymbol{B}_i + \boldsymbol{D}_i\boldsymbol{F}_i\boldsymbol{E}_{2i}) \\ \dot{\hat{c}}_{1_i} = r_{1_i}\|\overline{\boldsymbol{\Pi}}_i\hat{\boldsymbol{W}}_i^{\mathrm{T}}\dot{\boldsymbol{\Phi}}_i(\hat{\boldsymbol{E}}_i^{\mathrm{T}}\overline{\boldsymbol{\Pi}}_i)\|\,|x_i^{\mathrm{T}}(t)\boldsymbol{P}_i(\boldsymbol{B}_i + \boldsymbol{D}_i\boldsymbol{F}_i\boldsymbol{E}_{2i})| \\ \dot{\hat{c}}_{2_i} = r_{2_i}\|\dot{\boldsymbol{\Phi}}_i(\hat{\boldsymbol{E}}_i^{\mathrm{T}}\overline{\boldsymbol{\Pi}}_i)\hat{\boldsymbol{E}}_i^{\mathrm{T}}\overline{\boldsymbol{\Pi}}_i\|\,|x_i^{\mathrm{T}}(t)\boldsymbol{P}_i(\boldsymbol{B}_i + \boldsymbol{D}_i\boldsymbol{F}_i\boldsymbol{E}_{2i})| \\ \dot{\hat{c}}_{3_i} = r_{3_i}|x_i^{\mathrm{T}}(t)\boldsymbol{P}_i(\boldsymbol{B}_i + \boldsymbol{D}_i\boldsymbol{F}_i\boldsymbol{E}_{2i})| \end{cases} \tag{7.24}$$

式中，自适应增益参数 Γ_{wi}，Γ_{E_i}，$r_{1_i} \sim r_{3_i} > 0$。

将式（7.22）带入式（7.9），可得车队闭环系统如下：

$$\dot{x}_i(t) = (\boldsymbol{A}_i + \boldsymbol{D}_i\boldsymbol{F}_i\boldsymbol{E}_{1i})x_i(t) + (\boldsymbol{B}_i + \boldsymbol{D}_i\boldsymbol{F}_i\boldsymbol{E}_{2i})\boldsymbol{K}_i x_i(t-\eta) + (\boldsymbol{B}_i + \boldsymbol{D}_i\boldsymbol{F}_i\boldsymbol{E}_{2i}) [\boldsymbol{W}_i^{\mathrm{T}}\boldsymbol{\Phi}_i(\boldsymbol{E}_i^{\mathrm{T}}\overline{\boldsymbol{\Pi}}_i) - \hat{\boldsymbol{W}}_i^{\mathrm{T}}\boldsymbol{\Phi}_i(\hat{\boldsymbol{E}}_i^{\mathrm{T}}\overline{\boldsymbol{\Pi}}_i)] + (\boldsymbol{B}_i + \boldsymbol{D}_i\boldsymbol{F}_i\boldsymbol{E}_{2i})(d_i + u_{c_i} + \varepsilon_i) \tag{7.25}$$

式（7.25）与式（7.17）结合可得如下方程：

$$\dot{x}_i(t) = (\boldsymbol{A}_i + \boldsymbol{D}_i\boldsymbol{F}_i\boldsymbol{E}_{1i})x_i(t) + (\boldsymbol{B}_i + \boldsymbol{D}_i\boldsymbol{F}_i\boldsymbol{E}_{2i})\boldsymbol{K}_i x_i(t-\eta) + (\boldsymbol{B}_i + \boldsymbol{D}_i\boldsymbol{F}_i\boldsymbol{E}_{2i})\{\tilde{\boldsymbol{W}}_i^{\mathrm{T}} [\boldsymbol{\Phi}_i(\hat{\boldsymbol{E}}_i^{\mathrm{T}}\overline{\boldsymbol{\Pi}}_i) - \dot{\boldsymbol{\Phi}}_i(\hat{\boldsymbol{E}}_i^{\mathrm{T}}\overline{\boldsymbol{\Pi}}_i)\hat{\boldsymbol{E}}_i^{\mathrm{T}}\overline{\boldsymbol{\Pi}}_i] + \hat{\boldsymbol{W}}_i^{\mathrm{T}}\dot{\boldsymbol{\Phi}}_i(\hat{\boldsymbol{E}}_i^{\mathrm{T}}\overline{\boldsymbol{\Pi}}_i)\tilde{\boldsymbol{E}}_i^{\mathrm{T}}\overline{\boldsymbol{\Pi}}_i\} + (\boldsymbol{B}_i + \boldsymbol{D}_i\boldsymbol{F}_i\boldsymbol{E}_{2i}) (d_i + d_{u_i} + \varepsilon_i + u_{c_i}) \tag{7.26}$$

针对上述模型讨论可得如下车队稳定性定理。

定理 7.2 存在形如式（7.20）的控制器和式（7.24）的自适应控制律，使闭环车队系统式（7.25）异步渐近稳定的必要条件是，存在矩阵 $\boldsymbol{P}_i = \boldsymbol{P}_i^{\mathrm{T}} > 0$，$\boldsymbol{S}_i = \boldsymbol{S}_i^{\mathrm{T}} > 0$ 和增益矩阵 $\boldsymbol{K}_i$，使的下述不等式成立：

$$\begin{bmatrix} \boldsymbol{\Omega} & \boldsymbol{P}_i(\boldsymbol{B}_i + \boldsymbol{D}_i\boldsymbol{F}_i\boldsymbol{E}_{2i}) \\ * & -\boldsymbol{S}_i \end{bmatrix} < 0 \tag{7.27}$$

其中，$\boldsymbol{\Omega} = \boldsymbol{Q}_i + \boldsymbol{K}_i^{\mathrm{T}}\boldsymbol{R}_i\boldsymbol{K}_i + \boldsymbol{P}_i(\boldsymbol{A}_i + \boldsymbol{D}_i\boldsymbol{F}_i\boldsymbol{E}_{1i}) + (\boldsymbol{A}_i + \boldsymbol{D}_i\boldsymbol{F}_i\boldsymbol{E}_{1i})^{\mathrm{T}}\boldsymbol{P}_i + \boldsymbol{S}_i$。

证明 给出以下 Lyapunov 函数

$$V_i = V_{1i} + V_{2i} \tag{7.28}$$

式中，

$$V_{1i} = x_i^{\mathrm{T}}\boldsymbol{P}_i x_i + \int_{t-\eta}^{t} x_i^{\mathrm{T}}(s)\boldsymbol{S}_i x_i(s)\,\mathrm{d}t,$$

$$V_{2i} = \frac{1}{2\Gamma_{w_i}}\tilde{\boldsymbol{W}}_i^{\mathrm{T}}\tilde{\boldsymbol{W}}_i + \frac{1}{2\Gamma_{Ei}}\mathrm{tr}(\tilde{\boldsymbol{E}}_i^{\mathrm{T}}\tilde{\boldsymbol{E}}_i) + \frac{1}{2r_{1i}}\tilde{c}_{1i}^2 + \frac{1}{2r_{2i}}\tilde{c}_{2i}^2 + \frac{1}{2r_{3i}}\tilde{c}_{3i}^2。$$

沿车队系统式（7.26）的任意轨迹，对 V_i 求导可得

$$\dot{V}_{1i} = 2x_i^{\mathrm{T}}(t)\boldsymbol{P}_i(\boldsymbol{A}_i + \boldsymbol{D}_i\boldsymbol{F}_i\boldsymbol{E}_{1i})x_i(t) + 2x_i^{\mathrm{T}}(t)\boldsymbol{P}_i(\boldsymbol{B}_i + \boldsymbol{D}_i\boldsymbol{F}_i\boldsymbol{E}_{2i})\boldsymbol{K}_i x_i(t-\eta) +$$

$$x_i^{\mathrm{T}}(t)\boldsymbol{S}_i x_i(t)-x_i^{\mathrm{T}}(t-\eta)\boldsymbol{S}_i x_i(t-\eta)+x_i^{\mathrm{T}}\boldsymbol{P}_i(\boldsymbol{B}_i+\boldsymbol{D}_i\boldsymbol{F}_i\boldsymbol{E}_{2i})\{\tilde{\boldsymbol{W}}_i^{\mathrm{T}}[\boldsymbol{\Phi}_i(\hat{\boldsymbol{E}}_i^{\mathrm{T}}\overline{\boldsymbol{\Pi}}_i)$$

$$-\dot{\boldsymbol{\Phi}}_i(\hat{\boldsymbol{E}}_i^{\mathrm{T}}\overline{\boldsymbol{\Pi}}_i)\hat{\boldsymbol{E}}_i^{\mathrm{T}}\overline{\boldsymbol{\Pi}}_i]+\hat{\boldsymbol{W}}_i^{\mathrm{T}}\dot{\boldsymbol{\Phi}}_i(\hat{\boldsymbol{E}}_i^{\mathrm{T}}\overline{\boldsymbol{\Pi}}_i)\tilde{\boldsymbol{E}}_i^{\mathrm{T}}\overline{\boldsymbol{\Pi}}_i\}+x_i^{\mathrm{T}}\boldsymbol{P}_i(\boldsymbol{B}_i+\boldsymbol{D}_i\boldsymbol{F}_i\boldsymbol{E}_{2i})(u_{c_i}+d_{u_i}$$

$$+d_i+\varepsilon_i)$$

设 $V_i^d=x_i^{\mathrm{T}}\boldsymbol{P}_i(\boldsymbol{B}_i+\boldsymbol{D}_i\boldsymbol{F}_i\boldsymbol{E}_{2i})(u_{c_i}+d_{u_i}+d_i+\varepsilon_i)$，可推得

$$V_i^d\leqslant x_i^{\mathrm{T}}\boldsymbol{P}_i(\boldsymbol{B}_i+\boldsymbol{D}_i\boldsymbol{F}_i\boldsymbol{E}_{2i})u_{c_i}+|x_i^{\mathrm{T}}\boldsymbol{P}_i(\boldsymbol{B}_i+\boldsymbol{D}_i\boldsymbol{F}_i\boldsymbol{E}_{2i})||d_{u_i}|+|x_i^{\mathrm{T}}\boldsymbol{P}_i(\boldsymbol{B}_i+\boldsymbol{D}_i\boldsymbol{F}_i\boldsymbol{E}_{2i})|$$

$$\varepsilon_{M_i}+|x_i^{\mathrm{T}}\boldsymbol{P}_i(\boldsymbol{B}_i+\boldsymbol{D}_i\boldsymbol{F}_i\boldsymbol{E}_{2i})|d_{M_i}$$

利用定理 7.1 可得

$$V_i^d\leqslant x_i^{\mathrm{T}}\boldsymbol{P}_i(\boldsymbol{B}_i+\boldsymbol{D}_i\boldsymbol{F}_i\boldsymbol{E}_{2i})u_{ci}+|x_i^{\mathrm{T}}\boldsymbol{P}_i(\boldsymbol{B}_i+\boldsymbol{D}_i\boldsymbol{F}_i\boldsymbol{E}_{2i})|\times(\|\boldsymbol{E}_i\|_F\ \|\overline{\boldsymbol{\Pi}}_i\hat{\boldsymbol{W}}_i^{\mathrm{T}}\dot{\boldsymbol{\Phi}}_i(\hat{\boldsymbol{E}}_i^{\mathrm{T}}\overline{\boldsymbol{\Pi}}_i)\|_F$$

$$+\|\boldsymbol{W}_i\|\ \|\dot{\boldsymbol{\Phi}}_i(\hat{\boldsymbol{E}}_i^{\mathrm{T}}\overline{\boldsymbol{\Pi}}_i)\hat{\boldsymbol{E}}_i^{\mathrm{T}}\overline{\boldsymbol{\Pi}}_i\|)+|x_i^{\mathrm{T}}\boldsymbol{P}_i(\boldsymbol{B}_i+\boldsymbol{D}_i\boldsymbol{F}_i\boldsymbol{E}_{2i})|(\varepsilon_{M_i}+d_{M_i}+2\boldsymbol{M}|\boldsymbol{W}_i|_1)$$

设 $c_{1i}=\|\boldsymbol{E}_i\|_F, c_{2i}=\|\boldsymbol{W}_i\|, c_{3i}=d_{M_i}+\varepsilon_{M_i}+2\boldsymbol{M}|\boldsymbol{W}_i|_1$，可得

$$V_i^d\leqslant x_i^{\mathrm{T}}\boldsymbol{P}_i(\boldsymbol{B}_i+\boldsymbol{D}_i\boldsymbol{F}_i\boldsymbol{E}_{2i})u_{ci}+|x_i^{\mathrm{T}}\boldsymbol{P}_i(\boldsymbol{B}_i+\boldsymbol{D}_i\boldsymbol{F}_i\boldsymbol{E}_{2i})|(c_{1i}\|\overline{\boldsymbol{\Pi}}_i\hat{\boldsymbol{W}}_i^{\mathrm{T}}\dot{\boldsymbol{\Phi}}_i(\hat{\boldsymbol{E}}_i^{\mathrm{T}}\overline{\boldsymbol{\Pi}}_i)\|_F$$

$$+c_{2i}\|\dot{\boldsymbol{\Phi}}_i(\hat{\boldsymbol{E}}_i^{\mathrm{T}}\overline{\boldsymbol{\Pi}}_i)\hat{\boldsymbol{E}}_i^{\mathrm{T}}\overline{\boldsymbol{\Pi}}_i\|+c_{3i})$$

利用补偿器 u_{ci}，$\tilde{c}_{ji}=c_{ji}-\hat{c}_{ji}$，$j=1, 2, 3$，得到

$$V_i^d\leqslant|x_i^{\mathrm{T}}\boldsymbol{P}_i(\boldsymbol{B}_i+\boldsymbol{D}_i\boldsymbol{F}_i\boldsymbol{E}_{2i})|(\tilde{c}_{1i}\|\overline{\boldsymbol{\Pi}}_i\hat{\boldsymbol{W}}_i^{\mathrm{T}}\dot{\boldsymbol{\Phi}}_i(\hat{\boldsymbol{E}}_i^{\mathrm{T}}\overline{\boldsymbol{\Pi}}_i)\|_F+\tilde{c}_{2i}\|\dot{\boldsymbol{\Phi}}_i(\hat{\boldsymbol{E}}_i^{\mathrm{T}}\overline{\boldsymbol{\Pi}}_i)\hat{\boldsymbol{E}}_i^{\mathrm{T}}\overline{\boldsymbol{\Pi}}_i\|$$

$$+\tilde{c}_{3i})$$

注意，$x_i^{\mathrm{T}}(t)\boldsymbol{P}_i(\boldsymbol{B}_i+\boldsymbol{D}_i\boldsymbol{F}_i\boldsymbol{E}_{2i})$是标量，且 $\tilde{\boldsymbol{W}}_i=\boldsymbol{W}_i-\hat{\boldsymbol{W}}_i$，其中 $\boldsymbol{W}_i$ 是常数，所以可得$\dot{\tilde{\boldsymbol{W}}}_i=-\dot{\hat{\boldsymbol{W}}}_i$。

即有下式成立：

$$\dot{V}_i\leqslant 2x_i^{\mathrm{T}}(t)\boldsymbol{P}_i(\boldsymbol{A}_i+\boldsymbol{D}_i\boldsymbol{F}_i\boldsymbol{E}_{1i})x_i(t)+2x_i^{\mathrm{T}}(t)\boldsymbol{P}_i(\boldsymbol{B}_i+\boldsymbol{D}_i\boldsymbol{F}_i\boldsymbol{E}_{2i})\boldsymbol{K}_i x_i(t-\eta)+x_i^{\mathrm{T}}$$

$$(t)\boldsymbol{S}_i x_i(t)-x_i^{\mathrm{T}}(t-\eta)\boldsymbol{S}_i x_i(t-\eta)-\frac{1}{\Gamma_{w_i}}\tilde{\boldsymbol{W}}_i^{\mathrm{T}}\dot{\tilde{\boldsymbol{W}}}_i+\tilde{\boldsymbol{W}}_i^{\mathrm{T}}[\boldsymbol{\Phi}_i(\hat{\boldsymbol{E}}_i^{\mathrm{T}}\overline{\boldsymbol{\Pi}}_i)-\dot{\boldsymbol{\Phi}}_i(\hat{\boldsymbol{E}}_i^{\mathrm{T}}\overline{\boldsymbol{\Pi}}_i)\hat{\boldsymbol{E}}_i^{\mathrm{T}}\overline{\boldsymbol{\Pi}}_i]$$

$$x_i^{\mathrm{T}}(t)\boldsymbol{P}_i(\boldsymbol{B}_i+\boldsymbol{D}_i\boldsymbol{F}_i\boldsymbol{E}_{2i})-\frac{1}{\Gamma_{E_i}}\mathrm{tr}(\tilde{\boldsymbol{E}}_i^{\mathrm{T}}\dot{\hat{\boldsymbol{E}}}_i)+\hat{\boldsymbol{W}}_i^{\mathrm{T}}\dot{\boldsymbol{\Phi}}_i(\hat{\boldsymbol{E}}_i^{\mathrm{T}}\overline{\boldsymbol{\Pi}}_i)\tilde{\boldsymbol{E}}_i^{\mathrm{T}}\overline{\boldsymbol{\Pi}}_i x_i^{\mathrm{T}}(t)\boldsymbol{P}_i(\boldsymbol{B}_i+\boldsymbol{D}_i\boldsymbol{F}_i\boldsymbol{E}_{2i})$$

$$-\frac{1}{r_{1i}}\tilde{c}_{1i}\dot{\hat{c}}_{1i}+\tilde{c}_{1_i}\|\overline{\boldsymbol{\Pi}}_i\hat{\boldsymbol{W}}_i^{\mathrm{T}}\dot{\boldsymbol{\Phi}}_i(\hat{\boldsymbol{E}}_i^{\mathrm{T}}\overline{\boldsymbol{\Pi}}_i)\|\,|x_i^{\mathrm{T}}(t)\boldsymbol{P}_i(\boldsymbol{B}_i+\boldsymbol{D}_i\boldsymbol{F}_i\boldsymbol{E}_{2i})|-\frac{1}{r_{2i}}\tilde{c}_{2i}\dot{\hat{c}}_{2i}+\tilde{c}_{2i}\|\dot{\boldsymbol{\Phi}}_i$$

$$(\hat{\boldsymbol{E}}_i^{\mathrm{T}}\overline{\boldsymbol{\Pi}}_i)\hat{\boldsymbol{E}}_i^{\mathrm{T}}\overline{\boldsymbol{\Pi}}_i\|\,|x_i^{\mathrm{T}}(t)\boldsymbol{P}_i(\boldsymbol{B}_i+\boldsymbol{D}_i\boldsymbol{F}_i\boldsymbol{E}_{2i})|-\frac{1}{r_{3i}}\tilde{c}_{3i}\dot{\hat{c}}_{3i}+\tilde{c}_{3i}|x_i^{\mathrm{T}}(t)\boldsymbol{P}_i(\boldsymbol{B}_i+\boldsymbol{D}_i\boldsymbol{F}_i\boldsymbol{E}_{2i})|$$

$$\leqslant 2x_i^{\mathrm{T}}(t)\boldsymbol{P}_i(\boldsymbol{A}_i+\boldsymbol{D}_i\boldsymbol{F}_i\boldsymbol{E}_{1i})x_i(t)+2x_i^{\mathrm{T}}(t)\boldsymbol{P}_i(\boldsymbol{B}_i+\boldsymbol{D}_i\boldsymbol{F}_i\boldsymbol{E}_{2i})\boldsymbol{K}_i x(t-\eta)+x_i^{\mathrm{T}}(t)\boldsymbol{S}_i x_i(t)$$

$$-x_i^{\mathrm{T}}(t-\eta)\boldsymbol{S}_i x_i(t-\eta)+\tilde{\boldsymbol{W}}_i^{\mathrm{T}}\left\{-\frac{1}{\Gamma_{wi}}\dot{\hat{\boldsymbol{W}}}_i+[\boldsymbol{\Phi}_i(\hat{\boldsymbol{E}}_i^{\mathrm{T}}\overline{\boldsymbol{\Pi}}_i)-\dot{\boldsymbol{\Phi}}_i(\hat{\boldsymbol{E}}_i^{\mathrm{T}}\overline{\boldsymbol{\Pi}}_i)\hat{\boldsymbol{E}}_i^{\mathrm{T}}\overline{\boldsymbol{\Pi}}_i]x_i^{\mathrm{T}}(t)\boldsymbol{P}_i\right.$$

$$(\boldsymbol{B}_i+\boldsymbol{D}_i\boldsymbol{F}_i\boldsymbol{E}_{2i})\Big\}+\mathrm{tr}\hat{\boldsymbol{E}}_i^{\mathrm{T}}\Big(-\frac{1}{\Gamma_{Ei}}\dot{\hat{\boldsymbol{E}}}_i+\overline{\boldsymbol{\Pi}}_i\hat{\boldsymbol{W}}_i^{\mathrm{T}}\dot{\boldsymbol{\Phi}}_i(\hat{\boldsymbol{E}}_i^{\mathrm{T}}\overline{\boldsymbol{\Pi}}_i)x_i^{\mathrm{T}}(t)\boldsymbol{P}_i(\boldsymbol{B}_i+\boldsymbol{D}_i\boldsymbol{F}_i\boldsymbol{E}_{2i})\Big)+\tilde{c}_{1i}$$

$$\Big[-\frac{1}{r_{1i}}\dot{\hat{c}}_{1i}+\|\overline{\boldsymbol{\Pi}}_i\hat{\boldsymbol{W}}_i^{\mathrm{T}}\dot{\boldsymbol{\Phi}}_i(\hat{\boldsymbol{E}}_i^{\mathrm{T}}\overline{\boldsymbol{\Pi}}_i)\|\,|x_i^{\mathrm{T}}(t)\boldsymbol{P}_i(\boldsymbol{B}_i+\boldsymbol{D}_i\boldsymbol{F}_i\boldsymbol{E}_{2i})|\Big]+\tilde{c}_{2i}\Big[-\frac{1}{r_{2i}}\dot{\hat{c}}_{2i}+\|\dot{\boldsymbol{\Phi}}_i$$

$$(\hat{\boldsymbol{E}}_i^{\mathrm{T}}\overline{\boldsymbol{\Pi}}_i)\hat{\boldsymbol{E}}_i^{\mathrm{T}}\overline{\boldsymbol{\Pi}}_i\|\,|x_i^{\mathrm{T}}(t)\boldsymbol{P}_i(\boldsymbol{B}_i+\boldsymbol{D}_i\boldsymbol{F}_i\boldsymbol{E}_{2i})|\Big]+\tilde{c}_{3i}\Big[-\frac{1}{r_{3i}}\dot{\hat{c}}_{3i}+|x_i^{\mathrm{T}}(t)\boldsymbol{P}_i(\boldsymbol{B}_i+$$

$$\boldsymbol{D}_i\boldsymbol{F}_i\boldsymbol{E}_{2i})|\Big] \tag{7.29}$$

将 RBFNN 权参数和自适应律式（7.24）代入式（7.29），可以得到

$$\dot{V}_i\leqslant 2x_i^{\mathrm{T}}(t)\boldsymbol{P}_i(\boldsymbol{A}_i+\boldsymbol{D}_i\boldsymbol{F}_i\boldsymbol{E}_{1i})x_i(t)+2x_i^{\mathrm{T}}(t)\boldsymbol{P}_i(\boldsymbol{B}_i+\boldsymbol{D}_i\boldsymbol{F}_i\boldsymbol{E}_{2i})\boldsymbol{K}_ix(t-\eta)+$$

$$x_i^{\mathrm{T}}(t)\boldsymbol{S}_ix_i(t)-x_i^{\mathrm{T}}(t-\eta)\boldsymbol{S}_ix_i(t-\eta)=\begin{bmatrix}x_i(t)\\ \boldsymbol{K}_ix_i(t-\eta)\end{bmatrix}^{\mathrm{T}}$$

$$\begin{bmatrix}\boldsymbol{\Omega}-\boldsymbol{Q}_i-\boldsymbol{K}_i^{\mathrm{T}}\boldsymbol{R}_i\boldsymbol{K}_i & \boldsymbol{P}_i(\boldsymbol{B}_i+\boldsymbol{D}_i\boldsymbol{F}_i\boldsymbol{E}_{2i})\\ * & -\boldsymbol{S}_i\end{bmatrix}\begin{bmatrix}x_i(t)\\ \boldsymbol{K}_ix_i(t-\eta)\end{bmatrix} \tag{7.30}$$

式中，$\boldsymbol{\Omega}$ 的表达式在定理 7.2。

由式（7.27）可得如下不等式成立：

$$\dot{V}_i(t)<-x_i^{\mathrm{T}}(t)(\boldsymbol{Q}_i+\boldsymbol{K}_i^{\mathrm{T}}\boldsymbol{R}_i\boldsymbol{K}_i)x_i(t)<0 \tag{7.31}$$

因此，可得闭环车队系统式（7.26）是渐近稳定。进一步对不等式（7.31）两端从 0 到 T 进行积分，并利用 Lyapunov 函数式（7.28）可得

$$-\int_0^T x_i^{\mathrm{T}}(t)[\boldsymbol{Q}_i+\boldsymbol{K}_i^{\mathrm{T}}\boldsymbol{R}_i\boldsymbol{K}_ix_i(t)]\mathrm{d}t>x_i^{\mathrm{T}}(T)\boldsymbol{P}_ix_i(T)-x_i^{\mathrm{T}}(0)\boldsymbol{P}_ix_i(0)+\int_{T-\eta}^{T}x_i^{\mathrm{T}}(s)\boldsymbol{S}_ix_i(s)\mathrm{d}s$$

$$-\int_{-\eta}^{0}x_i^{\mathrm{T}}(s)\boldsymbol{S}_ix_i(s)\mathrm{d}s$$

因为闭环车队系统式（7.26）是异步渐近稳定系统，当 $T\to\infty$，可得

$$x_i^{\mathrm{T}}(T)\boldsymbol{P}_ix_i(T)\to 0,\int_{T-\eta}^{T}x^{\mathrm{T}}(s)\boldsymbol{S}x(s)\mathrm{d}s\to 0$$

可得

$$J_i=\int_0^{\infty}x_i^{\mathrm{T}}(t)(\boldsymbol{Q}_i+\boldsymbol{K}_i^{\mathrm{T}}\boldsymbol{R}_i\boldsymbol{K}_i)x_i(t)\mathrm{d}t\leqslant x_i^{\mathrm{T}}(0)\boldsymbol{P}_ix_i(0)+\int_{-\eta}^{0}x_i^{\mathrm{T}}(s)\boldsymbol{S}_ix_i(s)\mathrm{d}s$$

定理得证。

说明 7.1 注意上述主要是围绕车队稳定性进行的分析讨论，但该控制器结构如式（7.16）~式（7.24）的设计，结合定理 7.2 也可以保证车队队列稳定，给出具体分析如下：

$$\dddot{\delta}_i(t)=\ddot{v}_{i-1}(t)-\ddot{v}_i(t) \tag{7.32}$$

式中，

$$\ddot{v}_i(t) = a\dot{v}_i(t) - b[K_i x_i(t-\eta) - \hat{f}_i(v_i,\dot{v}_i) - \hat{d}_i] + b(F_{aero}(t) + F_r(t))$$
$$+ c(\dot{F}_{aero}(t) + \dot{F}_r(t)) \tag{7.33}$$

上式可由式（7.19）和式（7.6）推得。同时利用 $\delta_i = e_i - e_{i-1}$，根据式（7.7）、式（7.32）和式（7.33）推得

$$\dddot{\delta}_i(t) = a\ddot{\delta}_i(t) + a[k'_p\delta_i(t-\eta) + k'_{vl}\dot{\delta}_i(t-\eta) + k'_{al}\ddot{\delta}_i(t-\eta)] + \Delta\varepsilon_i + \Delta\hat{d}_i \tag{7.34}$$

式中，$k'_p = k_p/m_i$，$k'_{vl} = k_{vl}/m_i$，$k'_{al} = k_{al}/m_i$ 为控制器增益，$\Delta\varepsilon_i = \varepsilon_{i-1} - \varepsilon_i$ 和 $\Delta\hat{d}_i = \hat{d}_{i-1} - \hat{d}_i$ 分别代表非线性项 $\boldsymbol{\varepsilon}_i$ 和 $\hat{d}_i$ 的估计误差。

对式（3.34）进行拉普拉斯变换可得

$$\delta_i(s) = \frac{\Delta\varepsilon_i + \Delta\hat{d}_i}{s^4 - as^2(k'_p + k'_{vl}s + s^2)\mathrm{e}^{-\eta s} - as^3}$$

由上式可得

$$G(s) = \frac{\delta_i(s)}{\delta_{i-1}(s)} = \frac{\Delta\varepsilon_i + \Delta\hat{d}_i}{\Delta\varepsilon_{i-1} + \Delta\hat{d}_{i-1}}$$

因为外部干扰 d_i 主要来自于领队车的加速度干扰，对每一辆跟随车辆该干扰量相同，所以可得 $\hat{d}_i = \hat{d}_{i-1}$，即 $\Delta\hat{d}_i = \Delta\hat{d}_{i-1} = 0$。由定理 7.2 可知近似误差 $\boldsymbol{\varepsilon}_i$ 随着 *NN* 节点数的增加而减小，因此，可以通过设置不同的 *NN* 节点数以达到 $\Delta\varepsilon_i \leqslant \Delta\varepsilon_{i-1}$ 的目标。通过以上分析可以得到，在本章设计的自适应保性能控制器可以实现车队的队列稳定性，即对任意 $w > 0$，满足 $\| G(\mathrm{j}w) \| \leqslant 1$。

定理 7.2 给出了自适应保性能控制器存在的充分条件，但是条件式（7.27）用现有软件难以求解。本章同样利用引理 2.1 将上述矩阵不等式转换到 LMI 矩阵，来完成本章控制器的设计。

定理 7.3 对于闭环车队系统式（7.26），矩阵不等式（7.27）成立的条件，即车队异步渐近稳定的条件为，当且仅当存在 $\gamma_{1i} > 0$，$\boldsymbol{X}_i = \boldsymbol{X}_i^{\mathrm{T}} > 0$，$\boldsymbol{Y}_i = \boldsymbol{Y}_i^{\mathrm{T}} > 0$，$\boldsymbol{U}_i \in \boldsymbol{R}^{1\times 3}$，使以下矩阵不等式成立：

$$\begin{bmatrix} \boldsymbol{A}_i\boldsymbol{X}_i + \boldsymbol{A}_i^{\mathrm{T}}\boldsymbol{X}_i + \gamma_{1i}\boldsymbol{D}_i\boldsymbol{D}_i^{\mathrm{T}} & \boldsymbol{B}_i\boldsymbol{Y}_i & \boldsymbol{E}_{1i}^{\mathrm{T}}\boldsymbol{X}_i & \boldsymbol{X}_i & \boldsymbol{U}_i^{\mathrm{T}} & \boldsymbol{X}_i \\ * & -\boldsymbol{Y}_i & \boldsymbol{Y}_i\boldsymbol{E}_{2i}^{\mathrm{T}} & 0 & 0 & 0 \\ * & * & -\gamma_{1i}\boldsymbol{I} & 0 & 0 & 0 \\ * & * & * & -\boldsymbol{Q}_i^{-1} & 0 & 0 \\ * & * & * & * & -\boldsymbol{R}_i^{-1} & 0 \\ * & * & * & * & * & -\boldsymbol{Y}_i \end{bmatrix} < 0 \tag{7.35}$$

如果上式存在可行解，可得到状态反馈控制器为

$$u_i^*(t) = \boldsymbol{U}_i \boldsymbol{X}_i^{-1} x_i(t) \tag{7.36}$$

车队性能指标为

$$J_i^* = x_i^{\mathrm{T}}(0)\boldsymbol{X}_i^{-1}x_i(0) + \int_{-\eta}^{0} x_i^{\mathrm{T}}(s)\boldsymbol{Y}_i^{-1}x_i(s)\,\mathrm{d}s \tag{7.37}$$

证明 不等式（7.36）可以写为

$$\begin{bmatrix} \boldsymbol{Q}_i + \boldsymbol{K}_i^{\mathrm{T}}\boldsymbol{R}_i\boldsymbol{K}_i + \boldsymbol{P}_i\boldsymbol{A}_i + \boldsymbol{A}_i^{\mathrm{T}}\boldsymbol{P}_i + \boldsymbol{S}_i & \boldsymbol{P}_i\boldsymbol{B}_i \\ * & -\boldsymbol{S}_i \end{bmatrix} + \begin{bmatrix} \boldsymbol{P}_i\boldsymbol{D}_i \\ 0 \end{bmatrix} \boldsymbol{F}_i \begin{bmatrix} \boldsymbol{E}_{1i} & \boldsymbol{E}_{2i} \end{bmatrix} +$$

$$\begin{bmatrix} \boldsymbol{E}_{1i} & \boldsymbol{E}_{2i} \end{bmatrix}^{\mathrm{T}} \boldsymbol{F}_i^{\mathrm{T}} \begin{bmatrix} \boldsymbol{P}_i\boldsymbol{D}_i \\ 0 \end{bmatrix}^{\mathrm{T}} < 0 \tag{7.38}$$

根据引理2.1，上述矩阵不等式成立的条件是，对所有满足 $\boldsymbol{F}_i^{\mathrm{T}}\boldsymbol{F}_i \leqslant \boldsymbol{I}$ 的不确定性，当且仅当存在 $\gamma_{1i} > 0$，使得以下不等式成立：

$$\begin{bmatrix} \boldsymbol{Q}_i + \boldsymbol{K}_i^{\mathrm{T}}\boldsymbol{R}_i\boldsymbol{K}_i + \boldsymbol{P}_i\boldsymbol{A}_i + \boldsymbol{A}_i^{\mathrm{T}}\boldsymbol{P}_i + \boldsymbol{S}_i + \gamma_{1i}\boldsymbol{P}_i\boldsymbol{D}_i\boldsymbol{D}_i^{\mathrm{T}}\boldsymbol{P} + \gamma_{1i}^{-1}\boldsymbol{E}_{2i}^{\mathrm{T}}\boldsymbol{E}_{1i} & \boldsymbol{P}_i\boldsymbol{B}_i + \gamma_{1i}^{-1}\boldsymbol{E}_{1i}^{\mathrm{T}}\boldsymbol{E}_{2i} \\ * & -\boldsymbol{S}_i + \gamma_{1i}^{-1}\boldsymbol{E}_{2i}^{\mathrm{T}}\boldsymbol{E}_{2i} \end{bmatrix} < 0$$

利用 Schur 补性质，上述不等式等价于

$$\begin{bmatrix} \boldsymbol{P}_i\boldsymbol{A}_i + \boldsymbol{A}_i^{\mathrm{T}}\boldsymbol{P}_i + 4\gamma_{1i}\ (\boldsymbol{P}_i\boldsymbol{D}_i\boldsymbol{D}_i^{\mathrm{T}}\boldsymbol{P} + \boldsymbol{P}_i\boldsymbol{B}_i\boldsymbol{B}_i^{\mathrm{T}}\boldsymbol{P}) & \boldsymbol{P}_i\boldsymbol{B}_i & \boldsymbol{E}_{1i}^{\mathrm{T}} & \boldsymbol{I} & \boldsymbol{K}_i^{\mathrm{T}} & \boldsymbol{I} \\ * & -\boldsymbol{S}_i & \boldsymbol{E}_{2i}^{\mathrm{T}} & 0 & 0 & 0 \\ * & * & -\gamma_{1i}\boldsymbol{I} & 0 & 0 & 0 \\ * & * & * & -\boldsymbol{Q}_i^{-1} & 0 & 0 \\ * & * & * & * & -\boldsymbol{R}_i^{-1} & 0 \\ * & * & * & * & * & -\boldsymbol{S}_i^{-1} \end{bmatrix} < 0 \tag{7.39}$$

对上式两端同时乘以以下矩阵：

$$\begin{bmatrix} \boldsymbol{P}_i^{-1} & 0 & 0 & 0 & 0 & 0 \\ * & \boldsymbol{S}_i^{-1} & 0 & 0 & 0 & 0 \\ * & * & \boldsymbol{I} & 0 & 0 & 0 \\ * & * & * & \boldsymbol{I} & 0 & 0 \\ * & * & * & * & \boldsymbol{I} & 0 \\ * & * & * & * & * & \boldsymbol{I} \end{bmatrix}$$

设 $\boldsymbol{X}_i = \boldsymbol{P}_i^{-1}$，$\boldsymbol{Y}_i = \boldsymbol{S}_i^{-1}$，$\boldsymbol{U}_i = \boldsymbol{K}_i\boldsymbol{P}_i^{-1}$，可以得到矩阵不等式（3.35）。定理得证。

说明 7.2 需要注意由定理 7.3 可知以下两点：性能指标上限值 J_i^*，主要取决于车队的初始状态值 x_0，通过恰当初始化领队车的参考轨迹（详细参考仿真部

分)，即可获得性能指标上限值为 $J_i^* = \int_{-\eta}^{0} x_i^{\mathrm{T}}(s)\boldsymbol{Y}_i^{-1}x_i(s)\mathrm{d}s$。RBFNN 近似误差 ε_i 是定理 7.2 成立的关键条件，它代表未知函数 $f_i(v_i, \dot{v}_i)$ 和估计函数 $\hat{f}_i(v_i, \dot{v}_i)$ 之间的最小偏差。通常情况下，增加 NN 的节点数可以降低近似误差值。

7.3 数字仿真

本小节对由五辆车组成的车队系统进行了仿真，仿真中假设期望的车间距离误差为 $\delta_d = 1\mathrm{m}$，车辆的长度为 $L = 2\mathrm{m}$。假设车队的非线性部分为以下形式：

$$f_i(v_i, \dot{v}_i) = \frac{1}{\zeta_i}\frac{\sigma A_i c_{di}}{2m_i}v_i^2 + \frac{\sigma A_i c_{di} v_i \dot{v}_i}{m_i} \tag{7.40}$$

其中，空气质量密度函数 $\sigma = 1\mathrm{m/s^3}$，横截面积 $A_i = 2.2\mathrm{m}^2$，拽力系数为 $c_{di} = 0.35$，车辆质量为 $m_i = 1500\mathrm{kg}$，发动机时间常数为 $\zeta_i = 0.2$，假设领队车的干扰 $d_i = 5$（对于物理参数的具体意义可参看文献［101］）。本章给出领队车辆的速度和加速度曲线如图 7.1 所示。

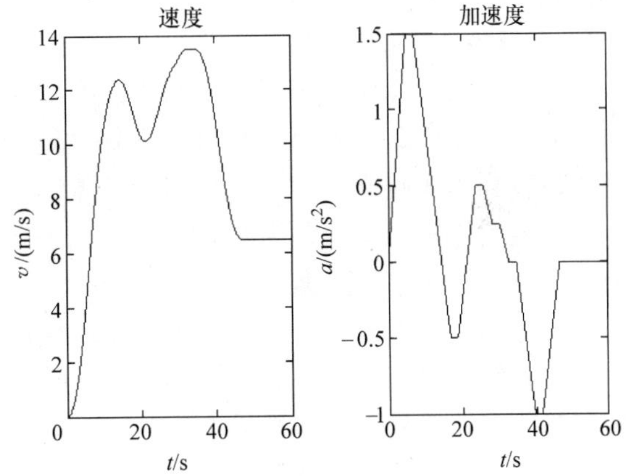

图 7.1　领队车辆曲线图

根据式（7.8），考虑如下车队动态误差方程：

$$\begin{aligned}\dddot{e}_i &= -\frac{1}{\zeta_i}\ddot{e}_i - \frac{1}{m_i\zeta_i}u_i - \frac{1}{m_i\zeta_i}(f_i(v_i, \dot{v}_i) + d_i) \\ &= 5\ddot{e}_i - 0.135u_i - (0.048v_i^2 + 0.0096v_i\dot{v}_i) + 0.675\end{aligned} \tag{7.41}$$

为了计算自适应保性能控制器增益系数。取自适应律增益系数 $\Gamma_w = 0.5$，$\Gamma_E = 0.5$，$r_1 = r_2 = r_3 = 0.2$，$|\Delta\zeta_i| = 0.1$，$\boldsymbol{Q}_i = \mathrm{diag}\ (1\cdots\cdots1)_{12\times12}$，$R_i = 0.5$。根据定理 7.3 可以得到以下矩阵：

$$\boldsymbol{X}_i = \begin{bmatrix} 0.1290 & -0.0750 & 0.0190 \\ -0.0750 & 0.1130 & -0.1106 \\ 0.0190 & -0.1106 & 0.2010 \end{bmatrix}$$

$$\boldsymbol{Y}_i = \begin{bmatrix} 0.2541 & 1.2021 & 0 \\ 1.2021 & 0.1563 & 1.9780 \\ 0 & 1.9780 & 3.2 \end{bmatrix}$$

$$\boldsymbol{U}_i = [0.8929 \quad -0.6503 \quad -0.6243]$$

进而求得自适应保性能控制器增益系数为

$$K_i = [9.600 \quad 6.0000 \quad 5.5000]$$

为了比较本章算法的优越性，给出文献［41］和文献［101］基于线性车队系统设计的控制器如下：

文献［101］保性能控制器：

$$u_{lin_i}(t) = 5\delta_i + 49\dot{\delta}_i + 120\ddot{\delta}_i + 10(v_0 - v_i) + 25(\dot{v}_0 - \dot{v}_i) \tag{7.42}$$

文献［41］Lyapunov 控制器：

$$u_{lin_i}(t) = (u_{lin_i-1}(t) - \dot{v}_{i-1}) + \dot{v}_i + \frac{2N_i}{t_{g0}^2}d_i \tag{7.43}$$

首先给出非线性动态给车队控制带来的影响，通过实验结果的分析比较，得出本章控制器的优越性。

7.3.1 非线性影响的实验

本例中车队的初始状态值：初始车间距离误差、速度跟踪误差、加速度跟踪误差均设为零。图 7.2 为系统（7.41）在保性能控制器（7.42）作用下的仿真曲线，可以清楚看到非线性部分对系统性能的影响。如图 7.2a 所示，车队队列不能保持稳定，且最大零阶稳态误差为 0.04m，结合图 7.2a 和 c 可以看到最大车间距离误差为 0.22m，最大车间距离误差为 1.7m/s^2，都远远大于文献［101］中采用线性模型的实验结果。另外，在该例中，由于反馈控制增益较大，使得系统的加速度抖动加大，系统的鲁棒性较差。由上述仿真结果得到，本文设计的自适应保性能控制器可以解决车队建模中非线性动态部分的问题，达到车队控制的目标。由车队的初始条件为零可以计算车队性能指标上限值为 $J_i^* = 37.5$。

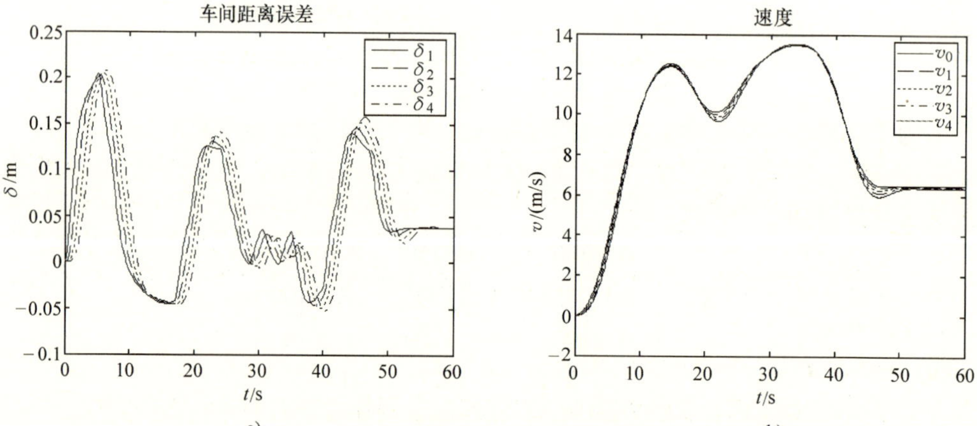

a)　　b)

图 7.2　五辆车在控制器［101］下：响应和车间距离增益曲线

a）车间距离误差　b）加速度曲线

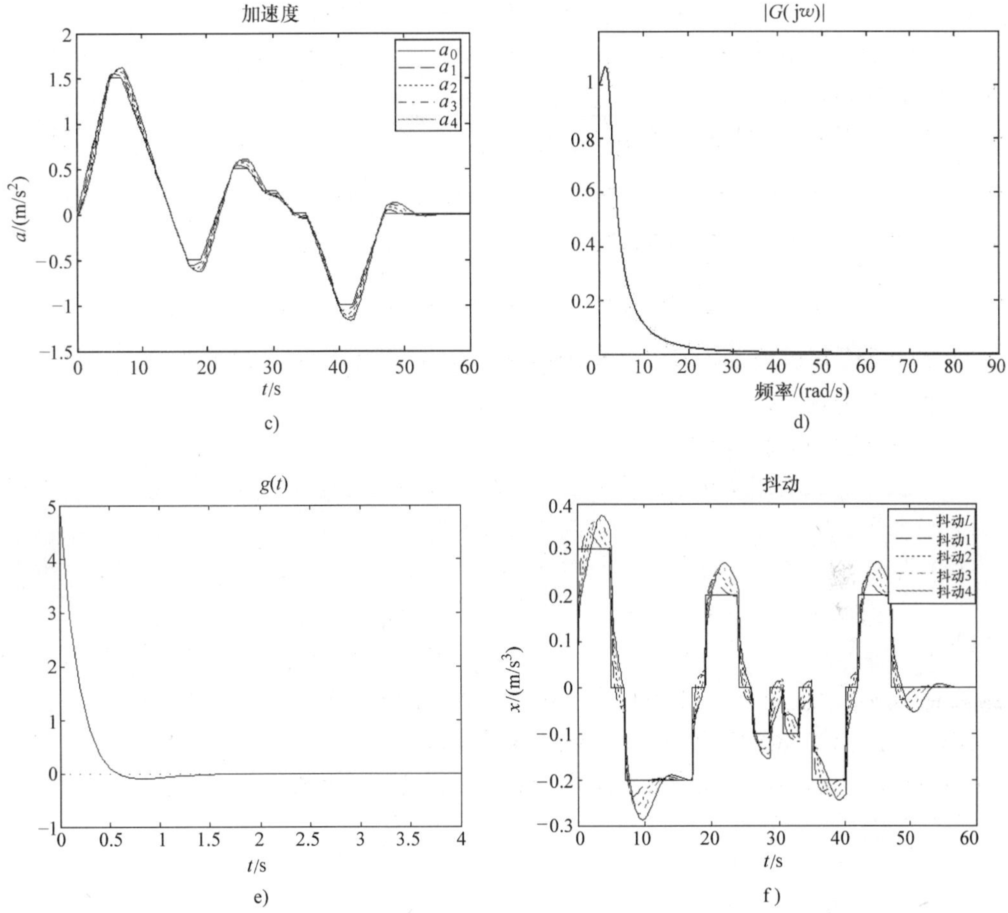

图 7.2　五辆车在控制器［101］下：响应和车间距离增益曲线（续）

c）速度曲线　d）频率响应曲线 $\exists w$：$|G(jw)|>1$　e）$\exists t: g(t)<0$　f）抖动

图 7.3b 和 c 显示在同样的仿真环境下采用本文控制算法，车队中所有车辆速度和加速度变化几乎相同，且图 7.3d 显示车队抖动很小。在本例中，跟随车辆安装了 RBFNN 控制器用来补偿非线性项和外界干扰项，车队控制性能明显得到很大改善。车队控制的重要性能指标，即车队队列稳定性，如图 7.3a 所示，车间距离误差基本相同。

7.3.2　对车辆动态不确定性的实验

为了进一步验证本章控制器的鲁棒性能，本例针对车队的时间不确定性 ζ_i 进行仿真，这里的不确定性也可能是车辆的速度或车辆的质量等。对于鲁棒性控制器的设计，文献［35］和文献［41］分别采用调度技术和 Lyaponov 函数方法。为了得出本文控制方法的优点，本实验与文献［41］进行了比较。设不确定参数为 $\Delta\zeta_1 =$

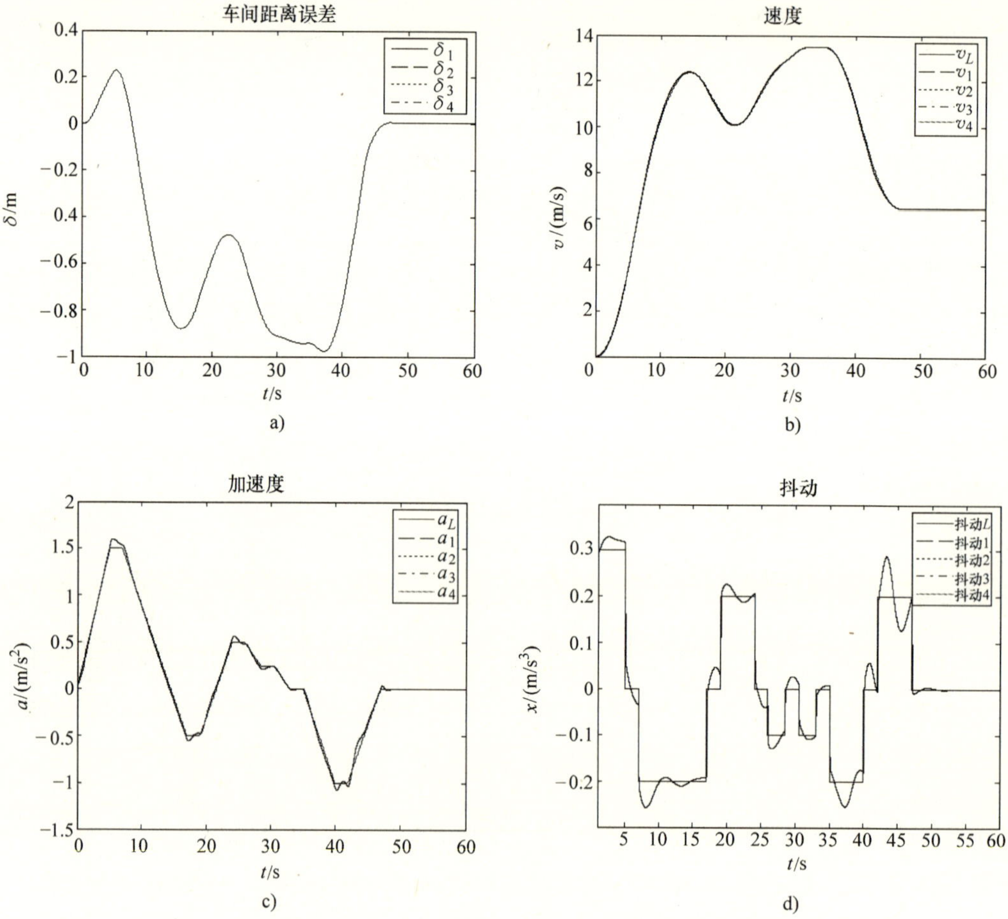

图 7.3　五辆车在自适应保性能控制器下：响应和车间距离增益曲线

a）车间距离误差　b）加速度曲线　c）速度曲线　d）抖动

0.1，$\Delta\zeta_2=0.2$，$\Delta\zeta_3=0.3$，$\Delta\zeta_4=0.4$。文献［41］Lyapunov 控制器的增益参数取为 $N_i=10$，$t_{g0}=1$。自适应保性能控制器增益通过定理 7.3 得出如下：

$K_1=[8.5400\quad 5.1000\quad 4.3000]$，$K_2=[8.3400\quad 4.8000\quad 3.9000]$，$K_3=[7.8500\quad 4.2000\quad 3.6000]$，$K_4=[7.2400\quad 3.9000\quad 3.2000]$。

由图 7.4 可以看出本文控制器的鲁棒性能要优于文献［41］，通过比较图 7.4a 和 b 两图可以看到前者车间距离变化较大，车队队列稳定性难以保持，后者车间距离变化很小，且车队中所有车辆变化一致。

7.3.3　执行器延时的实验

本小节仿真环境与上一节相似，设置 $\Delta\zeta_i=0.1$，$\eta=0.2$，由图 7.5 和图 7.6 曲线比较可知，自适应保性能控制器响应曲线比文献［41］表现出更好的控制性能。

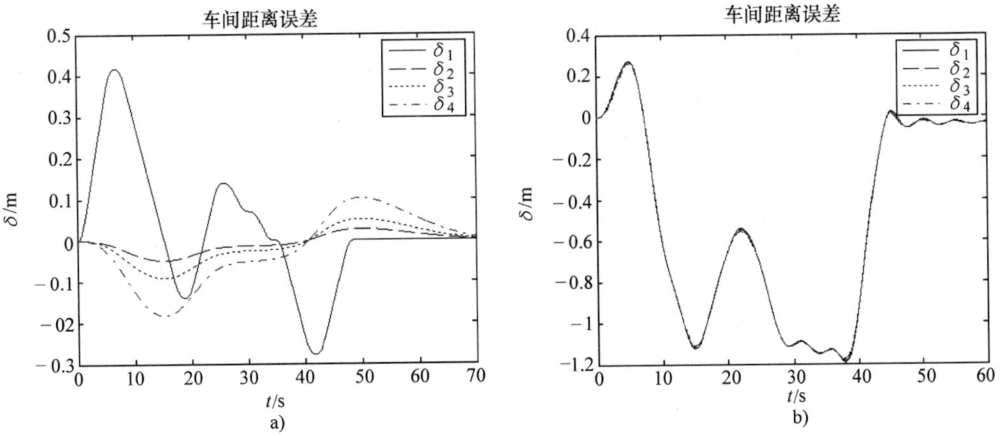

图 7.4　车队不确定性的影响

a）文献［41］中 Lyapunov 控制器　b）自适应保性能控制器

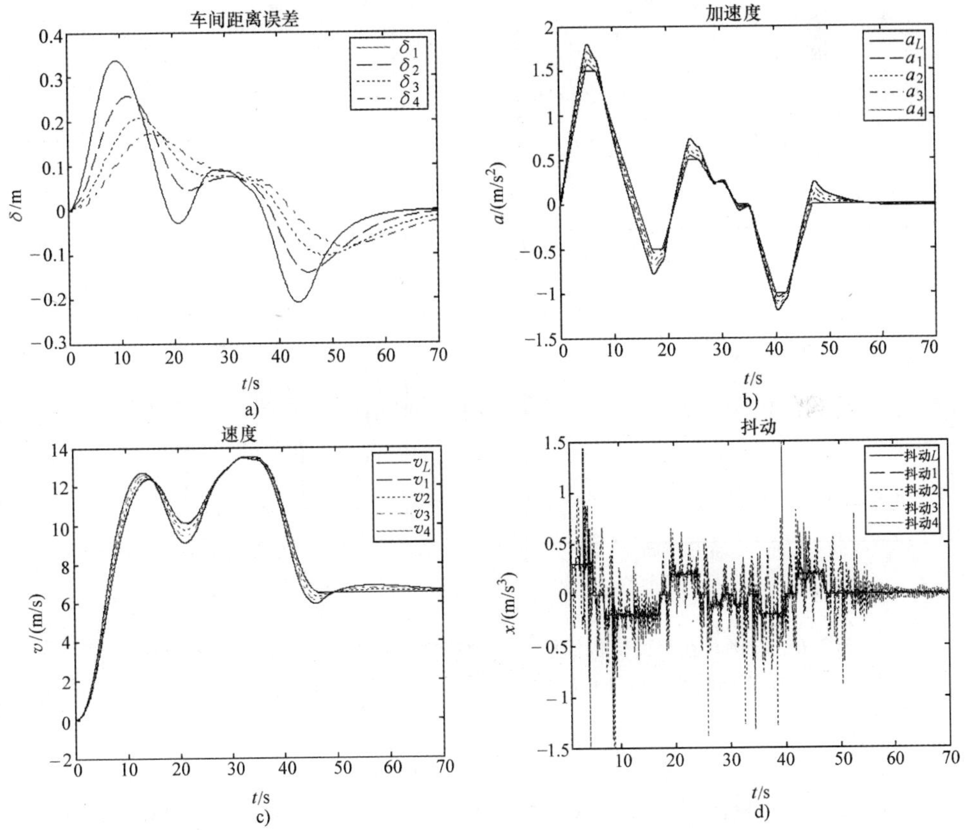

图 7.5　五辆车在 Lyapunov 控制器控制下：响应和车间距离变化曲线

a）车间距离误差　b）加速度曲线　c）速度曲线　d）加速度抖动

如图 7.6a 和 b 所示，最大车间距离误差绝对值为 0.18m，最大车队加速度绝对值为 1.6m/s^2，并且图 7.6c 可以看到车队整体行驶平稳，车队速度跟踪准确。采用文献［41］的方法在同样的情况下进行仿真，图 7.5 所示虽然车间距离误差可以满足控制性能，即沿着车队向队尾逐渐减小，但该性能是通过加大跟随车辆速度来获得的，即速度和加速度都不满足控制性能，车队速度和加速度的队列稳定性难以保持。且最大车间距离误差绝对值为 0.35m，也远大于本文控制算法，最大车队加速度为 1.8m/s^2。

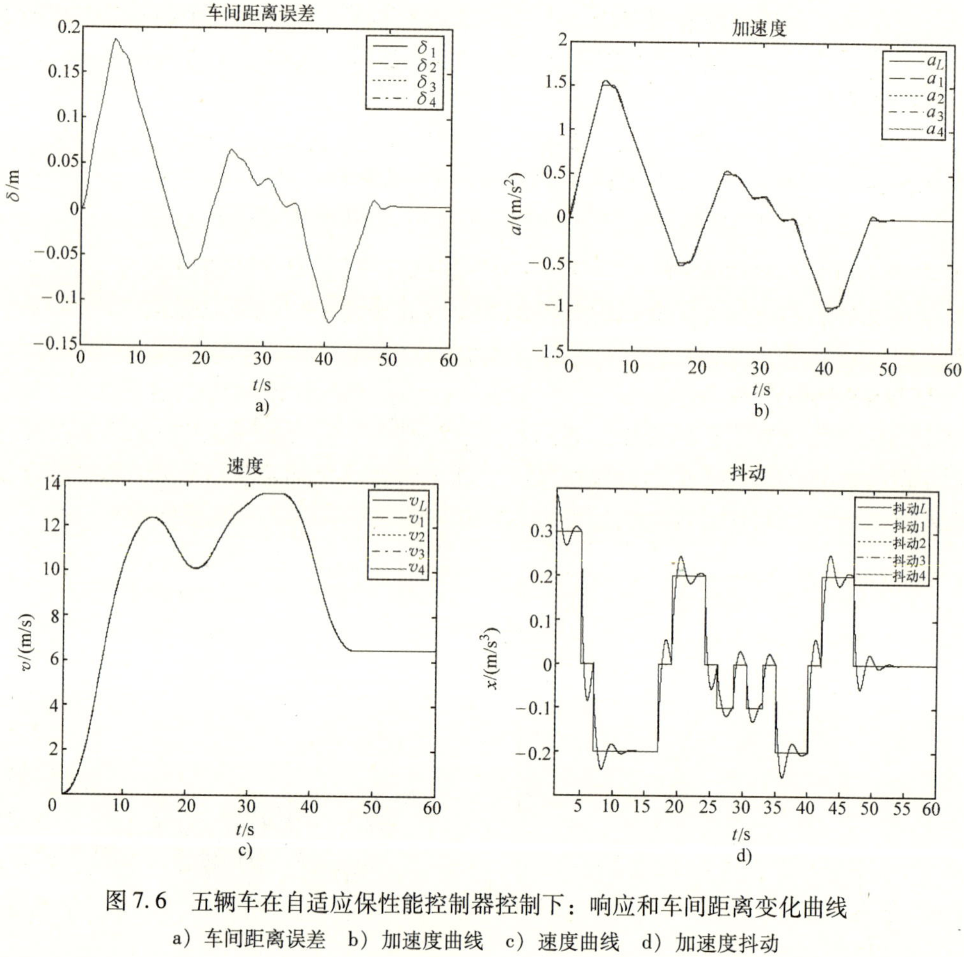

图 7.6　五辆车在自适应保性能控制器控制下：响应和车间距离变化曲线

a）车间距离误差　b）加速度曲线　c）速度曲线　d）加速度抖动

7.4　小结

本章在跟随车辆存在未知非线性动态和执行器延时的框架下，设计自适应保性能控制器。通过选取适当的控制器参数，可以同时实现车队稳定和车队队列稳定。仿真结果说明控制算法的有效性。

第 8 章　传感器测量受限下的非线性车辆协作控制

本章针对非线性车队控制系统，考虑传感器测量能力有限影响下的非线性控制器设计方法。首先，在第 7 章基础上考虑更加一般的传感器受限模型，利用反演法设计保证车载传感器测量受限下的非线性车队控制器，而后，利用动态观测器技术弥补外界干扰（包括阵风、坡度及加速操作），最后，通过数字仿真和实验对算法进行分析和比较。

文献［46］中分析了设计有效的分散式车队控制器需要用到的信息，包括跟随车的速度、加速度、与前车的车间距离、前车的速度、加速度及领队车辆的参考轨迹、速度和加速度（对于不同的信息结构的车队控制系统可以参考文献［47］和文献［48］，对应的控制策略分别为车间距离控制和前进距离控制）。本章在前一章的基础上，综合考虑非线性和传感器的影响设计控制器，进一步提高控制算法的实际应用性。

主要内容安排为：8.1 节描述问题的来源，并引出要解决的主要问题；8.2 节给出非线性控制器设计的方法，并给出控制器存在的充分必要条件；8.3 节简要分析车队的队列稳定性，给出最糟糕情况下满足队列稳定的定理；8.4 节通过数字仿真验证本章算法的有效性和实用性；8.5 节总结本章所讨论的问题及结论。

8.1　问题描述

8.1.1　车队模型建立

建立非线性车辆动态模型

$$\dot{\delta}_i = v_{i-1} - v_i \tag{8.1}$$

$$\dot{v}_i = a_i \tag{8.2}$$

$$\dot{a}_i = f_i(v_i, a_i) + g_i(v_i)u_i \tag{8.3}$$

式中，两辆连续车辆之间的误差 $\delta_i = z_{i-1} - z_i - \delta_{di} - L_i$；$z_{i-1}$ 和 z_i 是两个车的位置；v_i 和 a_i 是速度和加速度；$u_i(t)$ 是控制输入量，$u_i(t) > 0$ 是加速，$u_i(t) < 0$ 是刹车；$f_i(v_i,\ a_i)$ 和 $g_i(v_i)$ 如下：

$$f_i(v_i, a_i) = -\frac{1}{\zeta_i}\left(\dot{v}_i + \frac{\sigma A_i c_{di}}{2m_i}v_i^2 + \frac{d_{mi}}{m_i}\right) - \frac{\sigma A_i c_{di} v_i a_i}{m_i} \tag{8.4}$$

$$g_i(v_i) = \frac{1}{\zeta_i m_i} \tag{8.5}$$

式中，σ 表示空气质量密度；A_i、c_{di}、d_{mi}、m_i 和 ζ_i 分别表示车辆横截面积、拽力

系数、机械拽力、车辆质量及发动机时间常数；$\dfrac{\sigma A_i c_{di}}{2m_i}$表示空气阻力。

注意：该车队中的车辆可以不同。

考虑领队车辆的加速度变化及阵风的影响，式（8.3）可以写为

$$\dot{a}_i = f_i(v_i, a_i) + g_i(v_i)u_i(t) + \omega_i(t) \tag{8.6}$$

式中，$\omega_i(t)$是加速度和阵风的集中干扰项。

8.1.2 传感器模型建立

第3章所建立的传感器受限模型能够反映出传感器的失效特性，但是所建立模型为简单的线性模型，实际中所用传感器失效特性如图8.1所示，失效数学模型建立如下：

$$A_i(d_i) = \begin{cases} \underline{D}_i, \text{若 } 0 < d_i \leqslant l_{i1} \\ d_i, \text{若 } l_{i1} \leqslant d_i \leqslant l_{i2} \\ \dfrac{d_i - \overline{D}_i}{(l_{i2}^2 - l_{i3}^2)^2}(d_i^2 - l_{i3}^2)^2 + \overline{D}_i, \text{若 } l_{i2} \leqslant d_i \leqslant l_{i3} \\ \overline{D}_i, \text{若 } d_i \geqslant l_{i3} \end{cases} \tag{8.7}$$

式中，$d_i = z_{i-1} - z_i - L_i$ 是连续两辆车间的实际距离。

可以清楚看到，该传感器受限模型是分段非线性函数，具有以下特征：

（1）测量下限［0，l_{i1}）：当跟随车辆与前车过分接近时，无论实际的距离为多少，传感器都读取一个常数$\underline{D}_i$。

（2）完全测量范围［l_{i1}，l_{i2}］：跟随车辆传感器测量信息等于实际车间距离，其中l_{i1}和l_{i2}分别表示测量的下限和上限值。

（3）受限测量范围（l_{i2}，l_{i3}）：当前车位于该范围内时，传感器测量数据在（l_{i2}，$\overline{D}_i$）区间变化，其中$\overline{D}_i < l_{i3}$。随着车间距离的增大，传感器的测量能力逐渐下降。

（4）测量上限距范围［l_{i3}，∞）：当前车超出了传感器检测范围时，无论实际的车间距离多大，传感器都读取一个常数$\overline{D}_i$。

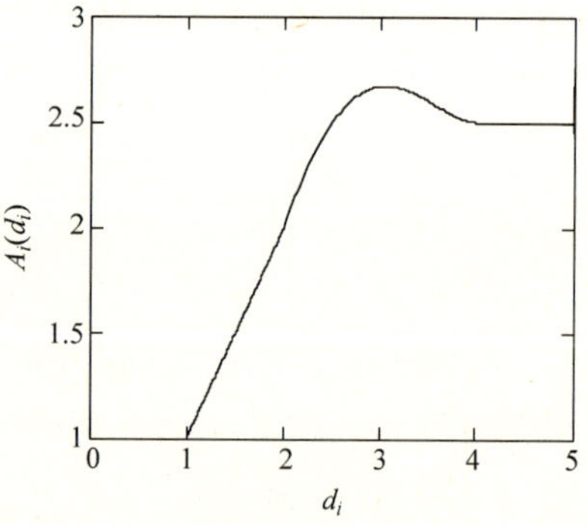

图8.1　传感器受限模型$A_i(d_i)$，其中，$\underline{D}=1$，$\overline{D}=2.5$，$l_1=1$，$l_2=2$，$l_3=4$

为了处理方便，在本研究中假设所有的传感器都是相同的，即$l_{i1}=l_1$，$l_{i2}=l_2$，$l_{i3}=l_3$，$\underline{D}_i=\underline{D}$，$\overline{D}_i=\overline{D}$。

首先，由式（8.1）中定义可得$d_i = z_{i-1} - z_i - L_i$，已知车间距离误差满足$\delta_i = d_i - \delta_d$，根据由式（8.7）描述的传感器模型，可以推得实际的车间距离误差方程为

$$A_i(\delta_i)=\begin{cases}\underline{D},\text{若} -\delta_{di}<\delta_i\leqslant l_1-\delta_{di}\\ \delta_i,\text{若} l_1-\delta_{di}\leqslant\delta_i\leqslant l_2-\delta_{di}\\ \dfrac{\delta_i-\overline{D}}{[(l_2-\delta_{di})^2-(l_3-\delta_{di})^2]^2}(\delta_i^2-(l_3-\delta_{di})^2)^2+\overline{D},\text{若} l_2-\delta_{di}\leqslant\delta_i\leqslant l_3-\delta_{di}\\ \overline{D},\text{若} \delta_i\geqslant l_3-\delta_{di}\end{cases}\tag{8.8}$$

在该传感器受限模型的基础上，设计满足 2.1.5 节所列出的车队控制性能指标。

8.2 非线性鲁棒控制器设计

8.2.1 Back - stepping 控制器设计

首先，考虑传感器受限的问题，给出 Back - stepping 控制器设计过程。根据 Lyapunov 定理得到两个虚拟输入量来稳定车间距离误差，跟踪误差 $e_i(t)=z_0(t)-z_i(t)-i(L_i+\delta_{di})$ 及速度误差，进一步得到保证车队渐近稳定的理想 Back - stepping 控制器。

设计过程分为如下三步：

（1）定义包含车间距误差和跟踪误差的函数

$$x_{i1}(t)=\delta_i(t)+e_i(t)\tag{8.9}$$

考虑式（8.8）中传感器的干扰，上式可以写为

$$x_{i1}(t)=A(\delta_i)+e_i(t)\tag{8.10}$$

对上式两边同时求导，可以得到关于速度的误差方程如下：

$$\dot{x}_{i1}(t)=\dot{A}(\delta_i)+v_0(t)-v_i(t)\tag{8.11}$$

当满足 $-\delta_{di}<\delta_i\leqslant l_1-\delta_{di}$，$\delta_i\geqslant l_3-\delta_{di}$时，$\dot{A}(\delta_i)=0$；

当满足 $l_1-\delta_{di}\leqslant\delta_i\leqslant l_2-\delta_{di}$时，$\dot{A}(\delta_i)=\dot{\delta}_i$；

当满足 $l_2-\delta_{di}\leqslant\delta_i\leqslant l_3-\delta_{di}$时，$\dot{A}(\delta_i)=(5\dot{\delta}_i^4-4\overline{D}\dot{\delta}_i^3-6c\dot{\delta}_i^2+4\overline{D}c\delta_i+c^2)/b$，其中，$b=[(l_2-\delta_{di})^2-c]^2$，$c=(l_3-\delta_{di})^2$。

$v_i(t)$ 是第一个保证 $x_{i1}(t)$ 稳定的虚拟输入量。

对上述系统，选取第一个 Lyapunov 方程为 $V_{i1}(t)=x_{i1}^2(t)/2$，对其求导可得 $\dot{V}_{i1}(t)=x_{i1}(t)\dot{x}_{i1}(t)$。定义一个虚拟误差方程 $x_{i2}(t)=\alpha_{i1}(t)-v_i(t)=\dot{x}_{i1}(t)+k_{i1}x_{i1}(t)$，其中，$\alpha_{i1}(t)=k_{i1}x_{i1}(t)+\dot{A}(\delta_i)+v_0(t)$是稳定性函数，$k_{i1}$是正常数，进一步可以得到 $\dot{V}_{i1}(t)=-k_{i1}x_{i1}^2(t)+x_{i1}(t)x_{i2}(t)$。那么如果 $x_{i2}(t)=0$，可得 $\dot{V}_{i1}(t)=-k_{i1}x_{i1}^2(t)\leqslant 0$，这就意味着第一个虚拟输入控制量为 $v_i(t)=k_{i1}x_{i1}(t)+\dot{A}(\delta_i)+v_0(t)$。

（2）由式（8.11）可得，虚拟误差 $x_{i2}(t)$的导数为

$$\dot{x}_{i2}(t)=\dot{\alpha}_{i1}(t)-\dot{v}_i(t)=\ddot{A}(\delta_i)+a_0(t)+k_{i1}\dot{x}_{i1}(t)-a_i(t) \tag{8.12}$$

其中，$\ddot{A}(\delta_i)$可以由式（8.11）得到，加速度$a_i(t)$是使$x_{i2}(t)$稳定的第二个虚拟输入控制量。

对第二个系统，我们设计 Lyapunov 方程为$V_{i2}(t)=V_{i1}(t)+x_{i2}^2(t)/2$，对其求导可得

$$\begin{aligned}\dot{V}_{i2}(t)&=\dot{V}_{i1}(t)+x_{i2}\dot{x}_{i2}=-k_{i1}x_{i1}^2+x_{i2}(x_{i1}+\dot{x}_{i2})=-k_{i1}x_{i1}^2+x_{i2}(-k_{i2}x_{i2}+x_{i3})\\&=-k_{i1}x_{i1}^2-k_{i2}x_{i2}^2+x_{i2}x_{i3}\end{aligned}$$

式中，$x_{i3}(t)$是虚拟误差，定义为

$$x_{i3}(t)=\alpha_{i2}(t)-a_i(t)=x_{i1}+k_{i1}\dot{x}_{i1}+k_{i2}x_{i2}+\ddot{A}(\delta_i)+a_0-a_i \tag{8.13}$$

在上述定义中，$\alpha_{i2}(t)=x_{i1}(t)+k_{i2}x_{i2}(t)+\dot{\alpha}_{i1}(t)$是带有正常数$k_{i2}$的第二个稳定性函数。设定$x_{i3}=0$，可以得到$\dot{V}_{i2}(t)=-k_{i1}x_{i1}^2-k_{i2}x_{i2}^2\leqslant 0$，进一步得到第二个虚拟输入控制量为

$$a_i(t)=x_{i1}+k_{i1}\dot{x}_{i1}+k_{i2}x_{i2}+\ddot{A}(\delta_i)+a_0-a_i$$

（3）对x_{i3}求导可得

$$\dot{x}_{i3}(t)=\dot{x}_{i1}+k_{i1}\ddot{x}_{i1}+k_{i2}\dot{x}_{i2}+\dddot{A}(\delta_i)-f_i(v_i,a_i)-g_i(v_i)u_i(t)-\omega_i(t) \tag{8.14}$$

选取 Lyapunov 方程为

$$V_{i3}(t)=V_{i2}(t)+x_{i3}^2(t)/2 \tag{8.15}$$

对$V_{i3}(t)$求导得

$$\begin{aligned}\dot{V}_{i3}(t)&=\dot{V}_{i2}(t)+\dot{x}_{i3}x_{i3}=-k_{i1}x_{i1}^2-k_{i2}x_{i2}^2+x_{i3}(x_{i2}+\dot{x}_{i3})\\&=-k_{i1}x_{i1}^2-k_{i2}x_{i2}^2+x_{i3}(x_{i2}+\dot{x}_{i1}+k_{i1}\ddot{x}_{i1}+k_{i2}\dot{x}_{i2}+\dddot{A}(\delta_i)-f_i(v_i,a_i)-g_i(v_i)u_i(t)-\omega_i(t))\end{aligned} \tag{8.16}$$

如果集中干扰项$\omega_i(t)$为已知量，则带有传感器限制的理想 Back - stepping 控制器设计如下：

$$u_i^*(t)=k_{i3}x_{i3}+x_{i2}+\dot{x}_{i1}+k_{i1}\ddot{x}_{i1}+k_{i2}\dot{x}_{i2}/g_i(v_i)+\dddot{A}(\delta_i)-f_i(v_i,a_i)-\omega_i(t)/g_i(v_i) \tag{8.17}$$

式中，k_{i3}为正常数。

将式（8.17）代入式（8.16）得到

$$\dot{V}_{i3}(t)=-k_{i1}x_{i1}^2-k_{i2}x_{i2}^2-k_{i3}x_{i3}^2\leqslant 0 \tag{8.18}$$

注意：$x_{i1}(t)$，$x_{i2}(t)$和$x_{i3}(t)$是依赖于$A(\delta_i)$和$e_i(t)$的函数，即$x_{i1}(t)$，$x_{i2}(t)$和$x_{i3}(t)$是有界函数。

为了给出系统式（8.14）的稳定性分析，首先给出如下引理。

引理 8.1[49]　如果$\Omega(t)$是均匀连续函数，那么有限函数$\lim\limits_{t\to\infty}\int_0^t\Omega(\tau)\mathrm{d}\tau$存在，

且 $\Omega(t)\to 0$（当 $t\to\infty$ 时）。

定义如下函数：

$$\Theta(t) = -\dot{V}_{i3}(t) \tag{8.19}$$

那么 $\int_0^t \Theta(\tau)\mathrm{d}\tau = V_{i3}(0) - V_{i3}(t)$。已知 $v_i(0)=0$，$a_i(0)=0$，所以 $x_{i1}(0)$，$x_{i2}(0)$ 和 $x_{i3}(0)$ 是有界的，并且依赖于 $A(\delta_i(0))$ 和 $e_i(0)$，即 $V_{i3}(0)$ 是有界的。由式（8.18）知 $V_{i3}(t)$ 是非增有界函数。那么可以得到 $\lim_{t\to\infty}\int_0^t \Theta(\tau)\mathrm{d}\tau$ 存在且有界。利用定理 8.1 可以得到 $\Theta(t)\to 0$（当 $t\to\infty$ 时）。这意味着 $x_{i1}(t)$，$x_{i2}(t)$ 和 $x_{i3}(t)$ 趋近于 0（当 $t\to\infty$ 时）。因此，所设计的理想 Back - stepping 控制器可以使式（8.14）所表示的系统稳定。

8.2.2 非线性鲁棒控制器设计

本小节考虑集中干扰项 ω_i 的影响，在理想 Back - stepping 控制器基础上，利用动态观测技术，进一步得到非线性车队控制器。

考虑虚拟误差系统式（8.14）。使 ω_i 通过低通滤波器 $Q_i(s)$，可以得到 ω_i 的估计为

$$\hat{\omega}_i = Q_i(s)\omega_i \tag{8.20}$$

在本节研究中，我们采用了一节滤波器如下：

$$Q_i(s) = 1/(1+\lambda_i s) \tag{8.21}$$

如果领队车辆和阵风的变化较快，那么估计误差 $\omega_i - \hat{\omega}_i$ 可能导致车队不稳定。针对非线性系统式（8.14）设计非线性鲁棒控制器由一个核心控制器［见式（8.17）］、一个补偿器和一个非线性阻尼项组成，其中后两项用来补偿集中干扰项。基于上述，该非线性鲁棒控制器如下：

$$u_i = u_{li} + u_{wi} + u_{ri},\ u_{li} = \alpha_{20i},\ u_{wi} = -\hat{\omega}_i/g_i(v_i),\ u_{ri} = -\sum_{j=1}^{3} u_{dij}x_{3i}/g_i(v_i) \tag{8.22}$$

式中，$\alpha_{20i} = u_i^* - (x_{i2}-\omega_i)/g_i(v_i)$，$u_{di1} = c_{i1}\alpha_{di}$，$u_{di2} = c_{i2}\overline{\omega}_i(t)$，$u_{di3} = c_{i3}|\hat{\omega}_i|$，

$$\alpha_{di} = |-u_i^* + \dot{\alpha}_{i2}| \tag{8.23}$$

式中，α_{20i} 是带有模型补偿的反馈控制器；u_{wi} 是干扰观测器的输出补偿项；$u_{di1}x_{3i}$ 和 $u_{di2}x_{3i}$ 是用来抵消集中干扰项 $\omega_i(t)$ 的非线性阻尼项；$u_{di3}x_{3i}$ 是保证 x_{3i} 有界的非线性阻尼项；c_{i1}、c_{i2}、$c_{i3}>0$ 是非线性阻尼项的增益；$u_{dij}(j=1,\cdots,3)$ 的增益参数随未知干扰项的变化而变化。

注意：$\overline{\omega}_i(t)$ 是已知的连续函数，满足以下不等式：

$$\frac{|\omega_i(t)|}{\overline{\omega}_i(t)} \leqslant M_{d_i} \tag{8.24}$$

式中，M_{d_i} 是未知的正常数。

将式（8.22）代入式（8.14），可以得到闭环车队系统如下：

$$\begin{aligned}\dot{x}_{i3}(t) &= \dot{x}_{i1} + k_{i1}\ddot{x}_{i1} + k_{i2}\dot{x}_{i2} + \dddot{A}(\delta_i) - f_i(v_i, a_i) - g_i(v_i)(u_{li} + u_{wi} + u_{ri}) - \omega_i \\ &= -k_i x_{i3} - g_i(v_i)u_{ri}(t) - \omega_i + \hat{\omega}_i\end{aligned} \tag{8.25}$$

如果 $\omega_i - \hat{\omega}_i = 0$，则可以得到系统 x_{i3} 是异步渐进稳定的。在下面的分析中，将进一步给出如何对抑制 $\omega_i - \hat{\omega}_i$ 的影响。由式（8.25）可以得到

$$\begin{aligned}\frac{\mathrm{d}}{\mathrm{d}t}\left(\frac{x_{i3}^2(t)}{2}\right) &= -k_2 x_{i3}^2(t) - g_i(v_i)u_{ri}(t)x_{i3}(t) + \hat{\omega}_i x_{i3}(t) - \omega_i x_{i3}(t) \\ &= -\frac{k_i}{2}x_{i3}^2(t) - \left[\frac{k_i}{2} - D_{wi}(t)\right]x_{i3}^2(t) + \hat{\omega}_i x_{i3}(t) - \omega_i x_{i3}(t) \\ &\leqslant -\frac{k_i}{2}x_{i3}^2(t) - \left[\frac{k_i}{2} - D_{wi}(t)\right]|x_{i3}|(|x_{i3}| - \mu_{wi}(t))\end{aligned} \tag{8.26}$$

式中，

$$\mu_{wi}(t) = |\omega_i - \hat{\omega}_i| \Big/ \left[\frac{k_i}{2} + D_{wi}(t)\right] \tag{8.27}$$

$$D_{wi}(t) = c_{i1}\alpha_{di} + c_{i2}\bar{d}_i(t) + c_{i3}|\hat{\omega}_i| \tag{8.28}$$

根据式（8.24），显然可以得到 $\mu_{wi}(t)$ 是单一有界的条件，因为 $\mu_{wi}(t)$ 分子中的每一项都由以相同指数增长的分母中的非线性阻尼项 $D_{wi}(t)$ 补偿。

由式（8.26）可进一步得到

$$|x_{i3}| \geqslant \mu_{wi}(t) \Rightarrow \frac{\mathrm{d}}{\mathrm{d}t}(x_{i3}^2(t)) \leqslant -k_i x_{i3}^2(t) \tag{8.29}$$

进一步可以得到

$$|x_{i3}(t)| \leqslant |x_{i3}(0)|\mathrm{e}^{-k_i t/2} + \sup_{0 \leqslant \tau \leqslant t}\mu_{\omega i}(\tau) \tag{8.30}$$

为了减缓集中干扰项的变化，期望 $\mu_{wi}(t) \approx 0$，而对于由干扰的快速变化引起的任意非零 $\omega_i - \hat{\omega}_i$，可以用 $k_i/2 + D_{wi}(t)$ 来补偿，使得 x_{i3} 对于 $\omega_i - \hat{\omega}_i$ 有强鲁棒性。

注意，虽然上述主要讨论车队的渐近稳定性，但是该控制器式（8.22）及式（8.23）也可以保证车队的整体队列稳定性能。下面对队列稳定性能进行整体分析，首先，对车队车间距离误差函数求三阶导数可以得到

$$\dddot{\delta}_i(t) = \dot{a}_{i-1}(t) - \dot{a}_i(t) \tag{8.31}$$

根据式（8.6）和控制器式（8.22）可以得到

$$\begin{aligned}\dot{a}_i &= f_i(v_i, a_i) + g_i(v_i)(u_{li} + u_{wi} + u_{ri}) + \omega_i \\ &= k_{i3}x_{i3} + \dot{x}_{i1} + k_{i1}\ddot{x}_{i1} + k_{i2}\dot{x}_{i2} + \dddot{A}(\delta_i) - g_i(v_i)u_{ri} - \hat{\omega}_i + \omega_i \\ &= \dddot{A}(\delta_i) + K_{i1}\ddot{A}(\delta_i) + K_{i2}\dot{A}(\delta_i) + K_{i3}A(\delta_i) + K_{i1}\ddot{e}_i + K_{i2}\dot{e}_i + K_{i3}e_i + D_{wi} - \hat{\omega}_i + \omega_i\end{aligned} \tag{8.32}$$

式中，$K_{i1}=k_{i1}+k_{i2}+k_{i3}$，$K_{i2}=1+k_{i2}+k_{i2}k_{i3}+k_{i1}k_{i3}$，$K_{i3}=k_{i3}+k_{i1}k_{i2}k_{i3}$。

为了使车队在最糟糕的传感器失效情况下仍能保证整体稳定，这里假设传感器工作在测量上限或测量下限范围内，即 $A(\delta_i)=D$，其中，$D=\underline{D}$，对于 $-\delta_{di}<\delta_i\leqslant l_1-\delta_{di}$；$D=\overline{D}$，对于 $\delta_i\geqslant l_3-\delta_{di}$。根据 $\delta_i=e_i-e_{i-1}$，车间距离误差函数以及式（8.31）可以得到

$$\dddot{\delta}_i+K_{i1}\ddot{\delta}_i+K_{i2}\dot{\delta}_i+K_{i3}\delta_i=-D_{w(i-1)}+\hat{\omega}_{i-1}-\omega_{i-1}+D_{wi}-\hat{\omega}_i+\omega_i \tag{8.33}$$

对式（8.33）进行拉普拉斯变换，可以得到

$$\delta_i(s)=\frac{D_{wi}-\hat{\omega}_i+\omega_i-D_{w(i-1)}+\hat{\omega}_{i-1}-\omega_{i-1}}{s^4+K_{i1}s^3+K_{i2}s^2+K_{i3}s}$$

进一步可以得到跟随车辆与前车的传递函数比为

$$\begin{aligned}G(s)=\frac{\delta_i(s)}{\delta_{i-1}(s)}&=\frac{D_{wi}-\hat{\omega}_i+\omega_i-D_{w(i-1)}+\hat{\omega}_{i-1}-\omega_{i-1}}{D_{w(i-1)}-\hat{\omega}_{i-1}+\omega_{i-1}-D_{w(i-2)}+\hat{\omega}_{i-2}-\omega_{i-2}}\\&=\frac{1+(\omega_i-\hat{\omega}_i)/D_{wi}-D_{w(i-1)}/D_{wi}-(\omega_{i-1}-\hat{\omega}_{i-1})/D_{wi}}{D_{w(i-1)}/D_{wi}+(\omega_{i-1}-\hat{\omega}_{i-1})/D_{wi}-D_{w(i-2)}/D_{wi}-(\omega_{i-2}-\hat{\omega}_{i-2})/D_{wi}}\end{aligned} \tag{8.34}$$

由于增加增益 c_{i1}、c_{i2}、c_{i3}和 c_{i4}，可以使非线性阻尼项 $D_{wi}(t)$任意大，因此可以确定$(\omega_i-\hat{\omega}_i)/D_{wi}(t)$，$(\omega_{i-1}-\hat{\omega}_{i-1})/D_{wi}(t)$和$(\omega_{i-2}-\hat{\omega}_{i-2})/D_{wi}(t)$是无限接近零的函数，进一步选择适当参数可以得到 $D_{wi}(t)-D_{w(i-1)}(t)\leqslant D_{w(i-1)}(t)-D_{w(i-1)}(t)$。所以在本章提出的控制器框架下，可以保证车队的整体队列稳定性能，即 $\|G(jw)\|\leqslant 1$（对于任意的 $w>0$）。

8.3 仿真实验

8.3.1 数字仿真

在本节，我们对由十辆车组成的车队进行仿真与实验。该仿真环境在 MATLAB/Simulink 环境下建立。在数字仿真部分，设定理想车间距离为 $\delta_d=2\text{m}$，车队中所有车辆的长度为 $L_i=2\text{m}$。车辆的非线性动态参数在表 8.1 中给出。领队车辆的速度和加速度曲线如图 8.2 所示。

表 8.1　车队系统相关参数

物理量	数值	单位
m_i	1500	kg
A_i	2.2	m^2
σ	0.98	m/s^3
c_{di}	0.35	—
d_{mi}	5	N
ζ_i	0.2	s

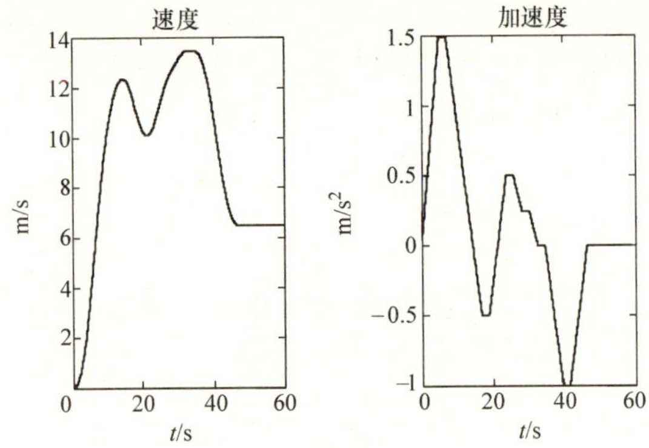

图 8.2　领队车辆速度和加速度曲线

选定集中干扰项如下：

$$\omega_i(t)=0.1a_0(t)+\varepsilon(t) \tag{8.35}$$

式中，$a_0(t)$表示领队车辆的加速度；$\varepsilon(t)$表示阵风

$$\varepsilon(t)=\begin{cases}0, & t\leqslant 1\mathrm{s}\\ 1, & 1\mathrm{s}<t<2\mathrm{s}\\ 0, & t\geqslant 2\mathrm{s}\end{cases}$$

有界函数 $\overline{w}_i(t)$用作非线性阻尼项给定如下：

$$\overline{\omega}_i(t)=1/|\zeta_i m_i| \tag{8.36}$$

在数字仿真中，我们考虑了两种不同的情况。第一个例子中对保性能控制器[37]和本章提出的非线性控制器，在非线性车队中传感器测量受限情况下进行比较；第二个例子针对车队中车辆不同且存在集中干扰问题进行仿真比较。在两个例子中，初始车间距离误差、速度及加速度都设定为零。

第一个例子的目的是分析比较非线性及传感器测量受限的影响。传感器的参数设定为 $l_1=1$，$l_2=2$，$l_3=4$，$\underline{D}=1$ 和 $\overline{D}=2.5$。控制器的增益参数根据式（8.22）及式（8.23）得出如下：$k_{i1}=3$，$k_{i3}=35$，$c_{i1}=c_{i2}=c_{i3}=4$，$\lambda_i=0.02$。文献［37］中的保性能控制器增益选取为

当 $l_1-\delta_{di}\leqslant\delta_i\leqslant l_2-\delta_{di}$时，$k_p^\delta=3.8$，$k_v^\delta=14.95$，$k_a^\delta=6.0$，$k_v^e=0.2$，$k_a^e=10.0$；

当 $l_2-\delta_{di}\leqslant\delta_i\leqslant l_3-\delta_{di}$时，$k_p^\delta=2.2$，$k_v^\delta=6.0$，$k_a^\delta=7.8$，$k_v^e=0.05$，$k_a^e=0.45$；

当 $-\delta_{di}<\delta_i\leqslant l_1-\delta_{di}$，$\delta_i\geqslant l_3-\delta_{di}$时，$k_v^e=12.0$，$k_a^e=21.5$。

图 8.3 所示为当采用文献［37］中控制器时，系统式（8.14）车间距离变化特性。虽然在受限传感器影响下，保性能控制器的性能满足车队系统控制性能要求，但是非线性干扰的影响比较明显，车队的静态误差较大，图 8.3a 所示为静态误差为 0.61。最大车间距离误差及最大加速度分别为 1.5m 和 1.6m/s²，如图 8.3a 和 b 所示。非常明显采用保性能控制器的车队系统需要一个额外的控制信号来补偿

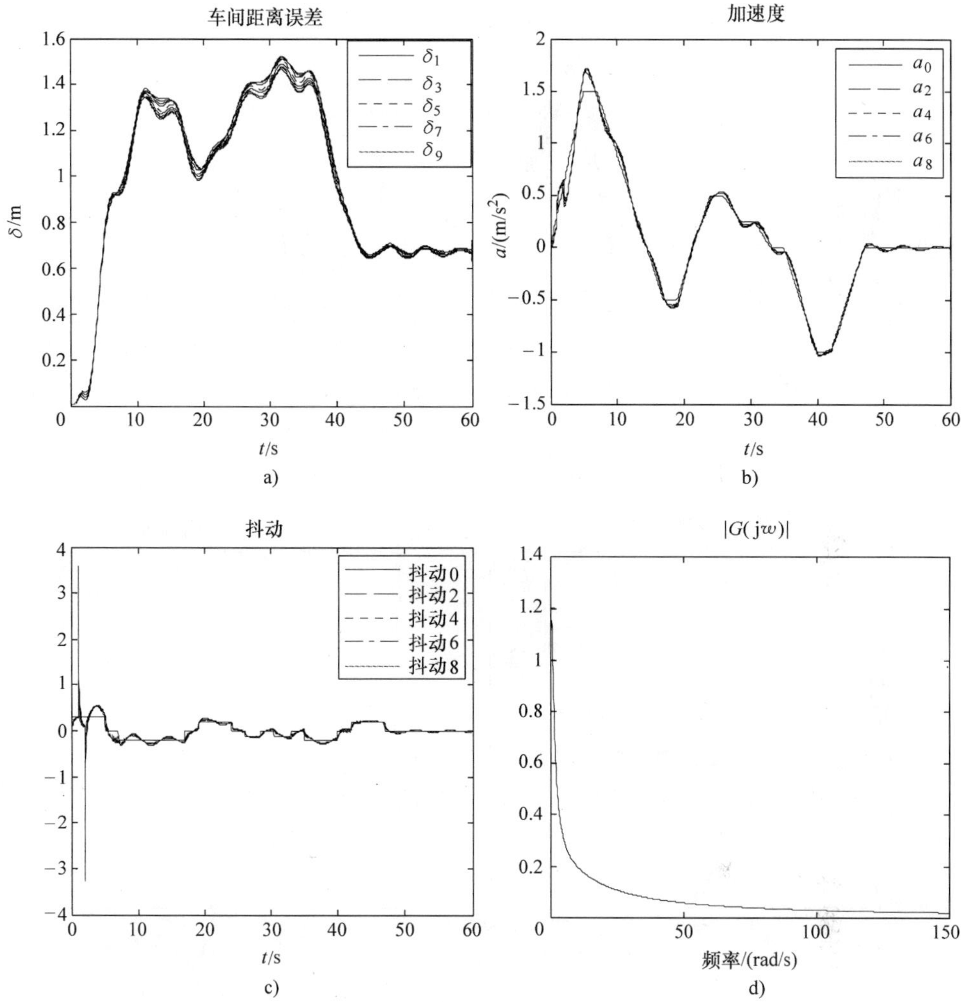

图 8.3　十辆车组成的车队系统[37]：响应曲线和车间距离变化特性

a）车间距离误差　b）加速度　c）抖动　d）$G(\mathrm{j}w)$

由非线性干扰引起的静态误差，同时使车队满足队列整体稳定性能。在相同的情形下，当采用本章控制器（见式（8.22））时，可以由图 8.4a 和 b 看出最大车间距离误差为 0.029m，加速度曲线接近相同。

在第二个例子中，我们比较本文控制器与自适应控制器在控制不同车辆组成车队时的性能指标。假定跟随车辆的车型不同，对应参数如下：发动机时间常数$\zeta_1=0.2$，$\zeta_3=0.3$，$\zeta_5=0.4$，$\zeta_7=0.5$，$\zeta_9=0.6$。车辆质量 $m_i=1500\text{kg}$，$m_2=2000\text{kg}$，$m_3=1000\text{kg}$，$m_4=3000\text{kg}$，$m_5=3500\text{kg}$，$m_6=4500\text{kg}$，$m_7=5000\text{kg}$，$m_8=2500\text{kg}$，$m_9=4500\text{kg}$。文献［29］中的控制器增益及相关控制参数为 $\Gamma_w=0.5$，$\Gamma_E=0.5$，

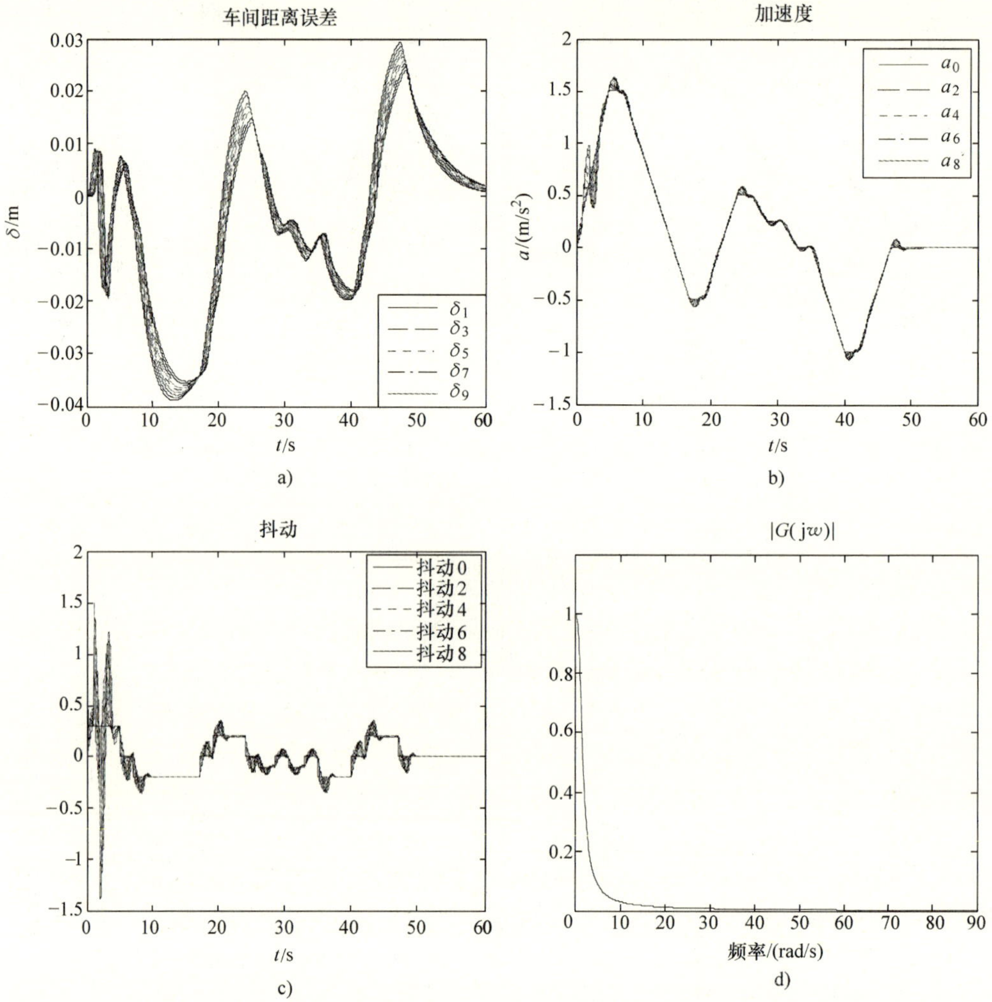

图 8.4　十辆车组成的车队系统在控制器（8.22）作用下：响应曲线和车间距离变化特性

a）车间距离误差　b）加速度　c）抖动　d）$G(\mathrm{j}w)$

$r_1=r_2=r_3=0.2$，$k_p=9.6$，$k_{vl}=6.0$，$k_{al}=5.5$。本文控制器增益计算为 $k_{i1}=4$，$k_{i2}=2$，$k_i=40$，$c_{i1}=c_{i2}=c_{i3}=4$，$\lambda_i=0.03$。在该情况下，本文控制器控制效果比自适应控制器效果要好，最大车间距离误差仅有 0.058m，如图 8.5b 所示，且整个车队跟踪性能好，速度和加速度几乎相同。

8.3.2　实验

前一小节我们设计的控制参数、车队结构等比较容易调整，使得控制性能满足车队控制性能要求。在本小节，我们将控制算法应用到四辆 ArduinoRF 小车组成的车队再次验证本章算法的有效性。图 8.5 所示为实验车的结构，前面安装两个红外

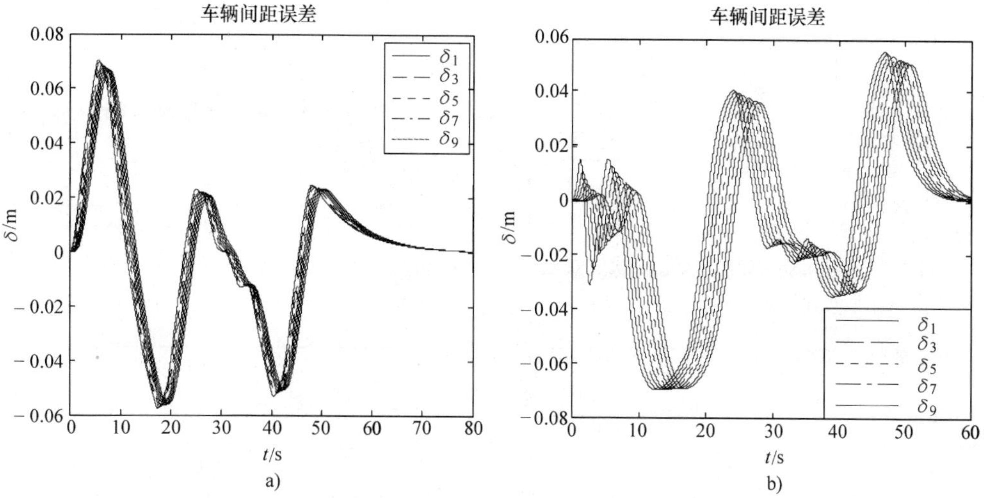

图 8.5 不同类型车辆距离误差

a）自适应控制器 b）鲁棒非线性控制器

传感器（GP2D12，该传感器内部集成了信号处理和模拟电压输出）用来测量连续两辆车之间的距离（采用两个红外传感器，每次采用平均值作为控制输入信号）。车辆纵向速度和加速度分别由安装在车轮的编码器和车顶部的加速度传感器测量。核心控制芯片是 Atmega2560，用来实时控制驱动车辆的后轮。四个车辆的相关参数见表 8.3。

第一个实验仍然对比本章提出的控制器与文献［37］中的保性能控制器在处理传感器测量受限方面的效果。为了测试车队的性能，我们根据传感器的特性给定期望的车间距离为 $\delta_d = 78$cm。传感器 GP2D12 的相关参数为 $l_1 = 10$cm，$l_2 = 80$cm，$l_3 = 100$cm，$\underline{D} = 10$cm 和 $\overline{D} = 100$cm。实验结果显示无论跟随车辆处于完全监测区域、检测受限区域或是检测上限/下限区域，本章提出的控制器都表现出其优越性能，最大车间距为 83cm，如图 8.6a 所示。四辆车可以保证车队控制的相关性能指标。而采用保性能控制器的传感器受限的车队明显控制指标也可以保证车辆安全和准确跟踪（如图 8.6b 所示，最大车间距离为 83.8cm），但是均方误差要比本章控制器大很多，这是因为小车自身的非线性的干扰，这也暗示我们提出的控制器在采用非动态观测弥补非线性干扰方面取得较好的效果，相关的均方值误差见表 8.3，数据选取［7s，15s］之间，当车队系统稳定后 8s 间的数据计算获得。

在实验部分，我们也对非线性控制器的抗干扰性进行了实验分析。这里考虑了两种类型的干扰，设定理想的车间距离为 15cm。第一种场景如图 8.7 所示，由一块塑料气泡模拟的一块速度干扰路面用来测试系统的鲁棒性能。实验结果如图 8.8 所示，当车辆一个接一个通过障碍物时虽然车辆的速度减小 5cm/s，车间距离误差

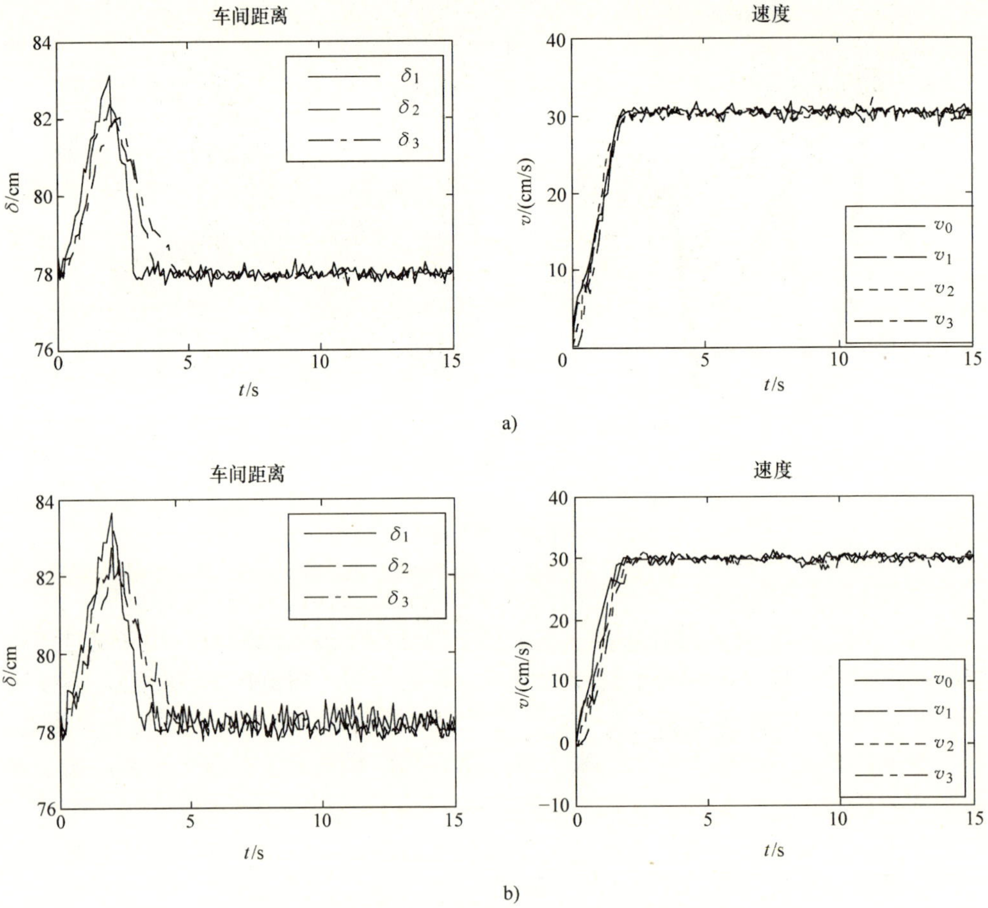

图 8.6　集中干扰和传感器失效对车队的影响

a）带有动态观测的非线性控制器　b）保性能控制器[29]

增加 2cm，但是并没有发生碰撞，并且整个车队仍能保持队列稳定性如图 8.8 所示。

在第二个试验场景中，设定期望的车距离为 10cm，第二辆车在［5.5s，7s］段时间内速度从 30cm/s 减小到 20cm/s，该操作通过一个速度控制手柄实现如图 8.7b 所示。当采用本章提出的控制器时，该减速操作对车间距离以及速度的准确跟踪影响很小，如图 8.9 所示，仅有第二辆车有较小的偏差出现（最大车间距离变化为 8.05cm），即使跟随车辆位于测量下限内，整个车队仍能保持队列稳定性能。

a) b)

图 8.7 实验所用 Arduino 车队

a）凹凸路面 b）急刹车

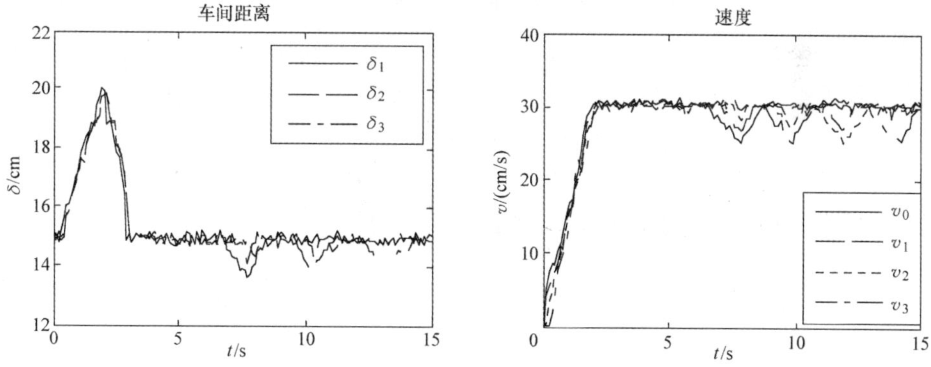

a) b)

图 8.8 四辆 Arduino 车在控制器作用下对路面干扰控制情况

a）车间距离 b）速度

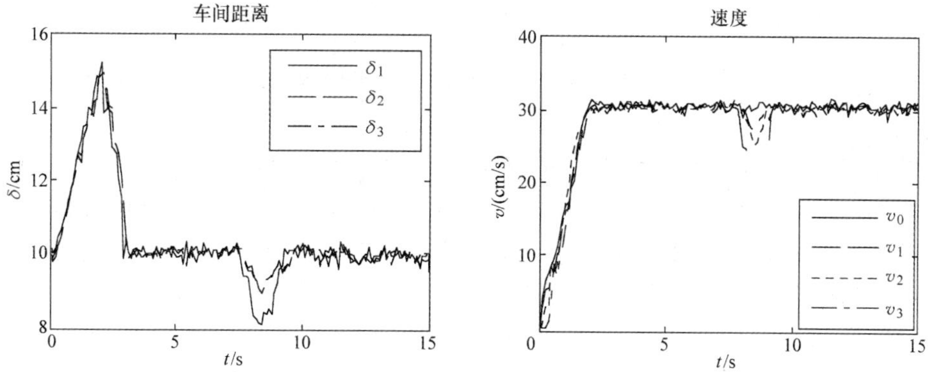

a) b)

图 8.9 四辆 Arduino 车在式（8.22）所表示的控制器作用下对急速刹车的控制情况

a）车间距离 b）速度

8.4 小结

本章在考虑传感器的影响下设计了一种鲁棒性非线性控制器，保证车队的各项控制性能指标的实现。一个通过结合非线性传感器模型以及非线性车辆动态建立非线性车队系统，基于该系统采用 Back - stepping 及动态观测器技术抑制领队车辆和外界阵风的影响，并通过仿真和实验验证了算法的有效性。

本章实验过程中发现传感器在测量过程中存在偶然性的完全失效现象，这种现象与实际当中大雾、大雨及雾霾天气下车载传感器失效的问题相似，在下一章中我们针对该现象进行研究。

第9章 传感器失效下的切换式非线性车辆协作控制

对于协作式车辆的控制，有很多研究都是基于线性化后的一阶或二阶模型[38,39,40]，而在车辆控制系统中这样的模型存在着很多缺点，如估计参数多、外界干扰等而难以实现。如果全面考虑车队的非线性动态，虽然可以使车队模型更加精确，但是高度非线性化的车辆动态模型给协作式车辆控制器的设计带来很大困难。尤其是非线性模型同执行器延时问题结合起来考虑，车队控制问题会更加复杂。

本章在非线性时变动态车队模型的框架下，考虑车辆的执行器存在延时的问题，设计非线性车队控制器。我们将车队系统模型分为线性和非线性两部分，对线性部分设计保性能控制器，使车队在没有非线性干扰的情况下能够保证稳定性，而后采用文献［41］的切换控制方法设计保证车队稳定的控制器。该切换控制器不仅实现车队的稳定，也可以保证实现车队的队列稳定性。

本章具体安排如下：9.1 节建立协作式车辆非线性动态模型；9.2 节基于得到的车队模型设计非线性保性能控制器，并对车队的稳定性和队列稳定性进行分析；9.3 对本章的算法进行仿真并与文献［24］进行比较，得出本章控制器的优点；9.4 节对本章内容予以总结。

9.1 车队模型建立以及问题描述

9.1.1 非线性车辆动态模型建立

本章车队结构如图 9.1 所示，设 z_i、v_i 和 a_i 分别为第 i 车的位置、速度和加速度（$i=0$ 代表领队车辆）。定义第 i 车的车间距离误差 δ_i 为

$$\delta_i = z_{i-1} - z_i - L_i - hv_i - d_0 (\delta_1 \text{ 中 } z_0 = 0) \tag{9.1}$$

式中，d_0 为最小的车间距离；L_i 代表车辆长度；h 为时间常数。

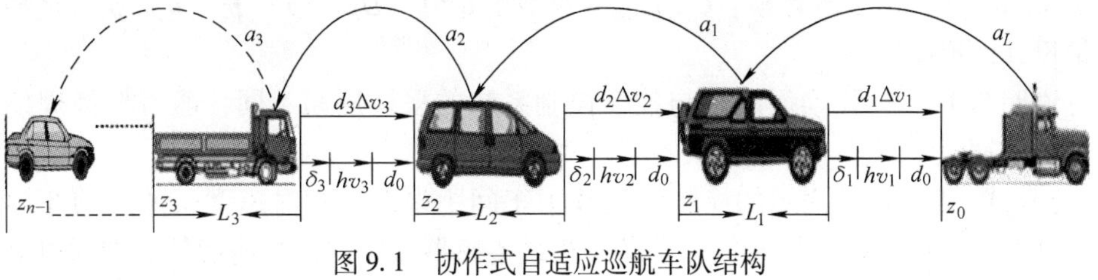

图 9.1 协作式自适应巡航车队结构

车辆可建为如下三阶非线性方程：

$$\dot{\delta}_i = v_{i-1} - v_i \tag{9.2}$$

$$\dot{v}_i = a_i \tag{9.3}$$

$$\dot{a}_i = f_i(v_i, a_i) + g_i(v_i)u_i \tag{9.4}$$

式中，$u_i(t)$是控制输入量，$u_i(t)>0$ 是加速，$u_i(t)<0$ 是刹车；$f_i(v_i, a_i)$和 $g_i(v_i)$ 如下：

$$f_i(v_i, a_i) = -\frac{1}{\zeta_i}\left(\dot{v}_i + \frac{\sigma A_i c_{di}}{2m_i}v_i^2 + \frac{d_{mi}}{m_i}\right) - \frac{\sigma A_i c_{di} v_i a_i}{m_i} \tag{9.5}$$

$$g_i(v_i) = \frac{1}{\zeta_i m_i} \tag{9.6}$$

式中，σ 表示空气质量密度；A_i、c_{di}、d_{mi}、m_i 和 ζ_i 分别表示车辆横截面积、拽力系数、机械拽力、车辆质量及发动机时间常数；$\frac{\sigma A_i c_{di}}{2m_i}$表示空气阻力。

将式（9.2）~式（9.4）与式（9.1）结合，并设 $a_{i-1}(t)=w_i(t)$作为可测量干扰，那么可以得到如下 CACC 系统的状态空间方程：

$$\begin{aligned}\dot{x}_i(t) &= \boldsymbol{F}_i(x_i(t)) + \boldsymbol{G}_i u_i(t) + \boldsymbol{H}_i w_i(t) \\ y_i(t) &= [x_i^{\mathrm{T}}(t), w_i(t)]^{\mathrm{T}}\end{aligned} \tag{9.7}$$

式中，

$x_i(t) = [\delta_i(t) \quad \Delta v_i(t) \quad v_i(t) \quad a_i(t)]^{\mathrm{T}}(i=1,\cdots,n-1)$是状态向量，

$y_i(t) = [\delta_i(t) \quad \Delta v_i(t) \quad v_i(t) \quad a_i(t) \quad w_i(t)]^{\mathrm{T}}$ 是可测量输出，

$$\boldsymbol{F}_i(x_i(t)) = \begin{bmatrix} 0 & \delta_i(t) & 0 & -ha_i \\ 0 & 0 & 0 & -a_i \\ 0 & 0 & 0 & a_i \\ 0 & 0 & 0 & f_i(v_i) \end{bmatrix}, \boldsymbol{G}_i = \begin{bmatrix} 0 \\ 0 \\ 0 \\ 1/\zeta_i \end{bmatrix}, \boldsymbol{H}_i = \begin{bmatrix} 0 \\ 1 \\ 0 \\ 0 \end{bmatrix}。$$

因为初始状态 $x_i(0)=0$ 是 CACC 系统的平衡点，即 $\boldsymbol{F}_i(0)=0$ 时，可以设计如下的切换控制器 $u_i(k)$，使每一辆跟随车辆稳定：

$$u_i(k) = \boldsymbol{C}_i u_i(k-1) + D_i y_i(k-1) \tag{9.8}$$

式中，$k \in \boldsymbol{N}$；$u_i(k)$表示时间$[k\boldsymbol{T}, (k+1)\boldsymbol{T}]$内的控制量，$T$ 是固定的切换周期，$u_i(k)$在固定时刻 kT 时切换；$\boldsymbol{C}_i$ 是已知维数的矩阵，$D_i = [p_p \quad p_e \quad p_a \quad p_{ac}]$是控制器带设计的增益。

说明 9.1 a）切换周期 T 与数字控制系统的采样周期不同，通常切换周期要比采样周期大。

b）式（9.8）所表示的控制律是基于车间距误差、相对速度误差及前车加速度设计的，其中前两项控制信息是通过车载传感器获得的，加速度信息则通过无线网络传输。

9.1.2 传感器失效的影响

本小节考虑传感器失效的影响，传感器失效模型参考文献［14］来描述距离

传感器和相对速度传感器的特性，即 $\delta_i^f(k)=\rho_{i\delta}\delta_i(k)$，$\Delta v_i^f(k)=\rho_{iv}\Delta v_i(k)$，其中，失效状态 $\rho_{i\delta}=\rho_{iv}=\rho_i$ 是伯努利过程，描述如下 $\Pr[\rho_i=0]=p_i$，$\Pr[\rho_i=1]=1-p_i$。p_i 表示第 i 辆车传感器的失效概率。

考虑传感器的失效后，车辆的测量输出可写为

$$y_i^f(k)=\bar{\boldsymbol{\rho}}_i y_i(k) \tag{9.9}$$

式中，$y_i^f(k)$ 是传感器失效的输出量；$\bar{\boldsymbol{\rho}}_i=\mathrm{diag}\{\rho_i,\rho_i,1,1,1\}$ 是失效矩阵。

考虑传感器失效问题后，CACC 系统的控制器写为如下形式：

$$u_i(k)=\boldsymbol{C}_i u_i(k-1)+D_{iw}w_i(k-1)+D_{ix\rho_i}x_i(k)+D_{ix(1-\rho_i)}x_i(k-1) \tag{9.10}$$

其中，

$$D_{ix(1-\rho_i)}=[(1-\rho_i)p_p \quad (1-\rho_i)p_{\Delta v} \quad p_v \quad p_a],$$

$$D_{ix\rho_i}=[\rho_i p_p \quad \rho_i p_{\Delta v} \quad p_v \quad p_a],D_{iw}=p_{ac}。$$

对式(9.7)的 $F_i(x_i(t))$ 进行泰勒展开，根据式（9.10）可将式（9.7）另写为

$$\dot{x}_i(t)=A_i x_i(t)+\boldsymbol{G}_i u_i(k)+\boldsymbol{H}_i w_i(t_i)+h_i(x_i) \tag{9.11}$$

$$u_i(k+1)=\boldsymbol{C}_i u_i(k)+D_{iw}(k)w_i(k)+D_{ix\rho_i}x_i(k+1)+D_{ix(1-\rho_i)}x_i(k) \tag{9.12}$$

式中，$h_i(x_i)$ 包含了 $F_i(x_i(t))$ 中的所有高阶项，$A_i=(\partial F_i(x_i)/\partial x_i)|_{x_i=0}$。

那么，由式（9.11）得

$$x_i(k+1)=\mathrm{e}^{A_iT}x_i(k)+\int_{kT}^{(k+1)T}\mathrm{e}^{A_i((k+1)T-\tau)}(h_i(x_i)+w_i)\mathrm{d}\tau+G_i\int_{kT}^{(k+1)T}\mathrm{e}^{A_i((k+1)T-\tau)}\mathrm{d}\tau u(k) \tag{9.13}$$

定义 $\hat{x}_i(k+1)=[x_i(k+1),u_i(k+1)]^{\mathrm{T}}$，由式（9.12）和式（9.13）

$$\hat{x}_i(k+1)=\boldsymbol{H}_i\hat{x}_i(k)+M_i(k,\hat{x}_i(k)) \tag{9.14}$$

式中，

$$\boldsymbol{H}_i=\begin{bmatrix}\mathrm{e}^{A_iT} & \boldsymbol{\Delta}_{i0}(k)\\ D_{ix\rho_i}\mathrm{e}^{A_iT}+D_{ix(1-\rho_i)} & \boldsymbol{C}_i+\boldsymbol{\Delta}_{i0}(k)\end{bmatrix},$$

$$M_i(k,l_i(k))=[\boldsymbol{\Delta}_{i1}(k)\quad D_{iw}w_i(k)]^{\mathrm{T}},\ \boldsymbol{\Delta}_{i0}(k)=\boldsymbol{G}_i\int_{kT}^{(k+1)T}\mathrm{e}^{A_i((k+1)T-\tau)}\mathrm{d}\tau,$$

$$\boldsymbol{\Delta}_{i1}(k)=\int_{kT}^{(k+1)T}\mathrm{e}^{A_i((k+1)T-\tau)}(h_i(x_i)+w_i)\mathrm{d}\tau。$$

因为 $h_i(x_i)$ 包含了 $F_i(x_i(t))$ 的所有高阶非线性项，所以有 $\lim_{\|x_i\|\to 0}(\|h_i(x_i)\|/\|x_i\|)=0$。并由此可知存在一个标量 $\varepsilon_i>0$，当 $\|x_i\|\leqslant\varepsilon_i$ 时，如下不等式成立：

$$\|h_i(x_i)\|\leqslant\|x_i\| \tag{9.15}$$

9.1.3 控制目标

本章的控制目标是设计切换控制器使得协作式车辆车间距满足以下条件：

1）车队满足指数稳定性；

2）所有车辆的相对速度误差趋近于零；

3）车队的抖动不会沿着车队向后逐渐增大，即对所有 w，满足 $\| G(e^{jw}) \| \leqslant 1$，其中 $G(z) = \delta_i(z)/\delta_{i-1}(z)$，$\delta_i(z)$，$\delta_{i-1}(z)$ 分别表示车间距离误差 $\delta_i(t)$，$\delta_{i-1}(t)$ 的 Z 变换。

9.2 切换控制器设计

本节针对 9.1 节的非线性 CACC 系统，给出指数稳定的切换控制器的设计方法。首先给出下述两个关键性引理。

引理 9.1 考虑式（9.11）和式（9.12）组成的 CACC 系统，任意给定 $k \in \boldsymbol{N}$，当 $\| x_i(k) \| \leqslant \chi_{i1}$，$\| u_i(k) \| \leqslant \chi_{i1}$ 时，对 $r \in [kT,(k+1)T]$，必然有 $\| x_i(r_i) \| \leqslant \chi_i$，其中 $\chi_{i1} = e^{-T(\| A_i \| + 1)}(1 + 1/\zeta_i)\chi_i$。

证明 假设上述引理成立，那么必然存在 $r_0 \in [kT,(k+1)T]$，使得对所有 $r \in [kT, r_0]$，有 $\| x_i(r_0) \| = \chi_i$，$\| x_i(r) \| \leqslant \chi_i$ 成立，根据已知条件 $\| h_i(x_i(\tau)) \| \leqslant \| x_i(\tau) \|$，可得

$$\| x_i(r) \| \leqslant \| x_i(k) \| + 1/\zeta_i \| u_i(k) \| + \int_{kT}^{r} (\| A_i + 1 \| \| x_i(\tau) \| \mathrm{d}\tau) \tag{9.16}$$

因为 $\| x_i(k) \| \leqslant \chi_{i1}$，$\| u_i(k) \| \leqslant \chi_{i1}$，根据 Gronwall – Bellman 不等式，对所有 $r \in [kT, r_0]$，有如下不等式成立：

$$\| x_i(r) \| \leqslant \| x_i(k) \| + 1/\zeta_i \| u_i(k) \| e^{(\| A_i + 1 \|)(r - kT)} \tag{9.17}$$

由此可得 $\| x_i(r) \| \leqslant \chi_i e^{(\| A_i + 1 \|)(r - kT - T)} \leqslant \chi_i$，其中，$r < kT + T$。这与假设初始条件 $\| x_i(r) \| = \chi_i$ 相矛盾。证毕。

引理 9.2 考虑式（9.11）和式（9.12）组成的 CACC 系统，任意给定的 $\varepsilon_{i1} > 0$，必然存在 $\chi_{i4} > 0$，$\chi_{i4} \leqslant \chi_{i1}$，当 $\| x_i(k) \| \leqslant \varepsilon_{i4}$，$\| u_i(k) \| \leqslant \varepsilon_{i4}$ 时，对任意给定的 $k \in \boldsymbol{N}$，有 $\| \boldsymbol{\Delta}_{i1}(k) \| \leqslant \varepsilon_{i1} \| \hat{x}_i \|$。

证明 任意给定 $\varepsilon_{i1} > 0$，选择 $\varepsilon_{i3} > 0$，使得 $\varepsilon_{i1} = \sqrt{2}\varepsilon_{i3} \cdot e^{2(\| A_i \| + 1)}(1 + 1/\zeta_i)$ 成立。根据式（9.15），当 $\| x_i \| \leqslant \chi_{i3}$ 时，存在 χ_{i3}，使得 $\| h_i(x_i) \| \leqslant \varepsilon_{i3} \| x_i \|$。

定义 $\chi_{i4} = \min \{\chi_{i1}/2, \chi_{i3}/(2(1 + 1/\zeta_i) e^{(\| A_i \| + 1)})\}$。那么，当 $\| x_i(k) \| \leqslant \chi_{i4}$，$\| u_i(k) \| \leqslant \chi_{i4}$ 时，根据式（9.17），对任意 $r \in [kT,(k+1)T]$，可得

$$\| x_i(r) \| \leqslant 2\chi_{i4}(1 + 1/\zeta_i) e^{(\| A_i + 1 \|)} \leqslant \chi_{i3} \tag{9.18}$$

进一步，当 $\| x_i(k) \| \leqslant \chi_{i4}$，$\| u_i(k) \| \leqslant \chi_{i4}$ 时，对所有 $r \in [kT,(k+1)T]$，如

下不等式成立：

$$\| h_i(x_i(r)) \| \leqslant \varepsilon_{i3}(\| x_i(k) \| + \| u_i(k) \|) \cdot (1+1/\zeta_i) \mathrm{e}^{(\| A_i+1 \|)} \tag{9.19}$$

根据式（9.15），当 $\| x_i \| \leqslant \chi_{i4}$，$\| u_i \| \leqslant \chi_{i4}$时，$\Delta_{i1}(k)$可以写为下述形式：

$$\Delta_{i1}(k) = \mathrm{e}^{\| A_i \|} \int_{kT}^{(k+1)T} \| h_i(x_i(\tau)) \| \mathrm{d}\tau \tag{9.20}$$

根据式（9.19），当 $\| x_i \| \leqslant \chi_{i4}$，$\| u_i \| \leqslant \chi_{i4}$时，可得 $\| \Delta_{i1}(k) \| \leqslant (\| x_i(k) \| + \| u_i(k) \|) \varepsilon_{i1}/\sqrt{2}$。进一步由 $\| x_i(k) \| + \| u_i(k) \| \leqslant \sqrt{2} \| \hat{x}_i(k) \|$ 可知，当 $\| x_i(k) \| \leqslant \chi_{i4}$，$\| u_i(k) \| \leqslant \chi_{i4}$时，对给定 $\varepsilon_{i1} > 0$，存在 $\varepsilon_{i4} > 0$，使得任意 $k \in N$，$\| \Delta_{i1}(k) \| \leqslant \varepsilon_{i1} \| \hat{x}_i(k) \|$ 成立，其中，$\chi_{i4} \leqslant \chi_{i1}$。证毕。

定理 9.1 CACC 系统在式（9.12）所表示的切换控制器的作用下，可局部渐近稳定至平衡点，选择合适 C_i、D_{ix}、T 使得 $\boldsymbol{H}_i$ 的所有特征值都在单位圆内，其中

$$\boldsymbol{H}_i = \begin{bmatrix} \mathrm{e}^{A_i T} & \boldsymbol{G}_i \int_{kT}^{(k+1)T} \mathrm{e}^{A_i((k+1)T-\tau)} \mathrm{d}\tau \\ D_{ix\rho_i} \mathrm{e}^{A_i T} + D_{ix(1-\rho_i)} & \boldsymbol{C}_i + \boldsymbol{G}_i \int_{kT}^{(k+1)T} \mathrm{e}^{A_i((k+1)T-\tau)} \mathrm{d}\tau \end{bmatrix} \tag{9.21}$$

证明 假设 $\boldsymbol{H}_i$ 的所有特征值都在单位元内，那么必然存在正定矩阵 $\boldsymbol{P}_i$，使得 $\boldsymbol{H}_i^{\mathrm{T}} \boldsymbol{P}_i \boldsymbol{H}_i - \boldsymbol{P}_i = -2\boldsymbol{I}$。定义 Lyapunov 函数如下：

$$V_i(\hat{x}_i, r) = \hat{x}_i^{\mathrm{T}}(r) \boldsymbol{P}_i \hat{x}_i(r) \tag{9.22}$$

由式（9.22），对任意 $k \in N$，可得

$$V_i(\hat{x}_i(k+1), k+1) - V_i(\hat{x}_i(k), k) \leqslant -2 \| \hat{x}_i(k) \|^2 + \| M_i(k) \|^2 \cdot \| \boldsymbol{P}_i \| + 2 \| M_i(k) \| \| \boldsymbol{P}_i \boldsymbol{H}_i \| \| \hat{x}_i(k) \| \tag{9.23}$$

选择 $0 < \varepsilon_{i0} < (\sqrt{\| \boldsymbol{P}_i \boldsymbol{H}_i \|^2 + 2 \| \boldsymbol{P}_i \|} - \| \boldsymbol{P}_i \boldsymbol{H}_i \|) / \| \boldsymbol{P}_i \|$，有 $2\varepsilon_{i0} \| \boldsymbol{P}_i \boldsymbol{H}_i \| + \varepsilon_{i0}^2 < 2$。根据引理 2.2，当 $\| \hat{x}_i(k) \| < \chi_{i0}(\varepsilon_{i0})$时，必然存在 $\chi_{i0}(\varepsilon_{i0})$，使得 $\| M_i(k) \| \leqslant \varepsilon_{i0} \| \hat{x}_i(k) \|$ 成立。那么根据式（9.23），可得

$$V_i(\hat{x}_i(k+1), k+1) - V_i(\hat{x}_i(k), k) < \| \hat{x}_i(k) \|^2 (-2 + \varepsilon_{i0} \| \boldsymbol{P}_i \boldsymbol{H}_i \| + \varepsilon_{i0}^2 \| \boldsymbol{P}_i \|) < 0 \tag{9.24}$$

下面进一步证明，对任意 $k_0 \in \boldsymbol{N}$ 和所有 $k \geqslant k_0$，式（9.24）成立，当

$$\| \hat{x}_i(k_0) \| < \sqrt{\lambda_{\min}(\boldsymbol{P}_i) / \lambda_{\max}(\boldsymbol{P}_i)} \chi_{i0}(\varepsilon_{i0}) \tag{9.25}$$

式中，$\lambda_{\min}$（$\boldsymbol{P}_i$），$\lambda_{\max}$（$\boldsymbol{P}_i$）分别表示 $\boldsymbol{P}_i$ 的最大和最小特征值。由式（9.22）和式（9.25）可得

$$V_i(\hat{x}_i(k_0), k_0) \leqslant \lambda_{\max}(\boldsymbol{P}_i) \| \hat{x}_i(k_0) \|^2 < \lambda_{\min}(\boldsymbol{P}_i) \chi_i^2(\varepsilon_{i0})$$

因为 $\| \hat{x}_i(k) \| \leqslant \chi_i(\varepsilon_{i0})$，从式（9.24）可知 $V_i(\hat{x}_i(k_0+1), k_0+1) < V_i(\hat{x}_i$

$(k_0), k_0)$成立，因此

$$V_i(\hat{x}_i(k_0+1), k_0+1) \leqslant \lambda_{\min}(P_i \chi_i^2(\varepsilon_i^0)) \tag{9.26}$$

由此根据 $V_i(\hat{x}_i(k_0+2), k_0+2) < V_i(\hat{x}_i(k_0+1), k_0+1)$，$\| \hat{x}_i(k_0+2) \| < \chi_i(\varepsilon_{i0})$，可得 $\| \hat{x}_i(k_0+1) \| < \chi_i(\varepsilon_{i0})$成立。经过简单数学变换，对所有 $k \geqslant k_0$，可得 $\| \hat{x}_i(k) \| < \chi_i(\varepsilon_{i0})$。

选择$\mu_i = \max\ (\mathrm{e}^{(\| A_i+1 \|)} \cdot \pi_i \mathrm{e}^{(\| A_i+1 \|)})$。由式（9.16），可知 $\| x_i(r) \| \leqslant \mu_i (\| x_i(k) \| + \| u_i(k) \|)$。当 $\| x_i(r) \| \leqslant \chi_{i1}$时，因为 $\| x_i(k) \| \leqslant \sqrt{2}\mu_i \| \hat{x}_i(k) \|$，所以

$$\lambda_{\max}(P_i)(\| x_i(r) \|^2 + \| u_i(k) \|^2)\lambda_{\min}(P_i) \leqslant \lambda_{\min}(P_i)(\sqrt{2}\mu_i+1)^2 \| \hat{x}_i(k) \|^2 \lambda_{\max}(P_i)$$

进一步根据式（9.21）得

$$\lambda_{\min}(P_i) \| \hat{x}_i(k) \|^2 \leqslant V_i(\hat{x}_i(r), r) \leqslant \lambda_{\max}(P_i) \| \hat{x}_i(r) \|^2$$

$$V_i(\hat{x}_i(r), r) \leqslant (\sqrt{2}\mu_i+1)^2 \lambda_{\max}(P_i) V_i(\hat{x}_i(k), k) / \lambda_{\min}(P_i)$$

据此，根据文献［15］和定理4.1，知式（9.11）所表示的系统是渐近稳定的。证毕。

9.3 队列稳定性分析

本节进一步分析，该切换控制作用下的 CACC 系统队列稳定性，主要总结如下定理。

定理9.2 式（9.11）所表示的闭环 CACC 系统是队列稳定的，当下述条件成立：

$$\begin{aligned} &n_2 = 0 \\ &n_4 n_3 + n_1 n_0 \leqslant 0 \end{aligned} \tag{9.27}$$

证明 对$f_i(v_i)$进行 Maclaurin 展开

$$\dot{a}_i(t) = \frac{u_i(t) - d_{mi}}{m_i \zeta_i} \tag{9.28}$$

通过差分近似，上述等式可写为

$$u_i(k) = \frac{\zeta_i m_i (a_i(k) - a_i(k-1))}{T} + d_{mi} \tag{9.29}$$

与式（9.12）所表示的控制器结合，可得

$$u_i(k) - u_i(k-1) = \rho_i p_p \delta_i(k) + \rho_i p_{\Delta v} \Delta v_i(k) + p_v v_i(k) + p_a a_i(k) + p_{ac} a_{i-1}(k) \tag{9.30}$$

由式（9.28）和式（9.29），可得$\delta_i(z)$和$\delta_{i-1}(z)$在 Z 域内的关系写为

$$\frac{\delta_i(z)}{\delta_{i-1}(z)} = \frac{n_1 z^3 + n_0 z}{n_2 z^3 + n_3 z - n_4} \tag{9.31}$$

式中，

$n_0 = \rho_i p_{\Delta v} T, n_1 = \rho_i p_p - p_{ac} T^2, n_2 = -\zeta_i m_i T + \rho_i p_p + \rho_i p_{\Delta v} T + p_v T + p_a T^2,$

$n_3 = 2\zeta_i m_i T, n_4 = \zeta_i m_i$。

对任意 w，假设条件 $|\delta_i(e^{jwT})/\delta_{i-1}(e^{jwT})| \leqslant 1$ 成立，可得如下不等式成立：

$$(n_2 n_3 - n_1 n_0)\cos(2Tw) + n_4 n_2 \cos(3Tw) - n_4 n_3 \cos(Tw) \geqslant 0 \tag{9.32}$$

如果条件 $n_2 = 0$ 成立，可得

$$-n_1 n_0 \cos(2Tw) - n_4 n_3 \cos(Tw) \geqslant 0 \tag{9.33}$$

因为 $n_4 n_3 > 0$，$\cos(Tw) \geqslant 1 - \frac{T^2 w^2}{2}$，$\cos(2Tw) \geqslant 1 - 2T^2 w^2$，可得对任意 $w > 0$，$n_4 n_3 + n_1 n_0 \leqslant 0$ 成立。证毕。

9.4 数字仿真

本节将本章设计的算法应用到由五辆车组成的 CACC 系统中，并与文献［29］相比较得出该算法的优缺点。领队车辆的速度加速度曲线如图 9.2 所示。

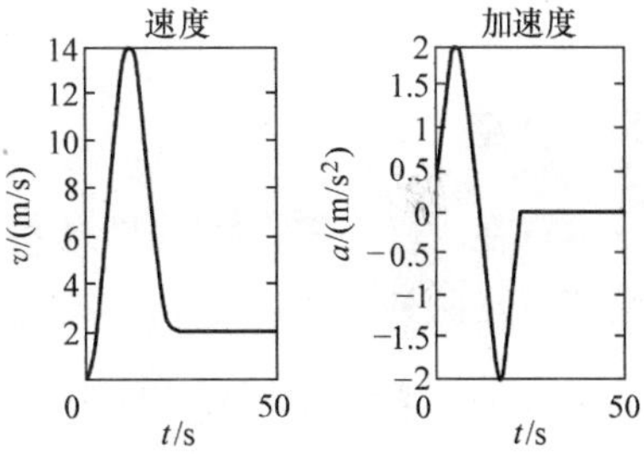

图 9.2 领队车辆的曲线

根据定理 2.1 和定理 2.2，选择控制器参数：$p_p = 28.84$，$p_{\Delta v} = 21.94$，$p_v = 2.82$，$p_a = 2.13$，$p_{ac} = 1.56$，$p_i = 5\%$，$T = 0.1$s。经过简单计算知道 $\boldsymbol{H}_i$ 的特征值为 0.092 + 0.052j，0.092 − 0.052j，0.046 + 0.156j，0.046 − 0.156j 位于单位圆内。选择采样周期为 0.005s。仿真结果如图 9.3 和图 9.4 所示，采用本章的控制算法明显优于文献［29］，采用本章算法的最大车间距离误差和最大速度分别为 0.39m 和 14m/s，整个车队跟踪准确。而采用文献［29］的控制器，整个车队难以保持队里稳定（车间距离误差随着车队向后逐渐增大）。最大车间距离误差和最大速度分别为 3.1m 和 15.8m/s。

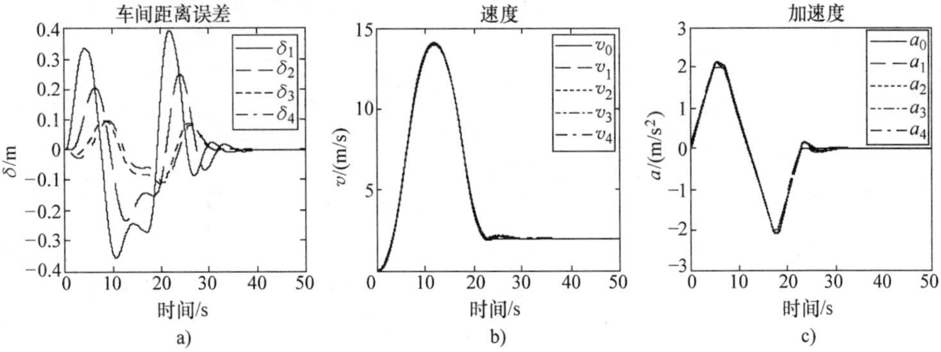

图 9.3 切换控制器作用下的相应曲线

a）车间距离误差 b）速度 c）加速度

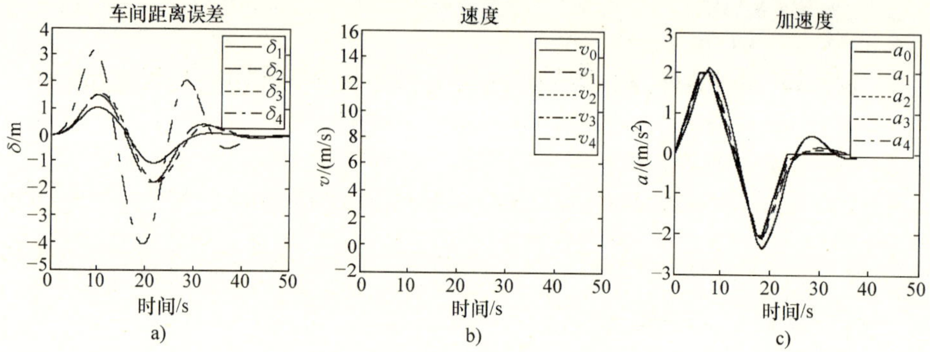

图 9.4　文献［29］作用下的相应曲线

a）车间距离误差　b）速度　c）加速度

9.5　小结

本章在跟随车辆是非线性动态的框架下，设计切换控制器，可以同时实现车队稳定和车队队列稳定。仿真结果说明控制算法的有效性。

第 10 章　执行器饱和及延时下的车辆协作控制

目前关于协作式车辆纵向控制问题，大都是单向播放式或逐次跳跃式的信息传递方式，如文献［137］和文献［138］。这两种方式存在最大的缺点是一旦车队中某辆车出现较大的干扰，车队将难以继续维持队列稳定性。本章在文献［139］研究工作的基础上，以双向信息传递方式建立车队结构模型，并进一步考虑执行器饱和，执行器延时及发动机时间常数不确定性等问题，设计输出反馈控制器保证车队的各个性能控制指标得以实现。

本章具体安排如下：10.1 节考虑执行器延时、饱和及不确定性问题，建立双向车队结构，给出车队控制目标；10.2 节针对上节的问题，采用部分时延依赖的 Lyapunov 函数，得到保证车队渐近稳定的反馈控制器；10.3 节进一步对车队稳定性进行分析得出保证队列整体稳定的条件；10.4 节通过数值仿真，验证算法的有效性和可行性，并对结果进行分析；10.5 节对本章内容做一个简单的总结。

10.1　问题描述

考虑一个由 n 辆车组成的双向传递信息的车队，结构如图 10.1 所示。假设车队在水平道路上行驶，所有的车辆都安装了车载传感器，可以检测到前后临近车辆的相对距离和相对速度。本章将逐一给出车辆的动态模型、车辆执行器的延时、执行器饱和及发动机时间参数的不确定问题的描述，最后给出解决上述问题的方法。

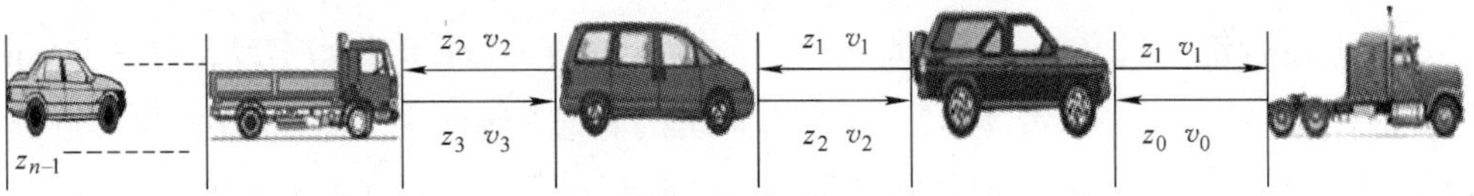

图 10.1　双向车队系统

用 z_i 和 v_i 分别表示第 i 辆车的位置和速度($i=0,\cdots,n-1$)，$i=0$ 表示领队车辆。定义相邻车辆车间距离误差 δ_i 和速度误差 Δv_i 如下：

$$\delta_i = z_{i-1} - z_i - L_i - \delta_d,\ \Delta v_i = v_i - v_d \tag{10.1}$$

式中，δ_d 是期望的车间距离；v_d 是理想的车队巡航速度；L_i 是车辆的长度。车辆的动态系统可以建立模型如下：

$$\dot{a}_i = f_i(v_i, a_i) + g_i(v_i)c_i \tag{10.2}$$

式中，c_i, $f_i(v_i,a_i)$ 和 $g_i(v_i)$ 在前一章已给出。

针对该系统，同样设计线性反馈控制律

$$c_i = u_i m_i + \frac{\sigma A_i c_{di} v_i^2}{2} + d_{mi} + \zeta_i \sigma A_i c_{di} v_i a_i \tag{10.3}$$

从而得到车队的线性化动态系统如下：

$$\dot{a}_i(t) = -\frac{1}{\zeta_i} a_i(t) + \frac{1}{\zeta_i} u_i(t) \tag{10.4}$$

在实际的车队系统中，车辆还存在以下几个问题，

1）发动机时间常数会改变；

2）执行器本身存在饱和特性；

3）由于燃油刹车等执行器存在延时；

4）领队车辆加速度变化对整个车队会有较大干扰。

因此，一个更加符合实际的车辆动态模型可以写为下述形式：

$$\dot{a}_i(t) = -\left(\frac{1}{\zeta_i} + \frac{1}{\Delta\zeta_i}\right) a_i(t) + \left(\frac{1}{\zeta_i} + \frac{1}{\Delta\zeta_i}\right) u_{\mathrm{sat}_i}(t - \tau(t)) + b_w d_i(t) \tag{10.5}$$

式中，b_w 是一个实数；$|\Delta\zeta_i| = f_i(t)$；$f_i(t)$是 Lebesgue - measurable 连续函数，满足$f_i^2(t) \geqslant D_i$，$D_i > 0$。执行器延时 $\tau(t)$是时变的连续函数，满足如下条件：

$$\tau_1 \leqslant \tau(t) \leqslant \tau_2,\ 0 \leqslant \dot{\tau}_i(t) \leqslant \mu \tag{10.6}$$

式中，τ_1 和 τ_2 分别表示第 i 辆车的执行器延时的上下界；μ 是延时的变化率。用 sat_i 来表示第 i 辆车的执行器饱和度，描述如下：

$$u_{\mathrm{sat}_i}(t) \stackrel{\Delta}{=} \begin{cases} \mathrm{sat}_i，当\ u_i \geqslant \mathrm{sat}_i\ 时 \\ u_i(t)，当 -\mathrm{sat}_i \leqslant u_i \leqslant \mathrm{sat}_i\ 时 \\ -\mathrm{sat}_i，当\ u_i \leqslant -\mathrm{sat}_i\ 时 \end{cases} \tag{10.7}$$

在上述讨论，定义 $x(t) = \mathrm{Col}[x_i(t)]_{i=1}^{n-1}$，$u_{\mathrm{sat}}(t) = \mathrm{Col}[u_{\mathrm{sat}_i}(t)]_{i=1}^{n-1}$，$y(t) = \mathrm{Col}[y_i(t)]_{i=1}^{n-1}$，$d(t) = \mathrm{Col}[d_i(t)]_{i=1}^{n-1}$分别为系统的状态变量、控制输入量、测量输出量及干扰量，其中，Col 表示列向量 $x_i(t) = [\delta_i \quad \Delta v_i \quad a_i]^{\mathrm{T}}$（$\delta_1$ 中 $z_0 = 0$），$y_i(t) = [\delta_i(t), \Delta v_i(t)]^{\mathrm{T}}$，最后，给出如下形式的双向通信车队系统的状态空间方程：

$$\begin{aligned} \dot{x}(t) &= (\boldsymbol{A} + \Delta\boldsymbol{A}) x(t) + (\boldsymbol{B} + \Delta\boldsymbol{B}) u_{\mathrm{sat}}(t - d(t)) + \boldsymbol{B}_d d(t) \\ y(t) &= \boldsymbol{C} x(t) \end{aligned} \tag{10.8}$$

式中，

$$\boldsymbol{A} = \begin{bmatrix} \boldsymbol{A}_v & \boldsymbol{A}_d & \cdots & 0 \\ 0 & \boldsymbol{A}_v & \ddots & \vdots \\ 0 & \vdots & \ddots & \boldsymbol{A}_d \\ 0 & 0 & \cdots & \boldsymbol{A}_v \end{bmatrix},\ \Delta\boldsymbol{A} = \begin{bmatrix} \Delta\boldsymbol{A}_v & 0 & \cdots & 0 \\ 0 & \Delta\boldsymbol{A}_v & \ddots & \vdots \\ 0 & \vdots & \ddots & 0 \\ 0 & 0 & \cdots & \Delta\boldsymbol{A}_v \end{bmatrix},\ \boldsymbol{B} = \begin{bmatrix} \boldsymbol{B}_v & 0 & \cdots & 0 \\ 0 & \boldsymbol{B}_v & \ddots & \vdots \\ 0 & \vdots & \ddots & 0 \\ 0 & 0 & \cdots & \boldsymbol{B}_v \end{bmatrix},$$

$$\Delta \boldsymbol{B}=\begin{bmatrix} \Delta \boldsymbol{B}_v & 0 & \cdots & 0 \\ 0 & \Delta \boldsymbol{B}_v & \ddots & \vdots \\ 0 & \vdots & \ddots & 0 \\ 0 & 0 & \cdots & \Delta \boldsymbol{B}_v \end{bmatrix},\ \boldsymbol{A}_v=\begin{bmatrix} 0 & 1 & 0 \\ 0 & 0 & 1 \\ 0 & 0 & -1/\zeta_i \end{bmatrix},\ \boldsymbol{C}=\begin{bmatrix} \boldsymbol{C}_v & 0 & \cdots & 0 \\ 0 & \boldsymbol{C}_v & \cdots & 0 \\ \vdots & \cdots & \ddots & \vdots \\ 0 & 0 & \cdots & \boldsymbol{C}_v \end{bmatrix},$$

$$\boldsymbol{C}_v=\begin{bmatrix} 1 & 0 \\ 0 & 1 \end{bmatrix},\ \boldsymbol{A}_d=\begin{bmatrix} 0 & -1 & 0 \\ 0 & 0 & 0 \\ 0 & 0 & 0 \end{bmatrix},\ \boldsymbol{B}_v=\begin{bmatrix} 0 \\ 0 \\ 1/\zeta_i \end{bmatrix},\ \Delta \boldsymbol{A}_v=\begin{bmatrix} 0 & 1 & 0 \\ 0 & 0 & 1 \\ 0 & 0 & -1/\Delta\zeta_i \end{bmatrix},$$

$$\Delta \boldsymbol{B}_v=\begin{bmatrix} 0 \\ 0 \\ 1/\Delta\zeta_i \end{bmatrix},\ \boldsymbol{B}_d=\operatorname{diag}\{b_w,\cdots,b_w\}。$$

根据式（10.5）所表示的发动机时间常数的对不确定性 $\Delta\zeta_i$ 的描述，可以得到 $[\Delta \boldsymbol{A}\quad \Delta \boldsymbol{B}]=\boldsymbol{D}\boldsymbol{F}(t)[\boldsymbol{E}_1\quad \boldsymbol{E}_2]$，其中，$\boldsymbol{D}$，$\boldsymbol{E}_1$ 和 $\boldsymbol{E}_2$ 是已知的常数矩阵，$\boldsymbol{F}(t)$是未知的矩阵方程，满足 $\boldsymbol{F}^{\mathrm{T}}(t)\boldsymbol{F}(t)\leqslant \boldsymbol{I}$。

在进一步设计控制前，先给出如下控制目标和条件。

（1）渐近稳定。在改双向通信的车队系统中，所有车辆的状态量最终趋近于零，即当领队车辆稳定行驶时，车队中其余所有车辆的车间距离误差和速度误差都趋近于零。

（2）双向队列稳定性。如果车队中第 $i_{dis}(i_{dis}\in[0,n-1])$ 辆车突然有一个干扰，那么该干扰信号不能沿着车队向前或向后逐渐变大，即 $\|G(\mathrm{j}w)\|\leqslant 1$ 对任意 w，其中，$G(s)=\begin{cases}\delta_i(s)/\delta_{i-1}(s), & 若\ i\in[i_{dis},0]\\ \delta_i(s)/\delta_{i+1}(s), & 若\ i\in[n-1,i_{dis})\end{cases}$，其中，$\delta_i(s)$，$\delta_{i-1}(s)$ 和 $\delta_{i+1}(s)$ 是 $\delta_i(t)$，$\delta_{i-1}(t)$ 和 $\delta_{i+1}(t)$ 的拉普拉斯变换。

注意：本章考虑的队列稳定性问题与前几章不同（是一个双向都需要稳定的条件），这是因为本章的车队间通信方式是双向的，即信息流不仅沿着车队向后传递，也同时向前传递。

（3）燃油的经济性和乘车的舒适性。为了减少油量消耗和提供舒适的乘车感受，文献［140］给出了详细说明，即最小化 $a_i(t)$，且满足 $|a_i(t)|<a_{i\max}$，那么这里定义一个新的输出 $y_1(t)=a(t)$，其中，$a(t)=\mathrm{Col}[a_i(t)]_{i=1}^{n-1}$。

采用 H_∞ 的模来表示该性能指标，那么控制的目标是最小化 H_∞ 的模，使 $\|T_{y1(t)d(t)}\|_\infty<\gamma$，其中，$T_{y1(t)d(t)}$ 表示在闭环的车队系统中，干扰量 $d(t)$ 到输出量 $y_1(t)$ 的传递函数。

（4）跟踪能力。期望设计的车辆控制器在准确跟踪前车的前提下保证行车安全，要满足这个条件，需要给出一个新的输出 $y_2(t)=\mathrm{Col}[\delta_i(t)+\delta_d]_{i=1}^{n-1}\leqslant\delta_{d\min}$，其中，$\delta_{d\min}$ 是保证行车安全的最小车间距离。

那么，可以给出上述控制条件及限制条件的车队模型如下：

$$\dot{x}(t)=\overline{\boldsymbol{A}}x(t)+\overline{\boldsymbol{B}}u_{\mathrm{sat}}(t-d(t))+\boldsymbol{B}_d d(t) \tag{10.9}$$

$$y_1=\boldsymbol{C}_1x(t) \tag{10.10}$$

$$y_2=\boldsymbol{C}_2x(t) \tag{10.11}$$

式中，$\overline{\boldsymbol{A}}=\boldsymbol{A}+\Delta\boldsymbol{A}$，$\overline{\boldsymbol{B}}=\boldsymbol{B}+\Delta\boldsymbol{B}$。

下文主要设计输出反馈控制器如下：

$$u_i(t)=K_iy_i(t) \tag{10.12}$$

式中，$K_i=[k_{pb}\quad k_{pf}\quad k_{vb}\quad k_{vf}]$是待设计的控制增益。

10.2 H_∞控制器设计

本节主要针对考虑不确定、时延及执行器延时的双向通信车队设计鲁棒渐近控制器，使得上节给出车队的控制性能能够实现。

第一个主要结论如下：

定理 10.1 式（10.8）所表示的双向通信车队系统，考虑执行器饱和及执行器延时，在式（10.12）所表示的控制器的作用下是渐近稳定的，并且对所有非零$d(t)\in L_2[0,\infty]$，满足$\|T_{y_1w}\|_\infty<\gamma$，在零初始条件下，如果存在矩阵$\boldsymbol{P}>0$，$\boldsymbol{T}>0$，$\boldsymbol{Q}_j>0$，$j=1,2,3$，$\boldsymbol{Z}_m>0$，$m=1,2$，$\boldsymbol{N}_l$，$\boldsymbol{S}_l$，$\boldsymbol{M}_l$，$l=1,2,\cdots,5$，满足

$$\begin{bmatrix}\hat{\boldsymbol{\Pi}} & d_2 & d_{12}\boldsymbol{S} & d_{12}\boldsymbol{M}\\ * & -d_2\boldsymbol{Z}_1 & 0 & 0\\ * & * & -d_{12}(\boldsymbol{Z}_1+\boldsymbol{Z}_2) & 0\\ * & * & * & -d_{12}\boldsymbol{Z}_2\end{bmatrix}<0 \tag{10.13}$$

$$\begin{bmatrix}-\boldsymbol{I} & \sqrt{\vartheta}\boldsymbol{C}_2\\ * & -\delta_{d\min}^2\boldsymbol{P}\end{bmatrix}<0 \tag{10.14}$$

式中，

$$\hat{\boldsymbol{\Pi}}=\begin{bmatrix}\boldsymbol{\Pi}_{11}+\boldsymbol{C}^{\mathrm{T}}\boldsymbol{C}_1 & \boldsymbol{\Pi}_{12} & \boldsymbol{\Pi}_{13} & \boldsymbol{\Pi}_{14} & \boldsymbol{\Pi}_{15} & \boldsymbol{\Pi}_{16}\\ * & \boldsymbol{\Pi}_{22} & \boldsymbol{\Pi}_{23} & \boldsymbol{\Pi}_{24} & \boldsymbol{\Pi}_{25} & 0\\ * & * & \boldsymbol{\Pi}_{33} & \boldsymbol{\Pi}_{34} & \boldsymbol{\Pi}_{35} & 0\\ * & * & * & \boldsymbol{\Pi}_{44} & \boldsymbol{\Pi}_{45} & 0\\ * & * & * & * & \boldsymbol{\Pi}_{55} & \boldsymbol{\Pi}_{56}\\ * & * & * & * & * & -\gamma^2\end{bmatrix}, \tag{10.15}$$

$\boldsymbol{N}^{\mathrm{T}}=[\boldsymbol{N}_1^{\mathrm{T}}\quad \boldsymbol{N}_2^{\mathrm{T}}\quad \boldsymbol{N}_3^{\mathrm{T}}\quad \boldsymbol{N}_4^{\mathrm{T}}\quad \boldsymbol{N}_5^{\mathrm{T}}\quad 0]$，

$\boldsymbol{S}^{\mathrm{T}}=[\boldsymbol{S}_1^{\mathrm{T}}\quad \boldsymbol{S}_2^{\mathrm{T}}\quad \boldsymbol{S}_3^{\mathrm{T}}\quad \boldsymbol{S}_4^{\mathrm{T}}\quad \boldsymbol{S}_5^{\mathrm{T}}\quad 0]$，

$\boldsymbol{M}^{\mathrm{T}}=[\boldsymbol{M}_1^{\mathrm{T}}\quad \boldsymbol{M}_2^{\mathrm{T}}\quad \boldsymbol{M}_3^{\mathrm{T}}\quad \boldsymbol{M}_4^{\mathrm{T}}\quad \boldsymbol{M}_5^{\mathrm{T}}\quad 0]$，

$\boldsymbol{\Pi}_{11} = \sum_{j=1}^{3} \boldsymbol{Q}_j + \boldsymbol{N}_1 + \boldsymbol{N}_1^{\mathrm{T}} + \boldsymbol{T}\overline{\boldsymbol{A}} + \overline{\boldsymbol{A}}^{\mathrm{T}}\boldsymbol{T}$，$\boldsymbol{\Pi}_{12} = \boldsymbol{N}_2^{\mathrm{T}} - \boldsymbol{N}_1 + \boldsymbol{S}_1 - \boldsymbol{M}_1 + \boldsymbol{T}\overline{\boldsymbol{B}}\boldsymbol{KC}$，

$\boldsymbol{\Pi}_{13} = \boldsymbol{M}_1 + \boldsymbol{N}_3^{\mathrm{T}}$，$\boldsymbol{\Pi}_{14} = -\boldsymbol{S}_1 + \boldsymbol{N}_4^{\mathrm{T}}$，$\boldsymbol{\Pi}_{15} = \boldsymbol{N}_5^{\mathrm{T}} - \boldsymbol{T} + \boldsymbol{P} + \overline{\boldsymbol{A}}^{\mathrm{T}}\boldsymbol{T}$，$\boldsymbol{\Pi}_{16} = \boldsymbol{TB}_d$，

$\boldsymbol{\Pi}_{22} = (\mu - 1)\boldsymbol{Q}_3 + \boldsymbol{S}_2 + \boldsymbol{S}_2^{\mathrm{T}} - \boldsymbol{N}_2 - \boldsymbol{N}_2^{\mathrm{T}} - \boldsymbol{M}_2 - \boldsymbol{M}_2^{\mathrm{T}}$，

$\boldsymbol{\Pi}_{23} = \boldsymbol{M}_2 - \boldsymbol{N}_3^{\mathrm{T}} + \boldsymbol{S}_3^{\mathrm{T}} - \boldsymbol{M}_3^{\mathrm{T}}$，$\boldsymbol{\Pi}_{24} = -\boldsymbol{S}_2 - \boldsymbol{N}_4^{\mathrm{T}} + \boldsymbol{S}_4^{\mathrm{T}} - \boldsymbol{M}_4^{\mathrm{T}}$，

$\boldsymbol{\Pi}_{25} = \boldsymbol{S}_5^{\mathrm{T}} - \boldsymbol{N}_5^{\mathrm{T}} - \boldsymbol{M}_5^{\mathrm{T}} + (\boldsymbol{KC})^{\mathrm{T}}\overline{\boldsymbol{B}}^{\mathrm{T}}\boldsymbol{T}$，$\boldsymbol{\Pi}_{33} = -\boldsymbol{Q}_1 + \boldsymbol{M}_3 + \boldsymbol{M}_3^{\mathrm{T}}$，$\boldsymbol{\Pi}_{34} = -\boldsymbol{S}_3 + \boldsymbol{M}_4^{\mathrm{T}}$，

$\boldsymbol{\Pi}_{35} = \boldsymbol{M}_5^{\mathrm{T}}$，$\boldsymbol{\Pi}_{44} = -\boldsymbol{Q}_2 - \boldsymbol{S}_4 - \boldsymbol{S}_4^{\mathrm{T}}$，$\boldsymbol{\Pi}_{45} = -\boldsymbol{S}_5^{\mathrm{T}}$，$\boldsymbol{\Pi}_{55} = d_2\boldsymbol{Z}_1 + d_{12}\boldsymbol{Z}_2 - 2\boldsymbol{T}$，

$\boldsymbol{\Pi}_{56} = \boldsymbol{TB}_d$，$d_{12} = d_2 - d_1$。

证明 定义 Lyapunov – Krasovskii 函数如下：

$$V(t) = x^{\mathrm{T}}(t)\boldsymbol{P}x(t) + \int_{t-d_1}^{t} x^{\mathrm{T}}(s)\boldsymbol{Q}_1 x(s)\mathrm{d}s + \int_{t-d_2}^{t} x^{\mathrm{T}}(s)Q_2 x(s)\mathrm{d}s + \int_{t-d(t)}^{t} x^{\mathrm{T}}(s)Q_3 x(s)\mathrm{d}s$$
$$+ \int_{-d_2}^{0}\int_{t+\theta}^{t} \dot{x}^{\mathrm{T}}(s)\boldsymbol{Z}_1\dot{x}(s)\mathrm{d}s\mathrm{d}\theta + \int_{-d_2}^{-d_1}\int_{t+\theta}^{t} \dot{x}^{\mathrm{T}}(s)Z_2\dot{x}(s)\mathrm{d}s\mathrm{d}\theta \qquad (10.16)$$

式中，$\boldsymbol{P} > 0$，$\boldsymbol{Q}_j > 0$，$j = 1, 2, 3$，$\boldsymbol{Z}_m > 0$，$m = 1, 2$，是待确定的矩阵。

那么沿式（10.8）所表示的车队轨迹，对 $V(t)$ 求导可得

$$\dot{V}(t) = \dot{x}^{\mathrm{T}}(t)\boldsymbol{P}x(t) + x^{\mathrm{T}}(t)\boldsymbol{P}\dot{x}(t) + x^{\mathrm{T}}(t)\boldsymbol{Q}_1 x(t) - x^{\mathrm{T}}(t-d_1)\boldsymbol{Q}_1 x_i(t-d_1)$$
$$- x^{\mathrm{T}}(t-d_2)\boldsymbol{Q}_2 x(t-d_2) + x^{\mathrm{T}}(t)\boldsymbol{Q}_3 x(t)$$
$$- \int_{t-d_2}^{t-d_1} \dot{x}^{\mathrm{T}}(s)\boldsymbol{Z}_2\dot{x}(s)\mathrm{d}s + d_2\dot{x}^{\mathrm{T}}(t)\boldsymbol{Z}_1\dot{x}(t) - (1-\dot{d}(t))x^{\mathrm{T}}(t-d(t))\boldsymbol{Q}_3 x(t-d(t))$$
$$+ x^{\mathrm{T}}(t)\boldsymbol{Q}_2 x(t) - \int_{t-d_2}^{t} \dot{x}^{\mathrm{T}}(s)y_1\dot{x}(s)\mathrm{d}s + d_2\dot{x}^{\mathrm{T}}(t)\boldsymbol{Z}_2\dot{x}(t) \qquad (10.17)$$

对任意给定的矩阵 $\boldsymbol{T} > 0$，$\boldsymbol{N}_l$，$\boldsymbol{S}_l$，$\boldsymbol{M}_l$，$l = 1, 2, \cdots, 5$，有

$$2\boldsymbol{\Omega}_1\left[x(t) - x(t-d(t)) - \int_{t-d(t)}^{t}\dot{x}(s)\mathrm{d}s\right] = 0$$
$$2\boldsymbol{\Omega}_2\left[x(t-d(t)) - x(t-d_2) - \int_{t-d_2}^{t-d(t)}\dot{x}(s)\mathrm{d}s\right] = 0 \qquad (10.18)$$
$$2\boldsymbol{\Omega}_3\left[x(t-d_1) - x(t-d(t)) - \int_{t-d(t)}^{t-d_1}\dot{x}(s)\mathrm{d}s\right] = 0$$

$$2[x^{\mathrm{T}}(t)\boldsymbol{T} + \dot{x}^{\mathrm{T}}(t)\boldsymbol{T}][-\dot{x}(t) + \overline{\boldsymbol{A}}x(t) + \overline{\boldsymbol{B}}\boldsymbol{KC}x(t-d(t)) + \boldsymbol{B}_d d(t) = 0] \qquad (10.19)$$

式中，

$\boldsymbol{\Omega}_1 = x^{\mathrm{T}}(t)\boldsymbol{N}_1 + x^{\mathrm{T}}(t-d(t))\boldsymbol{N}_2 + x^{\mathrm{T}}(t-d_1)\boldsymbol{N}_3 + x^{\mathrm{T}}(t-d_2)\boldsymbol{N}_4 + \dot{x}^{\mathrm{T}}(t)\boldsymbol{N}_5$，

$\boldsymbol{\Omega}_2 = x^{\mathrm{T}}(t)\boldsymbol{S}_1 + x^{\mathrm{T}}(t-d(t))\boldsymbol{S}_2 + x^{\mathrm{T}}(t-d_1)\boldsymbol{S}_3 + x^{\mathrm{T}}(t-d_2)\boldsymbol{S}_4 + \dot{x}^{\mathrm{T}}(t)\boldsymbol{S}_5$，

$\boldsymbol{\Omega}_3 = x^{\mathrm{T}}(t)\boldsymbol{M}_1 + x^{\mathrm{T}}(t-d(t))\boldsymbol{M}_2 + x^{\mathrm{T}}(t-d_1)\boldsymbol{M}_3 + x^{\mathrm{T}}(t-d_2)\boldsymbol{M}_4 + \dot{x}^{\mathrm{T}}(t)\boldsymbol{M}_5$。

结合式（10.18）、式（10.19）及式（10.17），并进行简单数学变化，可得

$$
\begin{aligned}
\dot{V}(t) &= \boldsymbol{\Phi}^{\mathrm{T}}(t)[\boldsymbol{\Pi} + d_2\boldsymbol{N}\boldsymbol{Z}_1^{-1}\boldsymbol{N}^{\mathrm{T}} + d_{12}\boldsymbol{S}(\boldsymbol{Z}_1 + \boldsymbol{Z}_2)^{-1}\boldsymbol{S}^{\mathrm{T}} + d_2\boldsymbol{M}\boldsymbol{Z}_2^{-1}\boldsymbol{M}^{\mathrm{T}}]\boldsymbol{\Phi}(t) \\
&- \int_{t-d(t)}^{t}[\boldsymbol{\Phi}^{\mathrm{T}}(t)\boldsymbol{N} + \dot{x}(s)\boldsymbol{Z}_1]\boldsymbol{Z}_1^{-1}[\boldsymbol{\Phi}^{\mathrm{T}}(t)\boldsymbol{N} + \dot{x}(s)]^{\mathrm{T}}\mathrm{d}s \\
&- \int_{t-d_2}^{t-d(t)}[\boldsymbol{\Phi}^{\mathrm{T}}(t)\boldsymbol{S} + \dot{x}^{\mathrm{T}}(s)(\boldsymbol{Z}_1 + \boldsymbol{Z}_2)](\boldsymbol{Z}_1 + \boldsymbol{Z}_2)^{-1}\cdot[\boldsymbol{\Phi}^{\mathrm{T}}(t)S + \dot{x}^{\mathrm{T}}(s)(\boldsymbol{Z}_1 + \boldsymbol{Z}_2)]^{\mathrm{T}}\mathrm{d}s \\
&- \int_{t-d(t)}^{t-d_1}[\boldsymbol{\Phi}^{\mathrm{T}}(t)\boldsymbol{M} + \dot{x}^{\mathrm{T}}(s)\boldsymbol{Z}_i]\boldsymbol{Z}_i^{-1}[\boldsymbol{\Phi}^{\mathrm{T}}(t)\boldsymbol{M} + \dot{x}^{\mathrm{T}}(s)\boldsymbol{Z}_1]^{\mathrm{T}}\mathrm{d}s \\
&\leqslant \boldsymbol{\Phi}^{\mathrm{T}}(t)[\boldsymbol{\Pi} + d_2\boldsymbol{N}\boldsymbol{Z}_1^{-1}\boldsymbol{N}^{\mathrm{T}} + d_{12}\boldsymbol{S}(\boldsymbol{Z}_1 + \boldsymbol{Z}_2)^{-1}\boldsymbol{S}^{\mathrm{T}} + d_2\boldsymbol{M}\boldsymbol{Z}_2^{-1}\boldsymbol{M}^{\mathrm{T}}]\boldsymbol{\Phi}(t)
\end{aligned}
\tag{10.20}
$$

式中，

$$
\boldsymbol{\Phi}(t) = \begin{bmatrix} x(t) \\ x(t-d(t)) \\ x(t-d_1) \\ x(t-d_2) \\ \dot{x}(t) \\ d(t) \end{bmatrix},\quad \boldsymbol{\Pi} = \begin{bmatrix} \boldsymbol{\Pi}_{11} & \boldsymbol{\Pi}_{12} & \boldsymbol{\Pi}_{13} & \boldsymbol{\Pi}_{14} & \boldsymbol{\Pi}_{15} & \boldsymbol{\Pi}_{16} \\ * & \boldsymbol{\Pi}_{22} & \boldsymbol{\Pi}_{23} & \boldsymbol{\Pi}_{24} & \boldsymbol{\Pi}_{25} & 0 \\ * & * & \boldsymbol{\Pi}_{33} & \boldsymbol{\Pi}_{34} & \boldsymbol{\Pi}_{35} & 0 \\ * & * & * & \boldsymbol{\Pi}_{44} & \boldsymbol{\Pi}_{45} & 0 \\ * & * & * & * & \boldsymbol{\Pi}_{55} & \boldsymbol{\Pi}_{56} \\ * & * & * & * & * & 0 \end{bmatrix}。
$$

由苏尔补定理，可得

$$
\boldsymbol{\Pi} + d_2\boldsymbol{N}\boldsymbol{Z}_1^{-1}\boldsymbol{N}^{\mathrm{T}} + d_{12}\boldsymbol{S}(\boldsymbol{Z}_1 + \boldsymbol{Z}_2)^{-1}\boldsymbol{S}^{\mathrm{T}} + d_2\boldsymbol{M}\boldsymbol{Z}_2^{-1}\boldsymbol{M}^{\mathrm{T}} < 0
$$

等价于

$$
\begin{bmatrix} \boldsymbol{\Pi} & d_2\boldsymbol{N} & d_{12}\boldsymbol{S} & d_2\boldsymbol{M} \\ * & -d_2\boldsymbol{Z}_1 & 0 & 0 \\ * & * & -d_{12}(\boldsymbol{Z}_1 + \boldsymbol{Z}_2) & 0 \\ * & * & * & -d_2\boldsymbol{Z}_2 \end{bmatrix} < 0 \tag{10.21}
$$

下一步，给出式（10.8）所表示的系统在 $d(t)=0$ 时的渐近稳定条件，即 $\dot{x}(t) = \overline{\boldsymbol{A}}x(t) + \overline{\boldsymbol{B}}u_{\mathrm{sat}}(t-d(t))$，那么 $\dot{V}(t)$ 可以简化为 $\dot{V}(t) \leqslant \widetilde{\boldsymbol{\Phi}}^{\mathrm{T}}(t)\boldsymbol{\Pi}\widetilde{\boldsymbol{\Phi}}(t)$，其中，

$\widetilde{\boldsymbol{\Phi}}(t) = [x(t) \quad x(t-d(t)) \quad x(t-d_1) \quad x(t-d_2) \quad \dot{x}(t)]^{\mathrm{T}}$，

$$
\widetilde{\boldsymbol{\Pi}} = \begin{bmatrix} \boldsymbol{\Pi}_r & d_2\boldsymbol{N}_r & d_{12}\boldsymbol{S}_r & d_2\boldsymbol{M}_r \\ * & -d_2\boldsymbol{Z}_1 & 0 & 0 \\ * & * & -d_{12}(\boldsymbol{Z}_1 + \boldsymbol{Z}_2) & 0 \\ * & * & * & -d_2\boldsymbol{Z}_2 \end{bmatrix} < 0,
$$

式中，

$$\boldsymbol{\Pi}_r = \begin{bmatrix} \boldsymbol{\Pi}_{11} & \boldsymbol{\Pi}_{12} & \boldsymbol{\Pi}_{13} & \boldsymbol{\Pi}_{14} & \boldsymbol{\Pi}_{15} \\ * & \boldsymbol{\Pi}_{22} & \boldsymbol{\Pi}_{23} & \boldsymbol{\Pi}_{24} & \boldsymbol{\Pi}_{25} \\ * & * & \boldsymbol{\Pi}_{33} & \boldsymbol{\Pi}_{34} & \boldsymbol{\Pi}_{35} \\ * & * & * & \boldsymbol{\Pi}_{44} & \boldsymbol{\Pi}_{45} \\ * & * & * & * & \boldsymbol{\Pi}_{55} \end{bmatrix},$$

$\boldsymbol{N}_r = [\boldsymbol{N}_1 \quad \boldsymbol{N}_2 \quad \boldsymbol{N}_3 \quad \boldsymbol{N}_4 \quad \boldsymbol{N}_5]^{\mathrm{T}}$, $\boldsymbol{S}_r = [\boldsymbol{S}_1 \quad \boldsymbol{S}_2 \quad \boldsymbol{S}_3 \quad \boldsymbol{S}_4 \quad \boldsymbol{S}_5]^{\mathrm{T}}$,

$\boldsymbol{M}_r = [\boldsymbol{M}_1 \quad \boldsymbol{M}_2 \quad \boldsymbol{M}_3 \quad \boldsymbol{M}_4 \quad \boldsymbol{M}_5]^{\mathrm{T}}$。

由式(10.13)可知 $\boldsymbol{\Pi}_r<0$，进而得 $\dot{V}(t)<0$。因此，可以得到结论，存在不确定、时延、执行器延时及执行器饱和的双向车队系统是渐近稳定的。

下一步，进一步创建零初始条件下车队系统的 H_∞ 稳定性条件。首先，考虑以下性能指标：

$$J = \int_0^\infty [y_1^{\mathrm{T}}(t)y_1(t) - \gamma^2 d^{\mathrm{T}}(t)d(t)]\mathrm{d}t \tag{10.22}$$

那么，可知

$$J \leqslant \int_0^\infty [y_1^{\mathrm{T}}(t)y_1(t) - \gamma^2 d^{\mathrm{T}}(t)d(t) + \dot{V}(t)]\mathrm{d}t \tag{10.23}$$

对所有 $d(t)\in L_2[0,\infty]$时成立。

通过数学计算，可得

$$y_1^{\mathrm{T}}(t)y_1(t) - \gamma^2 d^{\mathrm{T}}(t)d(t) + \dot{V}(t) \leqslant \boldsymbol{\Phi}^{\mathrm{T}}(t)\boldsymbol{\Pi}_s\widetilde{\boldsymbol{\Phi}}(t)$$

$$\boldsymbol{\Pi}_s = \begin{bmatrix} \hat{\boldsymbol{\Pi}} & d_2 & d_{12}\boldsymbol{S} & d_{12}\boldsymbol{M} \\ * & -d_2\boldsymbol{Z}_1 & 0 & 0 \\ * & * & -d_{12}(\boldsymbol{Z}_1+\boldsymbol{Z}_2) & 0 \\ * & * & * & -d_{12}\boldsymbol{Z}_2 \end{bmatrix} \tag{10.24}$$

如果 $\boldsymbol{\Pi}_s<0$，则有 $y_1^{\mathrm{T}}(t)y_1(t)-\gamma^2 d^{\mathrm{T}}(t)d(t)+\dot{V}(t)<0$，即 $J<0$。那么可以得到 $\| y_1 \|_2 < \gamma \| d(t) \|_2$，对所有非零 $d(t)\in L_2[0,\infty]$成立。

最后，给出条件（4）的跟踪限制条件的性能指标。由上式可得 $y_1^{\mathrm{T}}(t)y_1(t)-\gamma^2 d^{\mathrm{T}}(t)d(t)<0$，对该式两端同时积分，得到

$$V(t) - V(0) < \gamma^2\int_0^t d^{\mathrm{T}}(t)d(t)\mathrm{d}t < \gamma^2 \| d \|_2^2$$

有 $x^{\mathrm{T}}(t)\boldsymbol{P}x(t)<\gamma^2 d_{\max}+V(0)=\vartheta$。

进一步可得

$$\begin{aligned} \max|y_2(t)|^2 &= \max|x^{\mathrm{T}}(t)\boldsymbol{C}_2^{\mathrm{T}}\boldsymbol{C}_2x(t)|^2 = \max|x^{\mathrm{T}}(t)\boldsymbol{P}^{1/2}\boldsymbol{P}^{-1/2}\boldsymbol{C}_2^{\mathrm{T}}\boldsymbol{C}_2\boldsymbol{P}^{1/2}\boldsymbol{P}^{-1/2}x(t)|^2 \\ &< \vartheta \cdot \lambda_{\max}(\boldsymbol{P}^{-1/2}\boldsymbol{C}_2^{\mathrm{T}}\boldsymbol{C}_2\boldsymbol{P}^{1/2}\boldsymbol{P}^{-1/2}) \end{aligned}$$

式中，$\lambda_{\max}(.)$表示矩阵的最大特征值。由上述，得到保证车队的安全跟踪成立，如果 $\vartheta\cdot\boldsymbol{P}^{-1/2}\boldsymbol{C}_2^{\mathrm{T}}\boldsymbol{C}_2\boldsymbol{P}^{1/2}\boldsymbol{P}^{-1/2}<\delta_{d\min}^2\boldsymbol{I}$ 成立，根据苏尔补定理该式等价于式（10.14）。证毕。

定理 10.1 给出了双向通信车队系统鲁棒稳定的充分条件，在上述条件下车队控制的性能目标（1）、（3）、（4）都可以得到，对于目标（2）将在下一小节进行讨论。下面先给出一个引理，该引理在鲁棒控制器的设计过程中起关键作用。

引理 10.1 给定适当维数的矩阵 $\boldsymbol{\Theta}_1$，$\boldsymbol{\Theta}_2$，$\boldsymbol{\Theta}_3$，并且有 $\boldsymbol{\Theta}_1=\boldsymbol{\Theta}_1^{\mathrm{T}}$，那么 $\boldsymbol{\Theta}_1+\boldsymbol{\Theta}_3\boldsymbol{\Gamma}(t)\boldsymbol{\Theta}_2+\boldsymbol{\Theta}_2^{\mathrm{T}}\boldsymbol{\Gamma}^{\mathrm{T}}(t)\boldsymbol{\Theta}_3^{\mathrm{T}}<0$ 成立，对所有 $\boldsymbol{\Gamma}(t)$ 满足 $\boldsymbol{\Gamma}^{\mathrm{T}}(t)\boldsymbol{\Gamma}(t)\leqslant 1$，当且仅当存在标量 $\varepsilon>0$ 时，使得如下不等式成立：$\boldsymbol{\Theta}_1+\varepsilon\boldsymbol{\Theta}_3\boldsymbol{\Theta}_3^{\mathrm{T}}+\varepsilon^{-1}\boldsymbol{\Theta}_2^{\mathrm{T}}\boldsymbol{\Theta}_2<0$。

定理 10.2 假设 ϑ、d_1、d_2、μ 是给定的正标量。考虑式（10.8）所表示的双向通信系统，如果存在矩阵 $\overline{\boldsymbol{P}}>0$，$\overline{\boldsymbol{T}}>0$，$\overline{\boldsymbol{Q}}_j>0$，$j=1$，2，3，$\overline{\boldsymbol{Z}}_m>0$，$m=1$，2，$\overline{\boldsymbol{N}}_l$，$\overline{\boldsymbol{S}}_l$，$\overline{\boldsymbol{M}}_l$，$l=1$，2，…，5，$\varepsilon>0$ 满足

$$\begin{bmatrix}\boldsymbol{\Lambda}_{11} & \boldsymbol{\Lambda}_{12}\\ \boldsymbol{\Lambda}_{12}^{\mathrm{T}} & \boldsymbol{\Lambda}_{22}\end{bmatrix}<0 \tag{10.25}$$

$$\begin{bmatrix}-\boldsymbol{I} & \sqrt{\vartheta}\boldsymbol{C}_2\overline{\boldsymbol{T}}\\ * & -\delta_{d\min}^2\overline{\boldsymbol{P}}\end{bmatrix}<0 \tag{10.26}$$

式中

$$\boldsymbol{\Lambda}_{11}=\begin{bmatrix}\overline{\boldsymbol{\Pi}}_{11}+\varepsilon\boldsymbol{L}_1^{\mathrm{T}}\boldsymbol{L}_1 & \overline{\boldsymbol{\Pi}}_{12} & \overline{\boldsymbol{\Pi}}_{13} & \overline{\boldsymbol{\Pi}}_{14} & \overline{\boldsymbol{\Pi}}_{15} & \overline{\boldsymbol{\Pi}}_{16}\\ * & \overline{\boldsymbol{\Pi}}_{22} & \overline{\boldsymbol{\Pi}}_{23} & \overline{\boldsymbol{\Pi}}_{24} & \overline{\boldsymbol{\Pi}}_{25} & 0\\ * & * & \overline{\boldsymbol{\Pi}}_{33} & \overline{\boldsymbol{\Pi}}_{34} & \overline{\boldsymbol{\Pi}}_{35} & 0\\ * & * & * & \overline{\boldsymbol{\Pi}}_{44} & \overline{\boldsymbol{\Pi}}_{45} & 0\\ * & * & * & * & \overline{\boldsymbol{\Pi}}_{55}+\varepsilon\boldsymbol{L}_1^{\mathrm{T}}\boldsymbol{L}_1 & \overline{\boldsymbol{\Pi}}_{56}\\ * & * & * & * & * & -\gamma^2\end{bmatrix},$$

$$\boldsymbol{\Lambda}_{12}=\begin{bmatrix}d_2\overline{\boldsymbol{N}}_1 & d_{12}\overline{\boldsymbol{S}}_1 & d_2\overline{\boldsymbol{M}}_1 & \overline{\boldsymbol{T}}\boldsymbol{C}_1^{\mathrm{T}} & \overline{\boldsymbol{T}}\boldsymbol{E}_1^{\mathrm{T}} & \overline{\boldsymbol{T}}\boldsymbol{E}_1^{\mathrm{T}}\\ d_2\overline{\boldsymbol{N}}_2 & d_{12}\overline{\boldsymbol{S}}_1 & d_2\overline{\boldsymbol{M}}_1 & 0 & \boldsymbol{E}_2^{\mathrm{T}} & \boldsymbol{E}_2^{\mathrm{T}}\\ d_2\overline{\boldsymbol{N}}_3 & d_{12}\overline{\boldsymbol{S}}_1 & d_2\overline{\boldsymbol{M}}_1 & 0 & 0 & 0\\ d_2\overline{\boldsymbol{N}}_4 & d_{12}\overline{\boldsymbol{S}}_1 & d_2\overline{\boldsymbol{M}}_1 & 0 & 0 & 0\\ d_2\overline{\boldsymbol{N}}_5 & d_{12}\overline{\boldsymbol{S}}_1 & d_2\overline{\boldsymbol{M}}_1 & 0 & 0 & 0\\ 0 & 0 & 0 & 0 & 0 & 0\end{bmatrix},$$

$\boldsymbol{\Lambda}_{22}=\mathrm{diag}\{-d_2\boldsymbol{Z}_1,-d_{12}(\boldsymbol{Z}_1+\boldsymbol{Z}_2),-d_{12}\boldsymbol{Z}_2,-\boldsymbol{I},-\varepsilon\boldsymbol{I}\}$，$\boldsymbol{\Pi}_{11}=\sum_{j=1}^{3}\overline{\boldsymbol{Q}}_j+\overline{\boldsymbol{N}}_1+\overline{\boldsymbol{N}}_1^{\mathrm{T}}+\boldsymbol{A}\overline{\boldsymbol{T}}+\overline{\boldsymbol{T}}\boldsymbol{A}^{\mathrm{T}}$，

$\overline{\mathbf{\Pi}}_{12}=\boldsymbol{N}_2^{\mathrm{T}}-\boldsymbol{N}_1+\boldsymbol{S}_1-\boldsymbol{M}_1+\boldsymbol{B}\overline{\boldsymbol{W}}$，$\overline{\mathbf{\Pi}}_{13}=\overline{\boldsymbol{M}}_1+\overline{\boldsymbol{N}}_3^{\mathrm{T}}$，$\overline{\mathbf{\Pi}}_{14}=-\overline{\boldsymbol{S}}_1+\overline{\boldsymbol{N}}_4^{\mathrm{T}}$，$\overline{\mathbf{\Pi}}_{15}=\overline{\boldsymbol{N}}_5^{\mathrm{T}}-\overline{\boldsymbol{T}}+\overline{\boldsymbol{P}}+\overline{\boldsymbol{T}}\boldsymbol{A}^{\mathrm{T}}$，
$\overline{\mathbf{\Pi}}_{16}=\boldsymbol{B}_d$，$\overline{\mathbf{\Pi}}_{22}=(\mu-1)\overline{\boldsymbol{Q}}_3+\overline{\boldsymbol{S}}_2+\overline{\boldsymbol{S}}_2^{\mathrm{T}}-\overline{\boldsymbol{N}}_2-\overline{\boldsymbol{N}}_2^{\mathrm{T}}-\overline{\boldsymbol{M}}_2-\overline{\boldsymbol{M}}_2^{\mathrm{T}}$，$\overline{\mathbf{\Pi}}_{23}=\overline{\boldsymbol{M}}_2-\overline{\boldsymbol{N}}_3^{\mathrm{T}}+\overline{\boldsymbol{S}}_3^{\mathrm{T}}-\overline{\boldsymbol{M}}_3^{\mathrm{T}}$，
$\overline{\mathbf{\Pi}}_{24}=-\overline{\boldsymbol{S}}_2-\overline{\boldsymbol{N}}_4^{\mathrm{T}}+\overline{\boldsymbol{S}}_4^{\mathrm{T}}-\overline{\boldsymbol{M}}_4^{\mathrm{T}}$，$\overline{\mathbf{\Pi}}_{25}=\boldsymbol{S}_5^{\mathrm{T}}-\boldsymbol{N}_5^{\mathrm{T}}-\boldsymbol{M}_5^{\mathrm{T}}+\overline{\boldsymbol{W}}\boldsymbol{B}^{\mathrm{T}}\boldsymbol{T}$，$\overline{\mathbf{\Pi}}_{33}=-\overline{\boldsymbol{Q}}_1+\overline{\boldsymbol{M}}_3+\overline{\boldsymbol{M}}_3^{\mathrm{T}}$，
$\overline{\mathbf{\Pi}}_{34}=-\overline{\boldsymbol{S}}_3+\overline{\boldsymbol{M}}_4^{\mathrm{T}}$，$\overline{\mathbf{\Pi}}_{35}=\overline{\boldsymbol{M}}_5^{\mathrm{T}}$，$\overline{\mathbf{\Pi}}_{44}=-\overline{\boldsymbol{Q}}_2-\overline{\boldsymbol{S}}_4-\overline{\boldsymbol{S}}_4^{\mathrm{T}}$，$\overline{\mathbf{\Pi}}_{45}=-\overline{\boldsymbol{S}}_5^{\mathrm{T}}$，$\overline{\mathbf{\Pi}}_{55}=d_2\overline{\boldsymbol{Z}}_1+d_{12}\overline{\boldsymbol{Z}}_2-2\overline{\boldsymbol{T}}$，$\overline{\mathbf{\Pi}}_{56}=\boldsymbol{B}_d$。

那么式（10.12）所表示的稳定控制器存在，控制器增益为

$$K=\overline{\boldsymbol{K}}\,\overline{\boldsymbol{T}}^{-1} \tag{10.27}$$

证明 由苏尔补定理，式（10.25）等价于

$$\boldsymbol{\Xi}_1+\varepsilon\boldsymbol{\Xi}_3\boldsymbol{\Xi}_3^{\mathrm{T}}+\varepsilon^{-1}\boldsymbol{\Xi}_2^{\mathrm{T}}\boldsymbol{\Xi}_2<0 \tag{10.28}$$

式中，

$$\boldsymbol{\Xi}_1=\begin{bmatrix}\overline{\mathbf{\Pi}}_{11}+\overline{\boldsymbol{T}}\boldsymbol{C}_1\boldsymbol{C}_1\overline{\boldsymbol{T}} & \overline{\mathbf{\Pi}}_{12} & \overline{\mathbf{\Pi}}_{13} & \overline{\mathbf{\Pi}}_{14} & \overline{\mathbf{\Pi}}_{15} & \overline{\mathbf{\Pi}}_{16}\\ * & \overline{\mathbf{\Pi}}_{22} & \overline{\mathbf{\Pi}}_{23} & \overline{\mathbf{\Pi}}_{24} & \overline{\mathbf{\Pi}}_{25} & 0\\ * & * & \overline{\mathbf{\Pi}}_{33} & \overline{\mathbf{\Pi}}_{34} & \overline{\mathbf{\Pi}}_{35} & 0\\ * & * & * & \overline{\mathbf{\Pi}}_{44} & \overline{\mathbf{\Pi}}_{45} & 0\\ * & * & * & * & \overline{\mathbf{\Pi}}_{55} & \overline{\mathbf{\Pi}}_{56}\\ * & * & * & * & * & -\gamma^2\end{bmatrix}$$

$$\boldsymbol{\Xi}_2=\begin{bmatrix}\boldsymbol{E}_1\overline{\boldsymbol{T}} & \boldsymbol{E}_2\overline{\boldsymbol{K}}\,\overline{\boldsymbol{C}} & 0 & 0 & 0 & 0 & 0 & 0 & 0 & 0\\ \boldsymbol{E}_1\overline{\boldsymbol{T}} & \boldsymbol{E}_2\overline{\boldsymbol{K}}\,\overline{\boldsymbol{C}} & 0 & 0 & 0 & 0 & 0 & 0 & 0 & 0\\ 0 & 0 & 0 & 0 & 0 & 0 & 0 & 0 & 0 & 0\end{bmatrix},$$

$$\boldsymbol{\Xi}_3^{\mathrm{T}}=\begin{bmatrix}\boldsymbol{L}_1^{\mathrm{T}} & 0 & 0 & 0 & 0 & 0 & 0 & 0 & 0 & 0\\ 0 & 0 & 0 & 0 & \boldsymbol{L}_1^{\mathrm{T}} & 0 & 0 & 0 & 0 & 0\\ 0 & 0 & 0 & 0 & 0 & 0 & 0 & 0 & 0 & 0\end{bmatrix}。$$

根据引理 10.1，如果如下不等式成立：

$$\boldsymbol{\Xi}_1+\boldsymbol{\Xi}_3\overline{\mathbf{\Gamma}}(t)\boldsymbol{\Xi}_2+\boldsymbol{\Xi}_2^{\mathrm{T}}\overline{\mathbf{\Gamma}}^{\mathrm{T}}(t)\boldsymbol{\Xi}_3^{\mathrm{T}}<0 \tag{10.29}$$

式中，$\overline{\mathbf{\Gamma}}(t)=\mathrm{diag}\{F(T),F(T)\}$。

因为式（10.8）中的参数不确定性是模有限的，所以式（10.29）等价于式（10.13），定义 $\overline{\boldsymbol{T}}=\boldsymbol{T}^{-1}$，$\overline{\boldsymbol{N}}_l=\boldsymbol{T}^{-1}\boldsymbol{N}_l\boldsymbol{T}^{-1}$，$\overline{\boldsymbol{S}}_l=\boldsymbol{T}^{-1}\boldsymbol{S}_l\boldsymbol{T}^{-1}$，$\boldsymbol{P}_l=\boldsymbol{T}^{-1}\boldsymbol{P}_l\boldsymbol{T}^{-1}$，$\overline{\boldsymbol{M}}_l=\boldsymbol{T}^{-1}\boldsymbol{M}_l\boldsymbol{T}^{-1}$，$\overline{\boldsymbol{Z}}_l=\boldsymbol{T}^{-1}\boldsymbol{Z}_l\boldsymbol{T}^{-1}$，$\overline{\boldsymbol{Q}}_l=\boldsymbol{T}^{-1}\boldsymbol{Q}_l\boldsymbol{T}^{-1}$，$\boldsymbol{J}=\mathrm{diag}\{\boldsymbol{T}^{-1},\boldsymbol{T}^{-1},\boldsymbol{T}^{-1},\boldsymbol{T}^{-1},\boldsymbol{T}^{-1},\boldsymbol{I},\boldsymbol{T}^{-1},\boldsymbol{T}^{-1},\boldsymbol{T}^{-1}\}$，用 $\boldsymbol{J}$ 对式（10.13）进行同余交换，可得式（10.26）等价于式（10.14）。那么，双向通信车队系统是鲁棒渐近稳定的，如果式（10.25）和式（10.26）成立，可得抑制率为 γ。证毕。

10.3 车队队列稳定性分析以及控制算法

前几节主要讨论双向通信车队系统的渐近稳定性。本节主要对车队的队列稳定性进行分析。

考虑第 i 辆车在式（10.12）的控制作用下，由式（10.1），可得如下车间距离误差系统：

$$\dddot{\delta}_i(t) = \dot{a}_{i-1}(t) - \dot{a}_i(t) \tag{10.30}$$

将式（10.12）代入式（10.4），得

$$\dot{a}_i(t) = -\frac{1}{\zeta_i}a_i(t) + \frac{1}{\zeta_i}k_i y_i(t-\tau(t)) \tag{10.31}$$

要使车队满足队列稳定性条件，假设车队中第 i_{dis} 车辆发生突然的干扰（例如阵风或一个土坡），则在该情况下，根据式（10.30）和式（10.31）可得

$$\begin{aligned}\zeta\dddot{\delta}_i(t) = &-\ddot{\delta}_i(t) - (k_{pf}-k_{pb})\delta_i(t-\tau) - (k_{vf}-k_{vb})\dot{\delta}_i(t-\tau) + k_{pf}\delta_{i-1}(t-\tau) + k_{vf}\dot{\delta}_{i-1}(t-\tau)\\ &-k_{pb}\delta_{i+1}(t-\tau) - k_{vb}\dot{\delta}_{i+1}(t-\tau)\end{aligned} \tag{10.32}$$

对式（10.23）进行拉普拉斯变换

$$\begin{aligned}G(s) &= \begin{cases}\delta_i(s)/\delta_{i-1}(s)\text{，若 } i\in[i_{dis},0]\\ \delta_i(s)/\delta_{i+1}(s)\text{，若 } i\in[n-1,i_{dis})\end{cases}\\ &= \begin{cases}\dfrac{(k_{vf}s+k_{pf})\mathrm{e}^{-\tau s}}{[(k_{vf}-k_{vb})s+k_{pf}-k_{pb}]\mathrm{e}^{-\tau s}+s^2+\zeta s^3}\text{，若 } i\in[i_{dis},0]\\ \dfrac{-(k_{vb}s+k_{pb})\mathrm{e}^{-\tau s}}{[(k_{vf}-k_{vb})s+k_{pf}-k_{pb}]\mathrm{e}^{-\tau s}+s^2+\zeta s^3}\text{，若 } i\in[n-1,i_{dis})\end{cases}\end{aligned} \tag{10.33}$$

基于上述传递方程，得到如下双向队列稳定条件。

定理 10.3 当式（10.8）所表示的双向车队系统中的第 i_{dis} 辆车发生突然抖动时，车队系统双向队列稳定的条件如下：

$$k_{pb} - k_{pf} \geqslant 0 \tag{10.34}$$

$$k_{vb} - k_{vf} = 0 \tag{10.35}$$

$$1 + 2\tau\zeta_i(k_{pf} - k_{pb}) \geqslant 0 \tag{10.36}$$

当 $i\in[i_{dis},0]$ 时，

$$k_{pb}^2 - 2k_{pf}k_{pb} \geqslant 0,\ \zeta_i(k_{vb}^2 - 2k_{vf}k_{vb} + 2(k_{pb}-k_{pf})) \geqslant 0 \tag{10.37}$$

当 $i\in[n-1,i_{dis}]$ 时，

$$k_{pf}^2 - 2k_{pf}k_{pb} \geqslant 0,\ \zeta_i(k_{vf}^2 - 2k_{vf}k_{vb} + 2(k_{pb}-k_{pf})) \geqslant 0 \tag{10.38}$$

证明 $G(\mathrm{j}w)$ 可以写为

$$G(\mathrm{j}w) = \sqrt{\frac{a}{a+b}}$$

式中，a 和 b 可以写为如下两种形式：

（1） $i \in [i_{dis}, 0]$：

$a = k_{vf}^2 w^2 + k_{pf}^2$,

$b = [\zeta_i (k_{vb}^2 - 2k_{vf}k_{vb} + 2(k_{pb} - k_{pf})\cos(\tau w)]w^2 + [2(k_{vb} - k_{vf}) + 2\zeta_i(k_{pf} - k_{pb})\sin(\tau w)]w^3$
$+ [1 + 2\zeta_i(k_{vb} - k_{vf})\cos(\tau w)]w^4 + \zeta_i^2 w^6 + k_{pb}^2 - 2k_{pf}k_{pb}$;

（2） $i \in [n-1, i_{dis})$：

$a = k_{vb}^2 w^2 + k_{pb}^2$,

$b = [\zeta_i (k_{vf}^2 - 2k_{vf}k_{vb} + 2(k_{pb} - k_{pf})\cos(\tau w)]w^2 + [2(k_{vb} - k_{vf}) + 2\zeta_i(k_{pf} - k_{pb})]\sin(\tau w)$
$w^3 + [1 + 2\zeta_i(k_{vb} - k_{vf})\cos(\tau w)]w^4 + \zeta_i^2 w^6 + k_{pf}^2 - 2k_{pf}k_{pb}$。

因为 $a > 0$，所以 $G(\mathrm{j}w) \leqslant 1$，即如果 $b \geqslant 0$ 成立，则车队系统是双向队列稳定。

由式（10.34）和式（10.35）及 $\sin(\eta w) \leqslant \eta w$，可得

$$-2\zeta_i(k_{pb} - k_{pf})\sin(\tau w)w^3 \leqslant -2\tau\zeta_i(k_{pb} - k_{pf})w^4$$

根据 $\cos(\eta w) \leqslant 1$，考虑式（10.36）得

（1） $i \in [i_{dis}, 0]$：

$b \geqslant [\zeta_i(k_{vb}^2 - 2k_{vf}k_{vb} + 2(k_{pb} - k_{pf})]w^2 + [1 + 2\tau\zeta_i(k_{pf} - k_{pb})]w^4 + k_{pb}^2 - 2k_{pf}k_{pb}$;

（2） $i \in [n-1, i_{dis})$：

$b \geqslant [\zeta_i(k_{vf}^2 - 2k_{vf}k_{vb} + 2(k_{pb} - k_{pf})]w^2 + [1 + 2\tau\zeta_i(k_{pf} - k_{pb})]w^4 + k_{pf}^2 - 2k_{pf}k_{pb}$。

那么，如果条件式（10.37）和式（10.38）成立，那么 $b \geqslant 0$。这就意味着对任意的 $w > 0, G(\mathrm{j}w) \leqslant 1$ 成立。证毕。

说明 10.1 由定理 10.3 中的式（10.36），可以得到执行器的延时上限值为

$$\tau \leqslant \frac{1}{2\zeta_i(k_{pf} - k_{pb})}$$

最后，基于上述讨论及所得主要结论，给出本章控制器设计的主要计算算法。

算法 10.1 控制器设计算法：

1）设计式（10.3）所表示的反馈线性化控制器；

2）根据定理 10.2，采用 LMI 工具箱设计鲁棒 H_∞ 控制器增益 K;

3）根据定理 10.3 给出的条件限制所得到的控制器增益 K。如果结果可行，则相关的控制增益可用于车队队列稳定性控制。否则需要重新设定矩阵 $\boldsymbol{Q}$，$\boldsymbol{R}$ 和其他相关矩阵，回到第 2 步重新求解。

10.4 数字仿真

本节给出本章提出控制算法与文献［139］比较分析优缺点，相关的参数和反馈线性化控制器与第 2 章相同，对应的响应曲线如图 10.2 所示，相关参数设定如下：执行器延时下界值 $d_1 = 0\mathrm{ms}$，上界值为 $d_2 = 20\mathrm{ms}$，延时的变化率 $\mu = 1.2$，

$|\Delta\zeta_i| = f_i(t) = D_i/\sin(t)$，$D_i = 4$。给定初始车间距离为[-5，1， -6， -1，0， -1，0，0，0]，根据定理 10.2，得到控制器增益为 $K_i = [0.81 \quad 0.02 \quad 0.41 \quad 0.02]$。

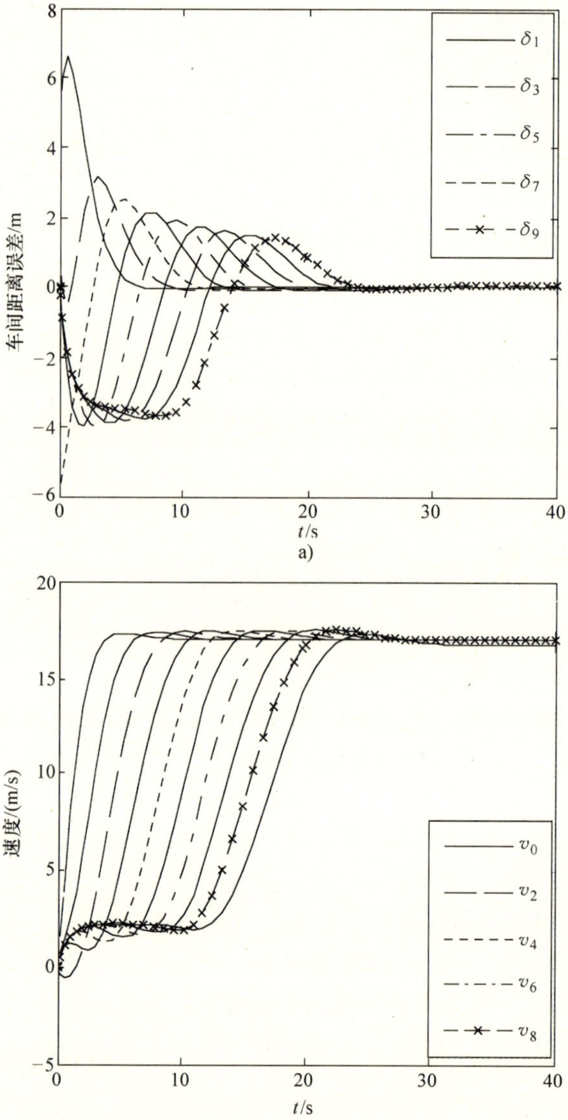

b)

图 10.2 十辆车组成的车队在本章控制器作用下的响应曲线

a）车间距离误差 b）速度曲线

根据说明 10.4 可知当执行器延时满足 $d \leqslant 13.5$ms 时，双向队列稳定性才可能满足，因此设定执行器延时最大值为 $d = 13$ms，在本例仿真实验中，本章提出的控制器的响应曲线要明显优于文献［139］，最大车间距误差为 10.5m，整个车队可以以给定的巡航速度稳定行驶。在相同的情况下，当采用文献［139］中的方法，车队会产生较大抖动，车间距离越来越大，并且车队是队列不稳定的，如图 10.3 所示。

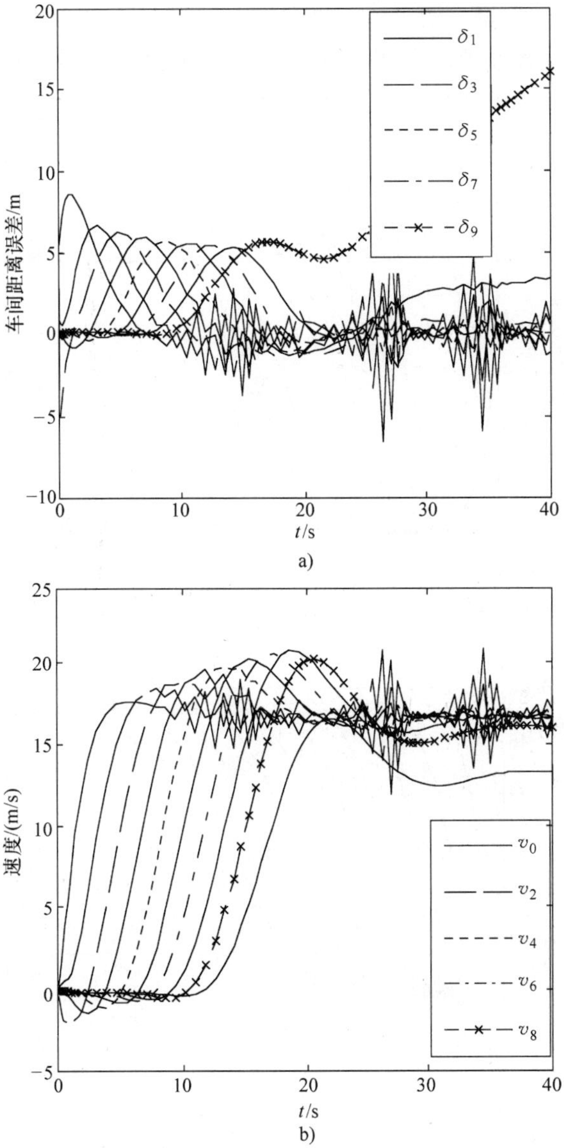

图 10.3　十辆车组成的车队在文献［139］作用下的响应曲线

a）车间距离误差　b）速度曲线

本例中考虑两种实际操作中常见干扰影响下的车队性能，验证本控制器在不同干扰下可以保证双向车队稳定及车队队列稳定。第一种干扰考虑控制器在处理噪声和测量误差方面的能力。假设车队初始状态为零，δ_i 和 Δv_i 的测量噪声为零均值的白噪声，标准偏差为 0.01m 和 0.07m/s，根据定理 10.2 可得控制器增益为 $K_i =$ [1.01　0.024　0.51　0.012]。

在该例子中，本文提出的 H_∞ 控制器控制效果较好，最大车间距误差为 4.2m，当采用文献 [139] 控制器时，如图 10.4 所示。图 10.5 和图 10.6 对应当第五辆车

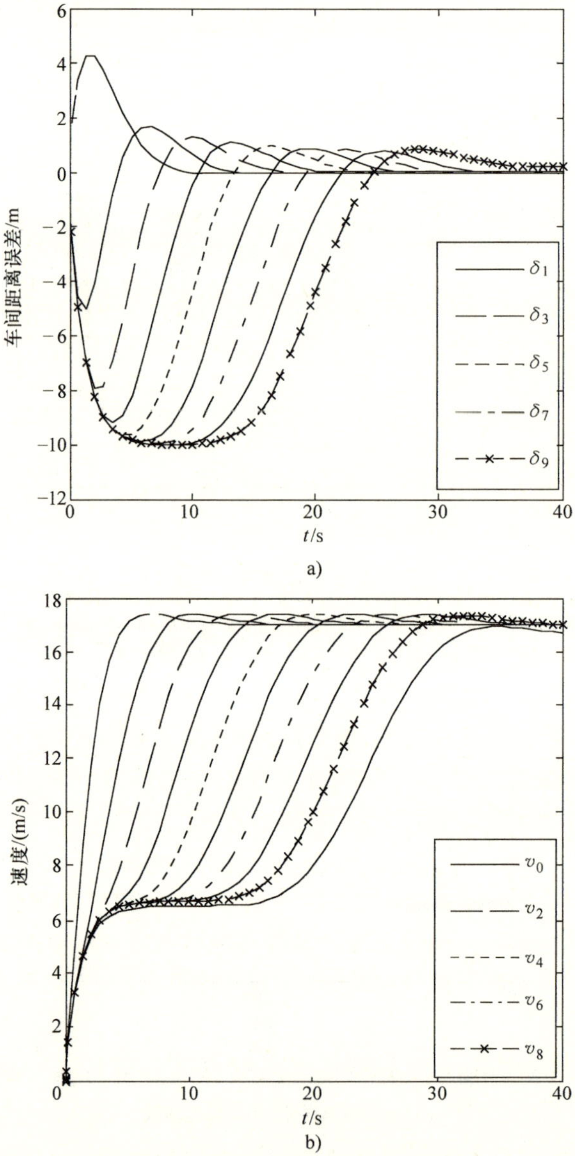

图 10.4　十辆车组成的车队在本章控制器作用下对干扰的抑制作用

a）车间距离误差　b）速度曲线

在 40s 时，突然产生一个较大的加速度干扰量。该操作对车队的稳定性影响非常明显，尤其是车队的队列稳定性，由图 10.5 明显看出采用本文控制器，车队仍能保持队列稳定性，最大车间距离误差为 7.5m，该误差是第四和第五辆车之间产生的，对于前五辆车车间距离基本没有变化，整个车队的控制性能指标都能满足。而采用文献［139］，看到车队向前无论是渐近稳定还是队列稳定都难以实现，尤其是后五辆车，当第五辆车受到较大干扰时，车队控制量迅速发散。

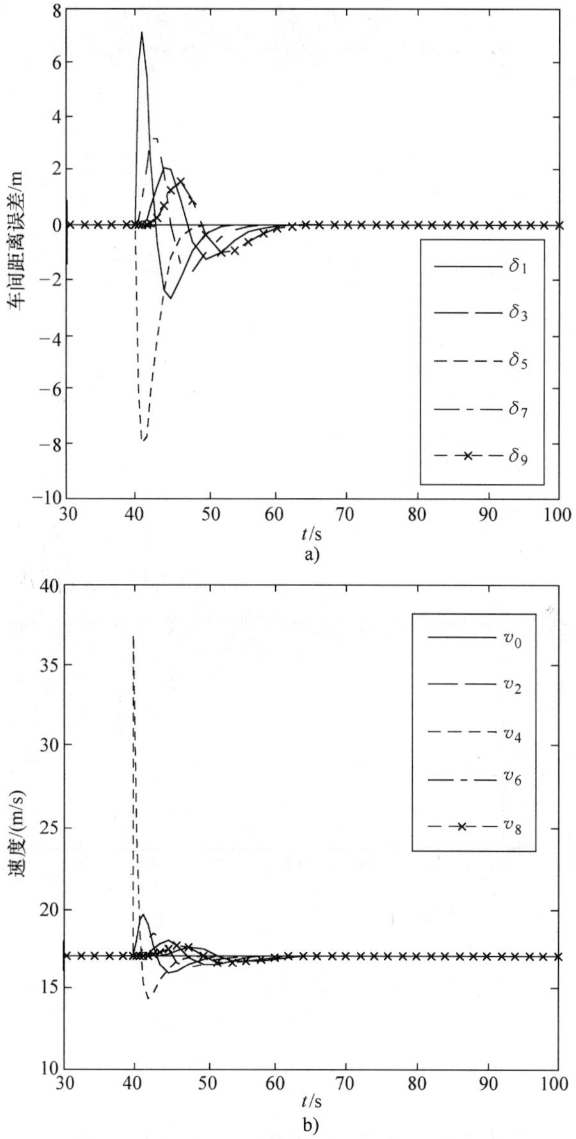

图 10.5　十辆车组成的车队在本章设计控制器作用下的响应曲线

a）车间距离误差　b）速度曲线

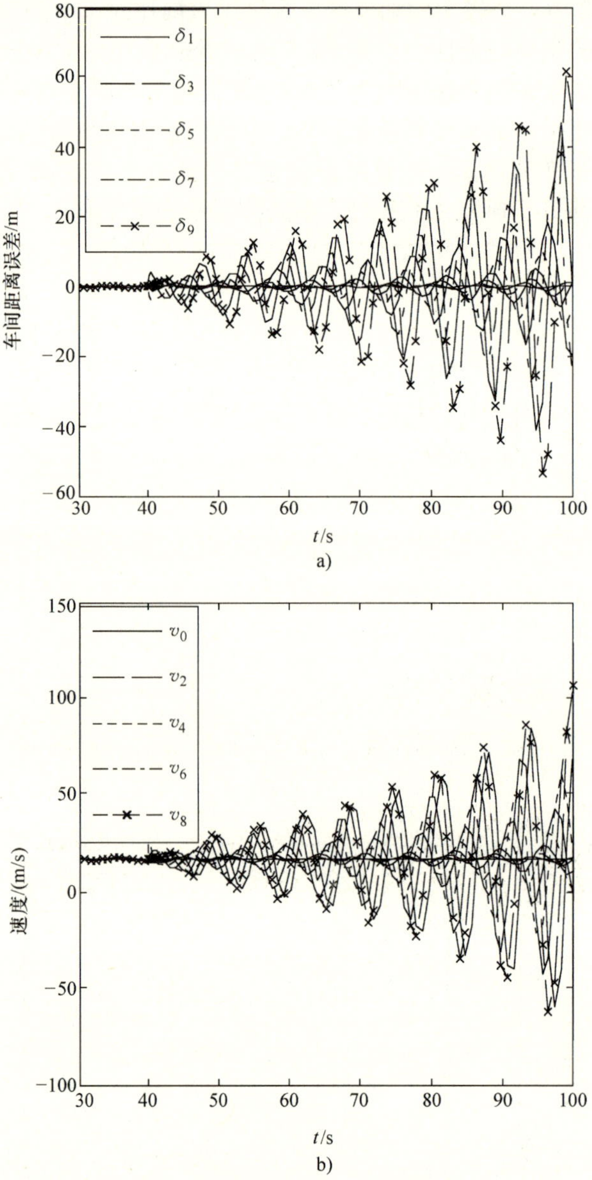

图 10.6　十辆车组成的车队在文献［139］作用下的响应曲线

a）车间距离误差　b）速度曲线

10.5　小结

本章针对双向通信的协作式车队控制系统，考虑执行器饱和、延时及发动机时间不确定性等问题进行研究。仿真结果显示该控制算法可以取得较好的控制效果。

第 11 章　智能交通系统中的车辆调度与控制协同设计

这一章主要研究车队在无线网络能力有限及任意的数据丢包情况下的控制与调度的协同设计问题。车队在无线网络能力有限及任意数据丢包影响下被建模成一个切换系统。通过引进带有解析形式的 MRBS（Most Regular Binary Sequence）调度函数及利用切换系统分析的方法，获得了保证调度序列存在及控制器存在的充分条件。进而给出基于优先则规则的调度算法及增加限制条件的控制器的协同设计算法，保证车队稳定性和零稳态车间距离误差。通过仿真实验，验证了所提出的协同设计算法对车队控制的有效性。

本章具体安排如下：11.1 节建立车辆协作非线性动态模型，得出本章的问题；11.2 节基于得到的车队模型设计调度序列，保证单车跟随的稳定性；11.3 节进一步设计保证车队队列稳定性的控制与调度序列；11.4 节对本章的算法进行仿真；11.5 节对本章内容予以总结。

11.1　车队模型建立以及问题描述

考虑由 N 辆从左向右行驶的车辆组成的车队系统，如图 11.1 所示。z_i、v_i 及 a_i 分别表示第 i 辆车的位置、速度和加速度（$i=0$，1，…，$N-1$），其中，$i=0$ 表示领队车辆，其他值表示跟随车辆。领队车辆通过无线网络周期的传播它的位置、速度和加速度给跟随车辆。第 i 辆跟随车辆将它的位置、速度和加速度传给第 $i+1$ 辆跟随车。由于无线网络能力有限，只允许车队 N 辆车中的 M 辆车可同时访问网络（$M<N$）。通过分布的调度序列来分配车辆访问无线网络的顺序。无线网络中的集中调度器用来解决车队中的车辆同时访问网络产生的通信冲突问题。

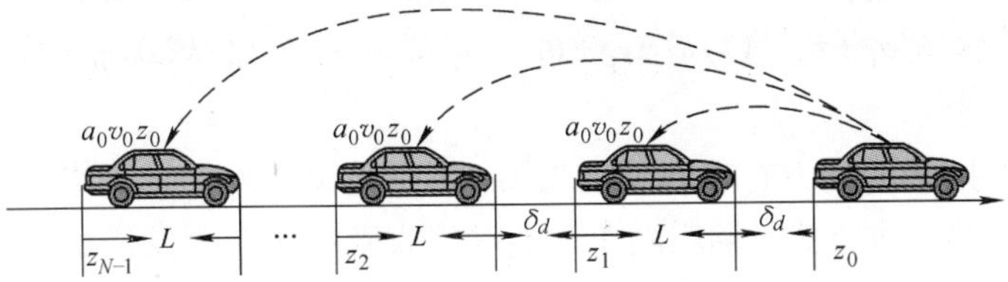

图 11.1　车队结构

11.1.1　车队建模

对于第 i 辆跟随车辆，定义如下的距离误差：

$$\delta_i = z_0 - z_i - i\delta_d - iL \tag{11.1}$$

式中，δ_d 是期望的车间距离；L 是车身长度。假定每辆跟随车辆已知期望的车间距离 δ_d。

第 i 辆跟随车辆的动态数学模型可由以下线性三阶微分方程来表示：

$$\dot{\delta}_i = v_0 - v_i \tag{11.2}$$

$$\dot{v}_i = a_i \tag{11.3}$$

$$\dot{a}_i(t) = -\frac{1}{\zeta}a_i(t) + \frac{1}{\zeta}u_i(t) \tag{11.4}$$

式中，ζ 为发动机的时间常数；u_i 表示第 i 辆车需要的加速度控制输入项。以上提到线性三阶微分方程已经广泛用于车队建模中，详细可参见文献［139］和文献［140］。

所用到的控制器具有如下形式：

$$u_i(t) = k_i^p\delta_i + k_i^v\Delta v_i + k_i^a\Delta a_i + k_i^{ve}\Delta v_{0i} + k_i^{ae}\Delta a_{0i}, \tag{11.5}$$

式中，k_i^p、k_i^v、k_i^a、k_i^{ve} 及 k_i^{ae} 是待确定的控制器增益。$\Delta v_i = v_{i-1} - v_i$，$\Delta a_i = a_{i-1} - a_i$，$\Delta v_{0i} = v_0 - v_i$ 且 $\Delta a_{0i} = a_0 - a_i$。

11.1.2 无线通信网络能力受限以及数据丢包对车队系统的影响

假定第 i 辆跟随车辆的位置、速度及加速度信息可打包成一个数据包进行传送。然而，不可靠的无线通信网络会引起任意的数据丢包。这里，利用相互独立的伯努力过程来描述，$\theta_i^0(t) \in \{0, 1\}$ 表示数据丢包发生在领队车辆到跟随车辆 i 的通信信道中，$\theta_i^{i-1}(t) \in \{0, 1\}$ 表示数据丢包发生在跟随车辆 i 到其前车的通信信道中。当 $\theta_i^0(t) = 1$ 时，表示从领队车辆发送过来的数据成功到达跟随车辆 i，因此，$\delta_i = z_0 - z_i - i\delta_d - iL$，$\Delta v_{0i} = v_0 - v_i$ 及 $\Delta a_{0i} = a_0 - a_i$；当 $\theta_i^0(t) = 0$ 时，意味着此数据包丢失，$\delta_{0i} = 0$，$\Delta v_{0i} = 0$ 及 $\Delta a_{0i} = 0$。相类似地，$\theta_i^{i-1}(t) = 1$ 表示从前车发送过来的数据成功到达跟随车辆 i，$\Delta v_i = v_i - v_{i-1}$ 且 $\Delta a_i = a_i - a_{i-1}$；否则 $\theta_i^{i-1}(t) = 0$，此数据包丢失，$\Delta v_i = 0$ 且 $\Delta a_i = 0$。

结合无线网络中任意的数据丢包，第 i 辆跟随车的控制器如下：

$$u_i(t) = \theta_i^0(t)k_i^p\delta_i + \theta_i^{i-1}(t)k_i^v\Delta v_i + \theta_i^{i-1}(t)k_i^a\Delta a_i + \theta_i^0(t)k_i^{ve}\Delta v_{0i} + \theta_i^0(t)k_i^{ae}\Delta a_{0i} \tag{11.6}$$

考虑无线网络的能力有限问题，当第 i 辆跟随车进入无线网络时，如果领队车辆能够进入网络，那么第 i 辆跟随车辆能够接收到领队车辆发送的位置、速度及加速度信息，即 $\delta_i = z_0 - z_i - i\delta_d - iL$，$\Delta v_{0i} = v_0 - v_i$ 及 $\Delta a_{0i} = a_0 - a_i$；否则，$\delta_{0i} = 0$，$\Delta v_{0i} = 0$ 及 $\Delta a_{0i} = 0$。如果第 i 辆跟随车辆的前车能够进入网络，第 i 辆跟随车辆能够接收由前车发送的位置、速度及加速度信息，那么，$\Delta v_i = v_i - v_{i-1}$ 且 $\Delta a_i = a_i - a_{i-1}$；否则，$\Delta v_i = 0$ 且 $\Delta a_i = 0$。如果第 i 辆跟随车辆不允许访问网络，则它不能够接收从领队车辆和前车发送的位置、速度及加速度信息，因此，$\delta_i = 0$，$\Delta v_{0i} = 0$，

$\Delta a_{0i}=0$，$\Delta v_i=0$ 且 $\Delta a_i=0$。由以上分析可知，网络能力受限使得式（11.6）所表示的控制器具有以下 5 种模式。

（1）第 i 辆跟随车辆及其领队车辆、前车都可以访问无线网络。

$c_1: u_i(t)=\theta_i^0(t)k_i^p\delta_i+\theta_i^{i-1}(t)k_i^v\Delta v_i+\theta_i^{i-1}(t)k_i^a\Delta a_i+\theta_i^0(k)k_i^{ve}\Delta v_{0i}+\theta_i^0(t)k_i^{ae}\Delta a_{0i}$

（2）第 i 辆跟随车辆及其前车都可以访问无线网络，领队车辆不允许访问网络。

$c_2: u_i(t)=\theta_i^{i-1}(t)k_i^v\Delta v_i+\theta_i^{i-1}(t)k_i^a\Delta a_i$

（3）第 i 辆跟随车辆及其领队车辆可以访问无线网络，前车不允许访问网络。

$c_3: u_i(t)=\theta_i^0(t)k_i^p\delta_i+\theta_i^0(t)k_i^{ve}\Delta v_{0i}+\theta_i^0(t)k_i^{ae}\Delta a_{0i}$

（4）第 i 辆跟随车辆可以访问无线网络，其领队车辆和前车不允许访问网络。

$c_4: u_i(t)=0$

（5）第 i 辆跟随车辆不可以访问无线网络。

$o: u_i(t)=0$

11.1.3 调度函数

每一辆车进入无线网络的状态可用如下的调度函数来描述[141]：

$$s_i(k)=\lceil (k+1)p_i\rceil-\lceil kp_i\rceil \tag{11.7}$$

式中，$\lceil\ \rceil$（$\lfloor\ \rfloor$）表示上界取整；$k=\lfloor t/h\rfloor$ 表示离散的时间槽；t 为连续的时间；$h>0$ 为每个时间槽的时间长度；$0<p_i\leqslant 1$ 为渐近占空比，是有理数；p_i 和 h 是两个待定的参数。渐近占空比 p_i 通常定义为 $p_i=q_i/l_i$，其中，q_i 和 l_i 互为素数且 $0<q_i\leqslant l_i$。由式（11.7）产生的调度函数为周期的，其周期为 $T_i=l_i$。

式（11.7）所表示的调度函数产生了一种特殊的调度序列称为 MRBS 序列。由定义可知，$s_i(k)\in\{0,1\}$，其中，$s_i(k)=1$ 表示第 i 辆车可以访问网络；$s_i(k)=0$ 表示第 i 辆车不能够访问网络。由于无线网络通信能力的限制，一定有 $\sum_{i=0}^{N-1}s_i(k)\leqslant M$ 成立，其中，$M<N$ 表示能力限制。

不考虑对领队车辆调度函数的设计问题，不失一般性，假设渐近占空比 p_0 提前已为领队车辆设计好。在给出主要结论之前，为了便于分析，在下一节里先对系统模型进行变换。

11.1.4 系统模型变换

分别定义 $x_i(t)=[\delta_i\quad \Delta v_{0i}\quad \Delta a_{0i}]^{\mathrm{T}}$ 以及 $y_i(t)=[\delta_i\quad \Delta v_i\quad \Delta a_i\quad \Delta v_{0i}\quad \Delta a_{0i}]^{\mathrm{T}}$，$i=1,\cdots,N-1$，作为系统的状态和测量输出向量。根据式（11.2）~式（11.4），单个跟随车辆的状态空间表达式可描述为

$$\dot{x}_i(t)=\boldsymbol{A}_ix_i(t)+\boldsymbol{B}_iu_i(t) \tag{11.8}$$

式中，$\boldsymbol{A}_i=\begin{bmatrix}0 & 1 & 0\\ 0 & 0 & 1\\ 0 & 0 & -1/\zeta\end{bmatrix}$，$\boldsymbol{B}_i=\begin{bmatrix}0\\ 0\\ -1/\zeta\end{bmatrix}$。

相类似地，系统的输出方程可以描述为

$$y_i(t)=\boldsymbol{C}_1x_{i-1}(t)+\boldsymbol{C}_2x_i(t) \tag{11.9}$$

式中，$\boldsymbol{C}_1=\begin{bmatrix}0 & 0 & 0\\ 0 & -1 & 0\\ 0 & 0 & -1\\ 0 & 0 & 0\\ 0 & 0 & 0\end{bmatrix}$，$\boldsymbol{C}_2=\begin{bmatrix}1 & 0 & 0\\ 0 & 1 & 0\\ 0 & 0 & 1\\ 0 & 1 & 0\\ 0 & 0 & 1\end{bmatrix}$。

当无线网络存在任意的数据丢包及能力限制时，待设计的控制器具有如下的输出反馈的形式：

$$u_i(t)=K_i\boldsymbol{S}_i^{\sigma(t)}(t)\boldsymbol{\Delta}_i(t)y_i(t) \tag{11.10}$$

式中，$K_i=[k_i^p \quad k_i^v \quad k_i^a \quad k_i^{ve} \quad k_i^{ae}]$为待确定的控制器增益；$\boldsymbol{\Delta}_i(t)=\text{diag}\{\theta_i^0(t),\theta_i^{i-1}(t),\theta_i^{i-1}(t),\theta_i^{i-1}(t),\theta_i^0(t)\}$；$\sigma(t)\in\{c_1,c_2,c_3,c_4,o\}$是分段定常的函数，称作选择信号；$\boldsymbol{S}_i^{c_q}(t)=\text{diag}\{s_0(t),s_{i-1}(t),s_{i-1}(t),s_0(t),s_0(t)\}$为领队车辆及前车的介质访问状态。注意到$\boldsymbol{S}_i^{c_q}(t)$根据序列$s_{i-1}(t)$和$s_0(t)$变化，因此，它的取值可能在集合$\boldsymbol{S}_i^{c_q}(t)\in\{\boldsymbol{S}^{c_1},\boldsymbol{S}^{c_2},\boldsymbol{S}^{c_3},\boldsymbol{S}^{c_4}\}$中，其中，$\boldsymbol{S}^{c_1}=\text{diag}\{1,1,1,1,1\}$，$\boldsymbol{S}^{c_2}=\text{diag}\{0,1,1,0,0\}$，$\boldsymbol{S}^{c_3}=\text{diag}\{1,0,0,1,1\}$，$\boldsymbol{S}^{c_4}=\text{diag}\{0,0,0,0,0\}$。$\boldsymbol{S}_i^o(t)=\boldsymbol{S}_i^o=\text{diag}\{0,0,0,0,0\}$表示第$i$辆车不能访问网络。

将式（11.10）代入式（11.8）中，第i辆跟随车的状态空间表达式可以描述成为如下带有随机变量的切换系统：

$$\dot{x}_i(t)=\boldsymbol{A}_ix_i(t)+\boldsymbol{B}_i\boldsymbol{K}_i\boldsymbol{S}_i^{\sigma(t)}\boldsymbol{\Delta}_i(t)[\boldsymbol{C}_1x_{i-1}(t)+\boldsymbol{C}_2x_i(t)] \tag{11.11}$$

根据式（11.11）所表示的模型，将在下一节给出控制器的设计方法。这里先定义一些符号。c_q，$q\in\{1,2,3,4\}$和o分别表示开环模式和闭环模型。定义$\alpha_i^{c_q}(t)$表示在$[0,t)$内，第i辆跟随车辆工作在闭环模型的时间，也称作模式率，且满足$\sum_{q=1}^{4}\alpha_i^{c_q}(t)\equiv\alpha_i(t)$，其中，$\alpha_i(t)=\sum_{l=0}^{k-1}s_i(l)$称作是MRBS序列的汉明权。定义第$i$辆跟随车辆闭环模式$c_q$的模式率为$r_i^{c_q}(t)=\dfrac{\alpha_i^{c_q}(t)}{\alpha_i(t)}$。第$i$辆跟随车辆在五种工作模式之间切换的次数称作振荡频率，用$N_i(t)$表示。

控制目标：协同设计每一辆跟随车辆的控制器及调度函数，使得每一辆跟随车辆都能够以一定的距离跟随领队车辆，并且满足以下标准：

（1）单个车辆的稳定性。每一辆跟随车辆是均方指数稳定的。

（2）稳态指标：对于所有跟随车辆，距离误差 $\delta_i(t)$ 最终趋近于零。

（3）队列稳定性（串稳定性）：避免因领队车或其他干扰使车间距离误差沿着队列向后逐渐递增[142]，即对所有 $w>0$，满足 $\| G(jw) \| \leqslant 1$，其中，$G(s)=\dfrac{\delta_i(s)}{\delta_{i-1}(s)}$。

定义 11.1 如果存在正数 c_i 和 $\lambda_i>0$，使得单个跟随车辆对于任意的初始条件 $x_i(0)$，$i\in\{1,2,\cdots,N-1\}$，则其解 $x_i(t)$ 满足 $E\{\|x_i(t)\|\}\leqslant c_i \mathrm{e}^{-\lambda_i t}\|x_i(0)\|$，$\forall t\geqslant 0$，其中，$\lambda_i$ 称作衰减率。

在接下来的一节里，我们将给出调度与控制协同设计的框架。在此框架下，分析与设计过程主要涉及调度函数 MRBS 的参数及数据包到达的概率。以上提到的参数与控制器增益可依据获得的条件同时决定。

11.2 车队控制与调度协同设计

11.2.1 单个跟随车辆稳定性分析

这一节主要考虑单个跟随车辆在闭环或开环模式下的稳定性分析。为了简便省略下标 i。对于式（11.11）所表示的单个跟随车辆，引进如下的分段 Lyapunov 函数：

$$V(t)=\begin{cases}V^{c_q}(t), & \text{若开环}\\ V^{o}(t), & \text{若闭环}\end{cases}, \quad q\in\{1,2,3,4\} \tag{11.12}$$

若单个跟随车辆是均方指数稳定，则需要满足以下的充分条件。

引理 11.1 如果由开环模式和闭环模式组成的车辆切换系统以一定的衰减率均方指数稳定，则以下条件需要满足：

1）正定的 Lyapunov 函数 $V^{c_q}(t)$ 和 $V^{o}(t)$ 满足：

$$\mathrm{E}\{\dot{V}^{c_q}(t)\mid x(t)\}\leqslant \lambda^{c_q}V^{c_q}(t),\ \mathrm{E}\{\dot{V}^{o}(t)\mid x(t)\}\leqslant \lambda^{o}V^{o}(t) \tag{11.13}$$

2）存在常数 $\mu>1$ 使得

$$V^{\alpha}(t)\leqslant \mu V^{\beta}(t),\ \forall \alpha,\beta\in\{c_1,c_2,c_3,c_4,o\},\ \alpha\neq\beta \tag{11.14}$$

3）调度函数的占空比 $b(t)=\alpha(t)/\lfloor t/h\rfloor$ 满足

$$b(t)\geqslant(\lambda^{*}-\lambda^{o})/\left(\sum_{q=1}^{4}r^{c_q}(t)\lambda^{c_q}-\lambda^{o}\right) \tag{11.15}$$

4）振荡频率及平均驻留时间满足

$$N_i(t)\leqslant N_0+t/\overline{T},\overline{T}>\overline{T}^{*}=-\ln\mu/\lambda^{*} \tag{11.16}$$

式中，$c>0$，$\lambda^{*}<0$，$\overline{T}$ 表示平均驻留时间。$N_0=\ln c/\ln\mu$ 是正整数，表示振荡界。更近一步，若以上条件能够满足，那么系统的衰减率为 $\lambda^{*}\rho$，其中 $\rho=\ln\mu/(2\overline{T}\lambda^{*})+1/2$。

证明 选择分段正定的 Lyapunov 函数 $V^{\sigma(t)}(t)$。根据式（11.13）可得

$$E\{V^{\sigma(t_j)}(t_{j+1})|x(t_j)\} \leqslant e^{\lambda^{\sigma(t_j)}(t_{j+1}-t_j)}V^{\sigma(t_j)}(t_j) \tag{11.17}$$

$$E\{V^{\sigma(t_{j+1})}(t)|x(t_{j+1})\} \leqslant e^{\lambda^{\sigma(t_{j+1})}(t-t_{j+1})}V^{\sigma(t_{j+1})}(t_{j+1}) \tag{11.18}$$

对不等式（11.18）两边取期望 $E\{\cdot|x(t_j)\}$，并且考虑式（11.17），可得

$$E\{V^{\sigma(t_{j+1})}(t)|x(t_j)\} \leqslant e^{\lambda^{\sigma(t_{j+1})}(t-t_{j+1})}e^{\lambda^{\sigma(t_j)}(t_{j+1}-t_j)}V^{\sigma(t_j)}(t_j) \tag{11.19}$$

对于任意分段定常的选择信号 $\sigma(t)$ 和任意 $t>0$，令 $0<t_1\cdots<t_j<t_{j+1}<t$ 表示 $\sigma(t)$ 在时间间隔 $[0, t)$ 内的选择点。由式（11.13）可得

$$E\{V^{\sigma(t)}(t)|x(t_{j+1})\} \leqslant e^{\lambda^{\sigma(t_{j+1})}(t-t_{j+1})}V^{\sigma(t_{j+1})}(t_{j+1}) \leqslant \mu e^{\lambda^{\sigma(t_{j+1})}(t-t_{j+1})}V^{\sigma(t_{j+1})}(\bar{t}_{j+1}) \tag{11.20}$$

式中，$\bar{t}_{j+1}$ 表示在时间 t_{j+1} 之前的时间点。

在式（11.20）两边同时取期望 $E\{\cdot|x(t_j)\}$，同时利用式（11.19）可得

$$\begin{aligned} E\{V^{\sigma(t)}(t)|x(t_j)\} &\leqslant \mu e^{\lambda^{\sigma(t_{j+1})}(t-t_{j+1})}e^{\lambda^{\sigma(t_j)}(t_{j+1}-t_j)}V^{\sigma(t_j)}(t_j) \\ &\leqslant \mu^2 e^{\lambda^{\sigma(t_{j+1})}(t-t_{j+1})}e^{\lambda^{\sigma(t_j)}(t_{j+1}-t_j)}V^{\sigma(t_j)}(\bar{t}_j) \end{aligned} \tag{11.21}$$

重复以上的过程可得

$$E\{V^{\sigma(t)}(t) \mid x(0)\} \leqslant \mu^{N_i(t)} e^{\lambda^o(t-\alpha(t)h)} e^{\sum_{q=1}^{4}\lambda^{c_q}\alpha^{c_q}(t)h}V^{\sigma(0)}(0) \tag{11.22}$$

根据式（11.15）中的占空比条件可得

$$\lambda^o(t-\alpha(t)h) + \sum_{q=1}^{4}\lambda^{c_q}\alpha^{c_q}(t)h \leqslant \lambda^* t \tag{11.23}$$

利用式（11.16），可得

$$\mu^{N_i(t)} = (e^{\lambda^*})^{\frac{N_i(t)\ln\mu}{\lambda^*}} \leqslant c\,(e^{\lambda^*})^{\frac{t\ln\mu}{\bar{T}\lambda^*}} \tag{11.24}$$

将式（11.24）和式（11.23）代入式（11.22），可得

$$E\{V^{\sigma(t)}(t)|x(0)\} \leqslant c\,(e^{2\lambda^*})^{\left(\frac{\ln\mu}{2\bar{T}\lambda^*}+\frac{1}{2}\right)t}V(0) = ce^{2\lambda^*\rho t}V^{\sigma(0)}(0) \tag{11.25}$$

若考虑多项的 Lyapunov 函数 $V^{\sigma(t)}(t)$，则存在 $a^{c_q}>0$，$a^o>0$，$b^{c_q}>0$ 及 $b^o>0$ 使得

$$aE\{\|x(t)\|^2\} \leqslant E\{V^{\sigma(t)}(t)|x(t)\} < bce^{2\lambda^*\rho t}\|x(0)\|^2 \tag{11.26}$$

式中，$a=\min\{a^{c_q}, a^o\}>0$，$b=\max\{b^{c_q}, b^o\}>0$ 满足

$$aE\{\|x(t)\|^2\} \leqslant E\{V^{\sigma(t)}|x(t)\}, V(0) \leqslant b\|x(0)\|^2$$

式中，$\|\cdot\|$ 表示 Euclidean 范数。

因为不等式（11.16）保证了

$$\rho > \frac{\ln\mu}{2\bar{T}^*\lambda^*} + \frac{1}{2} = 0$$

因此，可知 $0<e^{\lambda^*\rho}<1$。

对于不等式（11.26），可得

$$\mathrm{E}\{\|x(t)\|\} < \sqrt{\frac{bc}{a}}\mathrm{e}^{\lambda^{*}\rho t}\|x(0)\|, \forall t>0 \tag{11.27}$$

因此，由开环模式和闭环模式组成的车辆切换系统是均方指数稳定的，并且其指数衰减率为 $\lambda^{*}\rho$。

11.2.2 同时稳定性及可调度性

由问题描述可知，任意时刻，只有 M 个车辆（包括领队车）可进入无线网络，而其他车辆需要等待。对于多个车辆组成的车队系统，为保证其同时稳定，有效的调度策略至关重要。以下结果给出了保证可调度性的条件。

引理 11.2 对于无线网络能力受限，多个车辆组成的车队系统是可调度的，则式（11.7）中的调度函数需要满足以下条件：

$$\sum_{i=0}^{N-1} p_i \leqslant M \tag{11.28}$$

$$p_i \geqslant \underline{p_i} = \frac{(\lambda^{*} - \lambda^{o})}{\left(\sum_{q=1}^{4} r^{c_q}(t)\lambda^{c_q} - \lambda^{o}\right)}, q \in \{1, 2, 3, 4\} \tag{11.29}$$

证明 很容易得到式（11.28）保证了能力限制 $\sum_{i=0}^{N-1} s_i(k) \leqslant M$。主要证明若跟随车辆的调度函数满足式（11.28）和式（11.29）。则引理 11.1 中的式（11.15）成立。

对于任意时间，令 $k = nF + \overline{F}$，其中，$k = \lfloor t/h \rfloor$，且 n 是非负整数，$\overline{F}$ 是非负整数并且满足 $0 \leqslant \overline{F} < F$。在时间点 $k = nF + \overline{F}$，式（11.7）中定义的序列的汉明权为

$$\alpha_i(t) = \sum_{l=0}^{nF+\overline{F}-1} s(l) = n\lceil p_i F \rceil + \lceil p_i \overline{F} \rceil$$

占空比可表示为

$$b_i(t) = \frac{\alpha_i(t)}{k} = \frac{n\lceil p_i F \rceil + \lceil p_i \overline{F} \rceil}{nF + \overline{F}} \geqslant \frac{np_i F + p_i \overline{F}}{nF + \overline{F}} = p_i$$

因此，满足引理 11.1 中的式（11.15）。证毕。

1. 调度规则

根据引理 11.2 产生的序列可能不会一直自动地满足网络能力限制，$\sum_{i=0}^{N-1} s_i(k) \leqslant M$。通过计算可知，在一些时间槽上，多于 M 辆车同时取值为 1。为了保证车队中的车辆进入网络不发生冲突，车队的集中调度器需要利用基于优先及规则的调度算法来解决此冲突。具体地，每一辆车辆假定安装了一个循环的缓冲器，在一个

时间槽内，它能够同时接收及发送大小为 1 的数据包。在任意时间内，集中调度器利用优先则规则，允许至多 M 辆车同时访问网络。集中调度器分配优先级按照先到先进入的原则。若出现两辆以上的车辆同时到达，那么渐近占空比大的车辆拥有更高的优先级。对于车辆有相同的渐近占空比，若车辆到达得早，则其拥有更高的优先级。若以上的规则都没有区分开车辆的优先级大小的话，那么下标编号小的车辆将有更高的优先级。

2. 同时稳定及可调度条件

虽然以上提到的调度过程不影响调度序列的渐近占空比，但是，它可能会改变序列的振荡频率。为了保证整个车队的同时稳定性，给出以下结论。

定理 11.1 在无线网络能力受限条件下，若引理 11.1 中的条件 1）和条件 2）对于任意单个车辆成立，且由式（11.7）产生的 MRBS 序列满足引理 11.2 中的式（11.28）和式（11.29）及以下条件成立：

$$h > \max_{1\leqslant i\leqslant N}(N_i(F)+1)\frac{\bar{T}_i^*}{F} \tag{11.30}$$

则整个车队以一定的衰减率均方指数稳定。其中，$N_i(F)$表示车辆在一个公共周期 F 内，按照集中调度器决定的传送策略在开闭环模式下切换的总次数，其中，$F=m_iT_i=m_il_i$，m_i 为非负整数。

证明 在这里只需要证明若集中调度器按照优先级规则产生的调度序列满足式（11.30），则引理 11.1 中的式（11.16）成立。如果振荡频率 $N_i(F)=\phi_i$，$i\in\{1, 2, \cdots, N-1\}$，其中，$\phi_i$ 是正整数，那么平均驻留时间为 $\bar{T}_i=\dfrac{Fh}{(N_i(F)+1)}=\dfrac{Fh}{(\phi_i+1)}$。

为了证明式（11.16），需要考虑两种情况，$N_i(nF, nF+\bar{F})=0$ 及 $N_i(nF, nF+\bar{F})\neq 0$。若 $N_i(nF, nF+\bar{F})=0$，则振荡频率 $N_i(t)=N_i(nF)=n(\phi_i+1)-1$，因此可得

$$\frac{t}{\bar{T}_i}\geqslant\frac{(nF+\bar{F})(N_i(F)+1)}{F}=\frac{(nF+\bar{F})(\phi_i+1)}{F}\geqslant n(\phi_i+1)-1$$

类似地，若 $N_i(nF, nF+\bar{F})\neq 0$，则振荡频率 $N_i(t)=N_i(nF+\bar{F})=n(\phi_i+1)-1+\bar{\phi}_i$，其中，$\bar{\phi}_i$ 为正整数，表示 MRBS 序列在$[nF, nF+\bar{F}]$内选择的次数。在这种情况下，可得

$$\frac{t}{\bar{T}_i}+N_{0i}\geqslant\frac{(nF+\bar{F})(\phi_i+1)}{F}+\bar{\phi}_i\geqslant n(\phi_i+1)-1+\bar{\phi}_i$$

式中，$N_{0i}\geqslant\bar{\phi}_i$。

由这两种情况可得

$$N_i(t) \leqslant N_{0i} + \frac{t}{\overline{T}_i}$$

更近一步，由式（11.30），可知 $h > \frac{(N_i(F)+1)\overline{T}_i^*}{F}$，即 $\overline{T}_i > \overline{T}_i^*$，或式（11.16）成立。

根据以上条件及引理 11.1 和引理 11.2，车队中的每一辆车以一定的衰减率均方指数稳定。证毕。

定理 11.1 中结果对于分析来说是有用的，但是不适用于控制与调度的协同设计，因为它只强调了调度部分而忽略了算法部分。实际上，引理中的条件 1）和 2）为控制部分提供了一定的设计标准。在这一节里，将给出更易实现的控制与调度协同设计的算法。首先，对于单个车辆，选择如下的 Lyapunov 函数：

$$V_i^{\sigma(k)}(t) = x_i^{\mathrm{T}}(t)\boldsymbol{P}_i^{\sigma(k)}x_i(t) \tag{11.31}$$

式中，$\boldsymbol{P}_i^{\sigma(k)} > 0$。

为了简便，定义

$$x_i(t) = \boldsymbol{\Pi}_i\boldsymbol{X}(t) \tag{11.32}$$

式中，$\boldsymbol{X}(t) = [x_1^{\mathrm{T}}(t), x_2^{\mathrm{T}}(t), \cdots, x_{N-1}^{\mathrm{T}}(t)]^{\mathrm{T}}$，$\boldsymbol{\Pi}_i = [0, 0, \cdots, \boldsymbol{I}_n, \cdots, 0]$为分块矩阵，第 i 个矩阵块上为单位矩阵 $\boldsymbol{I}_n$，其他矩阵块为零矩阵，那么式（11.11）所表示的单个跟随车辆系统可描述为

$$\dot{x}_i(t) = \boldsymbol{A}_i\boldsymbol{\Pi}_i\boldsymbol{X}(t) + \overline{\boldsymbol{B}}_i^{\sigma(t)}(t)\boldsymbol{X}(t) \tag{11.33}$$

式中，$\overline{\boldsymbol{B}}_i^{c_q}(t) = \boldsymbol{B}_i\boldsymbol{K}_i\boldsymbol{S}_i^{c_q}\boldsymbol{\Delta}_i(t)[\boldsymbol{C}_1\boldsymbol{\Pi}_{i-1} + \boldsymbol{C}_2\boldsymbol{\Pi}_i]$且$\overline{\boldsymbol{B}}_i^{o}(t) = 0$。

根据定理 11.1 及以上 Lyapunov 函数，对车队给出如下的可同时镇定的条件。

定理 11.2 车队在无线网络存在丢包及能力有限条件下，若由式（11.7）产生的 MRBS 序列满足并且存在矩阵 $\boldsymbol{P}_i^{c_q} > 0$ 和 $\boldsymbol{P}_i^{o} > 0$，$q \in \{1, 2, 3, 4\}$，$i = 1, 2, \cdots, N$ 使得以下矩阵不等式成立：

$$\begin{bmatrix} \boldsymbol{\Gamma}_i^{11} & \boldsymbol{\Pi}_i^{\mathrm{T}} \\ * & -(\boldsymbol{P}_i^{c_q})^{-1} \end{bmatrix} < 0 \tag{11.34}$$

$$\begin{bmatrix} \boldsymbol{\Pi}_i^{\mathrm{T}}\boldsymbol{A}_i^{\mathrm{T}}\boldsymbol{P}_i^{o}\boldsymbol{\Pi}_i + \boldsymbol{\Pi}_i^{\mathrm{T}}\boldsymbol{P}_i^{o}\boldsymbol{A}_i\boldsymbol{\Pi}_i - \lambda_i^{o}\boldsymbol{\Pi}_i^{\mathrm{T}}\mathbf{P}_i^{o}\boldsymbol{\Pi}_i & \boldsymbol{\Pi}_i^{\mathrm{T}} \\ * & -(\boldsymbol{P}_i^{o})^{-1} \end{bmatrix} < 0 \tag{11.35}$$

$$\boldsymbol{P}_i^{\alpha} \leqslant \mu_i\boldsymbol{P}_i^{\beta},\ \alpha, \beta \in \{c_1, c_2, c_3, c_4, o\},\ \alpha \neq \beta \tag{11.36}$$

式中，$\boldsymbol{\Gamma}_i^{11} = (\boldsymbol{A}_i\boldsymbol{\Pi}_i + \tilde{\boldsymbol{B}}_i^{c_q})^{\mathrm{T}}\boldsymbol{P}_i^{c_q}\boldsymbol{\Pi}_i + \boldsymbol{\Pi}_i^{\mathrm{T}}\boldsymbol{P}_i^{c_q}(\boldsymbol{A}_i\boldsymbol{\Pi}_i + \tilde{\boldsymbol{B}}_i^{c_q}) - \lambda_i^{c_q}\boldsymbol{\Pi}_i^{\mathrm{T}}\boldsymbol{P}_i^{c_q}\boldsymbol{\Pi}_i$，$\lambda^{c_1} < 0$，$\lambda^{o} > 0$，$\lambda^{c_q} > 0$，$q \in \{2, 3, 4\}$ 且 $\mu_i > 1$，$\tilde{\boldsymbol{B}}_i^{c_q} = \boldsymbol{B}_i\boldsymbol{K}_i\boldsymbol{S}_i^{c_q}\overline{\boldsymbol{\Delta}}_i\ [\boldsymbol{C}_1\boldsymbol{\Pi}_{i-1} + \boldsymbol{C}_2\boldsymbol{\Pi}_i]$，$\tilde{\boldsymbol{B}}_i^{o} = 0$ 并且

$\bar{\Delta}_i = \mathrm{diag}\ \{\bar{\theta}_i^0, \bar{\theta}_i^{i-1}, \bar{\theta}_i^{i-1}, \bar{\theta}_i^{i-1}, \bar{\theta}_i^0\}$。

则车队中的任意车辆是指数稳定的，且其状态衰减估计为

$$\mathrm{E}\{\|x_i(t)\|\} < \sqrt{\frac{b_i c_i}{a_i}} \mathrm{e}^{\lambda^* \rho t} \|x_i(0)\|$$

式中，$\rho_i > 0$，$c_i > 0$，$a_i = \min\{\lambda_{\min}(\boldsymbol{P}_i^{c_q})(q \in \{1, 2, 3, 4\}, \lambda_{\min}(\boldsymbol{P}_i^o)\}$，$b_i = \max\{\lambda_{\max}(\boldsymbol{P}_i^{c_q})(q \in \{1, 2, 3, 4\}, \lambda_{\max}(\boldsymbol{P}_i^o)\}$，$\lambda_{\min}(\cdot)$和$\lambda_{\max}(\cdot)$分别表示对称矩阵的最小和最大特征值。

证明 为了简便，证明过程省略了下标 i。将证明对于任意 i，若式（11.34）~式（11.36）成立，则引理 11.1 中的条件 1）和 2）成立。根据伯努力任意的数据丢包过程 $\theta_i^0(k) \in \{0, 1\}$ 和 $\theta_i^{i-1}(k) \in \{0, 1\}$ 及式（11.31）中定义的 Lyapunov 函数，可得

$$\begin{aligned}\mathrm{E}\{\dot{V}_i^{c_q}(t) \mid x_i(t)\} &= \mathrm{E}\{2\dot{x}_i^{\mathrm{T}}(t)\boldsymbol{P}_i^{c_q}x_i(t) \mid x_i(t)\} - \lambda_i^{c_q}V_i^{c_q}(k) + \lambda_i^{c_q}V_i^{c_q}(k) \\ &= \boldsymbol{X}^{\mathrm{T}}(t)[2(\boldsymbol{A}_i\boldsymbol{\Pi}_i + \tilde{\boldsymbol{B}}_i^{c_q})^{\mathrm{T}}\boldsymbol{P}_i^{c_q}\boldsymbol{\Pi}_i - \lambda_i^{c_q}\boldsymbol{\Pi}_i^{\mathrm{T}}\boldsymbol{P}_i^{c_q}\boldsymbol{\Pi}_i]\boldsymbol{X}(t) + \lambda_i^{c_q}V_i^{c_q}(t)\end{aligned}$$

若 $\boldsymbol{\Omega}_i^{c_q} = 2(\boldsymbol{A}_i\boldsymbol{\Pi}_i + \tilde{\boldsymbol{B}}_i^{c_q})^{\mathrm{T}}\boldsymbol{P}_i^{c_q}\boldsymbol{\Pi}_i - \lambda_i^{c_q}\boldsymbol{\Pi}_i^{\mathrm{T}}\boldsymbol{P}_i^{c_q}\boldsymbol{\Pi}_i < -\boldsymbol{\Pi}_i^{\mathrm{T}}\boldsymbol{P}_i^{c_q}\boldsymbol{\Pi}_i$ 成立，则 $\mathrm{E}\{\dot{V}_i^{c_q}(t) \mid x_i(t)\} \leqslant \lambda_i^{c_q}V_i^{c_q}(k)$。

根据苏尔补定理可得，$\boldsymbol{\Omega}_i^{c_q} < -\boldsymbol{\Pi}_i^{\mathrm{T}}\boldsymbol{P}_i^{c_q}\boldsymbol{\Pi}_i$ 等价于不等式（11.34）。与之相类似，根据式（11.35），可得 $E\{V_i^o(t) \mid x_i(t)\} \leqslant \lambda_i^o V_i^o(t)$。更近一步，由式（11.31）和式（11.36）可知 $V_i^{\alpha}(k) \leqslant \mu_i V_i^{\beta}(k)$ 成立，$\alpha, \beta \in \{c_1, c_2, c_3, c_4, o\}$，$\alpha \neq \beta$。因此，根据式（11.26）和式（11.27）可得

$$\mathrm{E}\{\|x_i(t)\|\} < \sqrt{\frac{b_i c_i}{a_i}} \mathrm{e}^{\lambda_i^* \rho_i t} \|x_i(0)\|$$

式中，衰减率 $\rho_i > 0$，常数 $c_i > 0$，a_i 和 b_i 定义如定理 11.2。证毕。

注：在能力有限条件下，无线网络为了分配更多的车辆进入网络，参数 $\lambda_i^{c_q}$ 和 λ_i^o 应该尽可能地选择，从而获得一个较小的渐近占空比。另外，参数 μ_i 应该选择地尽可能小从而获得一个较大的 ρ_i 和一个相对较小的界限 T_i^*，同时，使得平均驻留条件更易满足。这些参数的选择可见后边给出的协同设计算法。

注意到不等式（11.34）是非线性的，因为在矩阵 $\tilde{\boldsymbol{B}}_i^{c_q}$ 中的增益矩阵 $\boldsymbol{K}_i$ 及矩阵 $\boldsymbol{P}_i^{c_q}$ 都是未知变量。为了将式（11.34）所示矩阵变换成线性矩阵不等式，从而可用工程软件来求解，引进新的变量 $\boldsymbol{Q}_i^{c_q}$ 来替代不等式（11.34）中的$(\boldsymbol{P}_i^{c_q})^{-1}$项，因此

$$\begin{bmatrix} \boldsymbol{\Gamma}_i^{11} & \boldsymbol{\Pi}_i^{\mathrm{T}} \\ * & -\boldsymbol{Q}_i^{c_q} \end{bmatrix} < 0 \tag{11.37}$$

根据锥补线性化[143]的方法，反馈控制器可由以下最小化问题求解：

最小化 $\text{Tr}\left(\sum_{q=1}^{4} P_i^{c_q} Q_i^{c_q}\right)$

满足式（11.37）和

$$\begin{bmatrix} \boldsymbol{P}_i^{c_q} & \boldsymbol{I} \\ \boldsymbol{I} & \boldsymbol{Q}_i^{c_q} \end{bmatrix} \geqslant 0,\ i=1,\ \cdots,\ N-1;\ q\in\{1,2,3,4\} \tag{11.38}$$

根据定理 11.2 和以上提到的最小化问题，可以得到控制器与调度协同设计的一个算法，见下一节。

11.3 车队队列稳定性与调度协同设计

11.3.1 车队稳定性分析

在这一节，主要考虑对前面已经获得的控制器进行条件限制，使其根据稳态车间距离误差满足车队稳定，例如，车间距离误差不会沿着队列向后逐渐递增。首先给出确保车队稳定的结论，然后分析零稳态车间距离误差。

结合式（11.1）所表示的车辆动态模型及式（11.5）所表示的控制器，对于第 i 辆车可以得到以下的车间距离误差：

$$\dddot{\delta}_i(t) = \dot{a}_0(t) - \dot{a}_i(t) \tag{11.39}$$

对式（11.39）进行拉普拉斯变换可得

$$G(s) = \frac{\delta_i(s)}{\delta_{i-1}(s)} = \frac{-k_i^v s - k_i^a s^2}{\zeta s^3 - (k_i^a - k_i^{ae} - 1)s^2 + (k_i^v + k_i^{ve})s + k_i^p} \tag{11.40}$$

根据式（11.40）所表示的传递函数，关于车队稳定性，可以得到以下条件。

定理 11.3 对于式（11.40）所表示的车队车间距离误差，若对于任意 $w>0$，有 $\left|\dfrac{\delta_i(\mathrm{j}w)}{\delta_{i-1}(\mathrm{j}w)}\right| \leqslant 1$ 成立，则需要满足以下条件：

$$1+(k_i^{ae})^2 - 2k_i^a + 2k_i^{ae} - 2k_i^a k_i^{ae} - 2\zeta(k_i^v + k_i^{ve}) \geqslant 0 \tag{11.40a}$$

$$2(k_i^a - k_i^{ae} - 1)k_i^p + (k_i^{ve})^2 + 2k_i^v k_i^{ve} \geqslant 0 \tag{11.40b}$$

证明 首先，将 $\left|\dfrac{\delta_i(\mathrm{j}w)}{\delta_{i-1}(\mathrm{j}w)}\right|$ 表达成

$$G(\mathrm{j}w) = \left|\frac{\delta_i(\mathrm{j}w)}{\delta_{i-1}(\mathrm{j}w)}\right| = \sqrt{\frac{a}{a+b}}$$

式中，$a=(k_i^a)^2 w^4 + (k_i^v)^2 w^2$，

$$b=\zeta^2 w^6 + [1+(k_i^{ae})^2 - 2k_i^a + 2k_i^{ae} - 2k_i^a k_i^{ae} - 2\zeta(k_i^v + k_i^{ve})]w^4 + [2(k_i^a - k_i^{ae} - 1) k_i^p + (k_i^{ve})^2 + 2k_i^v k_i^{ve}]w^2 + (k_i^p)^2。 \tag{11.41}$$

因为 $a>0$，若 $b\geqslant 0$，则有 $\left|\dfrac{\delta_i(\mathrm{j}w)}{\delta_{i-1}(\mathrm{j}w)}\right| \leqslant 1$ 成立，即车队稳定。显而易见，式

(11.40a) 和式 (11.40b) 保证 $b \geqslant 0$ 成立。证毕。

接下来，对于所获得的控制器分析其零稳态距离误差。定义 ξ_0 表示领队车辆的速度与时刻 t 达到其稳态值 v_0 之间的偏差，即 $\xi_0(t)=v_0(t)-v_0$。由式 (11.1) 可得

$$\dddot{\delta}_1(t) = \ddot{d}_0(t) - \dot{a}_1(t) \tag{11.42}$$

将式 (11.4) 代入式 (11.42) 并且利用式 (11.5)，在 $i=1$ 时可得

$$\zeta \dddot{\delta}_1(t) = \zeta \ddot{d}_0(t) + (\dot{d}_0(t) - \ddot{\delta}_1(t)) - [k_i^p\delta_1(t) + k_i^v\dot{\delta}_1(t) + k_i^a\ddot{\delta}_1(t) + k_i^{ve}\dot{\delta}_1(t) + k_i^{ae}\ddot{\delta}_1(t)] \tag{11.43}$$

在式 (11.43) 两端进行拉普拉斯变换，则第一辆跟随车辆依照领队车辆速度变换的车间距离误差可以描述为

$$H(s) = \frac{\delta_1(s)}{\xi_0(s)} = \frac{\zeta s^2 + s}{\zeta s^3 + (k_i^a + k_i^{ae} + 1)s^2 + (k_i^v + k_i^{ve})s + k_i^p} \tag{11.44}$$

假定领队车在有限时间 t_f 内可以达到其稳定值。因此 $\xi_0(t)-\xi_0(t_f)=0$，对于所有 $t \geqslant t_f$。因此，可得

$$\xi_0(s) = \frac{\xi_0(t_f)}{s} \tag{11.45}$$

利用终值定理及式 (11.43) ~式(11.45)，可以得到

$$\lim_{t\to\infty}\delta_i(t) = \lim_{s\to 0} s\frac{\delta_i(s)}{\delta_{i-1}(s)}\frac{\delta_{i-1}(s)}{\delta_{i-2}(s)}\cdots\frac{\delta_1(s)}{\xi_0(s)}\xi_0(s) = \lim_{s\to 0} sG^{i-1}(s)H(s)\xi_0(s) = 0$$

对于任意跟随车辆 i，$i=1$，$\cdots N-1$，即达到零稳态误差。

11.3.2 控制与调度协同设计算法

根据调度规则及定理 11.1 ~ 11.3，可以给出如下的控制与调度协同设计的算法：

(1) 对于固定的 i，得到 λ_{ih}^c 的最小值($h \in M=\{1,2,3,4\}$)，同时求解状态反馈增益 K_i。其中，λ_{ih}^c 的最小值问题可以通过以下的迭代算法来求解。

第一步，选择一个充分大的初始值 $\lambda_{ih}^c(h \in M=\{1, 2, 3, 4\})$，使得矩阵不等式 (11.37) 和式 (11.38) 存在可行解，设 $\lambda_{ih}^c(0)=\lambda_{ih}^c$。

第二步，对于矩阵不等式 (11.37) 和式 (11.38)，求得可行解的集合，令 $k=0$，$P_i^{c_q}(0)=P_i^{c_q}$，$Q_i^{c_q}(0)=Q_i^{c_q}$ 并且 $K_i(0)=K_i$。

第三步，测试矩阵不等式 (11.34) 的可行性。若式 (11.34) 可行的，则跳到第四步；否则以一定的步长 $\Delta\lambda_i^{c_q}$ 减少 $\lambda_i^{c_q}$ 的值，并且返回到第二步。

第四步，求解以下的最小化问题：

最小化 $\mathrm{Tr}\left(\sum_{q=1}^{4} P_i^{c_q}Q_i^{c_q}\right)$

满足式 (11.37) 和

$$\begin{bmatrix} \boldsymbol{P}_i^{c_q} & \boldsymbol{I} \\ \boldsymbol{I} & \boldsymbol{Q}_i^{c_q} \end{bmatrix} \geqslant 0,\ i=1,\ \cdots,\ N-1;\ q\in\{1,\ 2,\ 3,\ 4\} \tag{11.38}$$

产生一个可行解的集合（$\boldsymbol{P}_i^{c_q}$，$\boldsymbol{Q}_i^{c_q}$，$\boldsymbol{K}_i$）。并且令 $\boldsymbol{P}_i^{c_q}(k+1)=\boldsymbol{P}_i^{c_q}$，$\boldsymbol{Q}_i^{c_q}(k+1)=\boldsymbol{Q}_i^{c_q}$ 及 $\boldsymbol{K}_i(k+1)=\boldsymbol{K}_i$。

第五步，若矩阵不等式（11.34）是可行性的，则转到第六步；否则，如果 k 达到了规定的步数 $\bar{k}$，则保存 $\lambda_i^{c_q}$ 并且跳转到第六步；否则，令 $k=k+1$ 并且返回到第四步。

第六步，根据式（11.40a）和式（11.40b）对已经获得的控制器 K_i 进行限制。若有可行解，那么获得的控制器可保证车队的稳定性并且跳到第二步中。否则，设定 $\lambda_i^{c_q}=\lambda_i^{c_q}+\Delta$ 并且返回到第四步中去。

（2）根据矩阵不等式（11.38）来求得 λ_i^o 的最小值。

（3）寻找常数 $\mu_i>1$ 满足矩阵不等式（11.39）。

（4）根据式（11.28）和式（11.29）及获得的参数 $\lambda_i^{c_q}$ 和 λ_i^o，来确定 MRBS 序列的参数 p_i。

（5）集中调度器利用基于优先级规则的调度算法来为车队中的车辆产生实际的传送序列。

（6）利用式（11.30）、已获得的参数 μ_i 和集中调度器产生的调度序列来决定每个时间槽 h 的时间长度。

11.4 数字仿真

这一节通过仿真算法来验证所提出的协同设计算法对于车队控制的有效性。在仿真中，领队车辆的加速度 a_0 及速度 v_0 的值如图 11.2 所示。考虑由四辆车组成

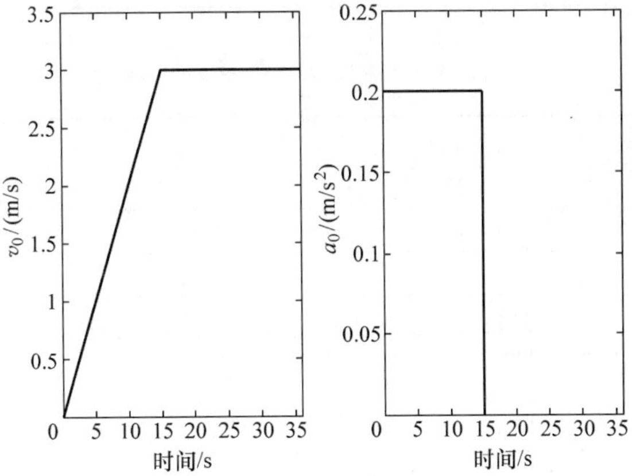

图 11.2 领队车的速度及加速度

的车队，无线网络能力有限导致任意时刻只有三辆车可以访问网络，即 $M=3$。假定时间常数 $\zeta=0.125$，车辆的长度为 $L=4$，期望的车间距离为 $\delta_d=2\text{m}$，领队车辆的 MRBS 序列的渐近占空比为 $p_0=1/2$。

在领队车辆到跟随车辆的通信信道及前车到跟随车辆的通信信道中发生的数据丢包分别用伯努力过程来描述，且数据包到达概率为 $\bar{\theta}_i^0=0.85$，$\bar{\theta}_i^{i-1}=0.80$。数据丢包过程如图 11.3 所示，其中，$-1$ 表示通信信道不可用；其他值意味着通信信道可用，其中，1 表示与跟随车辆 1～3 相关的数据成功传送；否则，值为 0。

通过利用定理 11.1，可得到每辆跟随车辆的控制器如下，其中所用到的参数 λ_i^c、λ_i^o 和 μ_i 见表 11.1。

$K_1=[22\quad 28\quad 1\quad 14\quad 9]$，$K_2=[28\quad 15\quad 11\quad 20\quad 27]$，$K_3=[25\quad 20\quad 8\quad 23\quad 26]$

根据条件定理 11.1 中的式（11.32）～式（11.33），可得到每辆跟随车的参数 p_i，见表 11.2，同时也给出了序列的周期及占空比的上界。表 11.3 给出了所用的参数 λ_i^*、$\overline{T}_i^*$ 和 ρ_i 的值。集中调度器利用调度规则和已经获得的 MRBS 序列为每辆车产生实际的调度序列如下：

$S_0=\{101010101010\}$，$S_1=\{110110110110\}$，$S_2=\{011001011001\}$，$S_3=\{111011101110\}$

式中，最小周期的公倍数 $F=12$。根据定理 11.1 的式（11.34），可以得到每个时间槽的时间跨度为 $h=2\text{s}$。

表 11.1　跟随车辆参数 λ_i^{cq}、λ_i^o 及 μ_i 的值

	λ_i^{c1}	λ_i^{c2}	λ_i^{c3}	λ_i^{c4}	λ_i^o	μ_i
$i=1$	−1.15	0.20	0.15	0.10	0.15	1.10
$i=2$	−1.29	0.18	0.17	0.16	0.10	1.20
$i=3$	−1.70	0.12	0.10	0.11	0.12	1.18

表 11.2　参数 p_i、T_i 及 $\underline{p}_i$ 的值

	p_i	T_i	$\underline{p}_i$
$i=1$	2/3	3	0.3532
$i=2$	1/2	2	0.4932
$i=3$	3/4	4	0.7425

表 11.3　仿真参数 λ_i^*、$\overline{T}_i^*$ 及 ρ_i 的值

	λ_i^*	$\overline{T}_i^*$	ρ_i	r_i^{c1}	r_i^{c2}	r_i^{c3}	r_i^{c4}
$i=1$	−0.10	0.9531	0.5234	10/19	0	0	9/19
$i=2$	−0.13	1.4025	0.2988	7/19	6/19	3/19	3/19
$i=3$	−0.10	1.6551	0.1724	3/19	6/19	7/19	3/19

利用定理 11.1，集中调度器为每辆车实际产生传递序列如图 11.4 所示。从图中可以看出，每辆车进入网络是不发生冲突的。每辆跟随车辆的加速度、速度及位置如图 11.5 所示。从图 11.3 ~ 图 11.5 可以看出，每辆车在数据发生丢包及网络能力有限条件下能够完成车队稳定。

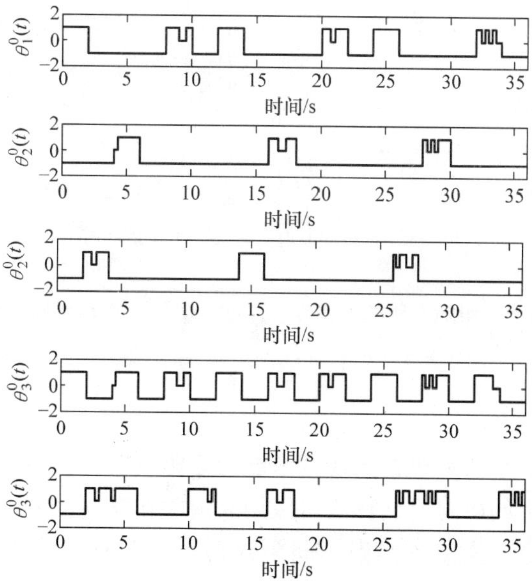

图 11.3　通信信道中的伯努力丢包过程

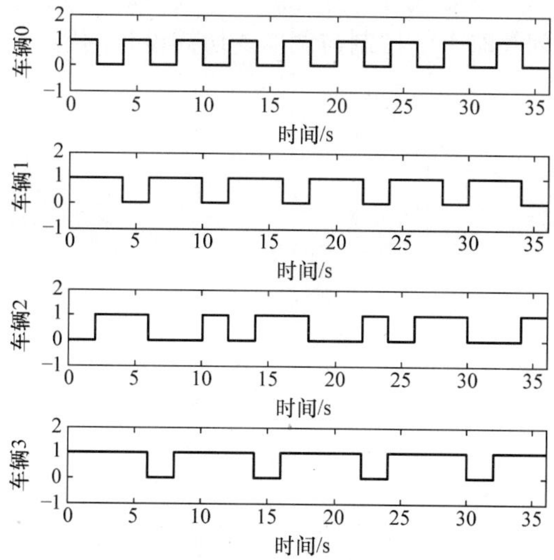

图 11.4　由集中调度器产生的调度序列

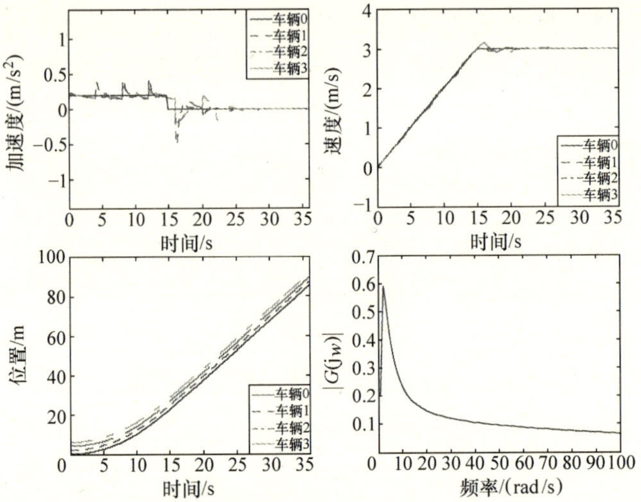

图 11.5　跟随车辆的加速度、速度、位置以及频率相应曲线

11.5　小结

本章主要研究了车队系统在无线网络能力受限及存在任意数据丢包条件下的协同设计问题。所提出的协同设计算法可以用来解决车队访问网络时产生的冲突，并且能够保证车队稳定、完成零稳态车间距误差。数值实验验证了所提出算法的有效性。

注意到提出的协同设计算法中的调度函数是静态的。由于车辆的快速行驶及高移动特性，车辆访问网络的方式可以是任意的。在以后的研究工作中，可以考虑车队在任意无线网络访问策略下的控制与调度的协同设计问题。

第 12 章　基于连续车辆间歇性通信的车辆协作控制

本章研究基于最近邻居间歇性通信的编队控制问题。在通信驻留时间内，领队车辆到每个跟随车辆间拥有有向的通信路径，并且跟随车辆间的通信拓扑为连接的无向图。领队车的控制输入是连续有界的。相反地，如果整个网络不可用，则整个车辆系统将采用零输入，但不为跟随车辆获得。通过状态变换，车辆编队问题将转换为分布式跟踪问题。应用图论、非光滑分析和切换系统的方法，通过 Lyapunov 的方法，可以得到车辆系统编队的充分条件。根据这个条件，提出了优化通信率的最优编队控制器设计方法。最后，给出数值仿真来验证编队控制器设计方法的有效性。

主要内容安排为：12.1 节描述问题的来源，并引出要解决的主要问题；12.2 节则给出基于最近邻居间歇性通信的编队充分条件；12.3 通过优化通信率，得到最优编队控制器；12.4 节通过数字仿真验证本章算法的有效性和实用性；12.5 节总结本章所讨论的问题及结论。

12.1　问题描述

12.1.1　图论

用一个有向图来建模所有车辆的相互联系 $G(v,\varepsilon,\boldsymbol{\Lambda})$，其中，节点 $v\in\{v_1,\cdots,v_N\}$ 是车辆集合，边 $\varepsilon\subseteq v\times v$ 是通信链的集合，$\boldsymbol{\Lambda}=[a_{ij}]$ 是和边相关的邻接矩阵，例如$(v_i,v_j)\in\varepsilon$，$a_{ij}>0$，否则，$(v_i,v_j)\notin\varepsilon$，$a_{ij}=0$。每条边$(v_i,v_j)\in\varepsilon$ 意味着节点 v_i 可以得到节点 v_j 的消息。一组边的序列 (v_i,v_k)，(v_k,v_l)，…，(v_m,v_j) 被称为 v_j 到 v_i 的有向路径。有向图被认为含有有向生成树，如果有从根（只向别的节点输出信息，而不接受信息）到途中任意的节点都有一条又向路径，则节点称作从另一个节点 v_i 是可达的。主图 G 的次级图 $G_s=(v_s,\varepsilon_s)$定义为 $v_s\in v$，$\varepsilon_s\in\varepsilon$。如果每两个节点都存在一个路径，则此无向图是链接的，否则是非链接的。节点 v_i 邻居结合定义为 $N_i=(v_j\in v:\ (v_i,v_j)\in\varepsilon)$。定义节点 v_i 的入度为 $d_i=\sum_{j=1}^{N}a_{ij}$，入度矩阵为 $\boldsymbol{\Delta}=\mathrm{diag}\{d_1,\cdots d_N\}$。有向图 G 的拉普拉斯矩阵定义为 $\boldsymbol{L}=\boldsymbol{\Delta}-\boldsymbol{\Lambda}$。对于无向图，$\boldsymbol{\Lambda}$ 和 $\mathbf{L}$ 都是对称的。0 是拉普拉斯矩阵的单一特征值的充分必要条件是有向图还有一个有向生成树，并且其他特征值都含有正实部。拉普拉斯矩阵的一个重要性质是它所有的行值和为 0，因此向量 $\mathbf{1}$ 是特征值 0 对应的拉普拉斯矩阵的特征向量。

12.1.2 车队模型建立

考虑一组 $N+1$ 个车辆在水平道路上行驶，如图 12.1 所示。不失一般性，用 0 标记领队车，用 1，…，N 标记跟随车辆。只有每辆车的位置、速度和加速度信息可以通过无线网络传输给最近的车辆。

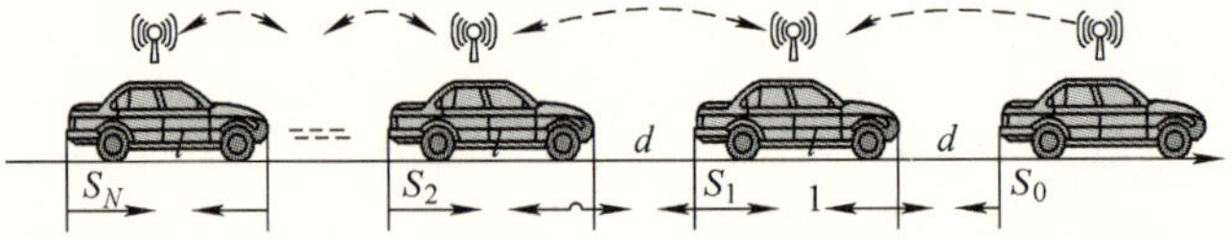

图 12.1 车辆系统

$N+1$ 个车辆的相互连接图用有向图 G 表示，其中次级图是和 N 个跟随车辆相关的无向图。图 G 中含有领队车根的一个有向生成树。因此，图 12.1 中的车辆系统的拓扑图如图 12.2 所示。

图 12.2 车辆系统的通信拓扑图

将第 i 辆车的位置、速度和加速度分别用 s_i、v_i 和 a_i 标记。通过应用在文献［108］和文献［144］介绍的反馈线性化技术，下列的线性化模型将被采用

$$\begin{cases} \dot{s}_i = v_i \\ \dot{v}_i = a_i \\ \dot{a}_i = -\dfrac{1}{\zeta}a_i + \dfrac{1}{\zeta}u_i \end{cases},\ i=0,\ 1,\ \cdots,\ N \tag{12.1}$$

式中，u_i 为外界输入。

在一些实际情况下，由于通信通道的不稳定和设备的损坏，车辆间不能连续地通信。在本节中，考虑周期间歇通信对车辆编队的影响。标记 σ 是周期长度，τ 是每段周期 σ 上的驻留时间。假设 $t\in[k\sigma,\ k\sigma+\tau)$，$k\in Z^+$，只有领队车辆的状态（位置、速度和加速度，但没有控制输入），对于一小部分跟随车辆是已知的。除此之外，要求领队车辆的控制输入 $u_0(t)$ 是连续有界的。$|u_0(t)|\leqslant\theta$，其中，θ 是正常数。但是领队车辆不能得到任何跟随车辆的信息，当 $t\in[k\sigma+\tau,(k+1)\sigma)$ 时，对于 $N+1$ 个车辆将采用零输入策略。

考虑通信受限的影响，基于同步间歇测量信息，提出以下的编队控制率：

$$\begin{cases} |u_0(t)|\leqslant\theta, \\ u_i(t)=g_1f_u+g_2\,\mathrm{sgn}\,(f_u),i=1,\ \cdots,\ N \end{cases},t\in[k\sigma,\ k\sigma+\tau) \tag{12.2}$$

$$u_i(t)=0,\ i=0,\ \cdots,\ N,\ t\in[k\sigma+\tau,\ (k+1)\sigma) \tag{12.3}$$

式中，g_1，g_2 是耦合强度。

$$f_u=k_s(s_i-s_{i-1}+d+l)+k_v(v_i-v_{i-1})+k_a(a_i-a_{i-1})+k_s(s_i-s_{i+1}-d-l)+k_v(v_i-v_{i+1})+k_a(a_i-a_{i+1})$$

式中，k_s、k_v、k_a 分别是待设计的位置、速度和加速度控制增益。

注：全局的信息通信情况将通过锚节点和基站广播给 $N+1$ 个车辆。车辆系统根据通信状况，选择控制策略。

每一辆车与前一辆车的相对位置误差表示为

$$\begin{cases}\xi_i = s_{i-1} - s_i - d - l \\ \eta_i = v_{i-1} - v_i \\ \varepsilon_i = a_{i-1} - a_i\end{cases}, \quad i=1, 2, \cdots, N \tag{12.4}$$

式中，d 是给定的期望车间距，l 是车辆长度。

控制目标：本节的控制目标是基于最近邻居间的间隔通信，为每个跟随车辆设计控制器，使得车辆能够以稳定的队形运行。例如，跟随车辆间保持相对的期望距离，相同的速度和加速度。

$$\lim_{t\to\infty}\xi_i = 0, \quad \lim_{t\to\infty}\eta_i = 0, \quad \lim_{t\to\infty}\varepsilon_i = 0 \tag{12.5}$$

12.2 保证车队稳定的控制器设计

在这部分，根据图论、非光滑分析和切换系统理论，首先给出通信受限的车辆系统编队的充分必要条件。接着根据这些条件，给出最优的编队控制器。

首先，将车辆的编队问题转化为分布式跟踪问题。引进新的变量

$$z_i(t) = [s_i \quad v_i \quad a_i]^{\mathrm{T}} + i\,[d+l \quad 0 \quad 0]^{\mathrm{T}}, i=0,1,\cdots,N \tag{12.6}$$

因此式（12.5）所表示的编队问题转化为分布跟踪问题，例如

$$\lim_{t\to\infty}\| z_i(t) - z_0(t) \| = 0 \tag{12.7}$$

结合式（12.6）和式（12.7），式（12.1）所表示的系统的动态特性可以写成如下的一般形式：

$$\dot{z}_i(t) = \boldsymbol{A}z_i(t) + \boldsymbol{B}u_i(t), \ i=0, 1, 2, \cdots, N \tag{12.8}$$

式中，$\boldsymbol{A} = \begin{bmatrix} 0 & 1 & 0 \\ 0 & 0 & 1 \\ 0 & 0 & -\dfrac{1}{\zeta} \end{bmatrix}$，$\boldsymbol{B} = \begin{bmatrix} 0 & 0 & \dfrac{1}{\zeta} \end{bmatrix}^{\mathrm{T}}$。

有向图 G 对应的拉普拉斯矩阵标记为 $\boldsymbol{L}$，并且 $\boldsymbol{L}$ 可以拆分为

$$\boldsymbol{L} = \begin{bmatrix} 0 & 0_{1\times N} \\ \boldsymbol{L}_l & \boldsymbol{L}_f \end{bmatrix}$$

式中，$\boldsymbol{L}_l \in \boldsymbol{R}^{N\times 1}$，$\boldsymbol{L}_f \in \boldsymbol{R}^{N\times N}$。

令 $K = [k_s \quad k_v \quad k_a]$，通过图论知识，式（12.2）和式（12.3）所表示的编队控制律可以标记为

$$\begin{cases} \| u_0(t) \|_\infty \leqslant \theta \\ u_i(t) = g_1 K \sum_{j=0}^{N} a_{ij}(z_i(t) - z_j(t)) + g_2 \operatorname{sgn}\left(K \sum_{j=0}^{N} a_{ij}(z_i(t) - z_j(t))\right), i = 1, \cdots, N \end{cases}$$

$$, t \in [k\sigma, k\sigma + \tau) \tag{12.9}$$

$$u_i(t) = 0, i = 0, \cdots, N, t \in [k\sigma + \tau, (k+1)\sigma) \tag{12.10}$$

定义每个跟随车辆和领队车辆的状态误差为 $\delta_i = z_i - z_0$，$i = 1, \cdots, N$。结合式（12.6）、式（12.7）和式（12.8），可以将基于间歇通信的车辆编队系统写成以下的切换系统：

$$\dot{\delta}_i(t) = \boldsymbol{A}\delta_i(t) + g_1 \boldsymbol{BK}\left[\sum_{j=1}^{N} a_{ij}(\delta_i(t) - \delta_j(t)) + a_{i0}\delta_i(t)\right] +$$

$$g_2 \boldsymbol{B} \operatorname{sgn}\left(\boldsymbol{K}\left[\sum_{j=1}^{N} a_{ij}(\delta_i(t) - \delta_j(t)) + a_{i0}\delta_i(t)\right]\right) - \boldsymbol{B}u_0(t), t \in [k\sigma, k\sigma + \tau)$$

$$\dot{\delta}_i(t) = \boldsymbol{A}\delta_i(t), t \in [k\sigma + \tau, (k+1)\sigma) \tag{12.11}$$

记 $\delta(t) = [\delta_1^{\mathrm{T}}(t) \quad \delta_2^{\mathrm{T}}(t) \quad \cdots \quad \delta_N^{\mathrm{T}}(t)]^{\mathrm{T}}$，式(12.10)切换系统可以写成以下的复合形式：

$$\dot{\delta}(t) = (\boldsymbol{I}_N \otimes \boldsymbol{A} + g_1(\boldsymbol{L}_f \otimes \boldsymbol{BK}))\delta(t) +$$

$$g_2(\boldsymbol{I}_N \otimes \boldsymbol{B}) \operatorname{sgn}((\boldsymbol{L}_f \otimes \boldsymbol{K})\delta(t)) - (\boldsymbol{1} \otimes \boldsymbol{B})u_0(t), t \in [k\sigma, k\sigma + \tau)$$

$$\dot{\delta}(t) = (\boldsymbol{I}_N \otimes \boldsymbol{A})\delta(t), t \in [k\sigma + \tau, (k+1)\sigma) \tag{12.12}$$

明显地，如果系统是稳定，则式（12.5）所表示的编队问题将得到解决。

注意到式（12.12）中的第一个公式右边的等式是不连续的，因此式（12.17）所表示的系统的稳定性应使用非光滑分析来获得[145]。

为了得到式（12.1）所表示的车辆系统编队的充分条件，需要以下引理。

引理 12.1[146] 对于给定的实矩阵 $\boldsymbol{A} \in \boldsymbol{R}^{n \times n}$，存在正定矩阵 $\boldsymbol{P} = \boldsymbol{P}^{\mathrm{T}} \in \boldsymbol{R}^{n \times n}$，使得 $\boldsymbol{AP} + \boldsymbol{PA}^{\mathrm{T}} - 2\beta\boldsymbol{P} < 0$，其中，$\beta > \beta_0$，并且 β_0 是矩阵 $\boldsymbol{A}$ 的特征值的最大实部。

引理 12.2[146] 对于给定矩阵对（$\boldsymbol{A}$，$\boldsymbol{B}$），其中，$\boldsymbol{A} \in \boldsymbol{R}^{n \times n}$，$\boldsymbol{B} \in \boldsymbol{R}^{n \times m}$，并且 $m \leqslant n$，存在正定 $\boldsymbol{P} \in \boldsymbol{R}^{n \times n}$ 使得 $\boldsymbol{AP} + \boldsymbol{PA}^{\mathrm{T}} - 2\boldsymbol{BB}^{\mathrm{T}} + 2\chi\boldsymbol{P} < 0$，对于给定的某个标量 $\chi < \chi_0$，其中，$\chi_0 > 0$，如果 $\boldsymbol{A}$ 中含有不可观测部分，则 χ_0 对应矩阵 A 中不可控部分的最大实部。如果（$\boldsymbol{A}$，$\boldsymbol{B}$）可控，则 $\chi \in \boldsymbol{R}$ 可以任意选取。

下面将给出主要结果。

定理 12.1 对于式（12.1）所表示的车辆系统，如果通信率满足 $\tau/\sigma > \beta/(\alpha + \beta) + \ln\eta/[(\alpha + \beta)\sigma]$，则通过提出的式（12.2）和式（12.3）所表示的编队控制律可以完成编队的控制目标。其中，耦合强度选取为 $g_1 \geqslant \dfrac{1}{\lambda_f}$，$g_2 \geqslant \theta$，控制器

增益 $[k_s \quad k_v \quad k_a] = -\boldsymbol{B}^{\mathrm{T}}\boldsymbol{P}^{-1}$。$\lambda_f$ 为 $\boldsymbol{L}_f$ 的最小特征值，$\eta = \max\left\{\dfrac{\lambda_{\max}(\boldsymbol{P}^{-1})}{\lambda_{\min}(\boldsymbol{Q}^{-1})}, \dfrac{\lambda_{\max}(\boldsymbol{Q}^{-1})}{\lambda_{\min}(\boldsymbol{P}^{-1})}\right\}$，$\boldsymbol{P}>0$，$\boldsymbol{Q}>0$，是以下线性矩阵不等式的解：

$$\boldsymbol{AP}+\boldsymbol{PA}^{\mathrm{T}}-2\boldsymbol{BB}^{\mathrm{T}}+2\alpha\boldsymbol{P}<0 \tag{12.13}$$

$$\boldsymbol{AQ}+\boldsymbol{QA}^{\mathrm{T}}-2\beta\boldsymbol{Q}<0 \tag{12.14}$$

证明 对于式（12.12）所表示的切换系统构建以下的 Lyapunov 函数

$$V(t)=\begin{cases}\delta^{\mathrm{T}}(t)(\boldsymbol{L}_f\otimes\boldsymbol{P}^{-1})\delta(t),\ t\in[k\sigma,k\sigma+\tau)\\ \delta^{\mathrm{T}}(t)(\boldsymbol{L}_f\otimes\boldsymbol{Q}^{-1})\delta(t),\ t\in[k\sigma+\tau,k(\sigma+1))\end{cases} \tag{12.15}$$

式中，$\boldsymbol{P}>0$，$\boldsymbol{Q}>0$。由于所有的跟随车辆组成的次级图是连接的无向图，于是 $\boldsymbol{L}_f>0$，进而保证 $V(t)$ 在不同时间段上是连续可导的。

对于 $t\in[k\sigma,\ k\sigma+\tau)$，根据文献［145］，如果 f 是连续的，则 $\kappa[f]=\{f\}$，沿着式（12.12）所表示的系统，求式（12.15）的导数，可得

$$\begin{aligned}\dot{V}(t)=&\delta^{\mathrm{T}}(\boldsymbol{L}_f\otimes(\boldsymbol{P}^{-1}\boldsymbol{A}+\boldsymbol{A}^{\mathrm{T}}\boldsymbol{P}^{-1})+g_1\boldsymbol{L}_f^2\otimes\boldsymbol{P}^{-1}\boldsymbol{BK})\delta+2g_2\delta^{\mathrm{T}}(\boldsymbol{L}_f\otimes\boldsymbol{P}^{-1}\boldsymbol{B})\\&\mathrm{sgn}((\boldsymbol{L}_f\otimes\boldsymbol{K})\delta)-2\delta^{\mathrm{T}}(\boldsymbol{L}_f\boldsymbol{1}\otimes\boldsymbol{P}^{-1}\boldsymbol{B})u_0\end{aligned} \tag{12.16}$$

引入状态变换 $\bar{\delta}(t)=(\boldsymbol{I}_N\otimes\boldsymbol{P}^{-1})\delta(t)$，将 $\boldsymbol{K}=-\boldsymbol{B}^{\mathrm{T}}\boldsymbol{P}^{-1}$ 带入式（12.16），并根据 $y^{\mathrm{T}}\mathrm{sgn}(y)=\|y\|_1$，可以得到

$$\begin{aligned}\dot{V}(t)=&\bar{\delta}^{\mathrm{T}}(\boldsymbol{L}_f\otimes(\boldsymbol{AP}+PA^{\mathrm{T}})-g_1\boldsymbol{L}_f^2\otimes\boldsymbol{BB}^{\mathrm{T}})\bar{\delta}-2g_2\bar{\delta}^{\mathrm{T}}(\boldsymbol{L}_f\otimes\boldsymbol{B})\mathrm{sgn}((\boldsymbol{L}_f\otimes\boldsymbol{B}^{\mathrm{T}})\bar{\delta})\\&-2g_2\|(\boldsymbol{L}_f\otimes\boldsymbol{B}^{\mathrm{T}})\bar{\delta}\|_1-2\bar{\delta}^{\mathrm{T}}(\boldsymbol{L}_f\boldsymbol{1}\otimes\boldsymbol{B})u_0\end{aligned} \tag{12.17}$$

根据 Holder 不等式 $\|fg\|_1\leqslant\|f\|_1\ \|g\|_\infty$，可得

$$\dot{V}(t)\leqslant\bar{\delta}^{\mathrm{T}}(\boldsymbol{L}_f\otimes(\boldsymbol{AP}+\boldsymbol{PA}^{\mathrm{T}})-g_1\boldsymbol{L}_f^2\otimes BB^{\mathrm{T}})\bar{\delta}-2(g_2-\theta)\|(\boldsymbol{L}_f\otimes\boldsymbol{B}^{\mathrm{T}})\bar{\delta}\|_1 \tag{12.18}$$

采用另一个状态变换 $\tilde{\delta}(t)=(\boldsymbol{T}^{\mathrm{T}}\otimes\boldsymbol{I}_N)\bar{\delta}(t)$，其中，$\boldsymbol{T}$ 是正交矩阵，使得 $\boldsymbol{T}^{\mathrm{T}}\boldsymbol{L}_f\boldsymbol{T}=\boldsymbol{\Lambda}=\mathrm{diag}\{\lambda_1,\cdots,\lambda_N\}$，并取 $g_2\geqslant\theta$，得到

$$\dot{V}(t)\leqslant\tilde{\delta}^{\mathrm{T}}(\boldsymbol{\Lambda}\otimes(\boldsymbol{AP}+\boldsymbol{PA}^{\mathrm{T}})-g_1\boldsymbol{\Lambda}^2\otimes\boldsymbol{BB}^{\mathrm{T}})\tilde{\delta}=\sum_{i=1}^{N}\lambda_i\tilde{\delta}_i^{\mathrm{T}}(\boldsymbol{AP}+\boldsymbol{PA}^{\mathrm{T}}-2g_1\lambda_i\boldsymbol{BB}^{\mathrm{T}})\tilde{\delta}_i \tag{12.19}$$

取耦合强度 $g_1>\dfrac{1}{\min\{\lambda_i\}}$，$i=1,\cdots,N$，如果不等式（12.13）成立，则得到

$$\begin{aligned}\dot{V}(t)\leqslant&\sum_{i=1}^{N}\lambda_i\tilde{\delta}_i^{\mathrm{T}}(\boldsymbol{AP}+\boldsymbol{PA}^{\mathrm{T}}-2\boldsymbol{BB}^{\mathrm{T}})\tilde{\delta}_i\leqslant\sum_{i=1}^{N}\lambda_i\tilde{\delta}_i^{\mathrm{T}}(-2\alpha\boldsymbol{P})\tilde{\delta}_i=-2\alpha\delta^{\mathrm{T}}\\&(\boldsymbol{L}\otimes\boldsymbol{P}^{-1})\delta=-2\alpha V(t)\end{aligned} \tag{12.20}$$

对于$t\in[k\sigma+\tau,(k+1)\sigma)$，沿着式（12.12）所表示的系统，系统对$V(t)$求导得

$$\dot{V}(t)=\delta^{\mathrm{T}}(\boldsymbol{L}_f\otimes(\boldsymbol{Q}^{-1}\boldsymbol{A}+\boldsymbol{A}^{\mathrm{T}}\boldsymbol{Q}^{-1})\delta \tag{12.21}$$

对式（12.21）采用状态变换$\bar{\delta}(t)=(\boldsymbol{I}_N\otimes\boldsymbol{P}^{-1})\delta(t)$和$\tilde{\delta}(t)=(\boldsymbol{T}^{\mathrm{T}}\otimes\boldsymbol{I}_N)\bar{\delta}(t)$，得到

$$\dot{V}(t)\leqslant\sum_{i=1}^{N}\lambda_i\tilde{\delta}_i^{\mathrm{T}}(\boldsymbol{AQ}+\boldsymbol{QA}^{\mathrm{T}})\tilde{\delta}_i\leqslant\sum_{i=1}^{N}\lambda_i\tilde{\delta}_i^{\mathrm{T}}(2\beta Q)\tilde{\delta}_i=2\beta\delta^{\mathrm{T}}(\boldsymbol{L}\otimes\boldsymbol{Q}^{-1})\delta=2\beta V(t) \tag{12.22}$$

对于第一个切换周期（$k=0$），切换时刻发生在时刻τ和时刻σ

$$V(\sigma)\leqslant\frac{\lambda_{\max}(\boldsymbol{P}^{-1})}{\lambda_{\min}(\boldsymbol{Q}^{-1})}\mathrm{e}^{2\beta(\sigma-\tau)}\frac{\lambda_{\max}(\boldsymbol{Q}^{-1})}{\lambda_{\min}(\boldsymbol{P}^{-1})}\mathrm{e}^{-2\alpha\tau}V(0) \tag{12.23}$$

令$\eta=\max\left\{\dfrac{\lambda_{\max}(\boldsymbol{P}^{-1})}{\lambda_{\min}(\boldsymbol{Q}^{-1})},\dfrac{\lambda_{\max}(\boldsymbol{Q}^{-1})}{\lambda_{\min}(\boldsymbol{P}^{-1})}\right\}$，得到

$$V(\sigma)<\mathrm{e}^{-\varepsilon}V(0) \tag{12.24}$$

式中，$\varepsilon=2\alpha\tau-2\beta(\sigma-\tau)-2\ln\eta$。如果选取$\tau/\sigma>\beta/(\alpha+\beta)+\ln\eta/[(\alpha+\beta)\sigma]$，$\alpha+\beta>0$，$\varepsilon>0$，对于非负整数$k$，递推得

$$V((k+1)\sigma)<\mathrm{e}^{-(k+1)\varepsilon}V(0) \tag{12.25}$$

对于$t>0$，$m\in Z^{+}$，$m\sigma<t\leqslant(m+1)\sigma$，可得

$$V(t)<\mathrm{e}^{2\beta\sigma}V(m\sigma)<\mathrm{e}^{2\beta\sigma}V(0)\mathrm{e}^{-m\varepsilon} \tag{12.26}$$

考虑$\mathrm{e}^{-t\varepsilon/\sigma}<\mathrm{e}^{-\varepsilon m}\leqslant\mathrm{e}^{(1-t/\sigma)\varepsilon}$，对于所有的时刻$t$

$$V(t)<\mathrm{e}^{2\beta\sigma+\varepsilon}V(0)\mathrm{e}^{-(\varepsilon/\sigma)t}=\Delta\mathrm{e}^{-u} \tag{12.27}$$

式中，$\Delta=\mathrm{e}^{2\beta\sigma+\varepsilon}V(0)$，$\mu=\varepsilon/\sigma>0$，这就意味着式（12.12）所表示的切换系统是稳定的。编队问题得到了解决。

编队控制器设计方法如下。

（1）计算L_f的最小特征值，选取耦合强度$g_1\geqslant1/\lambda_f$，$g_2\geqslant\theta$，θ是领队车辆控制输入的界。

（2）根据引理选择α和β，解下面的最小值问题

$\min\eta$，

如果满足$P>0$，$P<Q<\eta P$，LMIs 式（12.13）和式（12.14）。 (12.28)

得到矩阵$\boldsymbol{P}$和$\boldsymbol{Q}$。然后，应用控制器增益$\boldsymbol{K}=[k_s\quad k_v\quad k_a]=-\boldsymbol{B}^{\mathrm{T}}\boldsymbol{P}^{-1}$。

12.3 数字仿真

本节将用数值仿真来验证所得到理论结果的有效性。

考虑由五辆车组成的编队系统，如图 12.1 所示，0 表示领队车，1、2、3、4 表示跟随车。选取发动机时间常数为 $\zeta=0.5\text{s}$，期望间距为 $d=20\text{m}$，车长为 $l=3.5\text{m}$，$\alpha=1$，$\beta=0.5$。记 $x_i(t)=[s_i(t)\quad v_i(t)\quad a_i(t)]^{\mathrm{T}}$，$i=0,1,2,3,4$。

所有车辆系统的初始状态选为 $x_0(0)=[50\quad 8.3\quad 2.5]^{\mathrm{T}}$，$x_1(0)=[40\quad 5.5\quad 2]^{\mathrm{T}}$，$x_2(0)=[5\quad 7.1\quad 1]^{\mathrm{T}}$，$x_3(0)=[-10\quad 8.9\quad 3]^{\mathrm{T}}$，$x_4(0)=[-25\quad 13.8\quad 2.8]^{\mathrm{T}}$。

假设领队车的输入为 $u_0(t)=a_0(t)$，$t\in[k\sigma, k\sigma+\tau)$，$u_0(t)=0$，$t\in[k\sigma+\tau,(k+1)\sigma)$，$k\in Z^+$，因此在整个时间域内 $\|u_0(t)\|\leqslant a_0(0)$。

仿真车辆系统的通信拓扑图如图 12.2 所示（其中 $N=4$），假设所有边的权重为 1，可以得到

$$L_f=\begin{bmatrix}2 & -1 & 0 & 0\\ -1 & 2 & -1 & 0\\ 0 & -1 & 2 & -1\\ 0 & 0 & -1 & 1\end{bmatrix},\ \lambda_f=0.1206$$

运用定理 12.1，选取 $g_1=9>\dfrac{1}{\lambda_f}$，$g_2=3>2.5$。可以得到控制器增益矩阵为 $[k_s\quad k_v\quad k_a]=[-2.4439\quad -3.5112\quad -1.1754]$。取 $\sigma=5$，可以得到允许的控制律为 58.99%。在每个时间间隔［$5k$，$5k+5$）内，选取驻留时间 $\tau=3$，使得 $\dfrac{3}{5}=60\%>58.99$。车队系统的仿真曲线如图 12.3，图 12.4 和图 12.5 所示。仿真结果表明车辆间可以保持理想的距离间隔，并且相对速度和加速度皆为零。这些都反映了理论结果的有效性。一个对比仿真（当 $\tau=1.5$ 时），在图 12.6，图 12.7 和图 12.8 中给出。说明当通信率不满足条件时，编队目标将失败。

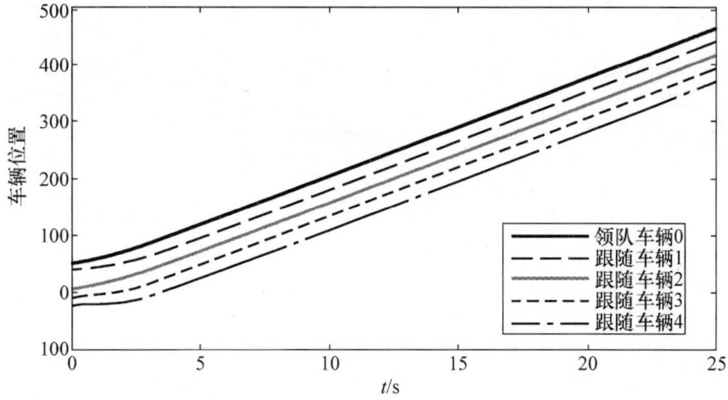

图 12.3　车辆系统的位置曲线

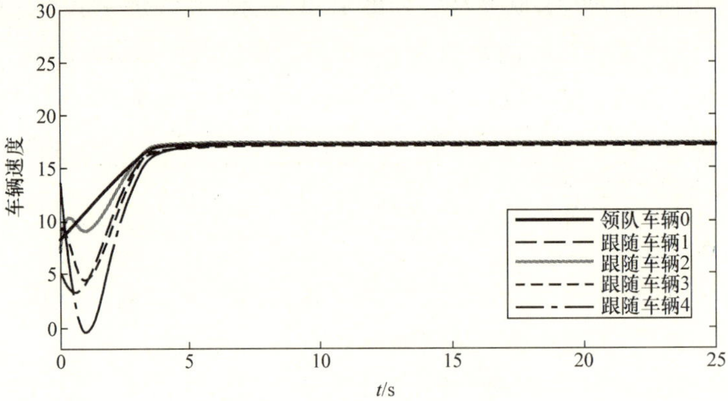

图 12.4　车辆系统的速度曲线

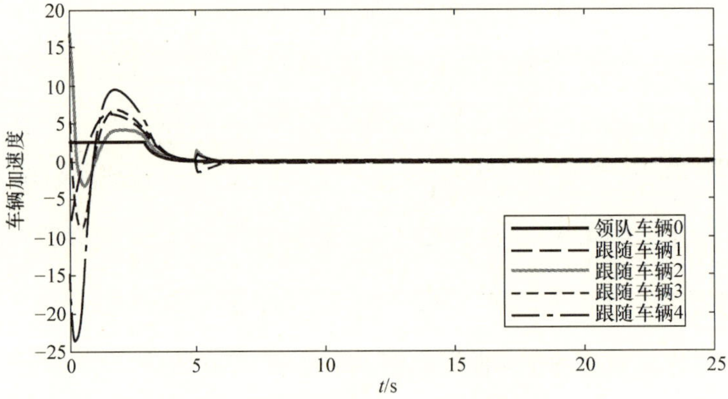

图 12.5　车辆系统的加速度曲线

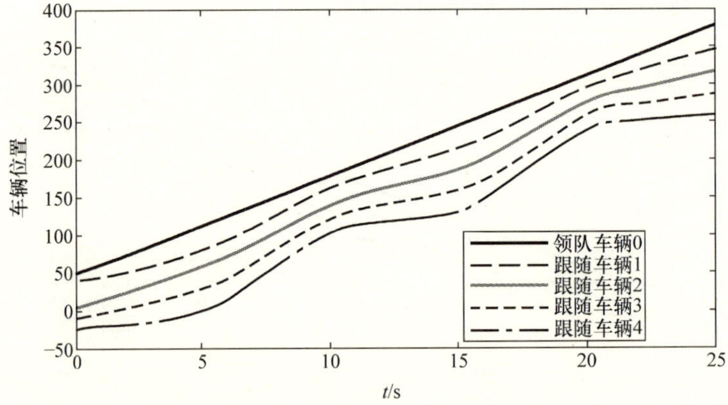

图 12.6　车辆系统的位置曲线

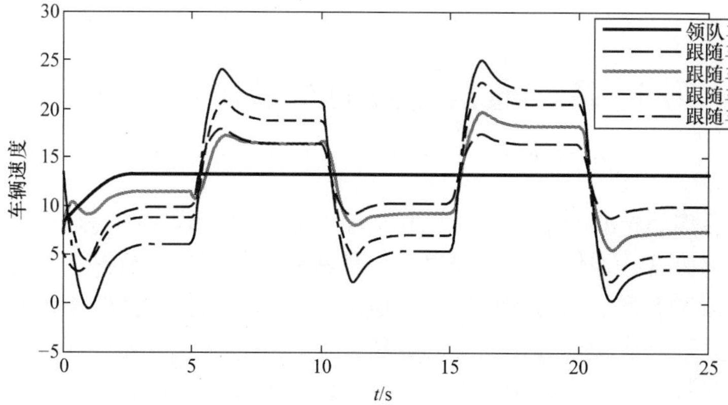

图 12.7　车辆系统的速度曲线

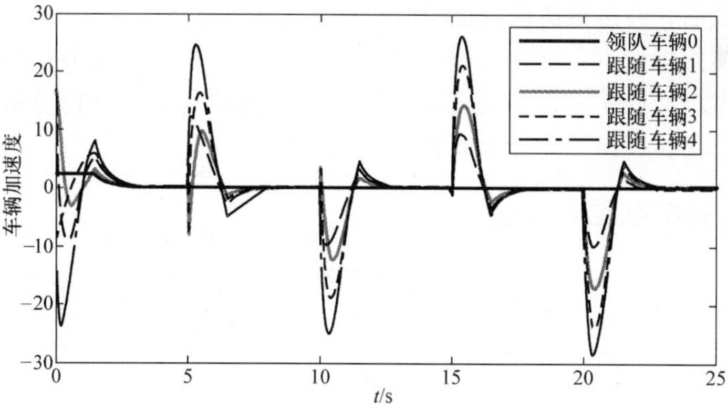

图 12.8　车辆系统的加速度曲线

12.4　小结

本节研究了基于间歇通信的车辆系统的编队问题。基于相对的间歇性信息，提出新的编队控制律。应用图论、非光滑分析和切换系统的理论，得到编队控制器设计方法和对应允许的通信率。在后续的工作中，我们将关注更加多变的通信拓扑连接、网络时延及丢包对车辆编队系统的影响。

第 13 章　通信受限的车辆协作控制

本章针对考虑通信延时、数据丢包和乱序问题的协作式车辆自适应巡航控制进行研究。为了解决这些通信限制，提出了一种新颖的数据处理机制，通过构建一个智能数据处理器来实现。在这种机制下，协同式自动寻迹控制系统中的每辆车可以通过逻辑数据处理器成功地选择前车的最新数据，并且从缓存器中匹配与之对应的数据。基于这些数据包，为每辆车设计一种新的控制律。因此，协同式寻迹控制系统的控制问题可以转化为一类分布式时变延时的稳定性问题。使用 Lyapunov 函数，可以保证该系统的渐近稳定和整个车队的队列稳定。然后，给出控制器设计的一个充分条件。最后，通过数值仿真证明所提出理论的是有效的。

本章具体安排如下：13.1 节建立通信受限的协作式车辆模型；13.2 节基于得到的车队模型设计控制器，并对车队的稳定性和队列稳定性进行分析；13.3 对本章的算法进行仿真；13.4 节对本章内容予以总结。

13.1　协作式车队结构描述

如图 13.1 所示，$n+1$ 辆相同配置的车辆行驶在水平面上。本文研究的主要目标为每辆车与其最近的前车保持期望车间距 e_d^p。

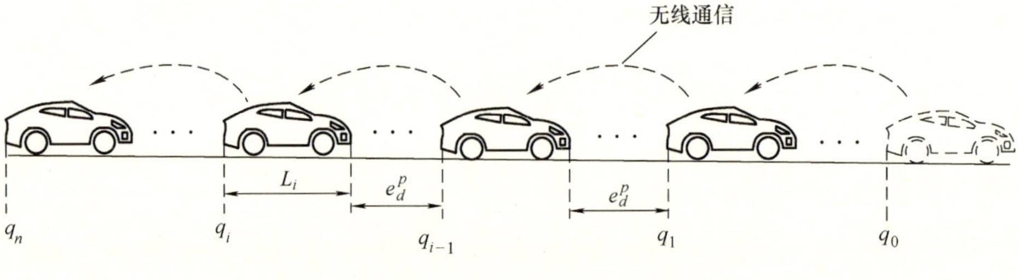

图 13.1　无线通信的协同式自动寻迹车队

定义相邻车辆的车间距误差为

$$e_i^p(k)=q_{i-1}(k)-q_i(k)-L_i-e_d^p,1\leqslant i\leqslant n \tag{13.1}$$

式中，L_i 和 q_i 分别表示第 i 辆车的长度和位置。换句话说，车辆的跟随目标就是使得车间距误差 $e_i^p(k)$ 最终收敛于 0。

13.2　协作式车队队列稳定性描述

对于整个车队的控制，队列稳定是必须满足的。虽然，车间距误差 $e_i^p(k)$ 能够在车辆稳态时收敛于0，但是，它不能明确反映出车间距误差的瞬态变化。离散域队列稳定性条件如下：

$$|SS_{\Delta_i}(e^{jw})| = \left|\frac{\Delta_i(e^{jw})}{\Delta_{i-1}(e^{jw})}\right| \leqslant 1,\ \forall w,\ i=1,\ 2,\ \cdots,\ n \tag{13.2}$$

式中，$\Delta_i(e^{jw}) = \Delta_i(z) = z\{e_i^p(z)\}$ 是信号 $e_i^p(k)$ 的 Z 变换。

13.3 考虑通信信道受限的车队模型

协同式自动寻迹控制车队是通过无线通信获得其他车辆的信息。通常来说，有以下三种通信方式：与前车通信策略，与领队车通信策略及所有车通信策略。本章采用的是与前车的通信策略，例如，跟随车辆只能接受前车的信息。

在车辆的纵向控制研究中，已近采用了多种车辆的动态模型。这里，我们采用的是文献［108］的车辆模型，其连续形式的表示如下：

$$\begin{cases} \dot{q}_i(t) = v_i(t) \\ \dot{v}_i(t) = a_i(t), 1 \leqslant i \leqslant n \\ \dot{a}_i(t) = -\eta^{-1}a_i(t) + \eta^{-1}u_i(t) \end{cases} \tag{13.3}$$

式中，q_i、v_i 和 a_i 分别表示第 i 辆车的位置、速度和加速度；u_i 是需要设计的控制器；η 是发动机的时间常数。使用采样周期 T 离散化，得到其离散模型如下：

$$\begin{cases} q_i(k+1) = q_i(k) + Tv_i(k) + (\eta^2 e^{-T/\eta} + \eta T - \eta^2)a_i(k) + [\eta^2(e^{-T/\eta}+1) + T(-\eta + T)]u_i(k) \\ v_i(k+1) = v_i(k) + (-\eta e^{-T/\eta} + \eta)a_i(k) + [\eta(e^{-T/\eta} - 1) + T]u_i(k) \\ a_i(k+1) = e^{-T/\eta}a_i(k) + (-e^{-T/\eta}+1)u_i(k) \end{cases} \tag{13.4}$$

本文需要为式（13.4）所表示的离散模型设计控制律 $u_i(1 \leqslant i \leqslant n)$，实现车辆 i 和车辆 $i-1$ 期望的车间距。

注意到，车辆 i 通过无线通信网络接受前车 $i-1$ 的状态（位置、速度及加速度）。然而，在实际应用中，通信网络往往是不可靠的，时延、数据丢包与乱序是不可避免的，严重地影响系统的性能，甚至使系统不稳定。为了克服这些问题，我们为每辆车 i 设计了一个新颖的数据处理机制。如图 13.2 所示，该机制能够使得车辆 i 从其前车 $i-1$ 所传输的数据中，选择最新的状态信息数据包，并匹配与之对应的车辆 i 的状态信息数据。

首先，每辆车 i 通过数据包生成器（DPG）将其 k 时刻的状态信息生成一个数据包 $\sigma_i(k)$，这里 $\sigma_i(k)^{\mathrm{T}} = [q_i(k), v_i(k), a_i(k)]$，$i = 1, 2, \cdots, n$，$\sigma_0(k)$ 是领队车的状态信息。在 k 时刻，车辆 $i-1$ 将数据包通过无线网络传输到车辆 i。由于存在诱导延时，数据丢包，因此车辆 i 不能够接收到精确的信息 $\sigma_{i-1}(k)$。而且，不同时刻的数据包可能经历不同的时延，这种情况下就会使得先发出的数据包反而

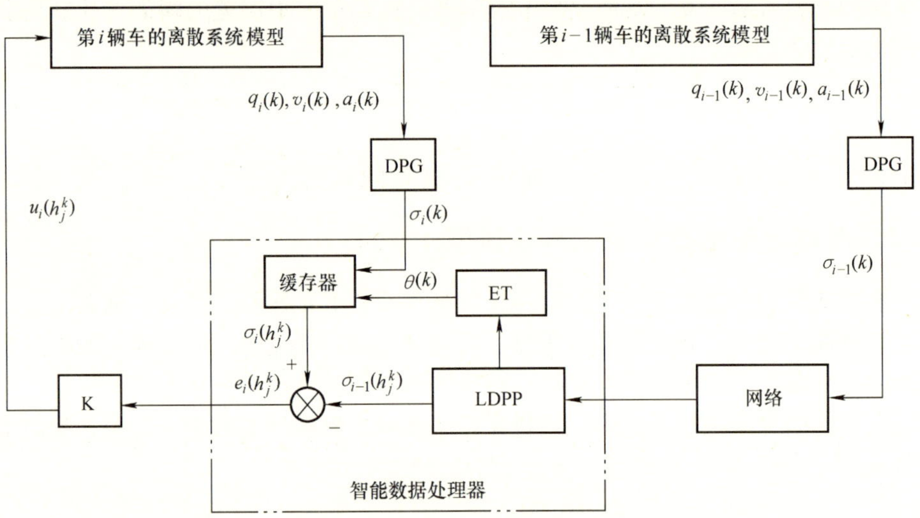

图 13.2　车辆 i 的数据处理机制

很晚被接收。换句话说，数据包 $\sigma_i(k)$ 是以乱序的方式被车辆 i 所接收的。

这里，所提出的智能数据处理器（SDP）通过以下两步能够有效地克服网络诱导延时、数据丢包和乱序问题：①从车辆 $i-1$ 发送的信息中选择最新的数据包；②从车辆 i 中选择与之匹配的数据包。

SDP 由以下三部分组成：逻辑数据包处理器（LDPP）、缓存器和事件触发器（ET）。LDPP 包括比较器和存储器，通过比较器将最新到达的数据包与已经存储的数据包进行对比，从而选择最新的数据包，并储存在存储器里。定义 h_i^k 表示在 k 时刻，车辆 i 所接收的最新数据包的时刻，LDPP 的处理过程如下。

LDPP：令 $\sigma_{i-1}(0)$、$h_i^0=0$、$k=0$；

1）在 k 时刻，LDPP 的输出 $\sigma_{i-1}(k)=\sigma_{i-1}(h_i^k)$，令 $h_i^{k+1}=h_i^k$；

2）如果在 $k+1$ 时刻，接收到数据包 $\sigma_{i-1}(j)$，且 $j>h_i^{k+1}$，LDPP 储存 $\sigma_{i-1}(j)$，令 $h_i^{k+1}=j$。

3）重复第 2 步直到没有新的数据包到达，令 $k=k+1$，返回到第 1 步。

图 13.3 清晰地给出了 LDPP 的工作原理，例如，如果数据包 2 乱序，则 LDPP 将其舍掉，而且 $h_i^k\leqslant k$ 和 $h_i^k\leqslant h_i^{k+1}\leqslant k+1$ 成立。

由于通信时延的影响，车辆 i 与车辆 $i-1$ 的状态信息不能同步到达控制器，使得车辆 i 控制的计算是异步的，这对于控制的设计与分析是不期望的。这里采用缓存器（Buffer）和 ET 来解决数据的异步问题。缓存器将车辆 i 从 h_i^k 到 k 时刻的状态信息储存到 M，$M=[\sigma_i(h_i^k), \sigma_i(h_i^k+1), \cdots, \sigma_i(k)]$。而 ET 对 LDPP 的输出更新生成一个触发信号 $\theta_i(k)$

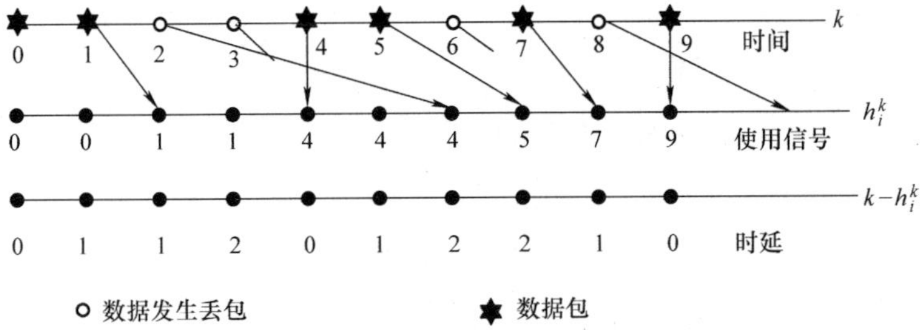

图 13.3　LDPP 工作原理

$$\theta_i(k) = \begin{cases} 1, \text{车辆 } i \text{ 的 LDPP 输出更新} \\ 0, \text{否则} \end{cases}$$

如果 ET 的输出 $\theta_i(k) = 0$，则说明 LDPP 最新的数据仍然是前一时刻所接收的。相反，一旦 $\theta_i(k) = 1$，缓存器从 M 中选择数据 $\sigma_i(h_i^k)$ 与 LDPP 的输出数据 $\sigma_{i-1}(h_i^k)$ 相对应，然后，序列 M 更新。缓存器的工作原理如下。

Buffer：令 $\theta_i(k) = 0$，$h_i^0 = 0$，$k = 0$；

1）在 k 时刻，缓存器选择器输出 $\sigma_i(k) = \sigma_i(h_i^k)$，令 $h_i^{k+1} = h_i^k$；

2）在 $k+1$ 时刻，如果 $\theta_i(k) = 1$，则缓存器的输出 $\sigma_i(j)$，令 $h_i^{k+1} = j$，更新 $M = [\sigma_i(j), \sigma_i(j+1), \cdots, \sigma_i(k+1)]$，否则缓存器输出 $\sigma_i(h_i^{k+1})$；

3）令 $k = k+1$，返回到第 1 步。

然后数据包 $\sigma_i(h_i^k)$ 和 $\sigma_{i-1}(h_i^k)$ 发送到车辆 i 的控制器进行计算。

通过 SDP 处理后，为车辆 i 设计如下控制律：

$$u_i(k) = k_i^p e_i^p(h_i^k) + k_i^v e_i^v(h_i^k) + k_i^a e_i^a(h_i^k) \tag{13.5}$$

式中，k_i^p、k_i^v 和 k_i^a 是需要设计的控制器增益。

定义在 k 时刻，被车辆 i 所接收数据的传输延时为 $\tau_i^k \triangleq k - h_i^k$，网络时延与丢包对系统的影响可以通过 τ_i^k 同时考虑，因此，需要考虑以下两种情形。

（1）如果 $\tau_i^{k+1} = \tau_i^k + 1$，则表明在 $k+1$ 时刻没有新的数据包被接收，LDPP 的输出不变，数据时延 τ_i^k 加 1。

（2）如果 $\tau_i^{k+1} \leqslant \tau_i^k$，则表明有新的数据被 LDPP 接收，且该数据在 $k+1$ 时刻被使用。定义系统的连续丢包数 $N_i^k = \tau_i^{k+1} - \tau_i^k$。为了保持一定的系统性能，假设：

1）τ_i^k 有上界，例如 $0 \leqslant \tau_i^k \leqslant \tau_{\max}$；

2）连续丢包数 N_i^k 存在上界 $N_{,d}$。

因此，式（13.5）所表示的车辆 i 的控制律变为

$$u_i(k) = k_i^p e_i^p(k - \tau_i^k) + k_i^v e_i^v(k - \tau_i^k) + k_i^a e_i^a(k - \tau_i^k) \tag{13.6}$$

将式（13.6）代入式（13.4）可得车辆 i 的闭环方程

$$\begin{cases} q_i(k+1) = q_i(k) + Tv_i(k) + (\eta^2 e^{-T/\eta} + \eta T - \eta^2) a_i(k) + [\eta^2(e^{-T/\eta}+1) + \\ \qquad T(-\eta + T)][k_i^p e_i^p(k-\tau_i^k) + k_i^v e_i^v(k-\tau_i^k) + k_i^a e_i^a(k-\tau_i^k)] \\ v_i(k+1) = v_i(k) + (-\eta e^{-T/\eta} + \eta) a_i(k) + [\eta(e^{-T/\eta}-1) + T] \\ \qquad [k_i^p e_i^p(k-\tau_i^k) + k_i^v e_i^v(k-\tau_i^k) + k_i^a e_i^a(k-\tau_i^k)] \\ a_i(k+1) = e^{-T/\eta} a_i(k) + (-e^{-T/\eta}+1)[k_i^p e_i^p(k-\tau_i^k) + \\ \qquad k_i^v e_i^v(k-\tau_i^k) + k_i^a e_i^a(k-\tau_i^k)] \end{cases} \tag{13.7}$$

定义 $e_i(k) = [e_i^p(k), e_i^v(k), e_i^a(k)]^{\mathrm{T}}$，则

$$\begin{aligned} e_i(k+1) &= \boldsymbol{A}_1 e_i(k) + \boldsymbol{B}_1 k_{i-1} e_{i-1}(k-\tau_{i-1}^k) - \boldsymbol{B}_1 k_i e_i(k-\tau_i^k) \\ &= \boldsymbol{A}_1 e_i(k) + [\boldsymbol{B}_1 \ -\boldsymbol{B}_1] \begin{bmatrix} k_{i-1} e_{i-1}(k-\tau_{i-1}^k) \\ k_i e_i(k-\tau_i^k) \end{bmatrix} \end{aligned} \tag{13.8}$$

式中，$\boldsymbol{A}_1 = \begin{bmatrix} 1 & T & \eta^2 e^{-T/\eta} + \eta T - \eta^2 \\ 0 & 1 & -\eta e^{-T/\eta} + \eta \\ 0 & 0 & e^{-T/\eta} \end{bmatrix}$，$\boldsymbol{B}_1 = \begin{bmatrix} \eta^2(e^{-T/\eta}+1) + T(-\eta+T) \\ \eta(e^{-T/\eta}-1) + T \\ -e^{-T/\eta}+1 \end{bmatrix}$。注意到领队车是没有前车的，因此，$k_0 = 0$ 和 $e_0(k-\tau_{i-1}^k) = 0$。定义 $e(k) = [e_1^{\mathrm{T}}(k), e_2^{\mathrm{T}}(k), \cdots, e_n^{\mathrm{T}}(k),]^{\mathrm{T}}$，$e(k-\tau_i^k) = [e_1^{\mathrm{T}}(k-\tau_i^k), e_2^{\mathrm{T}}(k-\tau_i^k), \cdots, e_n^{\mathrm{T}}(k-\tau_i^k)]^{\mathrm{T}}$，整个 CACC 闭环系统表示为

$$e(k+1) = \boldsymbol{A}e(k) + \boldsymbol{BK}\sum_{i=1}^{n} \boldsymbol{H}_i e(k-\tau_i^k),\ k \in Z_+ \tag{13.9}$$

式中，$\boldsymbol{A} = \begin{bmatrix} \boldsymbol{A}_1 & 0 & \cdots & 0 \\ 0 & \boldsymbol{A}_1 & \ddots & \vdots \\ \vdots & \ddots & \ddots & 0 \\ 0 & \cdots & 0 & \boldsymbol{A}_1 \end{bmatrix}$，$\boldsymbol{B} = \begin{bmatrix} -\boldsymbol{B}_1 & 0 & \cdots & 0 \\ \boldsymbol{B}_1 & -\boldsymbol{B}_1 & \ddots & \vdots \\ \vdots & \ddots & \ddots & 0 \\ 0 & \cdots & \boldsymbol{B}_1 & -\boldsymbol{B}_1 \end{bmatrix}$，$\boldsymbol{K} = \begin{bmatrix} k_1 & 0 & \cdots & 0 \\ 0 & k_2 & \ddots & \vdots \\ \vdots & \ddots & \ddots & 0 \\ 0 & \cdots & 0 & k_n \end{bmatrix}$，

$\boldsymbol{H}_i = \mathrm{diag}\{h_1, \cdots, h_j, \cdots, h_n\}$，$h_i = \boldsymbol{I}_{3\times 3}$ 和 $h_j = 0 (j \neq i)$。

13.4 协作式车队控制器设计

在上一节，我们获得 CACC 在考虑分布式延时与丢包情形下的闭环模型。在本节，我们需要设计控制器增益 $\boldsymbol{K}$，使得式（13.9）所表示的 CACC 系统渐近稳定。

定理 13.1 考虑分布式时延与丢包的 CACC 系统在式（13.6）所表示的控制器的作用下渐近稳定，必须满足以下条件，存在矩阵 $\boldsymbol{P} \in \mathbf{S}^+$、$\boldsymbol{Q}_i \in \mathbf{S}^+$、$\boldsymbol{Z}_i \in \mathbf{S}^+$、$\boldsymbol{T}_i \in \mathbf{R}^{n\times n}$ 和控制增益 $\boldsymbol{K}$，满足

$$\begin{bmatrix} \gamma_1 & \gamma_2 \\ * & -\gamma_3 \end{bmatrix} < 0 \tag{13.10}$$

式中，

$$\gamma_1=\begin{bmatrix}\boldsymbol{\phi}_{11} & \boldsymbol{\phi}_{12} & \boldsymbol{\phi}_{13} & \cdots & \boldsymbol{\phi}_{1n}\\ * & \boldsymbol{\phi}_{22} & \boldsymbol{\phi}_{23} & \cdots & \boldsymbol{\phi}_{2n}\\ * & * & \boldsymbol{\phi}_{33} & \cdots & \boldsymbol{\phi}_{3n}\\ \vdots & \vdots & \vdots & \ddots & \vdots\\ * & * & * & \cdots & \boldsymbol{\phi}_{nn}\end{bmatrix},\ \gamma_2=[\sqrt{\tau_{\max}}\boldsymbol{T}_1\quad \sqrt{\tau_{\max}}\boldsymbol{T}_2\quad \cdots \sqrt{\tau_{\max}}\boldsymbol{T}_n],$$

$\gamma_3=\mathrm{diag}\{\boldsymbol{Z}_1,\boldsymbol{Z}_2,\cdots,\boldsymbol{Z}_n\}$,

$\boldsymbol{\phi}_{11}=\boldsymbol{A}^{\mathrm{T}}\boldsymbol{PA}-\boldsymbol{P}+\sum_{i=1}^{n}\boldsymbol{H}_i\boldsymbol{Q}_i\boldsymbol{H}_i+\tau_{\max}(\boldsymbol{A}-\boldsymbol{I})^{\mathrm{T}}\boldsymbol{M}(\boldsymbol{A}-\boldsymbol{I})+\boldsymbol{\Omega}_0+\boldsymbol{\Omega}_0^{\mathrm{T}}$,

$\boldsymbol{\phi}_{12}=\boldsymbol{\Pi}_1+\tau_{\max}\boldsymbol{\Lambda}_1-\boldsymbol{T}_{01}\boldsymbol{H}_1+\boldsymbol{\Omega}_1^{\mathrm{T}}$,

$\boldsymbol{\phi}_{13}=\boldsymbol{\Pi}_2+\tau_{\max}\boldsymbol{\Lambda}_2-\boldsymbol{T}_{02}\boldsymbol{H}_2+\boldsymbol{\Omega}_n^{\mathrm{T}}$,

$\boldsymbol{\phi}_{1n}=\boldsymbol{\Pi}_n+\tau_{\max}\boldsymbol{\Lambda}_n-\boldsymbol{T}_{0n}\boldsymbol{H}_n+\boldsymbol{\Omega}_n^{\mathrm{T}}$,

$\boldsymbol{\phi}_{22}=\boldsymbol{H}_1\boldsymbol{\Xi}_1+\tau_{\max}\boldsymbol{H}_1\boldsymbol{\Psi}_1-\boldsymbol{T}_{11}\boldsymbol{H}_1-\boldsymbol{H}_1\boldsymbol{T}_{11}^{\mathrm{T}}$,

$\boldsymbol{\phi}_{23}=\boldsymbol{H}_1\boldsymbol{\Xi}_2+\tau_{\max}\boldsymbol{H}_1\boldsymbol{\Psi}_2-\boldsymbol{T}_{12}\boldsymbol{H}_2-\boldsymbol{H}_1\boldsymbol{T}_{21}^{\mathrm{T}}$,

$\boldsymbol{\phi}_{2n}=\boldsymbol{H}_1\boldsymbol{\Xi}_n+\tau_{\max}\boldsymbol{H}_1\boldsymbol{\Psi}_n-\boldsymbol{T}_{1n}\boldsymbol{H}_n-\boldsymbol{H}_1\boldsymbol{T}_{n1}^{\mathrm{T}}$,

$\boldsymbol{\phi}_{33}=\boldsymbol{H}_2\boldsymbol{\Xi}_2+\tau_{\max}\boldsymbol{H}_2\boldsymbol{\Psi}_2-\boldsymbol{T}_{22}\boldsymbol{H}_2-\boldsymbol{H}_2\boldsymbol{T}_{22}^{\mathrm{T}}$,

$\boldsymbol{\phi}_{3n}=\boldsymbol{H}_2\boldsymbol{\Xi}_n+\tau_{\max}\boldsymbol{H}_2\boldsymbol{\Psi}_n+-\boldsymbol{T}_{2n}\boldsymbol{H}_n-\boldsymbol{H}_2\boldsymbol{T}_{n2}^{\mathrm{T}}$,

$\boldsymbol{\phi}_{nn}=\boldsymbol{H}_n\boldsymbol{\Xi}_n+\tau_{\max}\boldsymbol{H}_n\boldsymbol{\Psi}_n-\boldsymbol{T}_{nn}\boldsymbol{H}_n-\boldsymbol{H}_n\boldsymbol{T}_{nn}^{\mathrm{T}}$,

$\boldsymbol{\Pi}_i=\boldsymbol{A}^{\mathrm{T}}\boldsymbol{PBKH}_i,\boldsymbol{\Xi}_i=\boldsymbol{K}^{\mathrm{T}}\boldsymbol{B}^{\mathrm{T}}\boldsymbol{PBKH}_i,\boldsymbol{M}=\sum_{l=1}^{n}\boldsymbol{H}_l\boldsymbol{Z}_l\boldsymbol{H}_l$,

$\boldsymbol{\Omega}_i=\boldsymbol{T}_{i1}+\boldsymbol{T}_{i2}+\cdots+\boldsymbol{T}_{in}$, $i=0,1,2,\cdots,n$, $\boldsymbol{\Lambda}_i=(\boldsymbol{A}-\boldsymbol{I})^{\mathrm{T}}\boldsymbol{MBKH}_i$, $\boldsymbol{\Psi}_i=\boldsymbol{K}^{\mathrm{T}}\boldsymbol{B}^{\mathrm{T}}\boldsymbol{MBKH}_i$。

证明 为了便于证明，定义如下变量：

$$\varphi_k\triangleq[e^{\mathrm{T}}(k),e^{\mathrm{T}}(k-1),\cdots,e^{\mathrm{T}}(k-\tau_{\max})]^{\mathrm{T}}$$

$$\xi(k)\triangleq[e^{\mathrm{T}}(k),e^{\mathrm{T}}(k-\tau_1^k),e^{\mathrm{T}}(k-\tau_2^k),\cdots,e^{\mathrm{T}}(k-\tau_n^k)]^{\mathrm{T}}$$

$$\eta(k)\triangleq e(k+1)-e(k)$$

结合式（13.9），有

$$\eta(k)=(\boldsymbol{A}-\boldsymbol{I})e(k)+\boldsymbol{BK}\sum_{i=1}^{n}\boldsymbol{H}_i e(k-\tau_i^k)$$

$$\sum_{i=1}^{n}\sum_{h=k-\tau_i^k}^{k-1}\boldsymbol{H}_i\eta(h)=e(k)-\sum_{i=1}^{n}\boldsymbol{H}_i e(k-\tau_i^k)$$

定义如下形式的 Lyapunov 函数：

$$V(\varphi_k,k)\triangleq V_1(\varphi_k,k)+V_2(\varphi_k,k)+V_3(\varphi_k,k)$$

式中，

$$V_1(\varphi_k,k)=e^{\mathrm{T}}(k)\boldsymbol{P}e(k),$$

$$V_2(\varphi_k,k)=\sum_{i=1}^{n}\sum_{l=k-\tau_i^k}^{k-1}(\boldsymbol{H}_i e(l))^{\mathrm{T}}\boldsymbol{Q}_i\boldsymbol{H}_i e(l),$$

$$V_3(\varphi_k,k)=\sum_{i=1}^{n}\sum_{l=-\tau_{\max}+1}^{0}\sum_{h=k-1+l}^{k-1}(\boldsymbol{H}_i\eta(h))^{\mathrm{T}}\boldsymbol{Z}_i\boldsymbol{H}_i\eta(h)。$$

因此

$$\begin{aligned}\Delta V_1&=V_1(\varphi_{k+1},k+1)-V_1(\varphi_k,k)\\&=e^{\mathrm{T}}(k+1)\boldsymbol{R}e(k+1)-e^{\mathrm{T}}(k)\boldsymbol{R}e(k)\\&=\xi^{\mathrm{T}}(k)\begin{bmatrix}\boldsymbol{A}^{\mathrm{T}}\boldsymbol{P}\boldsymbol{A}-\boldsymbol{P}&\boldsymbol{\Pi}_1&\boldsymbol{\Pi}_2&\cdots&\boldsymbol{\Pi}_n\\ *&\boldsymbol{H}_1\boldsymbol{\Xi}_1&\boldsymbol{H}_1\boldsymbol{\Xi}_2&\cdots&\boldsymbol{H}_1\boldsymbol{\Xi}_n\\ *&\boldsymbol{H}_2\boldsymbol{\Xi}_1&\boldsymbol{H}_2\boldsymbol{\Xi}_2&\cdots&\boldsymbol{H}_2\boldsymbol{\Xi}_n\\ \vdots&\vdots&\vdots&\ddots&\vdots\\ *&*&*&\cdots&\boldsymbol{H}_n\boldsymbol{\Xi}_n\end{bmatrix}\xi(k)\end{aligned}$$

因为，$k-\tau_i^k\leqslant k+1-\tau_i^{k+1}$，$1\leqslant i\leqslant n$，有

$$\begin{aligned}\Delta V_2&=V_2(\varphi_{k+1},k+1)-V_2(\varphi_k,k)\\&=\sum_{i=1}^{n}\sum_{l=k+1-\tau_i^{k+1}}^{k}e^{\mathrm{T}}(l)\boldsymbol{H}_i\boldsymbol{Q}_i\boldsymbol{H}_i e(l)-\sum_{i=1}^{n}\sum_{l=k-\tau_i^k}^{k-1}e^{\mathrm{T}}(l)\boldsymbol{H}_i\boldsymbol{Q}_i\boldsymbol{H}_i e(l)\\&=\sum_{i=1}^{n}e^{\mathrm{T}}(k)\boldsymbol{H}_i\boldsymbol{Q}_i\boldsymbol{H}_i e(k)+\sum_{i=1}^{n}\sum_{l=k+1-\tau_i^{k+1}}^{k-1}e^{\mathrm{T}}(l)\boldsymbol{H}_i\boldsymbol{Q}_i\boldsymbol{H}_i e(l)\\&\quad-\sum_{i=1}^{n}\sum_{l=k-\tau_i^k}^{k-1}e^{\mathrm{T}}(l)\boldsymbol{H}_i\boldsymbol{Q}_i\boldsymbol{H}_i e(l)\\&\leqslant\sum_{i=1}^{n}e^{\mathrm{T}}(k)\boldsymbol{H}_i\boldsymbol{Q}_i\boldsymbol{H}_i e(k)\\&\leqslant e^{\mathrm{T}}(k)\boldsymbol{H}_1\boldsymbol{Q}_1\boldsymbol{H}_1e(k)+e^{\mathrm{T}}(k)\boldsymbol{H}_2\boldsymbol{Q}_2\boldsymbol{H}_2e(k)+\cdots+e^{\mathrm{T}}(k)\boldsymbol{H}_n\boldsymbol{Q}_n\boldsymbol{H}_ne(k)\\&\leqslant e^{\mathrm{T}}(k)\sum_{i=1}^{n}\boldsymbol{H}_i\boldsymbol{Q}_i\boldsymbol{H}_i e(k)\end{aligned}$$

$$\begin{aligned}\Delta V_3&=V_3(\varphi_{k+1},k+1)-V_3(\varphi_k,k)\\&=\sum_{i=1}^{n}\sum_{l=-\tau_{\max}+1}^{0}\sum_{h=k+l}^{k}(\boldsymbol{H}_i\eta(h))^{\mathrm{T}}\boldsymbol{Z}_i\boldsymbol{H}_i\eta(h)-\sum_{i=1}^{n}\sum_{l=-\tau_{\max}+1}^{0}\sum_{h=k-1+l}^{k-1}(\boldsymbol{H}_i\eta(h))^{\mathrm{T}}\boldsymbol{Z}_i\boldsymbol{H}_i\eta(h)\\&=\tau_{\max}\sum_{i=1}^{n}(\boldsymbol{H}_i\eta(k))^{\mathrm{T}}\boldsymbol{Z}_i\boldsymbol{H}_i\eta(k)-\sum_{i=1}^{n}\sum_{l=k-\tau_{\max}}^{k-1}(\boldsymbol{H}_i\eta(l))^{\mathrm{T}}\boldsymbol{Z}_i\boldsymbol{H}_i\eta(l)\end{aligned}$$

对于合适维度的矩阵 $\boldsymbol{T}_i=[\boldsymbol{T}_{0i}^{\mathrm{T}},\boldsymbol{T}_{1i}^{\mathrm{T}},\boldsymbol{T}_{2i}^{\mathrm{T}},\cdots,\boldsymbol{T}_{ni}^{\mathrm{T}}]^{\mathrm{T}}\in\mathbf{R}^{n^2\times n}$和 $\boldsymbol{Z}_i>0$，下列不等式成立：

$$\begin{bmatrix} \boldsymbol{T}_i\boldsymbol{Z}_i^{-1}\boldsymbol{T}_i^{\mathrm{T}} & \boldsymbol{T}_i \\ \boldsymbol{T}_i^{\mathrm{T}} & \boldsymbol{Z}_i \end{bmatrix} \geqslant 0$$

因此

$$0 \leqslant \sum_{i=1}^{n}\sum_{l=k-\tau_i^k}^{k-1}\begin{bmatrix} \xi(k) \\ \boldsymbol{H}_i\eta(l) \end{bmatrix}^{\mathrm{T}}\begin{bmatrix} \boldsymbol{T}_i\boldsymbol{Z}_i^{-1}\boldsymbol{T}_i^{\mathrm{T}} & \boldsymbol{T}_i \\ \boldsymbol{T}_i^{\mathrm{T}} & \boldsymbol{Z}_i \end{bmatrix}\begin{bmatrix} \xi(k) \\ \boldsymbol{H}_i\eta(l) \end{bmatrix}$$

$$= \sum_{i=1}^{n}\tau_i^k\xi^{\mathrm{T}}(k)\boldsymbol{T}_i\boldsymbol{Z}_i^{-1}\boldsymbol{T}_i^{\mathrm{T}}\xi(k) + 2\xi^{\mathrm{T}}(k)\sum_{i=1}^{n}\boldsymbol{T}_i\sum_{l=k-\tau_i^k}^{k-1}\boldsymbol{H}_i\eta(l) + \sum_{i=1}^{n}$$

$$\sum_{l=k-\tau_i^k}^{k-1}(\boldsymbol{H}_i\eta(l))^{\mathrm{T}}\boldsymbol{Z}_i\boldsymbol{H}_i\eta(l)$$

$$\leqslant \sum_{i=1}^{n}\tau_{\max}\xi^{\mathrm{T}}(k)\boldsymbol{T}_i\boldsymbol{Z}_i^{-1}\boldsymbol{T}_i^{\mathrm{T}}\xi(k) + 2\xi^{\mathrm{T}}(k)\sum_{i=1}^{n}\boldsymbol{T}_i(e(k) - \boldsymbol{H}_ie(k-\tau_i^k))$$

$$+ \sum_{i=1}^{n}\sum_{l=k-\tau_{\max}}^{k-1}(\boldsymbol{H}_i\eta(l))^{\mathrm{T}}\boldsymbol{Z}_i\boldsymbol{H}_i\eta(l)$$

$$= \Gamma$$

进而

$$V_3(\varphi_{k+1}, k+1) - V_3(\varphi_k, k) \leqslant V_3(\varphi_{k+1}, k+1) - V_3(\varphi_k, k) + \Gamma$$

$$\leqslant \sum_{i=1}^{n}\tau_{\max}\xi^{\mathrm{T}}(k)\boldsymbol{T}_i\boldsymbol{Z}_i^{-1}\boldsymbol{T}_i^{\mathrm{T}}\xi(k) + \tau_{\max}\sum_{i=1}^{n}(\boldsymbol{H}_i\eta(k))^{\mathrm{T}}\boldsymbol{Z}_i\boldsymbol{H}_i\eta(k) + 2\xi^{\mathrm{T}}(k)$$

$$\sum_{i=1}^{n}\boldsymbol{T}_i(e(k) - \boldsymbol{H}_ie(k-\tau_i^k))$$

$$\leqslant \xi^{\mathrm{T}}(k)\left(\tau_{\max}(\boldsymbol{T}_1\boldsymbol{Z}_1^{-1}\boldsymbol{T}_1^{\mathrm{T}} + \boldsymbol{T}_2\boldsymbol{Z}_2^{-1}\boldsymbol{T}_2^{\mathrm{T}} + \cdots + \boldsymbol{T}_n\boldsymbol{Z}_n^{-1}\boldsymbol{T}_n^{\mathrm{T}}) + \tau_{\max}\right.$$

$$\begin{bmatrix} (\boldsymbol{A}-\boldsymbol{I})^{\mathrm{T}}\boldsymbol{M}(\boldsymbol{A}-\boldsymbol{I}) & \boldsymbol{\Lambda}_1 & \boldsymbol{\Lambda}_2 & \cdots & \boldsymbol{\Lambda}_n \\ * & \boldsymbol{H}_1\boldsymbol{\Psi}_1 & \boldsymbol{H}_1\boldsymbol{\Psi}_2 & \cdots & \boldsymbol{H}_1\boldsymbol{\Psi}_n \\ * & * & \boldsymbol{H}_2\boldsymbol{\Psi}_2 & \cdots & \boldsymbol{H}_2\boldsymbol{\Psi}_n \\ \vdots & \vdots & \vdots & \ddots & \vdots \\ * & * & * & \cdots & \boldsymbol{H}_n\boldsymbol{\Psi}_n \end{bmatrix}$$

$$\left.+\begin{bmatrix} \boldsymbol{\Omega}_0 + \boldsymbol{\Omega}_0^{\mathrm{T}} & -\boldsymbol{T}_{01}\boldsymbol{H}_1 + \boldsymbol{\Omega}_1^{\mathrm{T}} & \cdots & -\boldsymbol{T}_{0n}\boldsymbol{H}_n + \boldsymbol{\Omega}_n^{\mathrm{T}} \\ \boldsymbol{\Omega}_1 - \boldsymbol{H}_1\boldsymbol{T}_{01}^{\mathrm{T}} & -\boldsymbol{T}_{11}\boldsymbol{H}_1 - \boldsymbol{H}_1\boldsymbol{T}_{11}^{\mathrm{T}} & \cdots & -\boldsymbol{T}_{1n}\boldsymbol{H}_n - \boldsymbol{H}_1\boldsymbol{T}_{n1}^{\mathrm{T}} \\ \vdots & \vdots & \ddots & \vdots \\ \boldsymbol{\Omega}_n - \boldsymbol{H}_n\boldsymbol{T}_{0n}^{\mathrm{T}} & -\boldsymbol{T}_{n1}\boldsymbol{H}_1 - \boldsymbol{H}_n\boldsymbol{T}_{1n}^{\mathrm{T}} & \cdots & -\boldsymbol{T}_{nn}\boldsymbol{H}_n - \boldsymbol{H}_n\boldsymbol{T}_{nn}^{\mathrm{T}} \end{bmatrix}\right)\xi(k)$$

所以对于任意 $\xi(k) \neq 0$，可以获得

$$\Delta V \leqslant \xi^{\mathrm{T}}(k)\begin{bmatrix} \gamma_{11} & \gamma_{12} \\ * & -\gamma_{22} \end{bmatrix}\xi(k) < 0$$

不等式（13.10）成立可以保证定理成立。证明完毕。

定理 13.2 对于式（13.9）所表示的闭环系统，存在控制器（6）使得整个 CACC 系统渐近稳定，必须满足以下条件，存在矩阵 $\boldsymbol{X}\in\mathbf{S}^{+}$，$\boldsymbol{W}\in\mathbf{S}^{+}$，$\boldsymbol{Q}_i\in\mathbf{S}^{+}$，$\boldsymbol{Z}_i\in\mathbf{S}^{+}$，$\boldsymbol{T}_i\in\mathbf{R}^{n\times n}$，$\boldsymbol{Y}\in\mathbf{R}^{m\times n}$和反馈增益 $\boldsymbol{K}\in\mathbf{R}^{m\times n}$满足 LMI

$$\begin{bmatrix} \boldsymbol{\gamma}_4 & \boldsymbol{\gamma}_2 \\ * & -\boldsymbol{\gamma}_3 \end{bmatrix} < 0 \tag{13.11}$$

式中，

$$\boldsymbol{\gamma}_4 = \begin{bmatrix} -\boldsymbol{P}+\sum_{i=1}^{n}\boldsymbol{H}_i\boldsymbol{Q}_i\boldsymbol{H}_i+\boldsymbol{\Omega}_0+\boldsymbol{\Omega}_0^{\mathrm{T}} & -\boldsymbol{T}_{02}\boldsymbol{H}_2+\boldsymbol{\Omega}_n^{\mathrm{T}} & \cdots & -\boldsymbol{T}_{0n}\boldsymbol{H}_n+\boldsymbol{\Omega}_n^{\mathrm{T}} & \boldsymbol{A}^{\mathrm{T}} & (\boldsymbol{A}-\boldsymbol{I})^{\mathrm{T}} \\ * & -\boldsymbol{T}_{11}\boldsymbol{H}_1-\boldsymbol{H}_1\boldsymbol{T}_{11}^{\mathrm{T}} & \cdots & -\boldsymbol{T}_{1n}\boldsymbol{H}_n-\boldsymbol{H}_1\boldsymbol{T}_{n1}^{\mathrm{T}} & \boldsymbol{H}_1\boldsymbol{K}^{\mathrm{T}}\boldsymbol{B}^{\mathrm{T}} & \boldsymbol{H}_1\boldsymbol{K}^{\mathrm{T}}\boldsymbol{B}^{\mathrm{T}} \\ \vdots & \vdots & \ddots & \vdots & \vdots & \vdots \\ * & * & * & -\boldsymbol{T}_{nn}\boldsymbol{H}_n-\boldsymbol{H}_n\boldsymbol{T}_{nn}^{\mathrm{T}} & \boldsymbol{H}_n\boldsymbol{K}^{\mathrm{T}}\boldsymbol{B}^{\mathrm{T}} & \boldsymbol{H}_n\boldsymbol{K}^{\mathrm{T}}\boldsymbol{B}^{\mathrm{T}} \\ * & * & * & * & -\boldsymbol{X} & 0 \\ * & * & * & * & * & -\frac{1}{\tau_{\max}}\boldsymbol{W} \end{bmatrix}$$

满足

$$\boldsymbol{XP}=\boldsymbol{I} \text{ 和 } \boldsymbol{WM}=\boldsymbol{I} \tag{13.12}$$

证明 利用苏尔补定理，不等式（13.10）等价于式（13.11），然后利用锥补线性化求得相应的 K。

对于 CACC 系统，必须考虑整个系统的队列稳定性。对于式（13.9）所表示的离散系统的队列稳定性，必须满足关系式（13.2），详细的分析过程，可以参见文献［16］。

13.5 数字仿真

在本节，我们将通过数值仿真来演示如何实现所提出的控制策略。

考虑五辆配置相同的车辆行驶在水平路面上，采样周期 $T=0.005$，发动机时间常数 $\eta=0.2$，车辆长度 $L=5\mathrm{m}$，期望的车间距 $e_d^p=2\mathrm{m}$，四辆跟随车辆的初始状态为 $e_1=[20\ 8\ 2]^{\mathrm{T}}$，$e_2=[15\ 6\ 1.5]^{\mathrm{T}}$，$e_3=[10\ 4\ 1]^{\mathrm{T}}$，$e_4=[8\ 2\ 0.5]^{\mathrm{T}}$。通过 MATLAB 解得控制器增益 K，$k_1=[0.4283\ 2.3254\ 4.0375]$，$k_2=[1.0559\ 4.5027\ 1.9929]$，$k_3=[1.0726\ 4.4819\ 2.2281]$，$k_4=[0.5625\ 2.4823\ 0.1075]$。

为了清晰地显示，图 13.4 只给出了前 50 个采样点的分布式时变延时（$0\leqslant\tau_i^k\leqslant5$）。图 13.5 所示为期望的车间距误差。图 13.6 和图 13.7 分别表示的是速度和加速度误差。

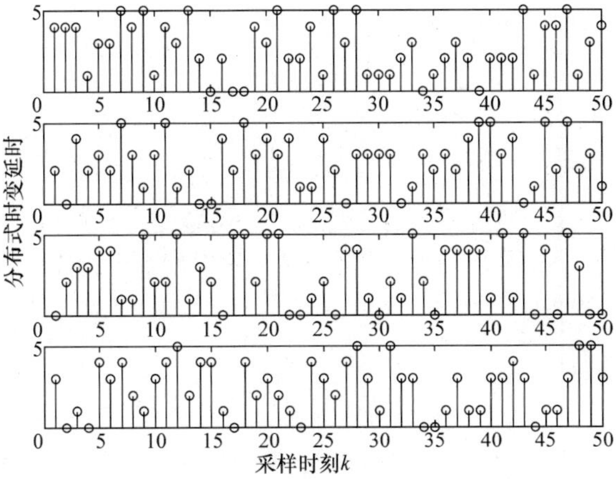

图 13.4　车辆间通信的随机分布式时变延时

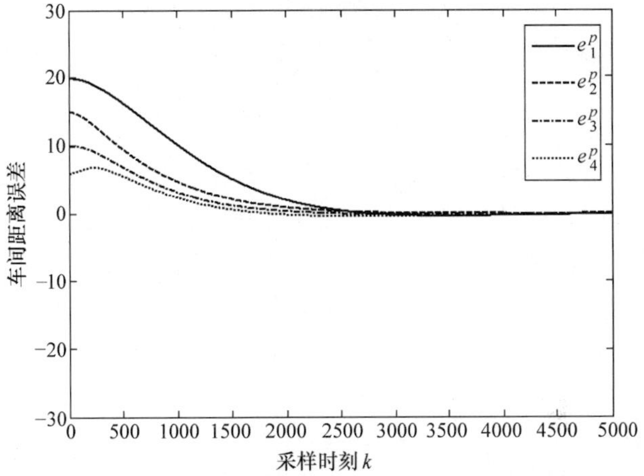

图 13.5　相邻两车的车间距离误差

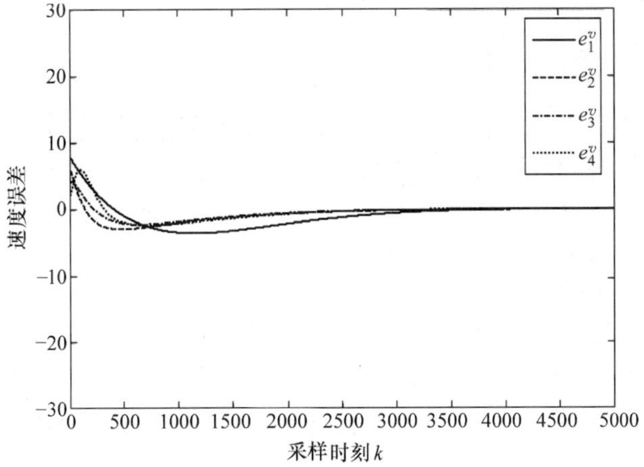

图 13.6　相邻两车的速度误差

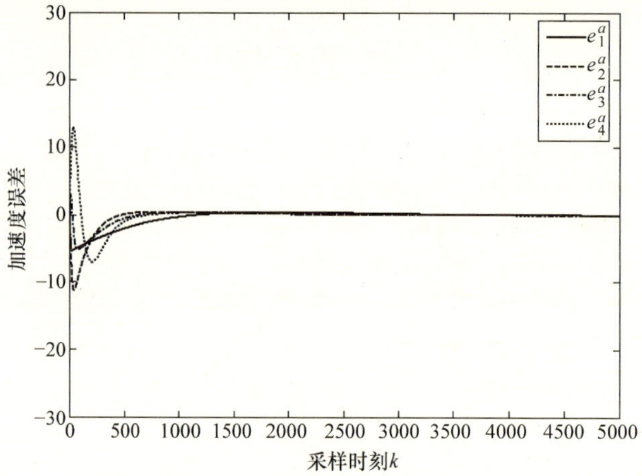

图 13.7　相邻两车的加速度误差

13.6　小结

本章研究了网络通信的分布式时变延时、数据包丢失及乱序对车辆协作控制系统的影响，设计智能数据处理机制，并且该机制能够有效地解决上述问题。对存在网络传输的车辆协作控制系统进行建模，设计相应的控制器保证整个闭环系统的渐近稳定和队列稳定性。数值仿真表明所提出方法的有效性。

参考文献

[1] Speech of NHTSA Administrator Jeff Runge at the National IV Initiative Meeting, Society of Automotive Engineers, 2003 (6) .

[2] The National Road Safety Strategy 2001—2010, Australian Transport Council, Australian Transport Safety Bureau, Commonwealth Department of Transport and Safety Services, 2000.

[3] European Road Safety Action Programme: Halving the Number of Road Accident Victims in the EU by 2010: A Shared Responsibility, European Commission, 2003 (6) .

[4] Shladover S E. Automatic vehicle control developments in the PATH Program. IEEE Transactionson on Vehieular Technology, 1991, 40 (1): 114 -130.

[5] Ioannou P. and Chien C. Autonomous intelligent cruise control. IEEE Transaction on Vehicular Technology, 1993, 42 (4): 657 -672.

[6] Darbha S. and Rajagopal K. A review of constant time headway policy for automatic vehicle following. IEEE Intelligent Transportation System Conference, Oakland, CA, 2001 (8): 65 -69.

[7] Zhou J. and Peng H. Range policy of adaptive cruise control vehicle for improved flow stability and string stability. IEEE Transaction on Intelligent Transportation System, 2005, 6 (2): 229 -237.

[8] Seiler P, Pant A and Hedrick K. Disturbance propagation in vehicle strings. IEEE Transaction on Automatic Control, 2004, 49 (10): 1835 -1841.

[9] Darbha S. String stability of interconnected systems: An application to platooning in automated highway systems. Ph. D. dissertation, Univ, California, Berkeley, 1994.

[10] Rajamani R and Shladover S. An experimental comparative study of autonomous and cooperative vehicle - follower control systems. Transportation Research Part C: Emerging Technologies. 2001 (2), 9 (1): 15 -31.

[11] Rajamani R. Vehicles dynamics and control. New York: Springer - Verlag, 2006.

[12] Loannou P A and Chien C C. Autonomous intelligent cruise control. IEEE Transactions on Vehicular Technology, 1993, 42 (4): 657 -672.

[13] Varaiya P. Smart cars on smart roads: problems of control. IEEE transactions on automatic control, 1993, 38 (2): 195 -205.

[14] Swaroop D. String stability of interconnected systems: an application to platooning in automated highway systems. Ph. D. Dissertation, University of California, Berkeley, 1995.

[15] Swaroop D and Hedrick J K. String stability of interconnected dynamic systems. IEEE Transactions on Automatic Control, 1996, 41 (3): 349 -357.

[16] Yanakiev D and Kanellakopoulos I. Variable time headway for string stability of automated heavy - duty vehicles. Proceedings of the 34″ IEEE Conference on Decision and Control. New Orleans, LA, 1995 (12): 4077 -4081.

[17] Rajamani R, Hedrick J K and Howell A. A Complete fault diagnostic system for longitudinal control of automated vehicles. Proceedings of the Symposium on Advanced Automotive Control, ASME International Congress, 1997 (11).

[18] Xiangheng L and Hedrick J K. Effects of communication delay on string stability in vehicle platoons. IEEE Intelligent transportation systems conference proceedings, Oakland, 2001: 625 – 630.

[19] Chol S B and Hedrick J K. Robust throttle control of automotive engines: theory and experiments. ASME of DSMC, 1996, 118 (4): 92 – 98.

[20] Naranjo, J. E., Gonzalez, C., Reviejo, J., Garcia, R. Adaptive fuzzy control for inter – vehicle gap keeping. IEEE Transactions on Intelligent Transportation Systems, 2003, 4 (3): 132 – 142.

[21] Tordeux, A., Lassarre, S., Roussignol, M. An adaptive time gap car – following model original research article. Transportation Research Part B: Methodological, 2010, 44 (8): 1115 – 1139.

[22] Rajamani, R., Zhu, C. Y. Semi – autonomous adaptive cruise control systems. IEEE Transactions on Vehicular Technology, 2002, 51 (5): 1186 – 1192.

[23] Wang, L. Y., Li. C. Y. and G. G. Ying, et al. State observability and observers of linear – time – invariant systems under irregular sampling and sensor limitations. IEEE Transactions on Automatic Control, 2011, 56 (11): 2639 – 2653.

[24] Hussein, I. I., Stipanovic, D. M. Effective coverage control for mobile sensor networks with guaranteed collision avoidance. IEEE Transactions on Control Systems Technology, 2007, 15 (4): 642 – 657.

[25] Ferrara, A., Pisu, P. Minimum sensor second – order sliding mode longitudinal control of passenger vehicles. IEEE Transactions on Intelligent Transportation Systems, 2004, 5 (1): 20 – 32.

[26] 李升波，王建强，李克强，张磊．一种用于最少传感器跟车系统的控制方法．第六届国际论坛的汽车交通安全，2008：237 – 242.

[27] Xiao, L. F., Gao, F. Practical string stability of platoon of adaptive cruise control vehicles. IEEE Transactions on Intelligent Transportation Systems, 2011, 12 (4): 1184 – 1194.

[28] Guo, G., Yue, W. Autonomous platoon control allowing range – limited sensors. IEEE Transactions on Vehicular Technology, 2012, 61 (6): 2901 – 2912.

[29] Araki H, Yamada K, Hiroshima Y and Ito T. Development of rear – end collision avoidance, JSAE Rev. 1997, 18 (3): 314 – 316.

[30] Godbole D N and Lygeros J. Longitudinal control of the lead car of a platoon. IEEE Transctions on Vehicular Technology, 1994, 43 (4): 1125 – 1135.

[31] Huang S and Ren W. Safety, comfort, and optimal tracking control in ahs applications. IEEE Control System. Magazine, 1998, 18 (4): 50 – 64.

[32] Araki H, Yamada K, Hiroshima and Y. Ito, T. Development of Rear – end Collision Avoid-

ance System Intelligent Vehicles Symposium, 1996, Proceedings of the 1996 IEEE Tokyo, Japan, 224 - 229.

[33] Kim D J, Park K H and Bien Z N. Hierarchical Longitudinal Controller for Rear - End Collision Avoidance. IEEE Transactions on industrial electronics, 2007, 54 (2): 805 - 817.

[34] Wu L, Xu Y, Wang F, Lin Y, Li P and Liu W. Supervised learning of longitudinal driving behavior for intelligent vehicles using neuro - fuzzy networks: initial experimental results. The International Journal of Intelligent Control and Systems, 1999, 3 (4): 442 - 463.

[35] Kim H M, Dickerson J and Kosko B. Fuzzy, Throttle and brake control for platoon of smart cars. Fuzzy Sets and Systems, 1996, 84 (3): 209 - 234.

[36] Germann S and Isermann R. Nonlinear, Distance and cruise control for passenger cars. Proc of American Control Conf. Seattle, 1995: 3081 - 3085.

[37] Holzmann H, Germann S, Halfmann C and Isermann R. Intelligent fuzzy distance and cruise control for passenger cars. Journal of Intelligent and Fuzzy Systems, 1998, 6 (3): 315 - 327.

[38] United States Department of Transportation, NHTSA, FARS and GES, Fatal Accident Reporting System (FARS) and General Estimates System (GES), 1992.

[39] Connoly T R and Hedrick J K. Longitudinal transition maneuvers in an automated highway system. ASME Journal of Dynamic Systems, Measurement and Control, 1999, 121 (3): 471 - 478.

[40] Hedrick J K, McMahon D, Narendran V K and Swaroop D. Longitudinal vehicle controller design for IVHS systems. Proceedings of the 1991 American Control Conference, 1991, 6 (3), 3107 - 3112.

[41] Swaroop D, Hedrick J K, Chien C C and Ioannou P A. Comparison of spacing and headway control laws for automatically controlled vehicles. Vehicle System Dynamics Journal, 1994 (11), 23 (8): 597 - 625.

[42] Raza H and Ioannou P. Vehicle following control design for automated highway systems. IEEE Transactions on Vehicular Technology, 1996, 16 (6): 43 - 60.

[43] Shladover S E. Longitudinal control of automated guideway transit vehicles within platoons. Journal of Dynamic System Measure Control, 1978, 100 (3): 302 - 310.

[44] Shladover S E. Longitudinal control of automotive vehicles in close - formation platoons. Journal of Dynamic System Measure Control, 1991, 113 (2): 231 - 241.

[45] Hedrick J K. et al. Longitudinal vehicle controller design for IVHS systems, in Proc. Amer. Control Conf. 1991: 3107 - 3111.

[46] McMahon D H. et al. Longitudinal vehicle controller design for IVHS: Theory and experiment, in Proc. Amer. Control Conf. , 1992: 1753 - 1757.

[47] Foster E R. A constant separation control law for use in automated guideway transit. Proceedings of the 29th IEEE Vehicular technology conference. Arlington Heights, IL, 1979: 358 - 361.

[48] Ren W and Green D. Continuous platooning: a new evolutionary and operating concept for automated highway systems. Memorandum UCB/ERL M94/24.

[49] Sheikholeslam S and Desoer C A. Longitudinal control of a platoon of vehicles with no communication of lead vehicle information. IEEE Transactions on Vehicular Technology, 1993, 42 (4): 546 – 554.

[50] No T S, Chong K T and Roh D H. A lyapunov function approach to longitudinal control of vehicles in a platoon. IEEE Transactions on Vehicular Technology, 2001, 50 (1): 116 – 124.

[51] Liu X H and GoldSmith A. Effects of communication delay on string stability in vehicle platoons. IEEE Proceedings on Intelligent Transportation Systems, Oakland, 2001: 625 – 630.

[52] Peter S and Raja S. Analysis of communication losses in vehicle control problems. Proceedings of American control Conference. California, USA, 2001: 1491 – 1496.

[53] Peter S and Raja S. An H_∞ approach to networked control. IEEE Transaction on Automatic Control, 2005, 50 (3): 356 – 364.

[54] Rodney T and Dusan M. Decentralized spacing control of a string of multiple vehicles over lossy datalinks. IEEE Proceedings on D&C Maui, Hawaii USA, 2003: 682 – 687.

[55] Caravani P, Santis E D and Graziosi F, et al. Communication control and driving assistance to a platoon of vehicles in heavy traffic and scarce visibility. IEEE Transactions on Intelligent Transportation Systems, 2006, 7 (4): 448 – 460.

[56] Rosenblun M and Davis L. S. An improved radial basis function network for autonomous road following. IEEE Transactions on neural networks, 1996, 7 (5): 120 – 124.

[57] Jens K, Kenneth, H and Hans F, FEM – based neural – network approach to nonlinear modeling with application to longitudinal vehicle dynamics control. IEEE Transactions on neural networks, 1999, 10 (4): 885 – 897.

[58] Fritz H. Neural speed control for autonomous road vehicles. Control Engineering Practice. 1996, 4 (4): 507 – 512.

[59] Stafylopatis A and Blekas K. Autonomous vehicle navigation using evolutionary reinforcement learning. Eur. J. Oper. Res. 1998, 108 (2): 306 – 318.

[60] Leblanc D J, Johnson G E, Venhovens P J T, et al. CAPC: A road – Departure prevention system, IEEE control systems, 1996, 16 (6): 61 – 71.

[61] Dickmans E D Zapp A. Autonomous high speed road vehicle guidance by computer vision. Proc of the 10th IFAC Ann. World Congr Munich, Germany, 1987: 221 – 226.

[62] Pommerleau D A. Progress in neural network – based vision for autonomous robot driving. Proc of Intelligent Vehicles Symp, Detroit, 1992: 391 – 496.

[63] Shin D H, Singh S and Lee J J. Explicit path tracking by autonomous vehicles. Robotica, 1992, 10 (8): 539 – 554.

[64] Yuhara N, Horiuchi S, Iijima T, Tajima J and Asanuma N. Synthesis and evaluation of driver assistance system for vehicle lateral guidance and control. 3rd ITS World Congress, Orlando, FL, 1996 (10).

[65] Goldbeck J and Huertgen B. Lane detection and lacking by video sensors. Proceedings of IEEE/IEEJ/JSAI international Conference on Intelligent Transportation Systems, Tokyo, Japan, 1999: 5 -8.
[66] Gern A, Franke U and Levi P. Advanced lane recognition - fusing vision and radar. Proceedings of the IEEE Intelligent Vehicles Symposium 2000, Dearborn, 2000: 45 -51.
[67] Pomerleau D A. RALPH: rapidly adapting lateral position handler. Proceedings of the intelligent vehicles'95 symposium Detroit, MI, September, 1995: 506 -511.
[68] Paetzold F, Franke U and VanSeelen W. Lane recognition in urban environment using optimal control theory. Proceedings of the IEEE Intelligent Vehicles Symposium, 2000: 221 -226.
[69] Koto S K, Tomita K and Tsugawa S. Lane - change maneuvers for vision - based vehicle. IEEE Conference on Intelligent Transportation Systems, 1997: 129 - 134.
[70] Tomita K. Preview Lateral control for intelligent vehicles with machine vision. Transaction of the Institute of Systems, 1997, 7 (2): 35 -41.
[71] Cai L, Rad A B, Chan W L and Cai K Y. A robust fuzzy PD controller for automatic steering control of autonomous vehicles department of electrical engineering. IEEE Conf. On Fuzzy Systems, 2003: 549 -554.
[72] Mengyin F, Ruan J h and Li Y B. A new kind of robust design method of intelligent vehicle lateral control. IEEE Proceedings of WCICA, Hangzhou, 2004: 2438 -2442.
[73] Wang G, Fujiwara N and Bao Y. Feed - Forward multilayer neural network model for vehicle lateral guidance control. Advanced Robotics, 1999, 12 (2): 735 -753.
[74] Taylor C J, Kosecka J, Blasi R and Ma - Ilk J. A comparative study of vision - based lateral control strategies for autonomous highway driving. International Journal of Robotics Research, 1999, 18 (5): 442 -453.
[75] Hatipoglu C, Redmill K and Ozguner U. Steering and lane change: a working system. IEEE Conference on Intelligent Transportation Systems Proceedings, Boston, 1997: 272 -277.
[76] Godbole D N, Sengupta R and Hagenmeyer V. Distributed hybrid controls for automated vehicle lane changes. Proceedings of the 37th IEEE Conference on Decision and Control, Tampa, 1998: 2639 -2644.
[77] Fujioka T and Omae M. Vehicle following control in lateral direction for platooning. Vehicle System Dynamics, 1998, 28 (4): 422 -437.
[78] Tan H, Guldner J, Patwardhan S, Chen C and Hougler B. Development of an automated steering vehicle based on roadway magnets: a case study of mechatronic system Design. IEEE/ASME Transactions on Mechatronics, 1999, 4 (3): 258 -272.
[79] Guldner J, Tan H and Patwardhan S. Analysis of autonomous steering control for highway vehicle with Look - Down lateral reference systems. Vehicle System Dynamics, 1996, 26 (4): 243 -269.
[80] Guldner J, Jurgen H. T and Patwardhan S. Study of design directions for lateral vehicle control. Proc of the 36th Conference on Decision and Control, San Diego, 1997: 4732 -4737.

[81] Behringer R and Muller N. Autonomous road vehicle guidance from autobahnen to Narrow Curves. IEEE Transactions on Robotics and Automation, 1998 14 (5): 810 – 817.

[82] Hodge N E, Shi L and Trabia M B. Speed fuzzy logic control for an autonomous vehicle. Proceedings of the ASME Dynamic Systems and Control Division, Nashville, 1999: 477 – 485.

[83] Swaroop D V A H G and Yoon S M. Integrated lateral and longitudinal vehicle control for an emergency lane change maneuvers design. International Journal of Vehicle Design, 1999, 21 (5): 161 – 174.

[84] Park J and Ryu S. Neuro – Fuzzy control of converging vehicle for automated transportation systems. Proceedings of the 1999 American control conference. San Diego, CA, 1999 (6): 4194 – 4197.

[85] Bertozzi M and Broggi A. Vision – Based vehicle guidance. Computer, 1997, 30 (7): 49 – 55.

[86] Bertozzi M and Broggi A. Real – Time lane and obstacle detection on the gold system. Proceeding of IEEE Itelligent vehicle symposium, Tokyo, Japan, 1996: 213 – 218.

[87] Bertozzi M and Broggi A. Conte C and Fascioli A, Obstacle and lane detection on ARGO. IEEE conference on intelligent transportation systems proceeding, Boston, MA, 1997: 1010 – 1015.

[88] Bertozzi M and Broggi A. GOLD: A parallel real – time stereo vision system for generic obstacle and lane detection. IEEE Transaction on Image Proceeding, 1998, 7 (1): 62 – 81.

[89] Broggi A, Bertozzi M, Fascioli A and Conte C. Automatic vehicle guidance: the experience of the ARGO autonomous vehicle, World Scientific, 1999.

[90] Giubbolini L. A multistatic microwave radar sensor for short range anticollision warning. IEEE Transactions on Vehicular Technology, 2000, 49 (6): 2270 – 2275.

[91] Stiller C, Hipp J, Roessig C and Ewald A. Multisensor obstacle detection and lacking. Proceedings of the 1998 IEEE Intelligent Vehicles Symposium, Germany, 1998: 451 – 456.

[92] Stiller C, Hipp J, Roessig C and Ewald A. Multisensor obstacle detection and tracking. Image and Vision Computing, 2000, 18 (5): 389 – 396.

[93] Becker J C. Fusion of data from object – detecting sensors of an autonomous vehicle. Proceedings of 1999 IEEE/IEEJ/JSAI International Conference on Intelligent Transportation Systems, Tokyo, Japan, 1999: 362 – 367.

[94] Simon A and Becker J C. Vehicle guidance for an autonomous vehicle. Proceedings. 1999 IEEE/IEEJ/JSAI International Conference on Intelligent Transportation Systems. Tokyo, 1999: 429 – 434.

[95] Rajamani R and Zhu C Y. Semi – autonomous adaptive cruise control systems. IEEE Transactions on Vehicular Technology, 2002, 51 (5): 1186 – 1192.

[96] Ioannou P. Guest editorial adaptive cruise control systems special issue. IEEE Transactions on

Intelligent Transportation Systems, 2003, 4 (3): 113 - 114.

[97] Yu F D, Fei, L and Crolla D A. Integrated vehicle dynamics control - state - of the art review. IEEE Proceeding on Vehicle Power and Propulsion, Harbin, China, 2008: 1 - 6.

[98] Stankovic S S, Stanojevic M J and Siljak D D. Decentralized overlapping control of a platoon of vehicles. IEEE Transactions on Control Systems Technology, 2000, 8 (5): 816 - 831.

[99] Swaroop D, Hedrick J K and Choi S B. Direct adaptive longitudinal control of vehicle platoons. IEEE Transactions on Vehicular Technology, 2001, 50 (1): 150 - 161.

[100] Middleton R H and Braslavsky J H. String instability in classes of linear time invariant formation control with limited communication range. IEEE Transaction on Automatic Control, 2010, 55 (7): 1519 - 1530.

[101] Swaroop D, Hedrick J K, Chien C C, and Ioannou P, Comparison of spacing and headway control laws for automatically controlled vehicles. Vehicle System Dynamic, 1994, 23 (8): 597 - 625.

[102] Hedrick J K, Chen Y and Mahal S. Optimized vehicle control/communication interaction in an automated highway system. Tech. Rep. UCB - ITS - PRR - 2001 - 29. California Partners for Advances Transit and Highways, 2001.

[103] Swaroop D V A H G. String stability of interconnected systems: An application to platooning in automated highway. UC Berkeley, Research report, PATH, 1997.

[104] Seiler P and Sengupta R. Analysis of communication losses in vehicle control problems. Proceedings of American control Conference. California, USA, 2001: 1491 - 1496.

[105] Seiler P and Sengupta R. An H_∞ approach to networked control. IEEE Transaction on Automatic Control, 2005, 50 (3): 356 - 364.

[106] Huang S and Ren W. Longitudinal control with time Delay in platooning. IEE Proceeding on Control Theory Application, 1998, 145 (2): 211 - 217.

[107] Li L and Wang F Y. Cooperative driving at blind crossing using intervehicle communication. IEEE Transactions on Vehicular Technology, 2006, 55 (6): 1712 - 1724.

[108] Guo G and Yue W. Hierarchical platoon control with heterogeneous information feedback. IET Control Theory and Applications, 2011, 5 (15): 1766 - 1781.

[109] Yanakiev D and Kanellakopoulos L. Longitudinal control of automated CHVs with significant actuator delays. IEEE Transactions on Vehicular Technology, 2001, 50 (5): 1289 - 1297.

[110] Stankovic S S, Mladenovic S M and Siljak D D. Headway control of a platoon of vehicles: inclusion principle and LQ optimization. in Proc. of 37th IEEE Conf. Decision Contr. , Tampa, FL, 1998, pp. 3204 - 3205.

[111] Fu M and Xie L H. The sector bound approach to quantized feedback control. IEEE Transaction on Automatic Control, 2005, 50 (11): 1698 - 1711.

[112] Ikeda M and Siljak D D. Overlapping decentralized control with input, state and output inclusion, Control Theory Advanced Technology. 1986, 2 (1): 155 - 172.

[113] Stankovic S S, Chen X B, Matausek M R and Siljak D D. Stochastic inclusion principle ap-

plied to decentralized automatic generation control. International Journal Control, 1999, 72 (3): 276 – 288.

[114] Sadayuki T. A Cooperative driving system with automated vehicles and intervehicle communications in Demo 2000. IEEE Proceeding of Intelligent Transportation Systems, Oakland, 2001: 918 – 923.

[115] Radoslav N and Ralf H. Trajectory computation for tracker evaluation and linkage processing. IEEE Proceedings of ESAV, Capri, Italy, 2008: 248 – 253.

[116] Shahab S and Charles A D. Longitudinal control of a platoon of vehicles. III, nonlinear model, Institute of transportation studies, PATH, 1991: 1 – 25.

[117] Zhu T J and Zheng H Y. Application of unscented kalman filter to vehicle state estimation. International Colloquium on Computing, Communication, Control and Management, Washington. DC, USA, 2008 (2): 135 – 139.

[118] 江青茵. 无辨识自适应控制预估算法及应用. 自动化学报, 1997, 23 (2): 160 – 166.

[119] Stewart G W. Introduction to matrix computations. New York Academic Press, 1973.

[120] B. D. Seppelt, J. D. Lee. "Making adaptive cruise control (ACC) limits visible". International Journal of Human – Computer Studies, 2007, 65 (3): 192 – 205.

[121] G. H. Yang, J. L. Wang and Y. C. Soh, 2001. "Reliable LQG control with sensor failures". IEE Proceedings Control Theory and Applications: 433 – 439.

[122] Shladover S. Control of a class of interconnected nonlinear dynamical systems: the platoon problem. PhD dissertation, University of California at Berkeley, 1991.

[123] Lewis F L, Yesildirek A and Liu K. Multilayer neural – net robot controller with guaranteed tracking performance. IEEE Transactions on Neural Networks, 1996, 7 (2): 388 – 98.

[124] S. Oncu, N. van de Wouw, H. Nijmeijer. "Cooperative adaptive cruise control: Tradeoffs between control and network specifications". IEEE Intelligent Transportation Systems Conference Proceedings. Washington. USA. 2011: 2050 – 2056.

[125] Funahashi, K. I. "On the Approximate Realization of Continuous Mapping by Neural Networks," Neural Networks, 1989, 2 (3): 183 – 192.

[126] Stankovic S S, Mladenovic S M and Siljak D D. Headway control of a platoon of vehicles: inclusion principle and LQ optimization. in Proc. of 37th IEEE Conf. Decision Contr., Tampa, FL, 1998: 3204 – 3205.

[127] Y. G. Leu, W. Y. Wang, T. T. Lee. "Robust adaptive fuzzy – neural controllers for uncertain nonlinear systems". IEEE Transactions on Robotics and Automation, 1999, 15 (5): 805 – 817.

[128] Guo, G., Yue, W. Autonomous platoon control allowing range – limited sensors. IEEE Transactions on Vehicular Technology, 2012, 61 (6): 2901 – 2912.

[129] Yue, W., Guo, G. Guaranteed cost adaptive control of nonlinear platoons with actuator delay, ASME Journal of Dynamic System Measurement and Control, 2012, 135 (5).

[130] Swaroop D, Hedrick J K and Choi S B. Direct adaptive longitudinal control of vehicle pla-

toons. IEEE Transactions on Vehicular Technology, 2001, 50 (1): 150 - 161.

[131] Swaroop D, Hedrick J K, Chien C C, and Ioannou P, Comparison of spacing and headway control laws for automatically controlled vehicles. Vehicle System Dynamic, 1994, 23 (8): 597 - 625.

[132] J. P. Hespanha and A. S. Morse. Stabilization of nonholonomic integrator via logic - based switching, Automatica, 1999, 35 (3): 385 - 393.

[133] Guo, G., Yue, W. Hierarchical platoon control with heterogeneous information feedback. IET Control Theory and Applications, 2011, 5 (15): 1766 - 1781.

[134] Bageshwar, V. L., Garrard, W. L., Rajamani, R. Model predictive control of transitional maneuvers for adaptive cruise control vehicles. IEEE Transactions on Vehicular Technology, 2004, 53 (5): 1573 - 1585.

[135] Swaroop, D. String stability of interconnected systems: An application to platooning in automated highway systems. Ph. D. Dissertation, University of California, Berkeley, 1995.

[136] Swaroop, D., and Hedrick, J. K. String stability of interconnected dynamic systems. IEEE Transactions on Automatic Control, 1996, 41 (3): 349 - 357.

[137] B. van Arem, C. van Driel, R. Visser. "The impact of cooperative adaptive cruise control on traffic - flow characteristics". IEEE Transactions on Intelligent Transportation Systems, 2006, 7 (4): 429 - 436.

[138] C. Desjardins, B. Chaib - draa. "Cooperative adaptive cruise control: A reinforcement learning approach". IEEE Transactions on Intelligent Transportation Systems, 2011, 12 (4): 1248 - 1260.

[139] G. Guo and W. Yue, "Autonomous platoon control allowing ranged - limited sensors," IEEE Transactions on Vehicular Technology, 2012, 61 (7): 2901 - 2912.

[140] G. Guo and W. Yue, "Sampled - data cooperative adaptive cruise control of vehicles with sensor failures," IEEE Transactions on Intelligent Transportation Systems, 2014, 15 (6): 2404 - 2418.

[141] C. S. Chen and W. S. Wong, "Bandwidth allocation for wireless multimedia systems with most regular sequences," IEEE Transactions on Wireless Communications, 2005, 4 (2): 635 - 645.

[142] P. Seiler and R. Sengupta, "Analysis of communication losses in vehicle control problems," Proceeding of American Control Conference, Arlington, VA, 2001: 1491 - 1496.

[143] L. E. Ghaoui, L. Oustry, and M. AitRami, "A cone complementarity linearization algorithm for static output feedback and related problems," IEEE Transactions on Automatic Control, 1997, 42 (8): 1171 - 1176.

[144] Ali Ghasemi, Reza Kazemi, and Shahram Azadi, " Stable decentralized control of platoon of vehicles with heterogenous information feedback," IEEE Transactions on Vehicle Technology, 2013, 62 (9): 4299 - 4307.

[145] B. Paden and S. Sastry, "Acalculus for computing Fillipov' s differential inclusion with ap-

plication to variable structure control of robot manipulars," IEEE Transactions on Circuits and systems, 1987, 34 (1): 73 -82.

[146] Guanghui, Wen, Zhisheng Duan, Wei Ren and Guanrong Chen, "Distributed consensus of multi - agent systems with general linear node dynamics and intermittent communications," International Journal of Robust and Nonlinear Control, 2013.

[147] S. Öncu, J. Ploeg, N. van de Wouw, and H. Nijmeijer, "Cooperative Adaptive Cruise Control: Network - Aware Analysis of String Stability," IEEE Transactions on Intelligent Transportation Systems, 2014 (8), 15 (4) .

《电气自动化新技术丛书》

已出版书目

- 大功率交－交变频调速及矢量控制技术（第3版）　马小亮著
- 可编程序控制器及其应用　宣练中、王燕生等编
- 电气传动的脉宽调制控制技术（第2版）　吴守箴、臧英杰等著
- 智能控制系统及其应用（第2版）　王顺晃、舒迪前编著
- 异步电动机直接转矩控制　李夙编
- 模糊控制原理与应用（第2版）　诸静等著
- 开关磁阻电动机调速控制技术（第2版）　王宏华著
- 滑模变结构控制　王丰尧编著
- 系统最优化及控制　符曦编著
- 通用变频器及其应用（第3版）　第1版满永奎、韩安荣、吴成东编著，第2版韩安荣主编，第3版满永奎、韩安荣主编
- 计算机辅助设计技术及应用　杨竞衡主编
- 电力电子场控器件及其应用　张立、黄两一等编著
- 直流无刷电动机原理及应用　（第2版）张琛编著
- 预测控制系统及其应用　舒迪前编著
- 现代计算机数控系统　冯勇等编著
- 同步电动机调速系统　李志民　张遇杰编著
- 现代矿井提升机电控系统　王清灵、龚幼民编著
- 电力电子器件及其应用　李序葆、赵永健编著
- 交流步进传动系统　孙鹤旭著
- 无速度传感器矢量控制原理与实践（第2版）　冯垛生、曾岳南编著
- 机器人控制技术　孙迪生、王炎编著
- 带钢热连轧计算机控制　刘玠、孙一康主编
- 执行电动机　王季秩、曲家骐编著
- MATLAB语言与自动控制系统（第2版）　第1版魏克新、王云亮、陈志敏编著，第2版魏克新、王云亮、陈志敏、高强编著
- 电机控制专用集成电路　谭建成主编
- 电控及自动化设备可靠性工程技术　徐平、李全灿编著
- 神经元网络控制　王永骥、涂健编著
- SPWM变频调速应用技术（第4版）　张燕宾编著
- 控制系统的故障诊断和容错控制　闻新、张洪钺、周露编著
- 交流调速系统（第3版）　陈伯时、陈敏逊编著

- 伺服控制系统中的传感器　曲家骐、王季秩编著
- 工业计算机网络与多媒体技术　张浩编著
- 交直流传动系统的自适应控制　夏超英著
- 电力牵引交流传动与控制技术　黄济荣编著
- 谐波抑制和无功功率补偿（第3版）　第1版王兆安、杨君、刘进军编著，第2版王兆安、杨君、刘进军、王跃编著，第3版王兆安、刘进军、王跃、杨君、何英杰、雷万钧编著
- 新型PID控制及其应用（第2版）　第1版陶永华、尹怡欣、葛芦生编著，第2版陶永华主编
- 交流电机数字控制系统（第2版）　李永东主编
- 可编程序控制器技术与应用系统设计　陈在平、赵相宾主编
- PWM整流器及其控制（第2版）　张兴、张崇巍编著
- 开关电源技术　杨旭、裴云庆、王兆安编著
- 信息社会中的自动化新技术　王志良主编
- 现场总线技术及其应用（第2版）　第1版甘永梅、李庆丰、刘晓娟、王兆安编著，第2版甘永梅、刘晓娟、晁武杰、王兆安编著
- 非线性系统的鲁棒控制及应用　吴忠强著
- 新编电机控制专用集成电路与应用　谭建成编著
- Interbus现场总线与工业以太网技术　张浩、马玉敏、杜品圣等编著
- 高压大功率交流变频调速技术　张皓、续明进、杨梅编著
- 汽车电子控制装置与应用　王旭东主编
- 交流传动神经网络逆控制　戴先中、刘国海、张兴华编著
- 电力电子与交流传动系统仿真　谢卫编著
- 大容量异步电动机双馈调速系统　解仑、杜沧、董冀媛、祝长生编著
- 智能建筑设备自动化系统　齐维贵、王艳敏、李战赠、李喆编著
- 高性能变频调速及其典型控制系统　马小亮编著
- 变频调速SVPWM技术的原理、算法与应用　曾允文编
- 智能交通系统中的车辆协作控制　郭戈、岳伟著

以上图书由全国各地新华书店经销。也可电话订购，联系电话：010-88379202　010-88379203。